Wolfgang Herzberg Überleben heißt Erinnern

Wolfgang Herzberg

Überleben heißt Erinnern

Lebensgeschichten deutscher Juden

Aufbau-Verlag

Laß mich sprechen – und es wird
mir leichter werden.

Aus dem Buch Hiob

Florence Singewald

Ich wurde am 4. Juli 1896 in Berlin geboren. Wir lebten zuerst in der Prenzlauer Allee. Dann sind wir weiter nach Norden gezogen, und zwar in die Fehrbelliner Straße. Da war ich ungefähr vier Jahre alt. Meine Schwester Isabella war drei Jahre älter als ich.

Berlin habe ich als eine gute Stadt erlebt. Ich hatte eine sonnige und fürsorgliche Familie um mich, die uns beide Schwestern gehegt und gepflegt hat und ihr Glück in uns sah.

Mein Vater, Sally Lewinsky, war Kaufmann und besuchte als Vertreter die großen Warenhäuser. Er war angestellt bei einer namhaften Firma Berlins, die Rotschild hieß, und war viel unterwegs, so daß wir oft der Obhut meiner Mutter überlassen blieben. Mein Vater war ein seelensguter Mensch, und ich kann mich nicht entsinnen, von ihm je einen Schlag bekommen zu haben. Er war die Liebe und Güte selbst, ein Mensch, der keine Galle hatte. Er lebte eigentlich nur für seine Familie, obwohl er acht Monate im Jahr unterwegs war. Die Firma, für die er arbeitete, stellte Sockenhalter, Hosenträger und Damengürtel in allen Variationen her. Damals war das modern. Mein Vater reiste mit großen Musterkoffern von Warenhaus zu Warenhaus, um dort zu verkaufen. Er fuhr durch das ganze damalige Deutschland, ob das nun Oberschlesien oder Westdeutschland war.

Trotzdem hatten wir ein reges Familienleben. So gab es, um ein Beispiel zu nennen, jede Woche einen Tag der Großmutter, sagen wir der Mutter meines Vaters. Das war ein richtiger Familienabend, wo alle zusammenkamen, um sich auszutauschen und ein bißchen Familienrat zu halten. Und die andere Woche war die andere Großmutter dran, also die Mutter meiner Mutter. Wir Kinder konnten dort spielen und Abendbrot essen. Das war nicht an Geburts-

tage gebunden. Natürlich wurde auch ein bißchen rumge-
klatscht, aber es war alles mit Zuneigung verbunden.

Meine Schwester kam in die Schule, und ich folgte drei
Jahre später. Wir zogen dann in die Pappelallee, gleich an
der Ecke Schönhauser Allee, und dort sind wir groß geworden.

Meine Mutter war eine sehr gute Hausfrau, sehr exakt,
sehr eigen. Der Haushalt war gepfiffen sauber. Wir hatten
einen dienstbaren Geist, ein Hausmädchen, das meiner
Mutter geholfen hat, die Wirtschaft zu führen, doch es
konnte ihr niemand etwas so richtig recht machen.

Meine Mutter war uns Mutter, und sie war uns gleichzeitig eine Freundin. Wir konnten mit ihr über alles sprechen,
was unser Herz bewegte und bedrückte. Aber wenn wir
was falsch gemacht hatten, rutschte ihr auch schnell mal die
Hand aus, und wir bekamen eine kleine Backpfeife. Als ich
älter wurde, rannte ich dann ein paarmal um den Tisch, bis
sie das Lachen bekam und aufhörte, mich zu verfolgen.

Isabella und ich waren als heranwachsende junge Mädchen sehr zart gebaut. Ich hatte schon immer den Wunsch,
einmal zu singen, weil ich bereits als Kind mit einer guten
Stimme gesegnet war. In der Schule mußte ich oft singen, zu
Weihnachtsveranstaltungen oder zu irgendwelchen Fami-
lienfesten. Schon als Kind habe ich auf der Bühne gestanden und das Lied vom Meißner Porzellan gesungen. Darin
heißt es ungefähr: »Ich bin hergestellt aus Meißner Porzellan. Wer mich sieht, der muß verstehn, mit solchen
zerbrechlichen Sachen auch zärtlich umzugehen ...«

Meine Schwester Isabella war das Nachbild unseres
Vaters: sehr nachgiebig, sehr lieb und gut, und sie hat in
mir immer die jüngere Schwester gesehen, die bemuttert
werden mußte. Bei ihr hieß ich »die Kleine«. Dabei waren
wir nur drei Jahre auseinander. Wir haben auch zusammen
gespielt, aber wir sind niemals auf die Straße gegangen.
Wir hatten unser Heim, das uns behütet hat und wo wir den
besten Unterschlupf fanden für unsere Spiele. Wenn Besuch
kam, durften wir bloß einen Knicks machen, »guten Tag«
sagen, und dann wurden wir aus dem Zimmer geschickt,
damit wir nicht hörten, worüber sich die Großen unterhielten. Es war so, daß wir uns immer gewünscht haben: Ach,
wenn du erst mal groß und selbständig bist, dann darfst du

Theodor Wenzel
BERLIN

1. Geschäft O. Andreasstrasse 28.
2. Geschäft S. Oranienstrasse 44.
3. Geschäft N. Invalidenstrasse 137.
4. Geschäft S.O. Naunynstrasse 82.
5. Geschäft S.O. Lausitzer-Platz 2.

Florence, Berlin, um 1900

auch zuhören, was die Großen alles erzählen! Wir waren furchtbar neugierig darauf, was die sich so beim Kaffeeklatsch zu erzählen hatten.

Wir hatten in der Pappelallee eine schöne große Vierzimmerwohnung. Hinten war das Kinderzimmer, in der Mitte ein breites Berliner Zimmer, wie man in Berlin sagt, mit dem Fenster an der Seite. Dieses Mittelzimmer war sehr groß, und das war unser Speisezimmer. Dann kam das Herrenzimmer und schließlich der Schlafraum der Eltern. Hinten waren ein langer Korridor und eine Küche mit einer kleinen Mädchenkammer. Damals hat man natürlich nicht so Sorge getragen, daß auch der dienstbare Geist einen besseren Aufenthaltsraum beanspruchen konnte. Durch das Berliner Zimmer kam man durch eine Schiebetür ins Herrenzimmer. Es war also ein gutbürgerliches Milieu. Im Eßzimmer stand ein Büfett, eine Plüschgarnitur, der Eßzimmertisch mit Stühlen und ein schönes Vogelbauer im Ständer mit einem niedlichen »Hänschen« darin. Vorn im Zimmer standen, hinter der gläsernen Schiebetür, ein sehr schönes bleu Sofa mit einem hölzernen Umbau, ein Bücherschrank, ein Klavier, Tisch und Stühle und ein Schreibtisch. Der Schlafraum war, wie damals üblich, mit Ehebetten hygienisch eingerichtet, das Zimmer hatte auch eine Tür zum Bad. Außerdem hatte die Wohnung noch eine zweite Toilette, eine Speisekammer und einen Hinter- und Vordereingang, also zwei Eingänge! In dieser Wohnung haben wir bis zu unserer eigenen Selbständigkeit mit den Eltern gewohnt.

In unserem Kinderzimmer standen rote Gitterbetten, nicht etwa für Kleinstkinder, sondern für ausgewachsene Mädchen, ein Schrank für unsere Kleider und ein Schrank für unsere Bücher und auch ein kleiner Arbeitsplatz, wo wir unsere Schularbeiten verrichten konnten. Vis-à-vis von meinem Bett hing ein Bild der Königin Luise und auf der anderen Seite ein Bild von Kaiser Wilhelm. Ich weiß auch nicht warum. Die hingen einfach da. Wir lebten ja noch in der Monarchie und haben uns in ihr als Juden assimiliert. Wir sind hineingeboren worden ins Deutsche Reich und haben uns eben als Untertanen der Monarchie gefühlt.

Isabella und ich waren verwöhnte Kinder, das muß man heute sagen. Meine Tante, die Schwester meines Vaters, war Direktrice in einem namhaften Konfektionshaus am Hausvogteiplatz. Meine Schwester, die ein sehr schönes Kind war, bekam von dort immer die Modelle von Kinderkleidern. Und für mich wurden sie dann nachgearbeitet, so daß wir ausgesehen haben wie Zwillingsschwestern. Mein Vater achtete sehr darauf, daß wir Kinder immer exakt und gut angezogen gingen, wie meine Mutter auch. Sie ließ für uns alle beim Schneider arbeiten. Mutter war wirklich eine gut angezogene Frau, wir konnten von ihr nur lernen, wenn wir selbst einmal groß waren. Wir hatten zum Beispiel rote Mäntel mit weißen Applikationen, weinrote Kostüme mit Trägern, wir hatten reizende Sommerkleider! Mein Vater ließ uns anziehen wie die Puppen. Ich habe mich dabei wohl gefühlt.

Ich ging ab 1902 in die höhere Töchterschule in der Schwedter Straße. Das war eine reine Mädchenschule für Kinder aus dem gehobenen Mittelstand, deren Eltern das Schulgeld dafür aufbrachten. Du bekamst in der ersten Klasse normalen Unterricht, in der fünften Klasse fing man mit Französisch an, und in der sechsten Klasse kam Englisch dazu. Du konntest dort hingehen bis zum sogenannten Einjährigen. Das Einjährige lag vor dem Abitur. Heute ist das die zehnte Klasse. Das Abitur konntest du dann im Lyzeum machen. Das war bei uns nebenan. Ich bin aus gesundheitlichen Gründen nur bis zur neunten Klasse gegangen, mehr konnte ich nicht verkraften. Wir hatten Literatur, Handarbeitsunterricht, Geschichte, Geographie und, wie gesagt, Französisch und Englisch. In unserer Schule war es Sitte, alle vier Wochen Monatshefte auszugeben, um die Eltern über den Wissensstand der Zöglinge zu unterrichten. Daraus ging hervor, ob man eventuell in einem Fach Nachhilfestunden beantragen sollte oder ob eine Versetzung gewährleistet war oder nicht.

Es waren nur Frauen, die uns unterrichteten. Die Schuldirektorin Lange kam natürlich ab und zu mal in den Unterricht und überzeugte sich, wie weit die Zöglinge gekommen waren. Sie trat auf, wie man sagte: Tableau! Hier bin ich! Wir Kinder sind den Lehrerinnen gegenüber sehr respektvoll gewesen. Da gab es kein unlauteres oder vorlautes Wort! Wir haben uns eben nach der Disziplin der Schule gerichtet.

11

Morgens um acht Uhr gab es die ersten beiden Stunden, dann kam eine Frühstückspause. Da hat man auf dem Hof für einen Groschen Kakao kaufen können oder Milch und aß sein Brot dazu. Wir tollten ein bißchen auf dem Hof herum, dann läutete es wieder zum Unterricht. Der ging meistens so bis zwölf oder ein Uhr.

Isabella kaufte oft für das Taschengeld, das wir bekamen, Süßigkeiten in der Konditorei. An dem Tage konnten wir dann natürlich keinen Kakao trinken. Wenn wir zu Hause gebeichtet hatten, gaben uns die Eltern den Groschen wieder. Aber meine Schwester hat mir den Groschen nie wiedergegeben, den ich ihr gepumpt hab für ihr Marzipan. Sie war sehr vernascht!

Chemie und Physik haben mich nicht interessiert. Ich hab sehr gern Literatur gehabt und vor allem die Gesangsstunden. Die waren für mich gang und gäbe, ich habe sie mit viel Liebe wahrgenommen. So bin ich vielleicht auf die Idee gekommen, später einmal den Beruf einer Sängerin zu ergreifen. Ich war zwar klein und zart, aber meine Stimme war ziemlich umfangreich.

Wir haben viel Volkslieder gesungen, wie das früher üblich war: »Komm lieber Mai und mache ...« und »Das Mühlenrad« und so weiter. Wir haben auch oft Schulausflüge gemacht, sind ins Grüne hinausgewandert und haben dann auf einen Zettel geschrieben: »Der Himmel ist blau, das Wetter ist schön, Herr Lehrer, wir wollen spazierengehn!« Es war für mich ein problemloses Leben. Man hat nur für sich selbst gelebt und das für selbstverständlich hingenommen. Nachgedacht, was das Leben einmal bringen könnte, haben wir kaum.

Ich hatte ein paar Schulfreundinnen. Eine war die Tochter eines Theaterbesitzers in Berlin, sie war sehr nett. Dann hatte ich noch eine Freundin, Lotte. Die Eltern besaßen ein Möbelgeschäft am Weinbergsweg. Sie war fast wie eine Schwester für uns und hat mehr Zeit bei uns zugebracht als in ihrem eigenen Zuhause. Sie ist mit uns sogar in den Sommerferien verreist, weil ihre Eltern so beschäftigt waren. Es war eine Freundschaft, die sich fast durchs ganze Leben zog. Lotte war ein sehr intelligenter Mensch, hatte einen wachen Geist und spielte phantastisch Klavier. Wir mußten ja immer zur Klavierstunde gehen. Die Klavierlehrerin, Frau Schillmann, wohnte in der Wörther Straße. Manchmal haben wir zusammen vierhändig gespielt! Aber ich muß sagen, daß meine Schwester Isabella mir den Rang ablief, sie spielte perfekter als ich. Die Klavierlehrerin sagte zu mir, es läge an meinen kleinen Händen. Sie hatte immer Angst, wenn ich eine Oktave greifen mußte, daß es mir die Hände zerreißt. So kleine Hände hatte ich! Gequält habe ich mich nicht, aber es fiel mir schwer, richtig reinzuhauen, wie man so sagt. Ich hab sogar Leoncavallo gespielt, aber nur vom Blatt.

Ich war eine gute Mittelschülerin. Was mich interessierte, hab ich vielleicht besonders gut gemacht, ansonsten hab ich das gute Mittelmaß gehalten. Ich habe nicht darunter gelitten. Durch Lesen habe ich meinen Horizont erweitern können und dabei einiges auf den Lebensweg mitbekommen. Wir hatten ja viele Bücher zu Hause. Es gab aber Bücher darunter, die wir nicht lesen durften, also was mit Liebe zusammenhing. Daß es zweierlei Geschlechter gab, an so was durften wir nicht denken. O Gott, Sexualaufklärung! Nein, die haben wir nicht bekommen. Als wir über die Schulzeit hinweg waren, haben wir natürlich auch gewußt, daß die Kinder nicht vom Storch kommen. So hinterwäldlerisch war man als Berliner Kind doch nicht! Aber zu Hause konnten wir das nicht zur Sprache bringen, das war tabu. Ich muß sagen, selbst als wir schon verheiratet waren und unser Vater noch lebte, kam kein Wort aus unserem Mund, daß wir vielleicht mit dem Mann auch mal im Bett lagen. Das war tabu, vollkommen tabu! Warum das so war, weiß ich nicht. Mein Vater hat vielleicht selbst die Welt zu sehr von draußen gesehen, denn schließlich reiste er ja viel herum; und er wollte sein Haus davon irgendwie fernhalten.

Wenn ich mich charakterlich selbst beschreiben sollte, so war ich sehr ideal veranlagt und etwas poetisch angehaucht. Ich schrieb schon mit fünfzehn Jahren kleine Gedichte oder eine kleine Novelle, aber nur für mich selbst. Ich glaube, ich habe die Sache gar nicht mal so schlecht gemacht, aber alles nicht ernst genommen, weil ich nicht vermutete, daß in mir vielleicht etwas im Werden begriffen sein könnte. Ein starkes Selbstbewußtsein habe ich nie gehabt, im Gegenteil. Ich war, wie soll ich sagen, ein wenig eigenbrötlerisch und etwas zu zartbesaitet für das Dasein, das mir bevorstand. Ich konnte nie sehr viele Menschen um mich herum ertragen, sondern liebte mehr eine gewisse Abgeschiedenheit, ein In-mich-selbst-Hineinhorchen. Man kann das sehr schwer definieren, was in einem Kind so steckt, bei dem der Verstand noch nicht so gereift ist.

Die Liebe der Eltern war auf uns Kinder gleichmäßig verteilt, aber sie sahen in mir immer das Küken des Hauses. Als Kind wird man ja nie ganz für voll genommen, sondern muß die Meinung der Erwachsenen akzeptieren. Es war ja früher nicht so, wie es vielleicht heute ist, daß man den Eltern widersprechen konnte. Was sie sagten, war für uns maßgeblich wie das Amen in der Kirche. Ich habe das als gegeben hingenommen. Ich habe gedacht, das Leben ist so. So sind wir geformt worden. Aber wenn ich heute daran zurückdenke, glaube ich, daß das ein gutes Leben war. Ich habe ja nichts vermißt.

Ich liebte die Literatur, und man fand mich immer in einer Sofaecke, mit untergeschlagenen Beinen, mit einem Buch vor dem Gesicht. Alles, was mir so in die Hände kam, habe ich gelesen, ohne daß ich heute noch im einzelnen sagen könnte, welche Bücher es waren. Ich habe als Kind auch in der Schule mit Vorliebe Aufsätze geschrieben, weil ich da etwas von mir selbst lösen und zu Papier bringen konnte, was ich durchdacht hatte. Das hat mir sehr viel Freude gegeben.

Wir waren zu Hause alle sehr musikalisch. Mein Vater spielte ausgezeichnet Klavier, ohne das jemals groß gelernt zu haben. Wir haben in der Familie, als wir größer waren, sehr viele musikalische Abende gegeben. Ich konnte nur nach Noten spielen, aber meine Schwester spielte alles auswendig, ob es eine Rhapsodie von Liszt oder ein Stück von Tschaikowski war. Sie setzte sich ans Klavier und schob mich, wenn ich angefangen hatte, immer weg, damit sie richtig ihr Talent zeigen konnte. Sie hat mich da gedämpft, mich immer so mit dem Hintern beiseite geschoben, wie etwa: Laß mich mal jetzt!

Meine Schwester lernte nach der Schule das Putzmacherhandwerk, die Hutmacherei. Das hat sie auch ausgeübt, bis sie sich verehelichte.

Was mir durch mein Elternhaus in die Wiege gelegt wurde, war eine wirklich gute Erziehung. Ich weiß, von Knigge ganz abzusehen, was sich gehört und was sich nicht gehört. Ich diskriminiere die Menschen nicht, auch wenn sie mir nicht gefallen. Ich lasse die Höflichkeit nie außer acht. Ich nehme die Menschen, wie sie sind, nicht wie sie sein sollen. Um einen wirklichen Menschen zu finden, muß man heute eigentlich eine Lupe nehmen. Ein wirklicher Mensch ist einer, der gütig und human ist, der für alles Gerechte ist und das Unrecht verpönt, der auch verpönt, daß man sich gegenseitig das Leben schwermacht. Das sind Werte! Und erst dann akzeptiere ich die Menschen. Ich habe auch meinen Freundeskreis nie groß gehalten, es gehörten immer nur geprüfte Menschen dazu, Menschen, die mit mir durch dick und dünn gingen, von denen ich sagen konnte: Auf die ist Verlaß. Und auf die kein Verlaß ist, da ist es nicht bitter, wenn man sie fallenläßt wie eine heiße Kartoffel. So bin ich erzogen worden. Und ich muß sagen, ich bin meinen Eltern aufs äußerste dankbar, daß sie mir dieses Zuhause gegeben haben. Denn alles, was nachher kam, war eine solche Bitternis, daß ich das bis zum heutigen Tage nicht verkraften konnte.

In unserer Privatschule waren wir vom Religionsunterricht ausgeschlossen, da es dort keine jüdischen Lehrer gab, die uns in der Tradition des jüdischen Glaubens hätten erziehen können. Es war ja keine jüdische Schule. Ich mußte mit meiner Schwester zu einem jüdischen Unterricht gehen, und zwar in der Rykestraße, wo heute noch die Synagoge ist. Es war eine Schule zum Unterricht für mosaische Bürger. Ich muß aber offen gestehen, daß ich in dieser Beziehung ziemlich lahm gewesen bin, denn das Hebräische wollte nicht so richtig in meinen Kopf hinein. Es war für mich ein Buch mit sieben Siegeln. Es hing so viel ab von der Interpunktion und den Schriftzeichen. Um das ins Deutsche zu übersetzen, mußte man schon ein guter Hebräer sein. Es war ja auch so, daß wir Mädchen das gar nicht so sehr zu lernen brauchten wie die Jungen, die diese Barmitzwa, die jüdische Einsegnung, mitmachen mußten. Sie mußten mit dreizehn Jahren vor dem Altar stehen und ihr Sprüchlein sagen. Dann erst wurden sie mitgezählt zu den zehn Männern, die für einen jüdischen Gottesdienst benötigt werden, auch bei Beerdigungen. Wir jüdischen Mädchen konnten, nach Wahl, eingesegnet werden oder nicht. Ich bin nicht eingesegnet worden, auch meine Schwester nicht.

Wir haben einen ganz normalen Haushalt geführt, aber sämtliche Festtage unserer jüdischen Tradition und Religion begangen. Meine Eltern hatten ihre Plätze in der Synagoge Rykestraße und waren Mitglieder der Jüdischen Gemeinde. Zum Versöhnungsfest haben wir Kinder den Eltern Blumensträuße gebracht und Äpfel, mit Nelken bespickt, damit sie was zu riechen hatten, weil sie ja den ganzen Tag im Tempel sitzen mußten. Das Versöhnungsfest ist der höchste jüdische Feiertag, ein Fasttag. Da ist Gottesdienst vom Morgen bis zum Abend. Es ist ein stilles Fest, an dem man darüber nachdenken soll, was man das Jahr über getan hat: Hast du alles richtig gemacht? Hast du deinem Nächsten nichts zuleide getan? Hast du alles das gemacht, was man als anständiger Jude machen muß? Liebst du deinen Nächsten? Hast du ihm Wohltaten erwiesen? Das alles ist vereint in diesem Versöhnungsfest. Dazu gehört auch, sich auszusöhnen mit allen, mit denen man sich vielleicht gezankt hat, ihnen die Hand zu reichen, einen Strich darunter zu ziehen und es zu vergessen. Und wenn man selbst Böses getan hat, daß es einem verziehen wird. An diesem Tag wird in der Synagoge die Thora, das sind die auf Pergamentrollen geschriebenen fünf Bücher Mose, aus dem Schrein herausgenommen, feierlich aufgerollt, und verschiedene Gemeindemitglieder werden aufgerufen, Abschnitte aus der biblischen Geschichte vorzulesen. Aus Ehrfurcht vor der Thora benutzen sie als Lesezeichen eine Elfenbeinhand. Dann wird die Thora im Tempel herumgeführt, die Frommen küssen sie symbolisch, indem sie sie mit ihrem Talar berühren, und lassen die Thora an sich vorbeiziehen, bis sie wieder an den Platz gelangt, wo der Rabbiner steht. Dann wird sie von den Gemeindemitgliedern wieder zusammengerollt, mit ihren silbernen Schellen und Tafeln behängt und in den Schrein zurückgetan. Das Versöhnungsfest ist für uns auch ein trauriger Tag, an dem wir all unserer Toten gedenken. Im Tempel werden die Namen der verstorbenen Gemeindemitglieder aufgerufen, damit man ihrer gedenke.

Wenn man heute all das, was man hinter sich hat,

Florence (rechts) mit Jugendfreundin Charlotte, um 1914

bedenkt — und es war ja nicht immer so, daß man dem
lieben Gott am Bein gekrabbelt hat, aber wir waren doch
gottgläubig —, fragt man sich oft: Warum läßt Gott so viel
Unrecht zu? Warum hat er sechs Millionen Juden sterben
lassen? Warum das alles? Und es kommen einem so viele
Zweifel. Es kommen Zweifel, ob Gott existiert, ob wir sagen

können, es gibt ein höheres Wesen. Wir können es ja nicht greifen, wir glauben nur daran. Und ich muß manche Menschen bewundern, auch die christlichen, wie sie an Jesus Christus glauben, der doch auch schon so ewig lange tot ist! Und wir Juden existierten ja eher, lange vor Jesus Christus.

Der Glaube, das ist bei mir die Kindheitstradition, die in mich hineingelegt wurde, unser Glaube aus dem Eltern- und Großelternhaus. Ich respektiere das. Und heute weiß ich, weshalb ich in den Tempel gehe: um meine Toten zu beweinen, um kundzutun, daß ich das als einzige Überlebende meiner Familie noch tun kann: in den Tempel zu gehen! Unsere Gemeinde ist heute so klein, daß jeder einzelne zählt. Wir suchen einander und uns selbst, um uns zu stützen und der Toten zu gedenken. Der Grundsatz der jüdischen Religion ist Humanität: Liebe deinen Nächsten wie dich selbst! Das ist für mich der wichtigste Punkt. Guttun, das wird dir auch wiedergegeben. Du verspürst eine innere Befriedigung, wenn du etwas Gutes getan hast. Dadurch wird mir auch Freundschaft entgegengebracht, von der ich seelisch profitiere. Wenn ich meine Freunde rufe, werden sie kommen und mir helfen. Und das ist das, was uns heute oft fehlt. Das fehlt unserer Zeit. Diese ganzen nachbarlichen Beziehungen sind heute so locker! Da fragst du dich manchmal: Dir könnte es in deiner Wohnung schlecht gehen, da wird sich niemand finden, der vielleicht an deine Tür klopft und fragt, na, wie geht es Ihnen denn? Was machen Sie heute? Sind Sie noch auf dem Posten? Gewiß kann man nicht alle Menschen über einen Kamm scheren. Es steckt in jedem etwas Gutes. Es muß nur wach-gerufen werden, man darf es nicht verschütten.

Die deutschen Juden haben auch Fehler gemacht. Sie hatten damals Angst, daß die gläubigen polnischen Juden, mit ihren langen schwarzen Kaftanen, ihren runden schwarzen Hüten und ihren Pajes (Schläfenlocken), nicht in die deutsche Landschaft paßten. Ich weiß, daß mein Vater, wenn da jemand von den polnischen Juden in die Elektri-sche stieg, die Nase gerümpft hat. Er fand sie herausfordernd. Papa war in dieser Beziehung, bei uns sagt man »poschet«, ein bescheidener, unauffälliger Mensch, dem es peinlich war, sein Judentum so öffentlich zu bekennen.

Ich habe schon in meiner Kindheit und Jugend erlebt, daß man in meiner Nachbarschaft »Jude« hinter mir hergerufen hat. Es war damals noch nicht so akut, ein gewisser Futterneid steckte aber vielleicht schon dahinter. Berlin ist auch von Juden geformt worden, nicht prozentual, aber es gab große jüdische Bankhäuser, Kaufhäuser und Juweliere. Viele Juden waren Wissenschaftler, Mediziner, Künstler, Literaten, Maler, Sänger, Juristen und so weiter. Sie haben den Deutschen viel gegeben, wovon wir heute noch profitieren. Sie traten vielfach in diesen Berufen auf, weil sie lange Zeit gar nicht zu anderen Berufen zugelassen wurden, sondern nur als Geldgeber, Handelsjuden, als Hausierer, vorn mit einem Kasten vor dem Bauch und so weiter arbeiten durften. Erst der Alte Fritz hat die Tolerierung des Judentums eingeleitet. Vorher sind viele ohne festen Wohnsitz durch die Lande gezogen. Juden sind schon vor mehr als tausend Jahren in Deutschland eingewandert, aber erst im 19. Jahrhundert begann die Assimilation. Mehr als hundert Jahre waren die deutschen Juden auf diese Weise mit dem Staat verbunden und sahen in Deutschland ihre Heimat. Im ersten Weltkrieg gab es Zehntausende Juden, die als Freiwillige in den Krieg gingen. Sie hingen an ihrem Vaterland, und das war für sie Deutschland. Aber wenn die Juden vor Hitler schon ein eigenes Land für sich gehabt hätten, dann wären vielleicht nicht sechs Millionen vergast worden. Die Juden waren eben nur andersgläubig. Aber deshalb haben wir genauso rotes Blut wie die anderen in den Adern und sind mit allen Fehlern behaftet, wie andere Menschen auch.

Im Sommer sind wir damals oft verreist, und zwar mit Kind und Kegel, meistens nach Hermsdorf bei Berlin. Wir haben uns dort im Forsthaus eingemietet und unsere vier Wochen Ferien verbracht. Das Hausmädchen kam auch mit und noch eine Freundin meiner Mutter mit ihrem Sohn und ihrer Tochter. Ein Jahr sind wir auch nach Frohnau gefahren, das nächste Jahr zur Woltersdorfer Schleuse am Flakensee, und von dort aus sind wir nach Friedrichshagen gegondelt. Aber später war es meiner Mutter zuviel, daß uns die ganze Verwandtschaft jedes Wochenende nachgekommen ist und bei uns immer ein furchtbares Tohuwabohu entstand. Wir haben dann beschlossen — es ging auf das

Jahr 1914 zu –, auch mal an die See zu fahren, wo wir unerreichbar waren. Da sind wir 1914 nach Arendsee gefahren. Als wir dann nach Hause kamen, war der erste Weltkrieg da.

Anfangs hat man noch nicht viel an Entbehrungen gespürt, aber sie wurden immer einschneidender. Wir konnten uns keinen Hausgeist mehr leisten, denn wir mußten ja sehen, daß wir selbst erst einmal satt wurden. Mit unserer Mutter sind wir auf Hamsterfahrten gegangen und haben versucht, bei den Bauern Lebensmittel zu bekommen. Wir haben Petroleum mitgenommen oder was die Bauern sonst gern wollten, um unsere Küche irgendwie aufzufrischen und uns an einen richtigen Mittagstisch setzen zu können.

Mein Vater hat weitergearbeitet, aber wir konnten ja für das Geld nichts kaufen. Die Waren waren knapp. Nachher gab es Lebensmittelkarten, da wurde alles zugeteilt. Ich war damals etwa achtzehn Jahre alt. Jedenfalls mußten wir uns für unsere Mutter sehr viel anstellen, um Brot, Butter oder auch mal Eier zu kaufen. Der erste Weltkrieg war insofern für uns furchtbar, weil wir ja miterlebt haben, wie viele Menschen in diesem Krieg umgekommen sind. Wir sahen dieses Unglück, das über die Menschen gekommen war: die Frauen, die ihre Männer verloren, und die Kinder ihre Väter. Das ging uns alles furchtbar zu Herzen.

Im Hinterhaus lebte eine Frau, deren Mann auch im Felde war, und sie dachte schon, ihr Mann sei tot, weil sie lange nichts von ihm gehört hatte. Sie klagte uns immer wieder ihr Leid, und eines schönen Tages bekam sie die Nachricht, daß er verwundet in einem Lazarett liege. Ihre Kinder waren klein, und sie kam zu uns herüber mit den Kindern und las uns den Brief vor und weinte sehr. Da sagte ihre Tochter ganz ängstlich: »Mutter, Mutter, was weenste denn? Isser schon tot?« Wir waren wirklich mit dem Hinterhaus eng verbunden, wir haben auch gesehen, daß es den Menschen dort nicht so gut ging wie uns, und haben von unseren Mahlzeiten und dem, was wir entbehren konnten, gegeben, um manche Not zu lindern.

Wir haben es als Wahnwitz empfunden, daß von dem so lange friedlichen Deutschland überhaupt ein Krieg ausgehen konnte. Und dann immer die Frage: Wer wird den Krieg gewinnen? Was wird werden, wenn der Krieg einmal zu Ende ist? Wir hofften, daß er nicht so lange dauern würde, wie er dann gedauert hat. Es waren schließlich vier Jahre, die wir in diesem Kriegszustand leben mußten. Und das Elend in Deutschland wurde immer krasser und gefährlicher. Man sah, daß dieses Regime dies nicht mehr lange tragen konnte. Aber wir waren nie politisch gebunden. Bei uns ist auch nie ein Wort über Politik gefallen, überhaupt nicht. Wir waren vollkommen neutral. Wir waren sozial, aus uns heraus, und haben gesagt: Du mußt da geben, wo der andere weniger hat. Man hatte ja damals kein Fernsehen wie heute, wodurch man mit allem konfrontiert wird. Wir hatten nur die Zeitung, und ob die nun immer das Richtige geschrieben hat, wußten wir auch nicht.

Das war dann für uns ein ziemliches Chaos in Berlin, als der Kaiser abdankte und die Matrosenräte kamen. Es war ein furchtbares Durcheinander in der Stadt. Aber ansonsten sind wir mit denen gar nicht zusammengekommen oder konfrontiert worden. Der Krieg war verloren und der Kaiser nach Holland geflüchtet. Da haben wir gewußt, daß Deutschland kaputtgemacht worden ist. Das haben wir festgestellt ohne Wertung, was nun werden soll oder wie es weitergeht.

Nach der Schulzeit habe ich Gesang studiert. Ich hatte den Wunsch geäußert, zur Bühne zu gehen. Dem widersprach natürlich zuerst einmal mein Vater, weil er das als einen etwas lockeren Beruf empfand. Ich aber ließ nicht nach und sagte: »Ich kaufe mir dann lieber einen Hund und werde 'ne alte Jungfer! Aber ich will diesen Beruf ausüben!« So fing ich dann tatsächlich an zu studieren.

Ich wollte zuerst zum Sternschen Konservatorium, aber wie jedes Konservatorium war auch das eine Massenabfertigung, und so bin ich zu einem Privatopernsänger gegangen, um mich ausbilden zu lassen. Er war ein Wiener Opernsänger. Aber da er mir zuviel Sympathie entgegenbrachte, bin ich zu einem anderen Gesangslehrer gegangen. Er war ein Speziallehrer für Stimmbildung, und bei dem habe ich nach italienischen Vokalen meine Stimme ausbilden lassen. Es war zuerst trostlos. Man sang nur Vokalübungen und Etüden, und zwar alles auf italienisch!

Italienische Vokale wurden die Tonleiter rauf und runter variiert.

Ich bin als junges Mädchen viel ins Theater gegangen, und wir haben uns Opern angehört. Wir haben keine Möglichkeit ausgelassen, uns an schönen Stimmen und schöner Musik zu erfreuen. Die Staatsoper in Berlin war sehr gut und auch die Krolloper, wo ich schon als Elevin tätig war mit kleinen Rollen, als ich noch studierte. Und ich nahm Tanzunterricht bei einer Solotänzerin vom Opernballett. Sie gab Unterricht in orientalischen und anderen Tänzen, um die Grazie und die Beweglichkeit des Körpers zu fördern und eine gewisse Bühnensicherheit zu gewährleisten. Die Ausbildung dauerte vier Jahre. Da meine Stimme sehr umfangreich war, wollte ich ursprünglich eine Opernsoubrette werden. Ich sang mit Vorliebe Opern, bis mein Gesangslehrer zu mir sagte: »Sie sind die geborene Operettensängerin.«

Mein Vater mußte das Studium bezahlen, die Stunde Gesangsunterricht kostete zehn Mark, aber es war immer bloß eine halbe Stunde, zweimal die Woche. Und dann wurde zu Hause geübt! Ich hatte Lust am Singen. Es war die Lust, etwas nachzubilden, was man gar nicht war, Figuren zu schaffen und sich in sie hineinzuversetzen. Man war auf diese Weise mehr als ein kläglicher Mensch im privaten Leben. Du spielst eine lustige Witwe, bist es aber gar nicht! Oder du spielst eine Csárdásfürstin! Durch die Rolle des Menschen, den du darstellst, bekommst du selbst eine gewisse Sicherheit und auch eine Prägung, und das war eben das Schöne! Man ist im Leben nie fertig. Ich meine, man muß immer wieder an sich selbst arbeiten, sich auch immer wieder von anderen Personen anregen lassen, um daraus zu lernen.

Obwohl ich später viel Operette gesungen habe, hat's mich doch immer wieder zur großen Oper hingezogen. Es war für mich ein gewisser Konflikt: die Stimme war groß und umfangreich, aber ich war zu klein gewachsen für die Oper. Doch ich habe mit Freude und Inbrunst gesungen: ob das nun der *Freischütz* oder Mozart war, ob Haydn oder irgendwelche Szenen aus *Dalila*. Nicht daß ich ein Lied nur sang, ich habe auch nachgedacht, was ich singe und wie ich's bringen kann, damit es den Leuten eingeht und sie

1917

Florence als Soubrette, 1917

Florence als Soubrette, 1919

etwas dabei empfinden. Wenn ich heute darüber nachdenke, war ich ziemlich unglücklich, daß ich nach meiner Heirat meinen Beruf aufgeben mußte. Mein Mann wollte das so, und es ließ sich auch schlecht verbinden, die Proben im Theater und zu Hause der heimische Herd.

Mein erstes Engagement bekam ich in Berlin, im Thaliatheater, da war ich achtzehn Jahre. Es war ein altes Theater, und die Theaterwelt war für mich bunt und sehr turbulent. Aber ich bin bald aus Berlin weggegangen, weil dort eine Operette mindestens dreihundertmal auf dem Spielplan stand. Man konnte sich nicht richtig entfalten. Die Stücke wurden auch Sonntag nachmittag wiederholt, und das war eine furchtbar einseitige Angelegenheit! Dann bin ich auf die Idee gekommen, in die Provinz zu gehen. Dort war das Theater sehr abwechslungsreich, weil man alle vier Wochen eine andere Operette spielte.

Ich habe mich schwer von meinem Elternhaus gelöst. Das erste Engagement außerhalb Berlins war, glaube ich, 1918 an der holländischen Grenze. Ich war zweiundzwanzig Jahre alt. Da habe ich als Erste Sängerin gearbeitet und meine ersten großen Rollen gehabt. Das waren *Die Csárdásfürstin, Der Graf von Luxemburg, Naomi,* eine ganz alte ägyptische Operette, *Schwarzwaldmädel,* also Operetten, die damals gängig waren. Ich habe mich gefreut über diese Rollen, denn ich tanzte furchtbar gern, und die Musik war mein Leben! Das ist heute noch so. Es zieht an meinem Herzen, wenn ich Musik höre, sie ist auch etwas, was mich aufrechthält. Es gibt im Leben gar nichts Schöneres als Musik und Natur! Das ist etwas, was mich immer noch fasziniert! Und dann, im Theater Applaus zu bekommen und zu sehen: Du hast gefallen! Du bekommst gute Kritiken! Das war für mich ein Ansporn. Natürlich war das eine Scheinwelt, aber eine sehr schöne Welt. Ich war kein politischer Mensch, ich war ein musischer Mensch.

Ich arbeitete zunächst in kleineren Provinzstädten. Das Publikum war begierig, denn es gab ja in der Nachkriegszeit wenig kulturelle Betreuung. Da war es natürlich phantastisch, wenn den Zuschauern eine Theatergruppe eine Welt vorspielte, die sie sich vielleicht wünschten oder ein bißchen erträumten. Ich bin auch im Schwarzwald gewesen, im Sommerengagement, in Bad Wildbad. Dann bin ich

Gaſtſpiel des Wiener Operetten-Enſembles

Direktion: Luiſe Pipping.

Artiſtiſcher Direktor: Willy Pipping.

Gaſtſpiel Florence Lewinsky vom Thaliatheater in Berlin.

⚛ Beliebteſte Neuheit dieſer Saiſon! ⚛

„Schwarzwaldmädel"

Operette in 3 Akten von Auguſt Neidhart. Muſik von Leon Jeſſel.

Regie: Viktor Bachmann. Dirigent: Georg Pipping

Perſonen:

Bloſius Römer, Domkapellmeiſter	. . .	Emil Winternitz
Hannele, ſeine Tochter	. . .	Mathilde Pipping
Bärbele, bei Römer bedienſtet	. . .	Hermine Morenno
Jürgen, der Wirt vom „Blauen Ochſen"	.	Willy Pipping
Lorle, ſeine Tochter	. . .	Marie Klinger
Malwine von Hainau	. . .	**Florence Lewinsky** a. G.
Hans	. . .	Karl Minor
Richard	. . .	Viktor Bachmann
Die alte Traudel	. . .	Anny Reuter
Schmus, ein, ein Berliner	. . .	Franz von Klimaſch
Theobald	. . .	Willy Pipping
Die Handlung ſpielt in Sankt Chriſtoph im Schwarzwald gegenwärtig.		

Preiſe und Anfang wie gewöhnlich.

In Vorbereitung:

Im Narrenhaus, Der Regimentspapa, Ein Erntefeſt.

Plakat

wieder nach Berlin gegangen und von Berlin in ein neues
Engagement nach Gera. Dort war es sehr gut. Ich spielte
alle Rollen, die ich überhaupt in der Operettenwelt spielen
konnte, und hatte immer wieder sehr gute Kritiken.

In Gera habe ich übrigens einiges durchgemacht. Ich
kam damals in den Kapp-Putsch hinein. Es gab große
Schießereien in der Stadt. Die Putschisten sind auch ins
Theater gekommen und haben versucht, über uns zu
bestimmen. Ich konnte das alles nicht verstehen. Ich hab gar
nicht begriffen, warum die mit einemmal so rebellierten.

Wir konnten ja gar nichts dafür! Wir waren doch ein unabhängiges Theatervölkchen. Sie wollten tatsächlich die Direktion übernehmen und uns dort mundtot machen. Vielleicht haben sie gedacht, die Einnahmen wären ein Goldstrom, der da auf sie zukam, oder irgend so etwas. Das war doch nur ein kleines Privattheater, ein Operettentheater! Es leuchtete uns gar nicht ein, was sie überhaupt von uns wollten! Sie hatten doch keine Ahnung von Operette. Aber das ging dann alles vorbei und wurde niedergeschlagen.

Gera war schon damals eine Industriestadt mit achtzigtausend Einwohnern, eine sehr reiche Stadt mit vielen Arbeitern. Es war eigentlich schon immer eine sehr kommunistische Stadt. Aber es lebte sich dort insofern gut, weil es eine wunderschöne Umgebung hat, eine waldige Gegend. Ich muß sagen, ich war zu dieser Zeit sehr beliebt in Gera, also, man kannte mich.

Ich habe dort zuerst in einer Zweizimmerwohnung mit einer Kollegin zusammen gewohnt, die auch vom Thaliatheater in Berlin weggegangen war. Später haben wir uns getrennt, nicht im bösen, jede wollte eine Wohnung für sich allein haben, denn ich brauchte viel Platz. Ich brauchte ein Klavier und mußte sehr viel zu Hause üben und habe dann eine andere Wohnung genommen, auch mit zwei Zimmern.

Mit den Männern blieb es bei mir zunächst bei netten Flirts. So schnell zugänglich war ich nicht. Meinen Mann lernte ich bei uns im Theater kennen. Er hatte einen Tabakvertrieb im Großhandel, war selbständig und ist mir durch einen Bekannten, der zu unserem Theater gehörte, vorgestellt worden. Wir sind dann mal zu viert zum Essen gegangen, und daraus entstand eine nette Freundschaft. Er war mit dem Theater so verbunden, daß er keine Vorstellung versäumte und in einer Loge saß, um mich zu bewundern. Aus dieser Freundschaft wurde dann mit der Zeit eine richtige Liebe. Was mir so gefiel, war, daß er noch jung war, er war ja bloß anderthalb Jahre älter als ich. Er hatte ein wenig graue Schläfen, und das hat mich gereizt, er sah aus wie der englische Wilson, so ein bißchen englischer Typ, sehr sympathisch! Mein Mann war nicht jüdisch, sondern christlich. Das war für mich kein Konflikt. Er galt mir als Mensch sehr viel, und ich habe den Glauben gar nicht in Betracht gezogen. Meine Mutter kam dann zu Besuch, um mich mal zu sehen, und er führte uns aus. In ihrer Loyalität sagte sie zu ihm: »Na, wenn Sie mal nach Berlin kommen, dann sind Sie unser Gast.«

Am Ende der Saison im Theater fuhr ich nach Hause, nach Berlin. Meine Schwester war inzwischen verlobt, seit Mai 1920. Und dann hat mein Mann schriftlich bei meinem Vater um meine Hand angehalten. Mein Vater war erst skeptisch, vor allem, weil es kein Glaubensbruder war. Ja, er war skeptisch, doch dann hat er zu mir gesagt, er habe nichts dagegen, wenn er nur gut zu mir wäre. Das sei das ausschlaggebende. Wir haben ihn dann zu uns nach Hause eingeladen, doch mein Vater wollte nicht, daß er bei uns wohnt. Ich hatte einen richtigen Kampf zu bestehen und hab meinem Vater klargemacht, daß doch ein Eßzimmer zwischen uns läge und er bei meinem Vater schlafen könnte. Ich schlief ja hinten in userm alten Kinderzimmer, ja, das mußte alles berücksichtigt werden zu dieser Zeit! Die Eltern nahmen wohl immer noch an, wir glaubten an den Storch, so ungefähr. Aber wir haben schon vor der Ehe zusammen geschlafen, o ja, schon in Gera! Als er dann von Berlin abgefahren ist — er wußte, daß meine Schwester im Mai heiraten wollte —, hat er gesagt, da wollen wir uns verloben. Und so haben wir uns zur Hochzeit meiner Schwester verlobt.

Wir korrespondierten jeden Tag, hin und her, und sagten uns alles, was man eben sagt, wenn man jung ist, mit allen Liebesschwüren, die man auf dem Tapet hatte: daß man nicht voneinander lassen kann und daß es Liebe auf den ersten Blick war und dergleichen mehr. Ohne eine solche Zuneigung kann man einen solchen Bund überhaupt nicht eingehen! Wie man sagt: meine erste große Liebe! Der ist es und kein anderer! Und so war es auch.

Da mein Mann dann nicht wollte, daß ich wieder ins Engagement ging, haben wir beschlossen, im September zu heiraten. Das war 1920 in Berlin, und wir haben das groß zu Hause gefeiert. Weil mein Mann geschäftlich sehr gebunden war, haben wir keine Hochzeitsreise gemacht. Schwierig war es mit der Wohnungsfrage, bis wir in Gera eine Dreizimmerwohnung fanden, die der Hauswirt möbliert an uns vermietete.

Das Geschäft meines Mannes ging zunächst gut. Es war

Florence in der Berliner Wohnung, 1919

ein kleinerer Betrieb mit zwei Angestellten, in dem er selber noch alles übersehen konnte. Er lieferte fertige Tabakwaren — Zigarren und Zigaretten und dergleichen — an andere Geschäfte. Die Großhändler kamen zu ihm und haben die Waren abgeholt. Die Buchhaltung hat er selber gemacht.

Für mich war es sehr schmerzlich, vom Theater Abschied zu nehmen. Ich wollte immer noch was machen, aber mein Mann hielt mich davon ab. Vielleicht war es auch ein bißchen Eifersucht bei ihm, wenn er mich auf der Bühne sah mit anderen. Ich konnte ihm da nicht mal groß widersprechen, denn die Zuneigung war ja eine gegenseitige. Ich wollte ihm nicht weh tun. Theater muß man ganz machen oder gar nicht! Und da ich immer fürs Ganze bin, mußte ich dieser Sache Valet sagen. Das wäre heute nicht mehr der Fall. Ich denke: Ich hätte mich mehr durchsetzen müssen, um den Beruf, den ich wirklich liebte, doch auszuführen. Das hat mir lange, lange Jahre Schmerzen bereitet, wenn ich ins Theater ging und mir sagte: das hättest du auch machen können! Das war etwas, was mir lange an die Nieren gegangen ist. Ich habe es meinem Mann nicht übelgenommen, aber mich oft gefragt, ob ich es richtig gemacht habe, ob ich mein Leben auch voll ausgekostet habe, wie ich's hätte tun sollen, damit es genügend Sinn hatte. Ich hatte ja bei meinem Vater um diesen Beruf kämpfen müssen! Aber das Leben spielte uns nachher so sehr mit, als wir in die Jahre der Inflation hineingerieten, daß du viel mehr mit dem Gedanken beschäftigt warst, wie du überhaupt zu deinem Geld kommst. Das Geschäft meines Mannes lief wohl, aber wir wurden viel betrogen. Die Händler blieben das Geld schuldig für Zigarrenkisten, Zigarrenkästchen und so weiter. Ich hätte dazuverdienen können. Das war eben das Manko in unserer Ehe, das ich mir heute manchmal vorwerfe. Dann kam allerdings bald die Nazizeit, und ich hätte 1934 sowieso Berufsverbot bekommen.

Mitte der zwanziger Jahre mußten wir unser Geschäft schließen und kamen in eine schöne Pleite hinein, mit fünfzigtausend Mark Defizit. Wir mußten wieder neu anfangen. Mein Mann hat immer sehr bedauert, daß ich nicht Stenografie und Schreibmaschine lernen wollte. Alles, was kaufmännisch war, lag mir gar nicht. Mein Mann hat die nächste Arbeit genommen, die er bekommen konnte, eine Stellung als Akquisiteur bei der Geraer Zeitung: das hieß Inserate werben bei Firmen, die in der Zeitung Annoncen für ihre Produkte veröffentlichen wollten. Er reiste viel herum. Wir haben niemals gehungert und konnten unseren Verpflichtungen nachkommen. Aber es war keine ausreichende Beschäftigung für ihn.

Dann kam mein Mann auf die Idee, sich wieder selbständig zu machen, und hat Konzertprogramme verlegt, die man in Cafés, in denen Musik gemacht wurde, auf den Tisch legte. Wir haben uns von einem Maler die Köpfe von Komponisten zeichnen lassen, darunter war die Biographie des Komponisten gedruckt und auf der anderen Seite das Repertoire. Du konntest dann im Café zur Kapelle sagen, das und das Stück sollen sie mal spielen. Es gab keinen gelernten Musiker, der nicht aus einer Oper dieses oder jenes spielen konnte.

Danach hat sich eine Firma aus Amerika in Halle niedergelassen, und zwar mit Reklamegeschenkartikeln, Werbegeschenken für Großfirmen: Schreibgeräte, Kalender, Luftballons und was es so alles gibt. Mein Mann hat für diese Firma Reisen getätigt. Großfirmen, Großhändler und dergleichen haben das Zeug in Massen abgenommen. Mein Mann arbeitete auf Provision, ohne festes Gehalt, dadurch konnten wir uns ganz gut über Wasser halten.

Ich war sehr viel allein. Aber ich bin ins Konzert und Theater gegangen und hatte einen netten Freundeskreis. Was ich für gut befand, konnte ich machen. Mein Tagesablauf war der einer normalen Hausfrau. Wir hatten keine Kinder, obwohl ich mir immer welche gewünscht habe. Ich war deshalb zehn Jahre in Behandlung. Aber es war mir leider nicht vergönnt, Kinder zu bekommen. Der Arzt meinte, es wäre eine Knickung meiner Gebärmutter. Ich bin operiert worden, aber es hat sich nichts eingestellt. Dann hab ich Massagen bekommen, die waren damals modern, haben aber auch nicht geholfen. Ein anderer Arzt sagte, ich müßte mir vielleicht die Mutterbänder kürzen lassen. Aber der erste Arzt, der mich operierte, hatte gesagt, ich sollte mal in einem Wasserglas das Sperma meines Mannes auffangen. Er wollte es mikroskopisch untersuchen, ob es vielleicht an meinem Mann läge. Das war eine schwierige Entscheidung. Mein Mann fand das komisch, er wollte das nicht. Und er wollte auch nicht, daß ich mir die Mutterbänder kürzen lasse. Er hat gesagt, nein, es wäre Unsinn, daß ich mich noch einmal schneiden lasse, und die Zeit war ja auch schon kritisch für uns. Es waren über zehn Jahre vergangen, und in den dreißiger Jahren haben die Nazis schon gebohrt. Wer nicht ganz weltfremd war, der hat gewußt, was kommen würde. Dadurch ist mein Leben leider kinderlos geblieben. Ich hab manchmal, wenn ich Kinder gesehen habe, geweint, daß ich keine hatte. Ein Kind zu adoptieren hatte ich Vorurteile. Heute hätte man das vielleicht nicht mehr. Man wußte ja nicht, woher das Kind stammte, aus was für einer Familie. Und in meiner Situation, bei dieser doppelten Religion in unserer Ehe, war mir klar, daß das nicht gehen würde, nicht in dieser Zeit.

Ich war also Hausfrau, habe viel gelesen und auch die Zeit mit Besuchen bei Freunden verbracht. Der Alltag hat ja nichts anderes geboten. Dann bin ich immer mit unseren Hunden spazierengegangen. Es gibt nichts Treueres als einen Hund. Barnay, ein Schriftsteller, hat einmal gesagt: »Seit ich die Menschen kenne, liebe ich die Tiere.« Das mag zynisch klingen, aber es ist nicht so. Ich habe in meiner Konzentrationslagerzeit meinen Hund glühend beneidet, der zu Hause lag.

Mein Mann war ein ausgesprochen liberaler Mensch. Das Wort Politik, muß ich sagen, war mir fast ein Fremdwort. So wenig haben wir uns mit Politik beschäftigt. Es gab ja genug im Leben, worüber man sprechen konnte: über Geschäfte, wie es weitergehen soll gerade in diesen Zeiten. Was fängt man an? Wie kann man am besten durchkommen? Wie kann man sein Leben besser gestalten? Das hatte ja mit der Politik überhaupt nichts zu tun. Man hat mal was in der Zeitung gelesen, aber das legte man ad acta. Wir haben uns nicht damit beschäftigt. In dieser ganzen Nachkriegswelt war das Hauptproblem, mit dem Rücken an die Wand zu kommen. Wir haben ja diese Inflation erlebt, wo das Geld gar nichts mehr getaugt hat.

In den späten zwanziger Jahren, als man schon viel von Hitler gesprochen hat, ging uns die Sache natürlich durch den Kopf. Denn es sickerte vieles durch, daß er zum Beispiel auf der Festung da oben sein Buch *Mein Kampf* geschrieben hat. Wir wußten zwar nicht, was darin stand, aber wir haben uns gesagt, nach dem, was wir hörten, es ist schade, daß man den Gefreiten im ersten Weltkrieg nicht erschossen hat. Denn wenn Hitler kommt, dann wird es eine ziemlich kritische Angelegenheit, obwohl wir natürlich noch nicht sein Programm kannten. Er war für uns ein Nichts. Daß er ans Ruder kommen sollte, erschien uns abnorm. Ein kleiner Gefreiter, der über Deutschland bestimmen wollte, das war doch eine Abnormität! Der Antisemitismus ging uns erst auf, als die Maßnahmen krasser wurden, also mit dem Boykott der jüdischen Geschäfte, Anfang 1934. Da haben sie schon bei meinem Schwager in Berlin das Geschäft demoliert.

Wir blieben zuerst unbehelligt, nach 1933, weil ich in einer »privilegierten Mischehe« lebte, wie die Nazis sagten. Ich habe zunächst nie gedacht, daß man uns überhaupt irgendwas am Zeug flicken könnte. Aber es gab viele, die sich später das Leben genommen haben, wie der Schauspieler Gottschalk, der mit einer Jüdin verheiratet war. Auch viele Juden, die das nicht verkraften konnten, haben sich aufgehängt.

Dann hat Hitler in Gera eine große Rede gehalten, die erste große Rede, zu der ich mit Freunden hingegangen bin. Wir waren die einzigen, die am Schluß dieser Kundgebung keine Hand gehoben haben. Es gab verschiedene Erste-Mai-Umzüge, da hat man auch Juden, die das Eiserne Kreuz erster Klasse aus dem ersten Weltkrieg trugen, mitmarschieren lassen. Wir haben die Sache zuerst gar nicht so schwarzgesehen, weil wir uns sagten: Wenn die an die Regierung kommen, dauert es gar nicht lange, und der Spuk geht vorüber. Aber der Spuk wurde immer furchtbarer. Ich erfuhr natürlich durch meine Eltern von diesem furchtbaren Spektakel in Berlin und von dem Beschmieren der jüdischen Geschäfte. Auch in Gera schmierte man an viele jüdische Geschäfte die Aufforderung, beim Juden nichts zu kaufen.

Dann kam 1938 die »Kristallnacht«. Das war für uns eine schmerzhafte Erfahrung. Wir waren wie von Sinnen. Wir haben gesagt, so was kann doch gar nicht möglich sein! Warum? Was haben wir ihnen getan? Wir waren anständige Staatsbürger! Wir haben unsere Steuern bezahlt! Wir haben uns immer menschlich benommen! Wo war der Unterschied zwischen den anderen und uns? Das haben wir gar nicht begriffen. Wir waren so schrecklich verletzt, als man von uns sagte: Die Juden sind der Abschaum der Menschheit. Warum sollten wir der Abschaum der Menschheit sein? Wir haben den Deutschen Gutes gebracht. Wir haben auch der Welt Gutes getan. Denk doch an Heinrich Heine! Was hat er den Deutschen gegeben! Wenn er auch umgetauft worden ist – er stand schon im Zwiespalt: komm ich als Christ weiter oder als Jude – kam er doch von seinem Judentum nicht los. Was haben die großen Maler Deutschland gebracht, wie Liebermann, Wissenschaftler wie Einstein, die Ärzte, die phantastischen Chirurgen! Warum sind sie nun als Juden gebrandmarkt worden, bloß weil sie aus einem jüdischen Mutterleib gekommen sind?! Ich kann mir doch nicht aussuchen, wo ich hineingeboren werde! Was hatten wir diesem Mann getan, daß er solch furchtbare Rache an dem Judentum nehmen wollte? Wie willst du dafür Erklärungen finden? Es gibt in jeder Kategorie Menschen, ob Katholiken, Christen, Juden und so weiter, die gut oder böse sind. Wofür sollten wir bestraft werden? Was hatten wir Böses getan, daß wir unvermittelt wie Ungeziefer betrachtet wurden? Wir hatten plötzlich alle, wie Kriminelle, einen Steckbrief.

Da ich in Gera ziemlich bekannt war und man wußte, daß ich Jüdin war, hat mein Mann gedacht, wir könnten vielleicht freier leben, wenn wir unseren Wohnsitz nach Erfurt verlegten, wo wir unbekannt waren. Einige Freunde hatten sich schon von mir zurückgezogen. 1937 sind wir deshalb nach Erfurt gezogen.

Wir sind nicht emigriert, weil wir nicht das Geld dazu hatten. Wir hatten wohl im Sinn, mal in die Schweiz zu gehen, aber da mußtest du erst mal so viel Geld haben, daß du davon in der Schweiz leben konntest. Und das hatten wir nicht. Wir mußten abwarten, was überhaupt aus der ganzen Sache wurde. Und wo sollte ich hinflüchten? Ich hatte ja kein Unterkommen. Ich hätte mich auch nicht von meinem Mann getrennt. Wir lebten auch immer noch in dem Wahn, daß dieser Spuk nicht lange dauern würde. Aber es kam alles anders.

Man weiß nie, wenn man etwas tut, macht man es richtig oder macht man es falsch? Erst die Zukunft lehrt, was wir wirklich imstande sind zu bewältigen. Mein Mann hat nie erwogen, sich von mir scheiden zu lassen. Als man mich schon geholt hatte und mein Mann zur Gestapo nach Berlin gefahren ist und um meine Freilassung gebeten hat – er war inzwischen lungenkrank geworden –, da haben die gesagt: »Sie hatten vierundzwanzig Jahre Zeit, um sich scheiden zu lassen!« Da hat er zu denen gesagt: »Ich möchte von Ihnen einen Rat haben, aber keine Vorschriften.« Das hat er mir später erzählt, als ich aus dem Konzentrationslager zurückkam.

In Erfurt haben wir zunächst in einer netten Viereinhalbzimmerwohnung gelebt, und man hat zuerst nicht gewußt, daß ich Jüdin bin. Das war schon die Zeit, in der man für die Winterhilfe sammelte. Da ist man an mich herangetreten und hat gefragt, ob ich nicht mitmachen wollte. Ich hab ja gesagt. Doch mein Mann meinte: »Du setzt dir Nesseln in den Pelz, wenn du, ohne was zu sagen, für die Winterhilfe sammelst.« Nun, da hab ich ihnen, als sie das zweite Mal zu mir kamen, gesagt: »Ich kann das nicht mehr machen, ich bin Jüdin.«

Nun wußten sie also, daß ich Jüdin bin. Da gab es damals die Blockwarte, die plötzlich ganz formell mit mir getan haben. Aber in meinem Haus lebten fast alles anständige Menschen, von denen ich sagen kann: Ich bin ihnen heute noch dankbar. Ich habe heute noch Kontakt mit der Tochter von Leuten, die wirklich auf meiner Seite waren.

Wir lebten also in diesem ungewissen Zustand dahin. Mein Mann ist seiner Tätigkeit nachgegangen. Er hat dann eine große Firma in Nürnberg vertreten, sie handelte unter anderem mit Feuerschutzanstrichen, Frostschutzmitteln und Chemikalien für Baustoffe. Er war oft auf Reisen, er mußte die Baustellen besuchen. Wir hatten auch ein Auto. Der Verkauf ging gut, besonders im Winter, wenn Frostschutzmittel gebraucht wurden in Gegenden, wo große Wohnkomplexe gebaut wurden. Das Geschäft war so einträglich, daß wir unseren Lebensunterhalt verdienen konnten, ohne Hunger zu leiden. Wir kamen zu keinen Reichtümern, hatten aber immer eine anständige Wohnung und eine gutbürgerliche Einrichtung.

Meine Angehörigen in Berlin haben zuerst mehr gelitten als ich. Sie hatten Verbot, auf einen Markt zu gehen, und kamen an viele Waren nicht mehr heran. So blieb es an uns, meine Berliner Familie mit Paketen zu unterstützen. Ich lebte in ständiger Angst, daß meine Angehörigen in Not geraten könnten, daß man sie abholen würde. Bei jedem Klingeln schreckte man zusammen, ob nicht die Gestapo draußen stünde und einen unter irgendeinem Vorwand abholte. Gerade nach 1938 sind ja die Gesetze dermaßen verschärft worden, daß wir keine Atempause in unserem Leben mehr hatten. Wir wußten nicht, was unser Leben noch wert ist.

Mein Vater hat sich das alles sehr zu Herzen genommen nach dem ersten Boykott der jüdischen Geschäfte 1934. Vor lauter Angst und Schrecken hat er einen Schlaganfall bekommen, und wir mußten ihn leider bald zur Ruhe betten. Er konnte es nicht verwinden, daß man uns so etwas angetan hatte. Er ist auf dem jüdischen Friedhof in Weißensee begraben worden. Gott sei Dank hat er nicht mehr erlebt, wie sich der mörderische Faschismus zuspitzte. Ich bin dankbar dafür.

Meine Mutter lebte dann in Berlin mit meiner Schwester zusammen, die in einer jüdischen Ehe verheiratet war. Sie hatten ein Möbelgeschäft in Berlin. Der Ehe meiner Schwester sind zwei Jungen entsprossen. Die Jungen mußten die Schule verlassen, der eine mit sechzehn, der andere mit fünfzehn Jahren. Sie wurden zur Zwangsarbeit bei einer Speditionsfirma verpflichtet. Dann kam die Verordnung, daß man den Judenstern tragen mußte. Die beiden Jungen mußten sich den Judenstern anheften, auch mein Schwager und meine Schwester, und sie mußten jeden Tag zur Zwangsarbeit gehen. Wir lebten ständig in der Angst, daß sie unterwegs angepöbelt würden und daß man sie gleich verschleppte. Es war ein Hangen und Bangen in jedem Augenblick, in jeder Phase unseres damaligen Daseins! Das Wort »Jude« mußte an der Wohnungstür stehen. Männer mußten zusätzlich den Namen Israel und Frauen den Namen Sara tragen. In der jüdischen Bedeutung sind beide Namen etwas sehr Gutes, was die Nazis natürlich nicht gewußt haben. Sara heißt eigentlich »die Göttliche« und Israel war ja unser Herkunftsland.

Die Eltern, Berlin, 1926

Ich war durch die »privilegierte« Ehe vom Tragen eines Judensterns befreit. Aber ich mußte mich registrieren lassen und nach Berlin fahren und mir in meinen Geburtsschein den Namen Sara einfügen lassen: Sara Florence Singewald.

Wir sind dann in Erfurt sehr viel von der Gestapo vorgeladen worden. Schon die Tage vorher waren für uns bange Tage. Wir haben nie gewußt, ob wir nun rechts oder links gegangen sind oder was wir verbrochen haben, um vorgeladen zu werden. Sie wollten zum Beispiel, daß ich aus dem Zimmer gehe, wenn wir zu Hause Besuch von unserer christlichen Verwandtschaft hatten! Sie haben mir jeden Verkehr mit ihnen verboten. Die Juden durften auch keine Straßenbahn mehr fahren. Es gab nachher ein Gesetz, daß wir auch nicht mehr öffentlich einkaufen durften. Man richtete eine Stelle in einer Gasanstalt in Erfurt ein, wo die jüdischen Bürger ihre Lebensmittelrationen bestellen konnten. Die bestellten Waren konnten sie dann in einem Geschäft abholen. Sie wurden dort in einem extra Raum ausgegeben, damit die andere Bevölkerung nicht mit den Juden in Berührung kam.

Da ich in einer »privilegierten« Ehe lebte, bekam ich eine Einkaufszeit von morgens um acht bis um zehn Uhr. In der Zeit konnte ich dann meine Sachen bei einem in der Nähe gelegenen Kaufmann bekommen. Es gab Leute, die gewußt haben, wer ich bin, und die mich trotzdem anständig bedienten, das waren aber Ausnahmen. Ich hatte einen Nachbarn, der der Milchfrau verboten hat, mir Milch zu liefern. Er hat gesagt, ich brauchte keine Milch als Jüdin. Ich hatte dann auch viel Kalamitäten mit meiner Hauswirtin. Ihre Tochter war mit einem SS-Mann verheiratet. Man verbot mir bei Ausbruch des Krieges, in den Luftschutzkeller zu gehen. Ich bewohnte eine Parterrewohnung und konnte in dieser verbleiben. Gott sei Dank hatte ich aber auch sehr gute Hausgenossen, wo Kleinkinder waren, die sich mir zugesellten und nicht auf die Worte dieser Hauswirtin hörten. Ich bin nie in den Luftschutzkeller gegangen und habe gewartet, bis entwarnt wurde.

Es war wohl Ende August 1939, da kam ich von einem Spaziergang nach Hause und sah meinen Mann schon von ferne winken und mich zur Eile antreiben. Er verkündete mir, daß er zum Militär einberufen würde. Er müßte in den Felsenkeller in Erfurt, zu einer Beschaffungskommission für Lastkraftwagen und Personenautos. Wir wußten noch gar nicht, was das war. Das war drei Tage vor der Mobilmachung, als Hitler mit dem Krieg anfing und in Polen einmar-

Florence Singewald, Erfurt, 1941

schierte. Mein Mann mußte dort arbeiten, konnte aber abends nach Hause kommen. Zuerst in Zivil, mit Armbinde, 1940 wurde er in Uniform gesteckt und war viel unterwegs, um Personenautos und Lastwagen von der Bevölkerung zu requirieren. Erst 1941 suchte man wohl Akten hervor, woraus hervorging, daß er mit einer Jüdin verheiratet war. Er wurde sofort aus dem Wehrdienst entlassen und arbeitete wieder in seinem Geschäft, was er sowieso unterderhand immer noch weitergeführt hatte, weil die Bestellungen schriftlich von unseren Geschäftsfreunden kamen.

Der Schrecken des Krieges war über uns hereingebrochen. Es gab viele schlaflose Nächte, es gab viel Fliegeralarm. 1942 bekam ich die Nachricht aus Berlin mit einer Karte, daß die Stunde des Abschieds geschlagen hat. »Wir werden alle deportiert«, schrieb mir eine Freundin der Familie. Meine Mutter kam in ein Sammellager in das Altersheim Gerlachstraße. Meine Schwester wurde von ihren Kindern und ihrem Mann getrennt. Wo sie hingekommen ist, weiß ich nicht. Mein Schwager mit den beiden Jungen kam nach Jawischowitz bei Auschwitz in ein Kohlenrevierlager. Die Kinder waren keine zwanzig Jahre, meine Tante, die mit meinen Angehörigen fast Haus an Haus wohnte, wurde in blindem Zustand deportiert. Man hat nicht danach gefragt, ob sie krank oder behindert ist, man hat sie einfach aus dem Weg geräumt, wie man einen Lumpen wegschmeißt, den man nicht mehr braucht.

Meine Mutter kam nach Theresienstadt. Sie schrieb noch furchtbare Briefe aus dem Lager in der Gerlachstraße. Ich habe mich sofort aufgemacht und bin nach Berlin gefahren, um meine Mutter noch einmal zu sehen. Was sich dort an Tragödien, an Dramatik abgespielt hat, kann man nicht in Worte kleiden, es ist einfach unmöglich! In diesem Altersheim suchten Kinder ihre Eltern, Eltern suchten die Kinder. Es gab keine richtige Ernährung. Solange ich noch konnte und zu Hause war, habe ich versucht, Brot zu schicken und etliche Lebensmittel, bis ich dann die erste Nachricht von meiner Mutter aus Theresienstadt empfing.

Ich durfte auch kleine Pakete mit Lebensmitteln schicken, und sie konnte sich schriftlich bedanken, bis wieder neue Gesetze kamen und sie nur noch kurz auf einer vorgedruckten Karte schreiben konnte: »Deine Sachen habe ich

Sie können unter Benutzung der Ihnen von Ihrer Frau Mutter mitgeteilten Anschrift den Postverkehr mit ihr eröffnen.

Postverkehr mit Einwohnern von Theresienstadt

ist unter folgenden Bedingungen zugelassen:

1. Es kann höchstens <u>dreimal</u> im Monat eine Postkarte in deutscher Sprache und in d e u t l i c h e r Schrift, möglichst Block- oder Maschinenschrift, geschrieben werden.

2. Die Postkarte ist mit der genauen Anschrift des Empfängers in Theresienstadt, wie sie auf seinem Schreiben angegeben ist, zu versehen und <u>unfrankiert</u> in einen Briefumschlag zu legen, der mit der Anschrift der
    Reichsvereinigung der Juden in Deutschland
    Berlin- Charlottenburg 2, Kantstrasse 158,
    - zu dem Aktenzeichen VII Pr.-
zu versehen und mit der Post einzusenden ist. Die Weiterleitung erfolgt alsdann durch die Reichsvereinigung.

3. Ausserdem ist <u>einmal</u> monatlich die Zusendung eines Liebesgabenpakets in der Grösse eines Feldpostpäckchens jedoch nur bis zum Höchstgewicht von 1 kg <u>ohne</u> schriftliche Mitteilungen zulässig. Es ist - mit der Anschrift des Empfängers in Theresienstadt versehen - <u>unmittelbar</u> an diesen durch die Post zu senden.

4. Postkarten und Päckchen dürfen erst gesandt werden, nachdem der Einwohner von Theresienstadt seine Anschrift persönlich mitgeteilt hat. Anfragen nach Anschriften bei Dienststellen sind zu unterlassen.
Genaueste Beachtung ist erforderlich, da Zuwiderhandlungen die Gefahr der Einstellung des Postverkehrs zur Folge haben.

                    REICHSVEREINIGUNG DER JUDEN IN DEUTSCHLAND
- 58/43

Dokument

erhalten, Mutter.« In der Gruppe, mit der meine Mutter nach Theresienstadt deportiert wurde, war ein Kamerad meines Schwagers aus dem Jüdischen Frontkämpferbund. Er hatte mir versprochen, auf meine Mutter achtzugeben und sie eventuell etwas zu betreuen. 1943 bekam ich dann von ihm die Nachricht, daß meine Mutter in Theresienstadt an einer Lungenentzündung verstorben sei.

Die Lage wurde auch für mich in Erfurt immer brenzliger, die Verhöre der Gestapo nahmen zu. Die Gestapo hat nicht nur mich vorgeladen. Sie hat alle Juden aus der Gemeinde Erfurt vorgeladen, um ihnen irgendwelche »Verfehlungen« unter die Nase zu reiben oder über Dinge zu informieren, die wir ja durch das Gesetzblatt schon kannten, Situationen, die wir vermeiden mußten, um nicht gleich deportiert zu werden. Wir waren ständig unter Aufsicht. Ich habe nie gewußt, daß auch mein Telefon abgehört worden ist.

Die Kinder meiner Schwester schrieben mir aus Jawischowitz und fragten an, ob ich was von ihrer Mutter gehört

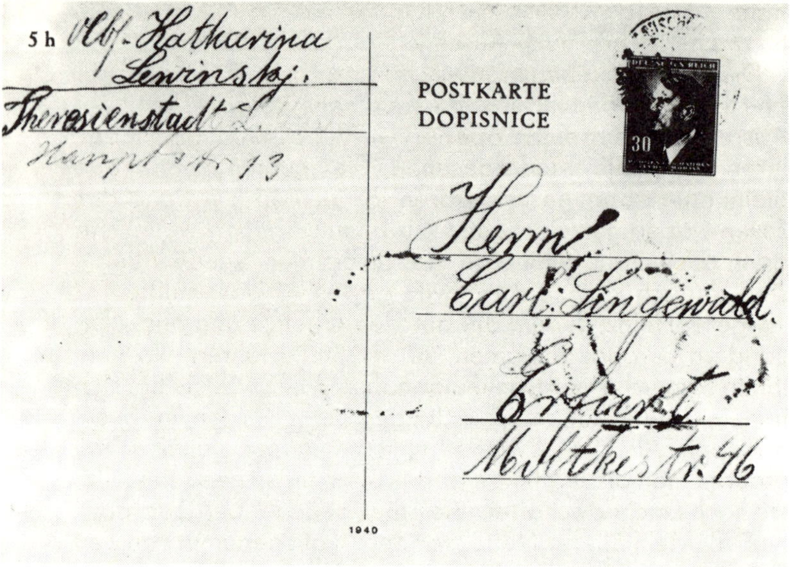

POSTKARTE
DOPISNICE

5 h *Vbf. Katharina Lewinsky.*
Theresienstadt
Haupt str. 13

Herrn
Carl Lingewald
Erfurt
16 Moltkestr. 46

1940

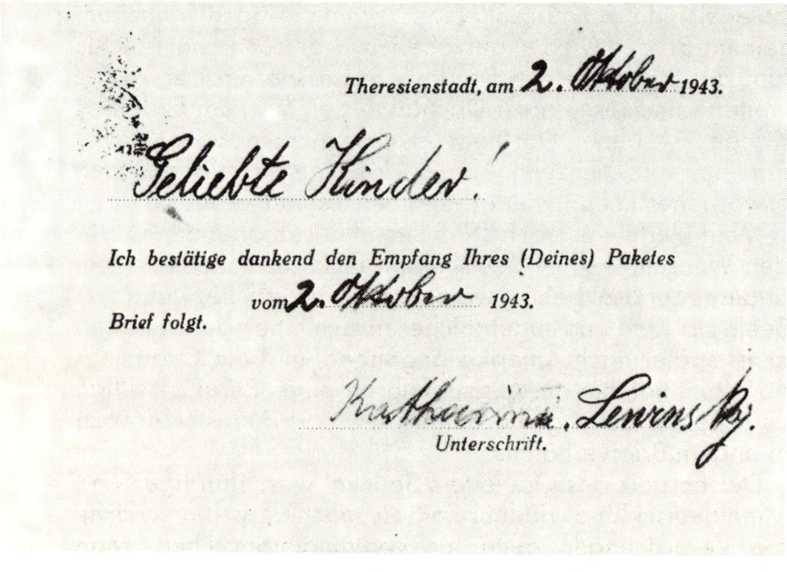

Theresienstadt, am **2. Oktober** 1943.

Geliebte Kinder!

Ich bestätige dankend den Empfang Ihres (Deines) Paketes
vom **2. Oktober** 1943.
Brief folgt.

Katharina Lewinsky
Unterschrift.

Postkarte der Mutter aus Theresienstadt

hätte. Aber ich wußte nichts. Ich nahm an, daß man meine Schwester gleich nach Auschwitz abgeschoben hatte.

Die beiden blieben in Jawischowitz. Ihren Vater, der sehr an Hämorrhoiden litt, schaffte man nach Auschwitz, mit der Ausrede, er würde dort operiert werden. Die Jungen haben ihren Vater nie wiedergesehen. Sie mußten unter Tage Steinkohle abbauen. Sie waren ja noch so jung, und das Essen war so gut wie nichts. Wir konnten leider, weil ich ja dann auch verhaftet wurde, gar nichts mehr senden. Beide sind danach kurz in Auschwitz gewesen. Dort mußte der Jüngere, Heinz, Juden, die aus den Ghettos und aus allen Ländern Europas ankamen, zu der Stelle führen, wo man ihnen sämtliche Wertsachen abnahm, alles, was sie bei sich hatten. Später hat man die Jungen nach Buchenwald verschleppt. Als die sowjetische Front immer näherrückte, glaubte man die Häftlinge dort nicht mehr sicher und wollte sie nach Dachau schaffen. Sie gingen wieder auf Transport, zu Fuß. Mein älterer Neffe war derart ausgepumpt von den Entbehrungen und von der Arbeit, daß er sich irgendwo vor Dachau fallen ließ. Heinz blieb vor ihm stehen und tat so, als ob er sich die Schnürsenkel in Ordnung bringen wollte, um seinem Bruder wieder aufzuhelfen. Aber er konnte nichts tun, die SS hat seinen Bruder erschossen, und er mußte weitermarschieren nach Dachau, wo er bis zum Ende des Krieges verblieb. Dort hat er als einziger von unserer Familie, von sechzehn Angehörigen außer mir, sein neu erworbenes Leben wiederbeginnen können.

Mein Neffe war nach 1945 zuerst in Halle, aber er hatte den Wunsch, weil er Deutschland nicht mehr liebte, in ein anderes Land zu gehen, wo er vergessen konnte, was seine Seele als Kind und Jugendlicher in sich hineingesogen hat. Er ist später nach Amerika gegangen, und die Organisation Joint hat ihm die Ausbildung für einen Beruf bewilligt. Er ist Reklamechef geworden in New York. Wir stehen noch in engem Briefverhältnis.

Der Ehrgeiz des Gauleiters Sauckel war, Thüringen und Mitteldeutschland »judenrein« zu machen. Er verschärfte die Verordnungen auch für »privilegierte« Ehen. Man konnte das daraus ersehen, daß wir immer öfter zur Gestapo vorgeladen wurden, daß man uns Vorschriften auftischte, die für eine privilegierte Ehe eigentlich nicht in

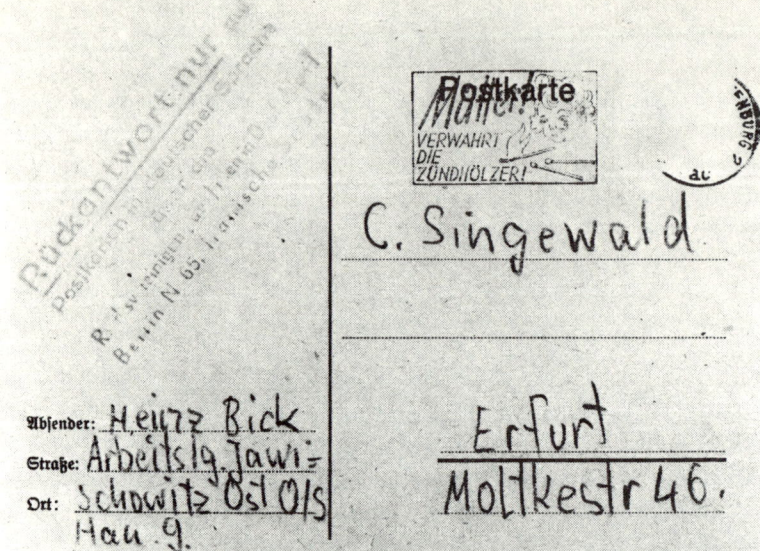

Postkarte

VERWAHRT
DIE
ZÜNDHÖLZER!

C. Singewald

Absender: Heinz Bick
Straße: Arbeitslg. Jawi=
Ort: Schowitz Ost O/S
Hau. 9.

Erfurt
Moltkestr 46.

Meine Lieben!

Habe von Euch lange keine Nachricht
von E erhalten? Wundern uns sehr.
Wir sind alle 3 noch zusammen.
Sonst geht es uns gut, hoffe von
Euch das gleiche. Habt ihr von Balla
o. Käte gehört. Schreibt bald.

Herzlichste Grüße u. Küsse
von Heinz

Postkarte von Heinz Bick aus Jawischowitz

Der Bruder von Heinz Bick, um 1942

Heinz Bick mit Frau Lilly, New York, 1953

Frage kamen. Man wollte uns damit sagen, wir sind die Herren, euer Leben ist nur geduldet!, und uns in Angst und Schrecken versetzen.

Ich hatte mich mit einer Freundin verabredet, um mit ihr in ein Kino zu gehen, nachmittags. Ich muß sagen, ich hatte ein furchtbar schlechtes Vorgefühl, aber sie hatte nicht viele Freundschaften und hing an mir. Ich habe zugesagt, obwohl ich wußte, für Juden war der Besuch von Kino, Theater, Konzert und so weiter strengstens verboten. Meine Freundin wurde schon in dem Kino verhaftet. Sie war christlichen Glaubens. Sie hatte zwei kleine Kinder zu Hause. Die Gestapo verhörte sie, ließ sie dann aber wieder gehen und hat ihr natürlich verboten, mit mir Kontakt aufzunehmen. Am Tage darauf wurde ich vor die Gestapo geladen, und man hielt mir meinen Gang in das betreffende Kino vor und fragte, ob ich nicht wüßte, daß das verboten sei. Ich bin gar nicht auf den Gedanken gekommen, woher sie das wissen konnten. Aber es stellte sich heraus, daß der verhörende Gestapomann zur gleichen Zeit in dem Kino gewesen war und mich beobachtet hatte. Der Gestapobeamte war ein Wolf im Schafspelz. Er war ein gutaussehender Mann, aber ein Judenhasser. Ich mußte einen Zettel unterschreiben, daß ich nie wieder ein Kino betrete. Da ich gewußt habe, daß man mir daraus einen Strick drehen würde, machte sich mein Mann auf und ging zur Gestapo und fragte, ob mir dadurch irgendwelche Nachteile entstehen könnten. Der Beamte sagte, das würde an höherer Stelle entschieden. Ich saß natürlich wie auf einem Pulverfaß. Ich wußte, das ist das Ende, man wird mich festnehmen.

Es war vielleicht eine Woche später, daß man mich wieder zur Gestapo bestellte. Mein Mann begleitete mich, blieb aber draußen. Ich mußte drinnen einen roten Zettel unterschreiben, daß ich verhaftet worden bin. Dann mußte ich warten, bis sie verschiedene Häftlinge gesammelt hatten, Bibelforscher oder Leute, die sich mit jüdischen Mitbürgern befaßt hatten. Man schaffte uns mit einer grünen Minna, wie wir in Berlin dazu sagten, also mit einem Gefängniswagen hinauf auf den Petersberg in Erfurt. Das war ein Gefängnis. Wir wurden in eine Gefängniszelle gesperrt, etwa zehn Frauen. Ich hatte meinen Koffer vorher gepackt und hatte sogar in einer Tasche das Schlafmittel Veronal, denn ich habe gedacht, besser ein Ende mit Schrecken als ein Schrecken ohne Ende. Ich hatte auch Geld mit, denn wir lebten in dem Wahn, daß ich, wenn ich in ein Lager käme, mir eventuell was zu essen kaufen könnte. Aber es war alles fehl am Platze. Man hat mir auf dem Petersberg alle Sachen weggenommen.

Mein Mann ist, solange ich auf dem Petersberg saß, noch mal nach Berlin zur Gestapo gefahren. 1941 hatte er sich ein Lungenleiden zugezogen. Er wollte mich rausreißen, sagte, zur Pflege seines Gesundheitszustandes brauche er eine weibliche Hand, seine Frau. Er mußte unverrichteter-dinge zurückfahren.

In der Zwischenzeit schickte man mich auf Transport. Ich kam mit verschiedenen andern erst mal nach Weimar. Dort machte ich im Staatsgefängnis ein paar Tage ein Marty-rium durch, das man mit Worten nicht beschreiben kann. Die Welt war für mich untergegangen. Von Weimar aus wurde ich von Polizisten zum Bahnhof geführt. Aus dem Gestapogebäude kam eine Glaubensgenossin mit dem gelben Stern, die sich zu mir gesellte. Sie war nur zu einem Briefkasten gegangen und hatte dabei die Vorschrift des Sterntragens vergessen, deshalb war sie verhaftet worden. Sie stammte aus der Rhön. Wir kamen zusammen auf Transport. Wir klagten nur immer: Werden wir überleben? Was wird mit uns geschehen, werden wir unser Haus noch einmal wiedersehen? Werden wir unsere Männer wieder-sehen? Wird sie ihr Kind und werden wir unsere Eltern nochmal wiedersehen?

Zuerst sind wir nach Plauen gekommen, wo wir wie-derum in einem Gefängnis saßen und der Dinge harrten, die mit uns geschehen würden. Wir mußten durch die Straßen ziehen wie Verurteilte, die man zum Schafott leitet. Ich hatte ein Kostüm an und einen dicken Ulster über dem Arm für eventuelle kältere Tage. Von Plauen ging ein Transport nach Dresden. Dort kamen wir in ein großes Gefängnis, das war vollkommen aus Glas, damit man alles sehen konnte, die Treppen und alle Zellen. Ich bin immer mit dieser Kameradin zusammen gewesen, auch als wir dann nach zehn Tagen in einen Gefängniswagen gesteckt wurden. Es war ein verschlossener Gefängniswagen, der an einen normalen Personenzug angehängt wurde. Da habe ich mit dieser Kameradin drin gesessen, bis wir endlich Auschwitz erreichten. Die anderen kamen alle in Viehwaggons. Ich will das als Zufall bezeichnen, daß ich mit ihr allein auf Transport gegangen bin.

In Auschwitz wurden wir von Wachposten in das Lager geführt. Über dem Tor stand in eisernen Lettern »Arbeit macht frei«. Als ich durch das Tor des Lagers ging, das mit einem elektrischen Todesdraht umzäunt war, habe ich diese furchtbar ausgemergelten Gestalten gesehen, die uns entgegenkamen, und der Himmel stürzte für mich ein. Ich habe gedacht: Wie lange werden wir hier noch atmen?

Man brachte uns in einen Registrierraum. Jeder Häftling bekam eine Nummer in den Arm eintätowiert, ohne Betäubung. Ich hatte die Häftlingsnummer 87019. Sie war auch auf meiner Jacke. Ich trug noch am Ärmel einen roten Winkel, obwohl ich gar keine »Politische« war. Es gab verschiedene Winkel im Lager: schwarze Winkel für die Asozialen und Kriminellen, rosa Winkel für die Homosexuellen, rote für die Politischen. Das hieß »Schädlinge für das Vaterland«.

Wir mußten uns ausziehen, und man steckte uns in völlig unpassende, fremde Kleider, die vielleicht vor uns Menschen getragen hatten, die inzwischen gestorben waren. Ich erinnere mich, daß ich ein Hemd bekam mit ausgewaschenen Flecken, ein blaues Sommerkleid, einen gelben und einen blauen Schuh, nicht meine Größe. Wir bekamen eine Schüssel fürs Essen. Wir hatten weder eine Zahnbürste noch Waschzeug, keinen Seiflappen, kein Handtuch. Alles nahm man uns weg. Wir standen vor einem Nichts.

Man teilte uns auf Baracken auf, und wir mußten nachts zu sechst in einer Reihe auf Holzpritschen schlafen, nur mit einer Decke bedeckt. In der Baracke war kein Fensterglas, alles war durchlässig. Die Baracke durchzog ein langer Ofen, nach russischer Art, der aber nicht richtig funktionierte, und die Pritschen waren in drei Etagen angeordnet.

Wir waren ein buntes Gewühl europäischer Juden: Tschechen, Ungarn, Polen, Russen, Holländer und Deutsche. Es war ein Völkergemisch in allen Sprachen. Wir deutschen Juden waren nicht sehr gut angesehen, besonders bei den Polen. Man hat in uns weniger die jüdischen

Glaubensschwestern gesehen, sondern Deutsche, von denen alles Elend kam. Die Spannungen wirkten sich so aus, daß die Polen versuchten, Stellungen innerhalb des Lagers zu besetzen, als Läufer, als Kapoleute oder bei der Essenverteilung. Das Lager umfaßte, wenn ich mich heute recht entsinnen kann, etwa einhundertfünfundzwanzigtausend Frauen. Das war Auschwitz-Birkenau. Das Männerlager war für sich.

Alle Häftlinge mußten Arbeiten verrichten. Die nicht mehr konnten oder wollten, hat man unweigerlich vergast, auch diejenigen, die zu alt oder hinfällig waren oder die sich versteckt hatten, zum Beispiel in dem Raum, wo wir uns waschen konnten, mit kaltem Wasser. Unser Essen bekamen wir in einer Schüssel. Es bestand aus Kohlrüben, jeden Tag mit einer anderen Substanz für die Geschmacksrichtung, Majoran oder irgendwelches Zeug. Es war ungenießbar. Ich hatte so einen Ekel davor, manchmal waren Mäusekotel darin. Ein Kapo hat das Essen mit einem Schöpflöffel in unsere Schüsseln getan, wie man es einem Schwein in den Trog gibt. Wir hatten keinen Löffel. Wir mußten direkt aus den Schüsseln unsere flüssige Nahrung zu uns nehmen. Dieses Essen wurde ausgegeben bei den Appellen.

Jeden Tag war Appell, morgens früh zwischen vier und Viertel fünf. Es läutete eine Glocke, und wir mußten von unseren Pritschen runter. Wir gingen in die Waschräume, unser Gesicht benetzen, und mußten uns in Fünferreihen aufstellen, um die Träger zu erwarten, die uns mit der Kaffeebrühe laben sollten, Muckefuck. Diese Schüssel ging von Person zu Person. Wenn man Glück hatte, bekam man welchen, wenn man kein Glück hatte, bekam man keinen. Dann wurden wir zusammengerufen, und es wurde ein Arbeitskommando zusammengestellt. Wir wurden bewacht von SS-Weibern, die manchmal noch schlimmer waren als die Soldaten.

Mein erstes Kommando war, den Abfallwagen unserer Notdurft mit anderen Kameradinnen in das Außengelände zu schieben, um ihn dort zu leeren. Da ich nicht viel Kraft hatte und durch den seelischen Kummer schon völlig erschöpft war, ist es mir passiert, daß das hintere Wagenrad über meinen Fuß hinwegrollte. Der Schuh flog weg, ich konnte einfach nicht mehr weiter. Ich knickte ein. Mit sehr viel Geschimpfe wie »Hure« und »Schwein« und »elendes Miststück« hat der Soldat mich auf den Bock gesetzt und warten lassen, bis diese Arbeit von den anderen Häftlingen verrichtet war. Mein Fuß schwoll ziemlich an.

Jeden Morgen und jeden Abend wurde der Block gezählt. Es mußte stimmen, daß soundso viele Frauen wieder von der Arbeit zurück sind, und wenn eine fehlte, eine zum Beispiel noch auf der Latrine war oder sich irgendwie im Lager verlaufen hatte, wurde noch mal gezählt.

Abends war Essenempfang. Wir bekamen ein Stück Kommißbrot, etwas Marmelade, manchmal fünf Pellkartoffeln, von denen mindestens drei schlecht waren, und ein kleines Stückchen Leberwurst. Wir mußten uns nach und nach für diese Ration Brot, die wir so nötig hatten, von den polnischen Kameradinnen, die mehr Zugang zu den Kleiderkammern hatten, einen Löffel erstehen. Wir haben uns für eine Ration Brot ein Tuch eingetauscht, um uns einen Beutel zu machen, in dem wir unser Brot unterbringen konnten. Denn nachts konnten wir von dem Gepfeife und vom Lärm der Ratten, die auch noch unser Brot wegfraßen, das wir oben hingehängt hatten, nicht schlafen. Die Tauschgeschäfte gingen am laufenden Band: eine Ration Brot für einen Löffel, ein Tuch fürs Brot und so weiter. Es konnte einem auch passieren, daß einem das Essen hinterrücks weggenommen wurde. Jeder lebte unter der Devise des Selbsterhaltungstriebs: Ich will überleben! Wir haben wohl versucht zusammenzuhalten, aber die schlechte Verständigung wegen der vielen Sprachen machte ein Näherkommen der Kameradinnen schwer. Es gab natürlich einen gewissen Zusammenhalt, denn wir saßen ja alle in einem Boot: entweder sterben oder überleben!

Arbeiten, arbeiten, um zu überleben! — Mein Fuß wurde immer dicker. Es fiel mir furchtbar schwer, draußen, manchmal drei Stunden, den Appell zu überstehen. Ich mußte mein Bein auf einen Holzschemel legen beim Appell. Auf einem Bein bin ich mit dem Schemel zum Appell gehüpft. Wenn ich mich krank meldete, wußte ich, daß ich vielleicht mein Leben verspielt hatte. Ich bin immer wieder mit dem Schemel zum Appell gehüpft, bis ich eines Tages ohnmächtig zusammengebrochen bin. Die Kameradinnen haben mich ins Krankenrevier getragen. Dort hat mich eine französische Ärztin, die auch Häftling war, operiert und den Eiter abgezogen.

Eines Abends, es muß die zehnte Stunde gewesen sein, erlebten wir dort den Auftritt des berüchtigten Doktor Mengele. »Saras, hebt eure Hemden hoch und zeigt euch in eurer ganzen Schönheit.« Wir mußten nackend an ihm vorüberziehen, und es lag in seiner Macht, uns auszusondern oder liegen zu lassen. Ich bin Gott sei Dank davongekommen.

Ich hab, nachdem ich einigermaßen gesund war, in einem Steinklopfkommando gearbeitet. Als ich wieder auf der Lagerstraße erschien, waren die Kameradinnen, die vorher um mich waren, erstaunt. Sie hatten gedacht, daß ich schon in der Gaskammer verendet bin.

Wir mußten große Quadersteine auseinanderhacken zur Asphaltierung der Lagerstraßen. Es war in der Nähe der Eisenbahnrampe, wo alle Juden aus Deutschland und die aus den Ghettos herangefahren wurden. Es war ein entsetzlicher Anblick, wie die Menschen auseinandergestoben sind und wie man sie wie Vieh zusammengetrieben hat, für die Gaskammern präpariert. Ich weiß nicht, wie viele Menschen es waren, die man von dieser Rampe in die Gaskammern gebracht hat. Sie wurden wahllos selektiert, ob die Frauen schwanger waren oder nicht. Es wurden Kleinstkinder an die Wand geworfen und getötet. Das haben wir alles erlebt oder haben es gewußt. Wir haben gewußt, daß wir, wenn der SS etwas nicht paßte, auf der Lagerstraße knien mußten, zwei Steine in den Händen, und man die Hunde auf uns hetzte. All das ist vorgekommen, das hat mein Auge gesehen. Es war für uns so erschütternd, so einschneidend, daß es unheilbare Wunden in unsere Körper und Herzen riß. Man kann das sein Leben lang überhaupt niemals vergessen. Wir gehen damit heute noch schlafen, und wir stehen damit auf.

Im Steinklopfkommando haben wir Frauen einen Hammer bekommen. Die Steine mußten zersplittert werden. Der Aufseher, der immer in der Nähe war, hat uns angetrieben zum stärkeren Zerhauen der Steine. Das fiel uns natürlich furchtbar schwer. Die Sonnenglut war manchmal entsetzlich. Wir hatten nichts, was wir uns auf den Kopf legen konnten, wir hatten alle geschorene Haare.

Aber wir hatten den Willen, zu überleben. Wir wollten wissen, was danach kommt. Wir konnten uns ein gutes Ende für Hitler nicht vorstellen, der auch das sowjetische Volk überfallen hatte. Wir, die wir im Lager lebten, haben unter uns Gespräche geführt und uns ausgemalt, wie es sein könnte. Wir haben mitbekommen, daß Stalingrad kolossale Verluste gebracht hatte. Es ging uns ein Licht auf, daß man ein so großes Land wie die Sowjetunion auf Dauer nicht besetzen konnte. Die ganze Hoffnung setzten wir auf das sowjetische Volk und auf die Alliierten mit ihrer Luftwaffe, daß sie vereint Hitler den Garaus machten. Diese Erkenntnisse kamen zu uns, als wenn man eine Klappe öffnete und einen Luftzug hereinließ. Auf einmal kam in uns eine ganz neue Denkweise! Wir begriffen das erste Mal das ganze politische Geschehen, das ungeheure Ausmaß dieses Weltkrieges! Die Vokabeln fehlen einem, um das heute wirklich nacherzählen oder niederschreiben zu können. Ein Luftzug von Hoffnung erfüllte uns und die Kraft, zu überleben, dieses andere System zu erleben! Wir sagten uns: Wenn du überlebst, kannst du wieder als freier Mensch atmen! Das hat uns in unserem ganzen Elend zusammengeschweißt, und die Zeit, die mit uns voranschritt, ließ uns hoffen. Wir wurden eine große europäische Gemeinschaft. Alle wollten nichts anderes, als wieder in ihre Heimat, zu ihren Familien zurückzukehren.

Wie ein Blitz aus heiterem Himmel kam eines Tages die Verordnung, daß Arbeitskräfte gebraucht wurden für den Einsatz in einer Munitionsfabrik. Alle Frauen des Lagers mußten früh um fünf Uhr auf dem Appellplatz antreten, und ganz willkürlich suchte man dreitausend Frauen aus, die in Frage kämen, ins Innere Deutschlands verfrachtet zu werden. Wir wurden an diesem Tag ausgesondert, mußten noch einmal in nacktem Zustand an Doktor Mengele und einem Beiarzt vorbeigehen. Wir wurden gedreht, von hinten nach vorn, von vorn nach hinein, ob die Konstitution noch ausreichen würde, die Wehrmacht mit Munition zu versorgen. Ich habe in meinen Ängsten nicht gewußt, was rechts oder links bedeutet! Erst als ich mich auf der linken Seite wiederfand und vielen Kameradinnen leider die rechte Seite beschieden war, habe ich begriffen, daß man jene zur Selektion freigegeben hatte und uns in den Arbeitsprozeß einreihen wollte.

Viele, die rechts standen, haben mir zugeflüstert, daß ich ihre Verwandten benachrichtigen soll, wenn es geht, in Hannover, in Amerika oder sonstwo. Aber es ging alles an einem vorüber. Wer kann sich in diesem großen Elend all das merken? Wir haben die ganze Nacht gestanden und wurden neu eingekleidet. Es ging auf den Winter zu, und wir bekamen Sommerkleider. Aber ich erhielt einen Mantel, der innen mit einer rosa-schwarzen Wolle versehen war. Ich bekam wieder den roten Winkel auf den Ärmel geheftet, meine Häftlingsnummer auf den Rücken und ein großes gelbes Kreuz. So wurden wir als Arbeitshäftlinge eingestuft.

Es hat alles sehr lange gedauert, und wir glaubten noch nicht an diese Verfrachtung. An diesem Tag rauchten die Schornsteine in Auschwitz gen Himmel, daß wir dachten, der Himmel müßte vor Hitze bersten. Es war ein Grauen in uns und immer der bohrende Gedanke: Kommst du zum Schluß auch noch rein, oder kommst du wirklich auf Transport? Erst am späten Nachmittag rollten Viehwaggons zur Rampe, dünn mit Stroh bestreut. Wir erhielten eine Ration Brot, etwas Wurst und konnten in die Viehwagen steigen. Wir lagen wie Sprotten, in einem Waggon mindestens sechzig, siebzig Frauen. Natürlich mußten wir unterwegs auch mal unsere Notdurft loswerden. Der Zug hielt dann irgendwo, wir konnten raustreten und draußen unsere Notdurft verrichten. Wir waren etwa drei Tage unterwegs, unter militärischer Bewachung. Unser Transport endete in dem Ort Bergen-Belsen. Von der Bahnstation aus sind wir mindestens zwei Stunden durch waldige Gegenden gelaufen, um das berüchtigte Konzentrationslager Bergen-Belsen zu erreichen. Dieses Lager aber war auf so viele Ankömmlinge nicht vorbereitet. Da man für uns gar keine Unterbringungsmöglichkeit fand, stellte man große Zelte auf, die mit Holzwolle versehen waren, und wir mußten dort nächtelang kampieren. Es gab keinen Abort, sondern bloß Gruben, über die waren Stangen gelegt, auf denen wir sitzen konnten, um uns unserer Bedrängnis zu entledigen. Eines Tages brach durch den Regen das Oberzelt über uns zusammen, und sie mußten mit allen Kräften erst mal versuchen, provisorische Baracken und Pritschen zu bauen, um uns Häftlinge wenigstens unter Dach und Fach zu bringen. Arbeiten konnten wir nicht, es war kein Arbeitslager, es war ein richtiggehendes Durchgangslager, von dem aus wir weitertransportiert werden sollten.

Wir hatten auch ein Krankenrevier, aber keine Ambulanz, und es fing kolossal an mit Durchfällen. Aber man konnte uns nicht behandeln. Es gab ein Wiedersehen mit der französischen Ärztin, die mein Knie in Auschwitz operiert hatte. Sie konnte mir ab und zu ein paar Kohletabletten zustecken, um den Durchfall zu lindern. Nach und nach mußte ich die Wolle meines Mantels dazu gebrauchen, um mich bei den Durchfällen zu reinigen. Ich habe das Futter rausgerissen und mir den Hintern damit gewischt. Man baute dann eine Latrine, die wir aber nur stehend benutzen konnten, denn sie war besät mit Kot und Unrat. Manchmal schafften wir es nicht bis zur Latrine, und unsere Hosen waren mit Kot beschmutzt. Wir mußten die Hosen nachts waschen und zu trocknen versuchen, um sie morgens wieder anziehen zu können.

Vielleicht einmal in der Woche wurden wir in Duschräume geführt. Aber wir wußten nie, kommen wir jetzt zum Duschen oder läßt man Gas durch diese Rohre? Wir mußten unsere Kleider zusammenschnüren und uns splitterfasernackt vor dieser Nazibrut bewegen. Dann ließ man Wasser über uns laufen, und ohne uns abtrocknen zu können, mußten wir die Sachen wieder auf unsere nassen Körper ziehen.

Es wurden auch Entlausungen durchgeführt. Man führte uns zu diesem Zweck in ein Gebäude, es war mindestens zehn Meter hoch, mit Bänken versehen, keine Fenster, wo wir nackt gesessen haben, auch bei Kälte, bis unsere Sachen aus der Entlausung kamen. Dabei rieben wir uns gegenseitig den Rücken, damit unser Blut einigermaßen pulsierte, daß wir nicht erstarrten und uns nichts holten, um nicht für die Gaskammern reif zu werden. Viele Häftlinge fingen an, immer hinfälliger zu werden.

Nach Wochen kam dann die Order, uns nach Salzwedel zu bringen. Dort war ein kleines Konzentrationslager, wo man diese dreitausend Häftlinge, oder was von ihnen noch übrig war, unterbringen wollte. Das wurde das Arbeitslager für die Munitionsfabrik für Fliegergeschosse. Die Baracken waren eingeteilt in ungarische, deutsche, tschechische und polnische Stuben, jede Nation lag quasi für sich. Man wollte uns als Deutsche auch nirgendwo haben. Eine Paradoxie der Zeit, und wir haben das sehr schlecht verarbeiten können.

Die Verpflegung bestand auch weiterhin aus einem Kanten Brot, etwas Marmelade und Suppe, die man uns in die Schüsseln schöpfte. Die Stuben wurden zum Essenfassen aufgerufen. Ich war immer sehr mager und hab mich bei einer Aufseherin beschwert, daß wir nur das Dünne bekamen. Da schlug sie mir die Schüssel mit der Suppe für den Tag aus den Händen. Das waren deutsche Frauen, deutsche Aufseherinnen!

Wir wurden morgens früh um fünf nach Salzwedel in eine Fabrik gebracht, wo Fliegermunition hergestellt wurde. Auch viele dienstverpflichtete deutsche Frauen waren dort beschäftigt, aber sie durften mit uns nicht reden. Ich wurde eingereiht an einem Prüfband, um Fliegergeschosse zu untersuchen. Die Geschosse lagen in Holztrögen, es waren alles scharfe Geschosse, wir sollten nachsehen, ob sie in Ordnung waren. Aber wir waren bereits in starker Opposition. In Salzwedel waren wir sehr viel mit französischen Kameradinnen zusammen. Sie hatten sich ein kleines Radio gebastelt. Bei Ablieferung der Geschosse haben sie uns viel Zuversicht zugeflüstert. Wir wußten bereits, daß die Rote Armee an Deutschland heranrückte und auch die Amerikaner und Engländer immer näher kamen. Wir haben auch Sabotage getrieben und schlechte Geschosse in die Transportkästen gelegt. Wir verrichteten unsere Arbeit nicht für die Nazis, sondern gegen die Nazis. Diesen Mut haben wir aufgebracht. Unser Leben hing dabei an einem dünnen Faden.

Ich war körperlich ziemlich herunter und habe sehr viel Kleiderläuse gehabt, sie waren in den Strümpfen und überall. Aber ich habe versucht, aller Dinge Herr zu werden. Wir haben im Lager unsere Hosen gewaschen. Wir haben sie in unsere Freßschüsseln getan und sind morgens mit nassen Hosen in die Fabrik gegangen. Dort haben wir sie zum Trocknen auf eine Heizung gelegt.

Salzwedel wurde stark bombardiert, es war sehr oft

Fliegeralarm. Uns Häftlinge führte man in die Munitions-kammer, wenn die Bomber kreisten. Wenn eine Bombe getroffen hätte, wären wir mit Mann und Maus in die Luft geflogen.

Es war uns ja, wie gesagt, verboten, mit den deutschen Frauen, die uns vis-à-vis saßen, persönlich in Kontakt zu kommen. Aber da ich nötig für mein Hemd, durch das im Winter der Wind pfiff, eine Sicherheitsnadel brauchte, habe ich einen kleinen Zettel geschrieben und um eine Sicher-heitsnadel gebeten. Den Zettel habe ich auf einen mir gegenüberstehenden Arbeitstisch geschoben. Und ich habe diese Nadel erhalten.

Doch insgesamt war die Bevölkerung so eingeschüchtert unter der Diktatur dieses Rattenfängers, daß ich selbst jeden zweiten, der in Deutschland rumgelaufen ist, für einen Nazi gehalten habe. Ich hatte damals nur einen Wunsch, wenn ich einmal lebend wieder herauskommen würde, daß an jedem Baum einer hängen sollte. Das war mein Herzenswunsch. Ich weiß nicht, ob mich das befriedigt hätte. Aber es ist ja eine Generation gewesen, die uns Juden ausrotten wollte. Es gab natürlich Ausnahmen, Menschen, die Juden Unter-schlupf gegeben haben, die mit ihnen ihre Lebensmittel geteilt haben oder eine Sicherheitsnadel. Aber dazu gehörte sehr viel Mut. Wenn man diejenigen erwischte, wären sie, genau wie wir, in einem Konzentrationslager gelandet.

Die Zeit schritt fort, es ging dem Frühjahr 1945 zu. Die Französinnen, unsere Nachrichtenübermittler, verkündeten uns, die russische Armee näherte sich der Oder. Das war für uns ein Geschenk des Himmels. Wir erwarteten die Frontnachrichten täglich.

Mir ging es in Salzwedel zuletzt sehr schlecht. Ich bekam durch diese Munitionsarbeit eine schlimme Phlegmone am rechten Mittelfinger. Der Finger ist immer mehr ange-schwollen. Ich hatte solche Schmerzen, daß ich es nicht mehr aushalten konnte, und Kameradinnen haben versucht, den Finger zu schneiden. Das ist ihnen aber nicht richtig gelungen. Endlich führte man mich mit Bewachung zu einem Arzt in Salzwedel, der den Finger noch einmal schnitt. Ich war beladen mit einer furchtbaren Furunkulose. Ich lag eigentlich schon auf dem Sterbebett. Mein Gewicht betrug wohl nicht mehr als siebzig Pfund. Der Eiter lief mir den Rücken hinunter. Ich hatte kein Hemd zum Wechseln. Ich hatte keine Hygiene. Ich habe gebettelt um heißes Wasser, um meinen Finger mal reinzuhalten, daß die Hitze mir irgendwie Linderung bringen und der Schmerz nachlassen sollte. Es war für mich ein völliges In-sich-Hineinfallen. Dazu kamen diese Hungerödeme mit Wasser in den Füßen, sie paßten in keine Schuhe mehr rein. Die Nahrung reichte ja nicht aus. Wir haben in der Munitionsfabrik aus den Abfalleimern Reste von Kraut geklaut. Aber wir durften uns nicht erwischen lassen, weil das sehr hart bestraft wurde. Wir haben auch nachts gearbeitet, von abends bis morgens früh um sechs. Das waren zwölf Stunden Arbeit, monotone Arbeit, bei der ein Geschoß nach dem anderen durch unsere Hände ging. Dabei das ständige Jucken am ganzen Körper. Wir waren gar nicht imstande, noch richtig zu denken. Aber eines wurde dann für uns klar: die Munitionskästen standen und standen in der Fabrik und rührten sich nicht mehr vom Fleck. Wir haben die Nachricht erhalten, daß die sowjetische Front immer näher an Berlin heranrückte, und es sprach sich herum, daß wir die Amerikaner am 13. April dieses Jahres zur Befreiung zu erwarten hätten.

An diesem 13. April, in Erwartung der Alliierten, glich das Lager einem aufgescheuchten Ameisenhaufen. Die kleinen Bäume, die auf dem Vorplatz standen, wurden niedergetreten. Tausende von Menschen drängten sich an den ungeladenen Stacheldraht und öffneten die Tore des Konzentrationslagers, um den ersten Amerikanern entgegenzulaufen. Sie hatten alles stehen- und liegengelassen. Der Küchenbulle rannte weg. Die alliierten Soldaten geboten ihm Halt, aber er lief weiter und wurde erschossen. Die Häftlinge, die noch imstande waren zu gehen, zogen in die Stadt und plünderten die Läden. Sie haben sich Fressalien geholt, andere haben sich auch irgendwelche Sachen zum Anziehen geholt. Aber sie hatten alle ausgehungerte Mägen, die das gar nicht vertragen konnten, und abends begann das große Kotzen. Sie waren ja alle fertig.

Die amerikanische Armee hat dann angefangen, kranke, hinfällige Häftlinge in Busse zu verladen. Unter diesen kranken Häftlingen war auch ich. Ich glaube, ich wog noch dreiundsechzig Pfund. Man hätte mich fast auf einer

Dr. W. Klöpel
Arzt
Fernsprecher: 2 77 86

Erfurt, den 25.6.45.
Fischmarkt 11

Ärztliches Attest.

Die mir seit mehreren Jahren bekannte Frau Florence Singewald
aus Erfurt, Moltkestr.46, wurde in bester Gesundheit wegen jüdischer Abstammung im August 1944 in das Konzentrationslager Auschwitz eingeliefert. Dort erkrankte sie infolge mangelnder Körper-
pflege an einer ausgedehnten Furunkulose,danach infolge von Fuß-
quetschung an eitriger Zellgewebsentzündung des r. Fußes und r.
Knies, später in anderen Lagern nach Fingerverletzung an Knochen-
eiterung und Sehnenscheidenentzündung des r. Mittelfingers und
wurde schließlich nach ihrer Befreiung in das Krankenhaus Salzwedel mit Flecktyphus eingeliefert.

Frau Singewald klagt über fortgesetzte Durchfälle, Schwindelan-
fälle, Herzbeklemmung, Schwellung der Fußknöchel und über unwi-
derstehliche Mattigkeit.
Bei der heute vorgenommenen Untersuchung ergibt sich folgender
Befund: Kleine Frau in dürftigem Ernährungszustand und völli-
gem Kräfteverfall, müder, kranker Gesichtsausdruck, faltenrei-
che Gesichtshaut;2 tief eingezogene, ca. 6 cm lange Incisions-
narbenam r.Knie, r.Mittelfinger völlig versteift,Faustschluß
rechts nicht möglich, Abstand der Fingerkuppen zur Hohlhand
2-4cm, eintätowierte Gefangenen-Nummer am linken Unterarm,ca.
1o alte Furunkel-Narben. Lunge frei,Herz nach rechts verbrei-
tert,systolisches Geräusch,Atemnot und erhebliche Pulsbeschleu-
nigung auf 12o nach 5 Kniebeugen, Rückkehr zur Norm erst nach
2 Minuten, Ödeme der Unterschenkel, Delle bleibt 1 1/2 cm tief
stehen. Abdomen aufgetrieben, Leberrand 3 Querfinger unter dem

Fortsetzung

Rippenbogen zu tasten.

Diagnose: Flecktyphus in Reconvaleszenz mit Herzmuskelinsuffizienz,
Leberschwellung und Coronarinsufficienz.

Frau Singewald ist voraussichtlich wegen des beschriebenen Krank-
heitszustandes mindestens 1/2 Jahr arbeitsunfähig. Sie muß zunächst 4 Wochen zu Bett liegen und hat nur Aussicht einigermaßen
auf ihren früheren Körperzustand zu kommen, wenn sie mit allen
verfügbaren Kräftigungs-und medikamentösen Mitteln versorgt wird
und dauernd aufs peinlichste gepflegt wird.

Dr. W. Klöpel
Arzt
Erfurt, Fischmarkt 11

Ärztliches Gutachten

Schippe tragen können. Ich kam in ein Lazarett nach Salzwedel. Dort wurden wir mit Wäsche versehen. Die Amerikaner lieferten sehr viel Diätkost und versorgten uns nach
bestem Wissen und Können. Es gab dann auch Ärzte, die
uns betreut haben. Nun war ich ja immer noch krank, der
Finger heilte nicht und war noch immer dick. Der Chefarzt
dieses Lazaretts sagte, er müsse den Finger abnehmen, der
Knochen sei schon angegriffen. Ich habe ihm aber gesagt,
ich sei Pianistin und brauche unbedingt eine gesunde
Hand. Er hat versucht, was er konnte, hat den Finger
gereinigt und etwas vom Knochen herausgenommen. Der
Finger ist steif geblieben, aber dank des Arztes gerettet
worden. In der ersten Phase meines neuen Lebens konnte
ich meine Hand nicht zur Faust schließen.

Ich lag sehr lange im Lazarett. Wir sollten erst mal nach
Hause schreiben, daß wir frei waren. Ich bat eine ungarische Ärztin, meinem Mann nach Erfurt zu schreiben, daß
ich überlebt habe, aber krank und elend in einem Lazarett
in Salzwedel liege. Er hatte ja die ganze Zeit nichts von mir

gehört. Ich habe mir natürlich eingebildet, daß mein Mann versuchen würde, diesen Ort zu erreichen. Aber der Brief traf erst ein, als ich im Juli schon zu Hause war, er war endlos unterwegs gewesen.

Jedenfalls lag ich in Salzwedel mit dieser kranken Hand und entdeckte eines Tages zu meinem Schrecken am Körper eine Kleiderlaus. Ich wußte nicht, woher sie gekommen war, denn ich hatte ja Lazarettwäsche an. Diese Kleiderlaus brachte mir den Flecktyphus. Ich bekam sehr hohes Fieber und wurde sofort in eine Isolierbaracke gelegt, wo auch andere Fleckfieberkranke waren. Ich hatte Glück: eines Tages saß an meinem Bett ein uniformierter Amerikaner, von dem ich eine Bluttransfusion bekommen hatte.

Ich habe den Flecktyphus überlebt und kam in Quarantäne. Nachdem ich wieder aufstehen konnte, bat ich wiederholt den Chefarzt, mir doch eine Möglichkeit zu beschaffen, mit einem Lasttransport, der gen Thüringen ging, nach Hause zu gelangen. Er gab sich auch redlich Mühe, aber es ist ihm nicht gelungen. Ich machte mich dann auf und ging in die Stadt zum Rathaus, da ich keine Papiere hatte, sondern nur den Schein über die Entlassung aus dem Konzentrationslager. Dort sagte man mir: »Wir sind für Sie verantwortlich, Sie können nicht allein auf Transport gehen.« Ich gab ihnen zur Antwort: »Sie waren ja für mich früher auch nicht verantwortlich. Wenn ich allein auf Transport gehen will, möchte ich das auch tun.« Ich hatte nun aber kein Geld und bat die Schwestern, mir etwas zu leihen, damit ich mir eine Fahrkarte kaufen konnte, und mir etwas Proviant zurechtzumachen. Ich bekam von verschiedenen Seiten Geld. Man gab mir aus der Kleiderkammer einen Soldatenmantel und ich klaute mir ein gestricktes Kleid. Da mein Haar noch nicht nachgewachsen war, requirierte ich mir ein Kopftuch. Und dann bin ich eines Morgens früh zum Bahnhof Salzwedel gewandert. Zu meinem Leidwesen ist an diesem Tag kein Zug mehr gefahren. Ich ging in eine x-beliebige Gaststätte und habe gefragt, ob man mich hier übernachten lassen würde, ohne Bezahlung. Man gab mir ein Zimmer mit bezogenem Bett. Ich wartete fast schlaflos bis morgens, wo ich erneut, von Unruhe getrieben, zum Bahnhof eilte, um einen Zug zu bekommen, der nach Dessau fuhr. Die Konzentrationslagernummer auf meinem Arm habe ich überklebt, aus Angst, daß man mich zurückschicken könnte, wenn man mich erwischte, obwohl die Nazizeit ja zu Ende war. Aber die Angst steckte so tief in mir drin, daß ich nicht davon loskam, ich habe immer gedacht, man könnte mich wieder zurückführen in all dies Elend.

Ich bin dann bis Dessau gekommen. In Dessau übernachtete ich auf meinem Wehrmachtsmantel, auf bloßer Erde. Am anderen Morgen löste ich eine neue Fahrkarte für einen Zug, der nach Nordhausen ging, das entsprach schon der Strecke nach Erfurt. Im Zug lernte ich eine Frau kennen. Ich habe nicht gesagt, woher ich komme und wer ich bin. Aber sie hat mir angeboten, ich könnte bei ihr übernachten. Ich wußte ja nicht sehr viel von dem, was in Deutschland inzwischen geschehen war durch diese großen Bombenangriffe. Aber als ich in Nordhausen ankam, konnte ich fast nicht mehr atmen. Die Stadt war zu achtzig Prozent zerstört. Die Frau ging mit mir nur durch Schutt und Asche, bis ich sie bat: »Ach, lassen Sie mich umkehren, ich finde mich ja morgen gar nicht mehr zurecht in all den Trümmern.« Ich bin in eine Baracke gegangen, in der auch viele Wehrmachtssoldaten lagen, habe mich dort auf eine Pritsche gelegt und gewartet, bis ein Zug kam, der nach Erfurt ging.

Es war an einem Sonntag früh, da hab ich eine Karte nach Erfurt gelöst. Ich fuhr mit pochendem Herzen. Bereits in Salzwedel hatte ich gehört, daß auch Erfurt von Bomben heimgesucht worden war, und ich wußte nicht, ob mein Heim noch stand, ob mein Mann noch lebte, ob alles noch war, wie ich es verlassen hatte. Es waren unterwegs so viele Zweifel in mir, aber die Hoffnung trieb mich vorwärts. Nachdem ich in Erfurt ausgestiegen war, fuhr ich weiter mit der Elektrischen bis zum Leipziger Platz. Ich ging meiner Wohnung entgegen. Ich sah unsere Parterrewohnung. Die Fenster waren mit Holz verkleidet, das eine Fenster war offen, und ich sah unsere Schreibtischlampe. Ich bin in das Haus gelaufen und habe stürmisch geklingelt. Eine Frau machte mir auf. Ich habe weiter nichts sagen können als: »Ist denn mein Mann nicht da?« Da fragte sie: »Sind Sie Frau Singewald?« Ich sagte: »Ja.« — »Ihr Mann ist im Schlafzimmer«, sagte sie, »er liegt.« Ich bin den Korridor langgestürmt und rein ins Schlafzimmer. Und hier kann man nur sagen: In den Armen lagen sich beide und weinten vor Schmerz und Freude. Es war ein Wiedersehen, das herzzerreißend war. Mein Mann war der glückseligste Mensch, daß er mich wiederhatte, daß ich wieder vor ihm stand, so wie er es immer gehofft hatte.

Wir fingen dann ganz sacht an, unser Leben zu normalisieren. Ich wußte, daß mein Mann krank war, denn er war ja schon lungenkrank gewesen, als ich in Haft kam. Und sein Zustand wurde nicht besser. Man konnte keine Operation unternehmen. Es oblag mir dann, meinen Mann zu hegen und zu pflegen, daß er mir erhalten blieb. Trotz allem, aufgerichtet hat mich erst mal, daß ich die Pflege meines Mannes voll und ganz übernehmen konnte, was ich mit viel Liebe und Sorgfalt getan habe. Das war erst mal der Inhalt meines wiedergewonnenen Lebens. Es drehte sich alles um diesen einen armen, kranken Menschen, der mit einer Krankheit behaftet war, deren man nicht mehr Herr werden konnte.

Ich habe durch die Nazizeit erkannt, daß wir vielleicht etwas zu sorglos dahingelebt haben, ohne genug an die Zukunft zu denken. Die meisten Deutschen waren vielleicht etwas zu leichtgläubig, haben sich kein eigenes Bild von all dem gemacht, was in der Welt vor sich ging. Natürlich, ich selbst war auch nicht politisiert, aber man muß der Tatsache ins Auge sehen, daß das Volk bei den Reden dieses Verbrechers auf seine Frage: »Wollt ihr den totalen Krieg?« ja geschrien hat, daß mindestens fünfundneunzig Prozent des deutschen Volkes Anhänger von Hitler waren. Viele Leute sind zur Partei gegangen, um Karriere zu machen. Aus einem kleinen Wurm wurde ein großer Mann. Und viele andere hatten einfach Angst.

Ich kann nicht mal sagen, daß ich viel gebetet habe im Lager. Ich habe mir bloß immer die Freiheit gewünscht und erträumt. Daß der Faschismus unterging, war auch für uns eine Rehabilitation, die aber leider zu spät kam, denn es mußten über fünfzig Millionen Menschen ihr Leben lassen im zweiten Weltkrieg. Es wurden Werte vernichtet, die unersetzlich sind! Es wurde so viel zerstört.

Wir sind dann in Erfurt umgezogen. Ich wollte in unserem Haus nicht mehr leben, weil meine Wirtin eine Nazihippe war, die mir sehr zugesetzt hatte. Sie wollte mich sogar mit einem Blumenstrauß beglücken, aber ich habe sie abgewiesen und ihr gesagt, sie kann sich den sonstwo hinstecken. Man bot mir eine Wohnung in einem Haus an, das teilweise sehr zerstört war, aber noch von verschiedenen Leuten bewohnt wurde. Es war im Stadtteil Süd. Ich bin, so schwach ich war, mit einem gepumpten Kinderwagen immer wieder in diese zerbombte Wohnung gefahren, in der alle Fenster kaputt waren, und wir haben mit Bilderrahmen, Fensterglas und Pappe erst einmal alles ein wenig ausgebessert.

Die neue Wohnung war noch nicht ganz fertig, da kam von unserer Stelle für die Opfer des Faschismus die erste Verschickung für bedürftige Kameraden und Kameradinnen. Unser Weg führte uns nach Kolberg in Thüringen. Wir gingen dem September entgegen, und im September hatten wir silberne Hochzeit. Die Kameraden haben sie uns so rührend ausgerichtet, daß das für uns ein wunderschönes Fest geworden ist, in aller Ruhe, denn wir waren alle erholungsbedürftig. Sie haben mir aus Stanniol, das im Walde lag, eine silberne 25 aufs Haupt gedrückt, was mich natürlich sehr gerührt hat. Wir waren alle sehr oft den Tränen nah in dieser Zeit. Unsere Nerven waren fix und fertig. So konnten wir dort vier Wochen in einer großen Gemeinschaft, mit dem Gedanken an die Schaffung eines neuen Staatsgebildes, zusammensein und diskutieren. Das gute war, daß wir jüdischen Bürger wieder Menschen unter Menschen sein konnten. Wir waren eine Gemeinschaft, ob Juden oder Christen. Man machte keinen Unterschied mehr zwischen uns.

Als ich 1945 nach Erfurt zurückkam, hatte ich gehört, daß sie hier schon eine Stelle für die Opfer des Faschismus eingerichtet haben, und es war natürlich das erste, dort hinzugehen und meine Dienste anzubieten, um meinen Beitrag zu leisten, den Faschismus mit Stumpf und Stiel auszurotten. Zuerst habe ich bei der Entnazifizierung im Rathaus mitgearbeitet. Wir haben die ganzen Akten durchgesehen, wer Parteigänger war und wer nicht, wer gegen die Menschlichkeit gehandelt hat oder nur Mitläufer war. Wir haben damals fast rund um die Uhr gearbeitet, Tag und Nacht. Ich konnte helfen, zwei Menschen dingfest zu machen, die Freunden von mir den Weg nach Treblinka verschafft hatten. Einer dieser Freunde, ein alter Mann, war sogar auf einer Trage fortgeschafft worden. Schuld war ein Mieter, der in dem Haus der jüdischen Bürger wohnte. Ich habe ihm eine Gefängnisstrafe verschafft, die er auch antreten mußte. Und ich habe meinen Kaufmann angezeigt, der verboten hatte, mir Waren zu geben, und mir jeden Stein in den Weg legte. Man hat ihm das Geschäft genommen. In der Entnazifizierungskommission war ich fast ein Jahr. Zuerst prüfte man die Bürger in Erfurt. Nachher habe ich noch die Akten der Eisenbahner durchgesehen. Wir waren ein Gremium von mindestens zwölf Personen, die an diesen Akten gearbeitet haben.

Ich habe mich bei dieser politischen Tätigkeit sehr wohl gefühlt, weil ich etwas tun wollte, um einen neuen Staat mit aufzubauen, in dem es für uns als Menschen keine Hindernisse mehr gab und keine Fragezeichen. Wir haben in Erfurt als Opfer des Faschismus Kommissionen gebildet, wie zum Beispiel die Sozialkommission, die Kulturkommission, und haben alle Widerstandskämpfer und Verfolgte des Naziregimes zusammengefaßt. In großen Versammlungen diskutierten wir, wie wir am besten alles wiederaufbauen können, besonders unter sozialen Gesichtspunkten, und haben beim Wiederaufbau ein Mosaiksteinchen an das andere gesetzt. Ich bin heute noch Mitglied der Kreiskommission der Verfolgten des Naziregimes in Erfurt. Ich habe viele Veranstaltungen geleitet, die ich kulturell umrahmt habe. Dafür habe ich Rezitatoren gewonnen, hier vom Theater, so daß diese Feiern jedes Jahr würdig vonstatten gehen konnten.

In der BRD hat man keine richtige Entnazifizierung vorgenommen. Viele Nazis waren noch da, sogar in der Justiz. In vergangenen Jahren habe ich viele Prozesse in den Zeitungen verfolgt. Wenn ich die Widersprüche und Gesetze, die man dort anwendete, sah, hat sich mein Inneres gewunden. Sie sagten, alte Menschen könnten nicht mehr als Zeugen dienen. Ich kann mit meinen neunzig Jahren heute noch alles wiedergeben. Man hat Menschen, die gesund waren, als krank bezeichnet, damit sie Haftverschonung bekamen. Das waren alles Menschen, die gegen die Menschenrechte verstoßen hatten. Uns hatte man ja auch nicht gefragt, ob wir krank waren.

Man hat hier zweimal unsern Friedhof mit Hakenkreuzen

Florence Singewald, Erfurt, um 1948

bemalt. Der Sache wurde nachgegangen, aber man konnte nichts ermitteln. Voriges Jahr, glaube ich, haben Kinder auch Grabsteine umgestoßen. Ich kenne natürlich nicht die ganze Bevölkerung Erfurts, sie besteht aus zweihundertfünfzehntausend Bürgern. Daß diese Generation noch da ist, die unter dem Faschismus gelebt hat, ist mir selbstverständlich klar. Ihre Einstellung bringen sie ja nicht immer zutage. Aber ich komme mit solchen Leuten überhaupt nicht zusammen. Ich gehe zu Kameraden, zu geprüften Freunden, unter denen ich mich frei bewegen kann. Daß ich Vorurteile gegen diese ältere Generation habe, ist vielleicht verständlich, denn ich wußte ja nie, wenn man da kratzte, ob nicht braun hervorkam. Ich war skeptisch geworden, weil ich ja nicht in die Menschen hineinsehen konnte, welche Meinung sie in der damaligen Zeit gehabt haben.

Ich hatte damals die vielen Sorgen um meinen kranken Mann zu verkraften und konnte oft an meine eigenen kleinen Leiden gar nicht denken. Ich versuchte, stark zu sein, um meine Pflicht zu erfüllen, um das zu geben, was ich noch geben konnte.

In der ersten Zeit nach 1945 mußte ich erst alles ins reine bringen und zu mir selbst kommen. Später kam dann der Wunsch in mir auf, mich noch mal gesanglich prüfen zu lassen, weil die Musik der Inhalt meines halben Lebens gewesen ist. Da bin ich an das Erfurter Theater gegangen zum Vorsingen. Man gab mir die Bescheinigung, daß meine Stimme und mein Vortrag künstlerisch wertvoll seien. Ich hatte die Idee, mir mit einem Pianisten ein Repertoire aufzubauen, um kranken Menschen mit meiner Stimme, mit meinen Liedern etwas Freude zu bringen. Wir erarbeiteten ein ziemlich großes Repertoire, das war Anfang der fünfziger Jahre. Ich bin vom Lied zur Oper, von der Operette zum Chanson gegangen. Es waren Melodien, in die ich mein ganzes Herz legen konnte. Ich war damals über fünfzig Jahre alt. Das habe ich zwei, drei Jahre gemacht, bis sich die Krankheit meines Mannes so verschlechterte, daß ich abends nicht mehr wegbleiben konnte. Da habe ich mein musisches Dasein leider wieder an den Nagel hängen müssen.

In den ersten Jahren nach 1945 hatte mein Mann immer

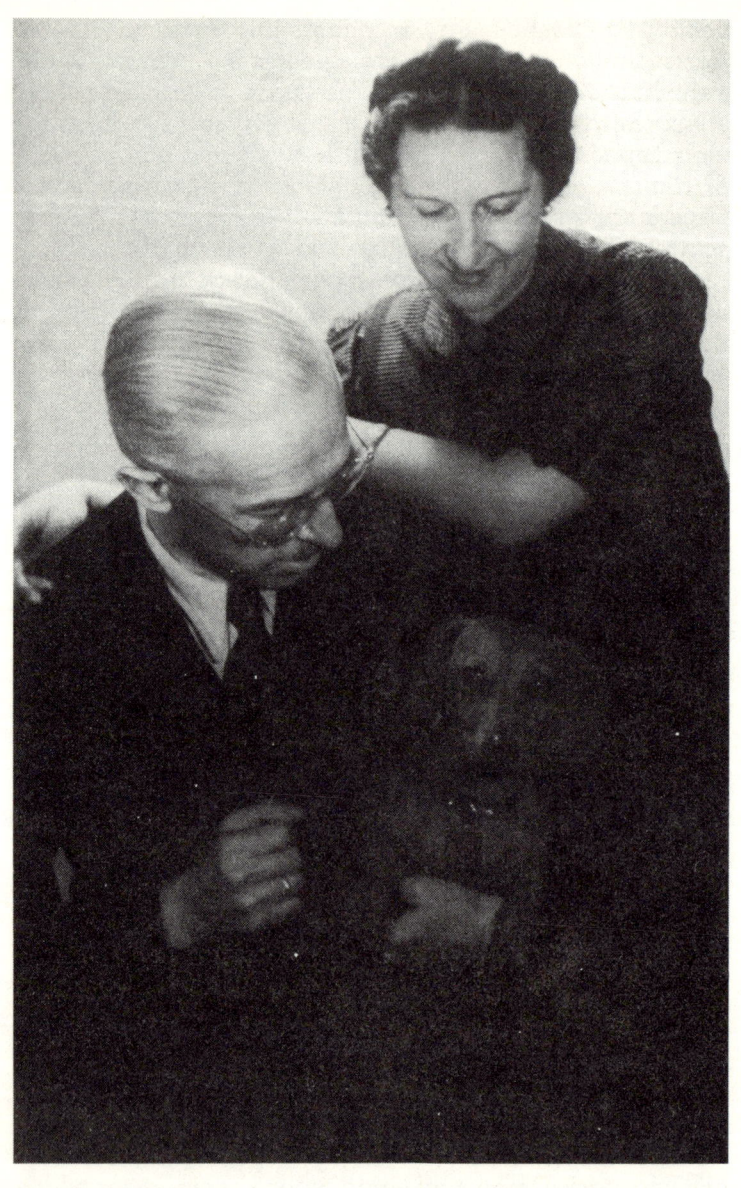

Florence und Karl Singewald, Erfurt, um 1953

noch Vertretungen und verkaufte Fertigteilhäuser. In den letzten Jahren war er Invalidenrentner, und ich bekam die Rente der Verfolgten. Unser Dasein war also gesichert.

Als mein Mann 1960 starb, habe ich gedacht, daß auch mein Leben beendet ist. Ich hatte etwas verloren, was noch Sinn in mein Dasein brachte, das Letzte, was in meinem Herzen einen großen Platz einnahm. Es war furchtbar schwer für mich, ihn zu verlieren.

Man schlug mir vor, eine Mitbewohnerin zu suchen, die mit mir die Wohnung teilen konnte. Jemand erzählte mir dann von einer Frau aus meiner Nachbarschaft, die aus Moskau zurückgekehrt war. Ich bin mal zu ihr hingegangen, um zu sehen, ob sie eine passende Partnerin für mich sein würde. Und die Sache klappte auch. Wir haben die Wohnung geteilt. Wir haben in bester Harmonie fünf Jahre in dieser Wohnung verbracht. Sie arbeitete als Dolmetscherin im Funkwerk. Wir guckten zusammen Fernsehen, und sie verzog sich dann immer, weil sie ja früh sehr zeitig aufstehen mußte. Aber wir lebten in einer vollkommen familiären Atmosphäre. Da unsere Wohnung sehr groß war und die Beschaffung des Heizmaterials uns viele Rätsel aufgab – ich hatte Zentralheizung, und Koks war knapp –, kamen wir nach fünf Jahren auf die Idee, uns für das erste Hochhaus in Erfurt zu bewerben, das damals gebaut wurde. Wir haben dann jede eine eigene Zweizimmerwohnung bekommen. Aber die Freundschaft ist geblieben und währt jetzt schon sechsundzwanzig Jahre lang. Da geht eine für die andere durchs Feuer, und eine steht für die andere grade. Sie ist ein äußerst zuverlässiger Mensch. Wenn sie auf einem Bein humpeln müßte und sie könnte mir einen Gefallen tun, dann würde sie es tun. Und das findet man sehr wenig. Obwohl wir auch mal verschiedene Ansichten haben, sind wir uns doch in vielem einig.

Ich habe nach dem Tod meines Mannes noch gesellschaftspolitisch gearbeitet, um für die Opfer des Faschismus in sozialer Hinsicht das Beste zu tun. Wir haben sehr viele Diskussionen gehabt mit guten Rednern, die uns über die Lage der Dinge und über unsere Weiterentwicklung informiert haben. Wir konnten diskutieren, und wir konnten unsern Beitrag dazu leisten. Ich war zuerst in der Kreiskommission, um die Betreuung unserer Kameraden zu gewähr-

Karl Singewald, Erfurt, 1958

leisten, und ich arbeitete weiter in der Kulturkommission, wo wir Veranstaltungen organisiert und kulturelle Programme zusammengestellt haben. Wir haben Weihnachten unsere Kinder beschert. Wir haben jedes Jahr die OdF-Feier auf dem Friedhof veranstaltet, um immer wieder in Erinnerung zu bringen, was uns der Faschismus gebracht hatte. Diese Arbeit hat mir viel bedeutet. Sie war eigentlich meine Partei, ich habe mich sehr dafür eingesetzt. Ich habe auch viele Schulungen mitgemacht, weil mich diese Themen kolossal interessierten. Ich wollte etwas tun, was mein Leben ausfüllte, wo ich helfen konnte, und obwohl ich in dem großen Getriebe nur ein Rädchen war, konnte man sich auf mich verlassen. Wir wollten ja alle dasselbe, wir zogen alle an einem Strang. Wir wollten Mensch unter Menschen sein. Wir wollten keinen Faschismus, keinen Krieg mehr. Vor allen Dingen wollten wir der jungen Generation übermitteln, was wir durchgemacht hatten, damit sie wachsam ist und sich das niemals wiederholt. Wir haben Vorträge vor der Jugend gehalten, wie es jedem von uns ergangen war.

Ich habe auch viel über die BRD öffentlich gesprochen, über den damaligen Staatssekretär Globke, unter Adenauer, der ein Nazi erster Güte war.

Vor anderthalb Jahren habe ich vom Antifaschistischen Widerstandskomitee die Ehrenurkunde bekommen. Ich habe auch die DDR-Medaille für gesellschaftspolitische Arbeit bekommen und bin zweimal in den ersten Jahren als Aktivist der ersten Stunde ausgezeichnet worden.

Es wird wohl in jedem Regime Ecken und Kanten geben, die abgeschliffen werden müssen. Wir müssen uns, meines Erachtens, etwas mehr Toleranz zu eigen machen. Wir müssen etwas humaner an viele Sachen herangehen, etwas großzügiger handeln, damit die Menschen auch innerlich das Bild vom Sozialismus haben, das sie sich vielleicht erwünschen und erträumen.

Was ich mir in meinem hohen Alter wünsche, sind Kleinigkeiten: Ich möchte ohne Schlangestehen mein Leben beschließen können. Ich wünsche mir noch eine bessere wirtschaftliche Versorgung, nicht mit allen Gütern, aber mit den Waren des täglichen Bedarfs. Die Obst- und Gemüseversorgung hat sich ja schon gebessert durch die Aufkäufe von Kleingärtnern aus den Schrebergärten, aber es gibt eben noch nicht genug Privatinitiativen. Auch das Handwerk müßte mehr gefördert werden, damit die Menschen besser bedient werden, ohne Reibung und langes Warten.

Jetzt bin ich beschäftigt mit Einkaufen, Saubermachen, Instandhalten meiner Wohnung. Ansonsten höre ich gern Musik, lese gute Bücher, um meinen Geist etwas zu schärfen, damit er nicht einschläft, mache Handarbeiten – was man eben so als Frau tun kann. Manchmal besuche ich mit einer Freundin ein Kaffeehaus, um einen Tapetenwechsel zu haben. Aber wenn man älter wird, meidet man Lokale, weil alle so überfüllt sind. Das ist mir schon zuviel, wenn einem gesagt wird: Sie werden plaziert. Das ist etwas, was nicht in meinen Kopf geht.

Ich liebe das Alleinsein. Durch den Tod meines Mannes und das Ende unserer vierzigjährigen Gemeinschaft bin ich wieder ein bißchen zum Eigenbrötler geworden. Ich liebe die Ruhe. Das ist für mich der schönste Augenblick: wenn ich von einer Reise oder einer Kur zurückkomme und meinen Schlüssel in mein Korridorschloß stecke und aufschließe und die Wohnung empfängt mich wie eine liebende Mutter. Dann sag ich: Ich bin zu Hause. Ich fühle mich geborgen hier, eine Geborgenheit, die mir sonst niemand geben kann. An jedem einzelnen Stück hängt irgendein Gedanke, eine kleine Freude, eine Reminiszenz. Das ist die Behaglichkeit, die ich brauche. Ich bin nach dem Sternbild Krebs ein sehr kulturliebender, ein sehr nestwärmebedüftiger Mensch.

Aber es gibt nirgendwo ein Land, aus dem man nicht mit Hiobsbotschaften konfrontiert wird durch das Fernsehen. Oft frage ich mich dann: Haben die Menschen nichts gelernt aus dem großen Weltkrieg, den Deutschland führte, der Deutschland zerrüttet hat? Was sind das für Menschen, die Bomben legen, wodurch unschuldige Menschen getötet und Werte zerstört werden? Das sind Fragen, die niemand beantworten kann. Nur der Frieden kann einen gewissen Wohlstand bringen, daß alle satt zu essen haben, ihrer Arbeit nachgehen können, wie Bruder und Schwester handeln und danach leben. Nur dann kann die Welt gesunden.

Der schönste Wert in meinem Leben ist das Erwachen der Natur, wenn aus dem Toten wieder Leben erblüht, wenn das Frühjahr wieder naht, die ersten grünen Blattspitzen

Florence Singewald, Erfurt, 1986

hervorkommen und die Blumen wieder blühen. Du siehst blauen Himmel über dir. Dann ist die Welt, denkt man, rein und schön. Man bohrt nicht tiefer, man genießt dieses Neuerwachen der Natur nach einem langen Winterschlaf.

Am Mitmenschen ist mir wichtig, wenn er aufrichtig ist, wenn ich mich mit ihm unterhalten kann und er mir sympathisch ist. Die Zuverlässigkeit eines Menschen, die Redlichkeit eines Menschen und die Brüderlichkeit eines Menschen, das ist mir das wichtigste.

Den jungen Menschen wünsche ich einen endlos langen Frieden für ihr Leben, eine gute Ausbildung, so daß sie in ihrem Beruf ihren Mann stehen, daß sie sich bewußt sind, in der Welt zu sein, um Gutes zu verrichten, auch ihrem Nächsten gegenüber, ihrem Nachbarn, und wenn es nur kleine Gesten sind. Alten Leuten mal hilfreich zur Hand zu gehen, sie zu unterstützen, mal zu fragen, wie es ihnen geht. Ich habe viele Freundschaften gehabt. Jede Freundschaft gibt einem irgend etwas, eine Charaktereigenschaft, die man sich eventuell zu eigen machen kann, wenn man glaubt, daß daraus Gutes entsprießt.

Ich habe viele gute Bücher gelesen. Aus Büchern kannst du dein Leben so gestalten, daß du denkst, du wirst ein Mensch werden, der gerade seinen Weg geht, ohne in den Abgrund zu stolpern. Wenn man an einer gewissen Altersgrenze angelangt ist, hat man ja nur noch den Wunsch, sich selbst zu pflegen, denn man ist ja geformt. Es gilt, aus jedem Tag das Beste zu machen. Man hat keine Pläne mehr. Ich gehe abends schlafen und freue mich, wenn ich morgens die Augen wieder aufschlagen kann und meine vier Wände sehe. Der Lebensrhythmus eines Menschen ist überhaupt sehr wichtig. Ich war nie ein Langschläfer. Ich stehe sehr zeitig auf, esse mein Frühstück und freue mich, das genießen zu können. Ich besorge in aller Ruhe meine Einkäufe. Ich komme nach Hause und bringe meinen Haushalt in Ordnung. Mein Essen koche ich mir selbst, keine üppigen Mahlzeiten, alles wohlgerecht eingeteilt, ohne große Schlemmereien. Ich weiß, was mein Körper vertragen kann und was nicht. Nachmittags lese ich meine Zeitung. Ich orientiere mich. Oft habe ich Sitzungen. Jeden Monat einmal bin ich in meiner Kommission. Wir machen auch mal Busfahrten, wo wir in kameradschaftlicher Gemeinsamkeit unsere Tage verbringen und Spaß daran haben, uns auszutauschen. Ich höre gute Musik, und abends sehe ich fern, und dann ist mein Tag beendet. Ich habe einen kleinen Freundeskreis, wo wir ab und zu mal eine Torte backen, und dann spielen wir Rommé. Wir trinken Kaffee und amüsieren uns, wer verloren und wer gewonnen hat. Das gibt uns ein paar Stunden Abwechslung und Spaß. Und wir freuen uns aber auch wieder, wenn wir auseinandergehen, in aller Fröhlichkeit, wenn wir in unsere eigenen vier Wände zurückkehren können. Dann haben wir wieder einen Tag um die Ohren geschlagen.

Nach dem Krieg hat jeder Bezirk, ob in Thüringen oder Mitteldeutschland, versucht, die wiedergewonnenen Brüder und Schwestern, die überlebt haben, in kleinen jüdischen Gemeinden zusammenzufassen. Die Gemeinde sichert den Zusammenhalt unter uns, die wir so viel Böses und Schlechtes durchgemacht haben. Die gemeinsame Erfahrung gibt uns eine kolossale Bindung. Unser Gemeindeleben ist überaltert, weil in Erfurt von sechshundert jüdischen Bürgern nur zehn zurückgekommen sind. Etwas Zuwachs haben wir nach 1945 aus Breslau erhalten. In den fünfziger Jahren sind aber viele Breslauer in den Westen gegangen. Es blieb hier eine kleinere Gemeinde zurück, und sie krankt daran, daß wir sehr wenig Nachwuchs haben. Unser Erster Vorsitzender ist achtzig Jahre alt, und jetzt ist wieder ein Glaubensbruder gestorben, so daß wir eigentlich so klein sind, daß wir unter einen Hut gehen.

Wir treffen uns. Unsere Tradition wird gehalten, indem wir unsere großen Feiertage, das Neujahrs- und Versöhnungsfest, in unserem schönen Gotteshaus abhalten. Das ist bereits 1953 von unserem Staat subventioniert worden und ganz genau an der Stelle wiederaufgebaut, wo die alte Synagoge abgebrannt worden ist. Diese Gemeinschaft bedeutet uns viel, weil wir Leidensgenossen sind. Wir haben alle dasselbe erfahren, der eine mehr, der andere weniger. Es ging an niemandem spurlos vorüber. Keiner kann sagen: Ich bin aus der Nazizeit glücklich herausgekommen. Ich habe oft diesen Gedanken, daß, wenn unsere alte Generation einmal nicht mehr ist, wohl sehr wenig Hoffnung bleibt, der Nachwuchs könnte diese Sache so intensiv und korrekt weiterführen, wie das von 1945 bis zum heutigen Tag geschehen ist. Wir haben nur den Nachwuchs von einem Kameraden, der nun auch auf die Siebzig zugeht und Zweiter Vorsitzender ist. Er hat zwei Töchter, die wohl Mitglieder der Gemeinde sind, aber sie werden niemals das sein, was eine Jüdin ist, die von Kindheit an in einem jüdischen Haushalt ihr Wissen bereichern konnte. Eine große Seltenheit ist ein junger Mann mit vier Kindern aus Mühlhausen. Er hat sich bei uns beworben, zum Judentum überzutreten. Nach langer Prüfungszeit und mit sehr viel Geduld, auch beim Erlernen der hebräischen Sprache, ist es ihm gelungen, eine Barmitzwa zu bekommen. Er ist jetzt gewillt, seine beiden Söhne beschneiden zu lassen, so daß wieder ein kleiner Nachwuchs entsteht, zusammen mit einem weiteren Kind, das von einer Glaubensgenossin geboren wurde. Es werden eventuell drei Jungen sein, die zur Beschneidung in der Synagoge zugelassen werden. Aber das bildet noch kein Großes, Ganzes.

Das Interesse, das ich heute noch am Leben nehme, erhält mich wach und geistig frisch. Ich versuche immer wieder, gute Bücher zu lesen, damit ich was zum Nachdenken habe. Ich will nicht bloß dahinsiechen, nur an das tägliche Einerlei denken, sondern ich will etwas aufnehmen, was ich verarbeiten kann. Viele Menschen gehen manchmal wie in einem schlafwandlerischen Zustand einher, ohne den Dingen richtig auf den Grund zu gehen. Sie haben keinen Weitblick, kein Anliegen, etwas zu fördern, weiterzublicken, über ihre Grenzen hinaus. Essen, Trinken, Autochen fahren und nicht nachhorchen, was in der Welt geschieht. Nachzudenken darüber, was ist das Leben? Was hat es mit mir vor? Was ist der Sinn des Lebens?

Leben ist Frühling, Sommer, Herbst und Winter, eine stets neu erstehende Welt, auch ein neues Erstehen des Menschen, der gesellschaftlichen Gemeinschaft, die sich angewöhnen muß, nicht nur in den Tag zu leben, die Arbeit zu verrichten, sondern auch versuchen muß, das Leben zu meistern, eine nutzbringende Tätigkeit nachzuweisen. Wenn unsere Zeitungen und Reportagen immer hundertprozentig bei der Wahrheit blieben, dann könnte man die Menschen auch besser zum Positiven beeinflussen. Das heißt: die Wirklichkeit, die positiven Errungenschaften schildern, aber auch das Kritische nicht vergessen! Damit die Menschen in gewisser Zufriedenheit feststellen können, auch der Staat ist bemüht, sie dahin zu führen, daß das Leben einen Sinn hat. Die volle Wahrheit ist notwendig, über die Stärken und Schwächen des Systems zu sprechen und darüber zu diskutieren, daß man dann mit dem Partner eine gemeinsame Linie ziehen kann.

Es ist natürlich sehr schwer für einen neunzigjährigen Menschen, ein ganzes Leben zu beschreiben. Das Jahr besteht aus dreihundertfünfundsechzig Tagen. Jeder Tag bringt etwas anderes, ob Gutes, ob Böses. Und was müssen wir Menschen doch alles verkraften! Das, was ich geschildert habe, ist vielleicht nur ein kleines Abbild von dem, was ich in meinem langen Leben erlebt habe und heute noch zur Sprache bringen kann. Ich wünsche mir nur, die europäischen Völker mögen einmal die Einsicht gewinnen, daß sie nur in Frieden und Eintracht unsere Welt erhalten können. Menschen, die guten Willens sind, sollen ihren Beitrag dazu leisten, aus der Welt das zu machen, was wir uns unter einer guten und gesunden Welt vorstellen.

Ruth Gützlaff

Ich wurde am 20. Januar 1906 in Rotenburg an der Fulda geboren. Rotenburg, eine Kleinstadt mit damals so 3500 Einwohnern, liegt im hessischen Berg- und Hügelland, eine Stunde von Eisenach entfernt. Heute gehört das zu Westdeutschland.

Das Haus, in dem ich geboren wurde, war ein wunderschöner großer quadratischer Bau. Es wurde 1700 erbaut. Die Zahl stand über dem Kellereingang in Stein gemeißelt. Das Haus hatte einen riesengroßen Hausflur, und in der Mitte war eine dicke Säule, die hat die oberen Etagen getragen. Wir hatten eine kultivierte Wohnung mit vielen schönen alten Sachen. Die hatte mein Vater zum Teil von seinen Eltern übernommen. Neben der Haustür standen rechts und links wunderschöne alte Schränke. Die haben meine Eltern zum größten Teil später verkaufen müssen, um 1933 nach Berlin zu kommen, als die Nazis an die Macht kamen.

Ach, und einen himmlischen Garten haben wir gehabt und einen Obstberg. Mein Vater hatte ein absolutes Gespür dafür. Die schönsten Äpfel hat er angepflanzt: Boskop und Gravensteiner, die herrlichsten Sorten. Natürlich mußten wir auch im Garten helfen. Wir durften nicht schwimmen gehen, wenn wir nicht Sonnabend im Garten die Wege ausgeharkt hatten. Das war ja auch gar nicht so schlimm. Jedes Kind hatte ein Stückchen Garten. Ich hab immer Salat und Gemüse gepflanzt und mein Bruder Rolf immer Studentenblumen. Er brauchte nicht viel zu machen den Sommer über, der faule Hund!

Jeden Morgen standen wir sehr früh auf: Um sechs Uhr waren die Eltern schon auf, dann kamen wir hinterhergetrödelt, und um sieben Uhr gab's Frühstück. Mein Vater ging fast jeden Morgen in den Garten und guckte, wie seine herrlichen Äpfel standen. Je nach der Jahreszeit kam

Geburtshaus

er dann und brachte zum Beispiel die ersten Veilchen, die auf der Südseite des Gartens blühten, und stellte sie meiner Mutter auf den Frühstückstisch. Im Sommer waren es himmlische Rosen, nur zwei oder drei, und das freute einen dann auch.

Wenn mein Vater arbeiten wollte, hat er uns immer

Ruth, 1906

rausgeworfen. Dann sind wir in der Gegend radgefahren, meine Schwester Ester und ich. Rotenburg hatte viele mittelalterliche Häuser. Besonders jetzt, nach dem Krieg, hat man sie wieder aufgemotzt und bei manchen Häusern das Fachwerk wieder herausgeholt, auch in der Straße, wo wir gewohnt haben. Die Stadt ist geteilt in Altstadt und Neustadt, verbunden durch eine Brücke über die Fulda. Die Kirche in der Altstadt war älter als die in der Neustadt. Es war eine schöne alte Kirche. Ich habe das alles als gegeben hingenommen, ohne mir damals große Gedanken darüber zu machen. Die landschaftliche Umgebung von Rotenburg war wunderschön, vor allem der Laubwald, und alles war sehr hüglig. Wenn ich jetzt von meinem Urlaub zurückkomme, möchte ich im September noch mal eine Woche dort hinfahren. Bis zu meinem zwanzigsten Lebensjahr, bis ich geheiratet habe, lebte ich in Rotenburg.

Mein Vater war Jude und heiratete 1905 eine Frau, die aus Erfurt kam und Putzmacherin gelernt hatte. So nannte man früher Leute, die Hüte machten. Er verliebte sich in diese Frau, die nun aber evangelisch war und nicht jüdisch. Es gab einen großen Tumult in der Familie, aber er hat sie genommen! Das war damals noch ein Bruch des religiösen Tabus, daß die beiden heirateten. Aber mein Vater war

M. *Wiesemüller*
Hofphotograph

Rotenburg
a/d. Fulda.

Ruth, 1910

Die Mutter, um 1912

Der Vater, um 1912

vollkommen frei. Das einzige, was ihn ans Judentum
gebunden hat, war, zu Rosch Haschana und Jom Kippur in
die Synagoge zu gehen. Rosch Haschana ist das Neujahrsfest bei den Juden, und Jom Kippur das Fest, das bei den
Christen Buß- und Bettag heißt. Da ist man den ganzen Tag
in der Synagoge und ißt nichts vom Abend zuvor bis zum
nächsten Abend, wenn man wieder nach Hause kommt. Na
ja, das war das einzige, was er wirklich eingehalten hat. Es

wurde bei uns sogar sonnabends gearbeitet, was ja bei den gläubigen Juden verboten ist.

Meine Mutter ist dann noch zum Judentum übergetreten, und zwar hier in Berlin. Das wurde verlangt. Da mußte sie ins Wasser steigen, in so 'ne olle Badewanne, das blieb eine schreckliche Erinnerung für sie. Sie ist also von der Religion her auch jüdisch geworden wie mein Vater. Meine Mutter war eine bildschöne Frau. Mein Vater, der rein-jüdisch war, hatte blaue Augen und blonde Haare, und meine Mutter, deren Vater aus der Nähe von Bamberg stammte, war dunkelhaarig und hatte braune Augen. Von ihr haben wir Kinder auch die braunen Augen. Die angeblich typisch jüdischen Merkmale, die sich später die Nazis ausdachten, trafen in meiner Familie also überhaupt nicht zu. Ich weiß noch, daß ich das erste Kind in Rotenburg war, das ein Dirndlkleid bekam. Ich werde das nie vergessen, das war wunderschön. Ich war ganz hellblond. Aus München hat mir ein Onkel das Kleid geschickt: schwarzer Grund mit bunten Blumen drauf. Mit diesem Kleid sollte ich in die Schule gehen. Ich hab mich aber nicht getraut. Ich seh mich noch an den Wänden langschleichen und hab gedacht, die Leute würden mich dann nicht sehen.

Mein Großvater väterlicherseits hat übrigens von 1850 bis 1880 zwölf Kinder gemacht. Er wurde 1825 geboren und lebte zuerst in einem Dorf, das hieß Heinebach, es war ganz in der Nähe. Da wohnten seine Eltern. Dann ist er nach Rotenburg gezogen und hat dieses schöne Haus gekauft, in dem dann alle seine Kinder geboren wurden.

Mein Vater wurde 1875 geboren, meine Mutter übrigens auch. Mein Vater war von Beruf Kaufmann. Er hat das Geschäft seines Vaters übernommen. Mein Großvater ist, nachdem er alles abgewickelt hatte, als Pensionär nach Wiesbaden gezogen und hat sich 'ne Haushälterin genommen. Er hat dann dort bis zu seinem Tode gelebt. Er wurde, glaube ich, zweiundneunzig Jahre alt und ist nach dem ersten Weltkrieg gestorben.

In das Geschäft meines Vaters kamen alle Kleinhändler der Gegend, die unterwegs auf den Dörfern alte Lumpen und altes Eisen aufkauften und das dann an unser Geschäft weiterverkauften. Hinter unserem Haus waren Räume, wo die Lumpen gestapelt wurden. Die wurden sortiert nach

Leinen, Wolle, Baumwolle und so und gingen in die Industrie nach Westfalen zur Papierverarbeitung. Das Alteisen wurde nach Schwerte geschickt, wo die große Industrie war. Es wurde zuvor bei uns gesammelt und auch zerkleinert, wenn es zu groß war. Das war die Existenz meines Großvaters und meines Vaters. Dieser Beruf war nicht untypisch für Juden. Den durften sie ausüben, seit dem Mittelalter schon. Mein Vater ist nicht rumgelaufen und hat gesammelt, die Sammler haben ihm das Altmaterial gebracht.

Mein Vater war die erste Bezugsperson für mich und ist es auch immer geblieben. Er war außerordentlich human, allen gegenüber. Nur einmal hat er mir eine Backpfeife angeboten, aber er hat sie mir nicht gegeben. Er hat mir ein humanistisches Denken vermittelt, das heißt an die Menschen nicht mit Vorurteilen heranzugehen. Es war eine menschliche Atmosphäre im Hause, das überträgt sich auch auf die Kinder. Wir haben mit allen Kindern gespielt, Klassenunterschiede gab es dabei nicht. Auf der Straße waren ja auch arme Arbeiterkinder. Es war in der Zeit noch nicht so, daß die Arbeiter so lebten wie heute.

Mein Vater hatte einen sehr guten Ruf. Früher war es ja so, daß aus Polen viele jüdische Bettler kamen, mit diesem langen schwarzen Kaftan. Mein Vater hat nie einen Menschen weggehen lassen, ohne ihm etwas gegeben zu haben. Er hat sie immer unterstützt, wenn er konnte. Meistens habe ich diese Leute gar nicht gesehen. Die kamen zu meinem Vater ins Büro und haben gesagt: »Haben Sie nicht ein bißchen was?« Sie hatten große Bärte und lange Schläfenlocken, die »Paijes« hießen. Sie waren einem natürlich fremd und sprachen ein Deutsch, das zum Teil schwierig zu verstehen war; es war Jiddisch. Wenn Vater ihnen etwas gegeben hatte, dann sind sie gleich weitergezogen. Es gab ja damals viele Bettler, das wissen wir heute gar nicht mehr. Auch hier, in Berlins Straßen, gab es Bettler. Es gab überhaupt Menschen, denen es sehr schlecht ging. Früher gab es auch keine Berentung. Meine Mutter ist jeden Sonnabend und Sonntag zu verschiedenen alten Frauen gegangen, besonders in unserer Straße, und hat ihnen Mittagessen gebracht. Das war aber eine persönliche Hilfsbereitschaft von ihr.

Mein Vater war Demokrat. Nach 1918 war er in der Stadtverordnetenversammlung. Die Partei hieß Deutsche Demokratische Partei und war bürgerlich-liberal.

Meine Mutter war in ihren jungen Jahren sehr, sehr streng. Immer, wenn was war, gab es gleich eine Ohrfeige. Aber meine Mutter hat sich dann nachher, als sie älter war und diese schrecklichen Erlebnisse kamen, vollkommen verändert. Sie hat niemals eins meiner Kinder angerührt. Die Mutter war unerhört sauber und gepflegt und sehr, sehr geschickt, viel geschickter als ich. Stricken, Sticken und so was, das alles konnte sie. Sie hat die Wohnung behaglich und schön gemacht. Es mag ja Leute geben, denen meine Art zu wohnen nicht gefällt, aber ich finde, wir haben immer sehr schön gewohnt. Wenn die Mutter manchmal zu doll saubergemacht, die Wohnung zu doll auf den Kopf gestellt hatte, dann bekam mein Vater eine Wut, hat sich umgedreht und ist weggegangen. Das war wahnsinnig, was bei uns saubergemacht wurde – schrecklich! Meine Mutter hatte aber viel Geschmack, obwohl sie nicht einen solchen Bildungsweg hatte wie wir. Sie hatte nur acht Jahre Volksschule und war dann in die Lehre gegangen. Sie war immer sehr schick angezogen. Ihren Beruf hat sie dann in Rotenburg nicht mehr ausgeübt, weil sie ja geheiratet hatte.

Mein Vater hat eine kaufmännische Lehre absolviert und danach eine Gesellenwanderung gemacht. Er ist durch die Schweiz gewandert und hat dann das Geschäft seines Vaters übernommen, als die letzte Schwester rausgeheiratet hatte. Das mußte er noch abwarten.

Mein Elternhaus – wenn du drinsteckst, weißt du ja nicht, wie gut du es hast! Erst nachher habe ich gesehen, was ich für 'ne schöne Jugend hatte, vor allem einen humanen und großzügigen Vater. Er war auch sehr amüsant und witzig. Wir haben oft schrecklich gelacht. Daß meine Mutter manchmal so geschlagen hat – schwupp, hast du eine sitzen gehabt –, das war wirklich scheußlich.

Meine Eltern hatten drei Kinder, ich war die Älteste. 1909 kam mein Bruder Rolf und 1913 meine Schwester Ester. Mein Bruder ist mit sechs Jahren in die Vorschule gekommen. Das war früher so, daß die begüterten Kinder in die Vorschule kamen. Sie mußte bezahlt werden und war privat. Und dann gab's die Volksschule, in die Kinder weniger bemittelter Eltern gingen und die nichts kostete. Mein Vater hat übrigens dieselbe Schule besucht wie ich, er hatte schon denselben Direktor. Zu meiner Zeit war der Direktor bereits achtzig Jahre alt.

Mein Bruder ist nach jüdischem Brauch beschnitten worden. Hierbei wird die Vorhaut am Geschlechtsteil entfernt. Die Erklärung dafür weiß ich nicht so genau, vielleicht weil die Juden früher im Orient gelebt haben und die hygienischen Verhältnisse dort nicht so waren, wie sie meinetwegen in Europa sind, und auch wegen der Wärme. Das war eine ganz einfache hygienische Maßnahme, die als religiöse Pflicht festgelegt wurde, damit alle Juden es so machten. So ist die Beschneidung jüdische Tradition geblieben.

Das Verhältnis zwischen meinem Bruder und mir war außerordentlich gut. Es hat auch Eifersüchteleien gegeben, aber wir haben uns sehr gut verstanden. Wir haben uns natürlich auch gekloppt, als wir klein waren. Zum Beispiel habe ich die Mutter gespielt, und er hatte ein Pferd und einen Wagen, und wenn er nicht pünktlich nach Hause kam, habe ich geschimpft. Wir haben gut zusammen gespielt. Ich wohnte mit meiner Schwester Ester zusammen in einem Zimmer.

Ester war eine ganz Süße, ein bildschönes Kind, den ganzen Kopf voller Locken. Sie ist natürlich furchtbar verwöhnt worden. Da waren wir eifersüchtig, Rolf und ich, daß sie vorgezogen wurde.

Mein Bruder ging dann schon sehr früh weg, nach Kassel, und machte dort das Abitur. Er wohnte bei demselben Lehrer, bei dem mein Vater als Junge bereits gewohnt hatte, als er sein Einjähriges machte, bei Professor Schanz. Der war längst pensioniert, nahm aber immer noch mal Schüler auf. Rolf hat in seinem Haus gewohnt, auch gegessen, ging zur Schule und kam nur Sonnabend nachmittag bis Sonntag abend nach Hause, dann fuhr er wieder zurück. Meine Schwester Ester hat das Abitur — das war schon nach dem ersten Weltkrieg — in einem früheren Lehrerinnenseminar in Rotenburg gemacht. Das wurde nachher Realgymnasium.

Ich selbst bin bis einschließlich Untersekunda zur Schule gegangen, also zehn Jahre. Ich bin während des ersten Weltkrieges in die Schule gekommen. Da wurden die Leh-

86

rer alle eingezogen. Aber Gott sei Dank hatte ich den ollen Direktor Kümmel, den auch mein Vater schon hatte, der wurde nicht eingezogen. Dann hatten wir einen, der hieß Dr. Etzerod, der war auch zu alt fürs Militär. Mit dem haben wir Ausflüge gemacht, er hat uns den Wald gezeigt und die Baumarten erklärt. Der war an sich ein strenger Lehrer, aber er war sehr nett, ich mochte ihn gern.

Zum Religionsunterricht ging ich in eine jüdische Schule. Es gab auch Kinder, die acht Jahre die jüdische Schule besuchten. Mir wäre es komisch vorgekommen, in eine jüdische Schule zu gehen. Wir waren doch Deutsche wie alle anderen, in Deutschland geboren. Mein Vater wurde in diesem Ort geboren, sein Vater und seine Mutter im Nachbarort. Wir haben uns niemals als eine jüdische Minderheit gefühlt, die anderen jüdischen Leute auch nicht. Der Religionslehrer, Herr Rosenstein, war einer, der schnell wütend wurde. Der hat dann immer zu uns gesagt: »Wenn du jetzt nicht gleich ruhig bist, schmeiß ich dir 'nen Knüppel Holz an den Kopf!« Die Öfen wurden nämlich mit Holzscheiten geheizt. Als mein Vater aus dem Krieg kam, gab es ein solches Vorkommnis mit meinem Bruder. Da ist mein Vater hingegangen und hat einen furchtbaren Krach geschlagen. Seitdem hat sich der Religionslehrer anständig benommen.

Ich habe sonst keine großen Eindrücke von diesem Religionsunterricht. Wir haben die biblische Geschichte erzählt bekommen und haben sie nacherzählt, alles, was so drinsteht, von Adam und Eva, Kain und Abel und so weiter. Ich hab das wie Märchen aufgefaßt. Und wenn Herr Rosenstein uns was gefragt hat, was wir nicht wußten, dann hat er eben gesagt: »Ich schmeiß dir gleich 'nen Knüppel Holz an den Kopf!« Das ist mir aus dem Religionsunterricht im Gedächtnis geblieben. Ich bin wahrscheinlich von Natur aus schrecklich nüchtern, oder es ist so vorgetragen worden, daß es nicht interessant genug für mich war. Und daß ich mich anständig zu benehmen hatte, das war sowieso klar, von zu Hause aus.

Die Synagoge in unserer Stadt stand auf dem Hof eines schönen Gebäudes, das auch der jüdischen Gemeinde gehörte. Die Synagoge war sicherlich viel älter als das vordere Gebäude, das so Anfang des 19. Jahrhunderts gebaut sein könnte. Das war ja bei vielen Gemeinden so, von früher her, als sie noch verfolgt wurden, da lag die Synagoge auch etwas geschützt, auf dem Hof, und zur Straße hin war ein Gebäude davor, wie auch hier in Berlin, in der Rykestraße.

Alle hatten in der Synagoge ihre festen Plätze. Männer und Frauen getrennt. Die Männer saßen unten, die Frauen oben auf der Empore. Mein Vater ging, wie gesagt, nur zu den hohen Feiertagen in die Synagoge. Am Versöhnungstag mußte gefastet werden, aber wir Kinder brauchten nicht zu fasten, meine Mutter wohl auch nicht. Die frommen jüdischen Frauen mußten sich, wenn sie heirateten, die Haare abschneiden lassen und ihr ganzes Leben lang eine Perücke tragen, da hatten sie ein weißes Häubchen drauf. Meine Mutter natürlich nicht. Die jüdische Religion hatte keine größere Bedeutung für mich. Unsere Erziehung ist von den Eltern her eine allgemein humanistische gewesen.

Es gab zu dieser Zeit sicher auch schon Antisemitismus. Ich hatte eine Schulfreundin in der Klasse, deren Vater war Bahnhofsvorsteher. Die waren katholisch. Wir sind friedlich miteinander in die Schule gegangen, aber auf dem Nachhauseweg haben wir uns fast immer mit dem Schulranzen gekloppt. Sie hat gerufen: »Du alter Judenstinker, du!« Und ich hab gesagt: »Du katholischer Dickkopp!« Dann ist jeder nach Hause gelaufen, und am andern Morgen sind wir wieder friedlich miteinander in die Schule gegangen. Jeden Morgen haben wir uns getroffen, und dann hat sie immer so herrliche Märchen erzählt.

Was wirklich Antisemitismus ist, haben wir erst in der Nazizeit kennengelernt. Es gab sicher Leute, Offiziere oder so, die damals bereits Antisemiten waren, aber mit denen hatte man nichts zu tun. Ich selber habe also nie etwas in dieser Richtung bemerkt. Mein Bruder war da viel empfindlicher. Als er damals nach Kassel ging, hat er sehr viel mehr mitbekommen.

Ich bin nicht besonders gern in die Schule gegangen. Ich war immer mittelprächtig, so zwei bis drei, bin aber immer durchgekommen. Das Interesse für Deutsch ist erst nachher aufgebrochen. Als ich mit fünfzehn Jahren aus der Schule kam, bin ich nach Berlin-Dahlem in eine Pension gekommen, das Haus steht noch. Dort haben wir auch

Französisch gelernt, später kam noch Englisch hinzu. Da war auch ein Lehrer für Literatur, der mich für dieses Gebiet begeistert hat. Naturkunde hat mich auch immer sehr interessiert. Aber während des Krieges waren ja die Lehrer alle weg. Da kamen Hilfslehrer und so was, und dementsprechend war auch das Niveau.

Den ersten Weltkrieg habe ich so in Erinnerung: Die Gleise der Eisenbahn führten fast an unserem Haus vorbei. Da kamen in den ersten Monaten jubelnde Soldaten vorbei, und die Menschen haben sie gefüttert, haben sie verwöhnt. Und später kamen dann sehr viele Lazarettzüge zurück, und wir haben als Kinder das Elend gesehen, das der Krieg mit sich brachte.

Mein Vater war nicht für den Krieg, aber er ist eingezogen worden. 1915 bis 1918 war er Soldat. Meine Mutter hat mit ihrer jüngsten Schwester dann in unserem Büro gearbeitet und so ein bißchen versucht, dem Vater die Existenz zu erhalten, bis er wiederkam. Die beiden Frauen haben das so gut und so schlecht, wie es eben ging, gemacht. Mein Vater war Landsturmmann irgendwo in Frankreich. Wir haben ihn gefragt, wie es denn in Frankreich war, und er hat über die schönen Städte, durch die sie gekommen waren, gesprochen, auch wenn sie zum Teil zerstört waren.

Die Novemberrevolution nach dem Krieg ging ziemlich stumm bei uns vor sich. Der Kaiser war nun nicht mehr da. In die Stadtverordnetenversammlung sind auch Arbeiter gewählt worden, und in der nahe gelegenen Fabrik gab es einen Soldatenrat. Für mich war das zwar etwas Neues, aber es hat nichts weiter in meinem Leben verändert. Das war eben so, und daß ich gegen den Krieg war, war ja selbstverständlich, schon vom Elternhaus her. Arbeiter hängten rote Fahnen heraus, es gab viele Versammlungen, und mein Vater wurde als Abgeordneter der Demokratischen Partei in die Stadtverordnetenversammlung gewählt.

Als ich aus der Schule kam, hatte ich eigentlich gar keinen Berufswunsch. Ich hab schon gesagt, wir hatten einen so himmlischen Garten, und im Frühjahr und im Herbst kam ein Gärtner, das war ein Meister, und brachte den Garten von Grund auf in Ordnung. Ein herrlicher Beruf! dachte ich. Da hab ich zu meinem Vater gesagt: »Ich möchte gern Gärtnerin werden.« Er sagte, so ungefähr:

»Bei dir kann doch was nicht stimmen!« Unser Gärtner hat immer Lehrlinge gehabt. Aber als Herrn Katzensteins Tochter zu den anderen Honoratioren zu gehen und die Gärten zu machen – das ging zu weit! Dafür haben sie mich ein halbes Jahr in dieses Pensionat in Berlin-Dahlem gesteckt und später noch einmal ein halbes Jahr in Frankfurt am Main. Ich hatte kein bestimmtes Interesse, und mein Vater hat sich auch gar keine Gedanken über meinen künftigen Beruf gemacht. So lief das damals häufig ab in bürgerlichen Familien. Man ging davon aus, daß eine Frau ihr Leben lang Hausfrau blieb. Sicher, es gab auch schon Lehrerinnen, und meine Schwester Ester zum Beispiel hat ja von Anfang an das Abitur machen wollen, um einen Beruf zu ergreifen. Es ist dann aber nicht mehr dazu gekommen, weil die Nazis kamen und sie nicht mehr studieren konnte. Aber das Abitur hat sie noch gemacht.

Ich habe dann, als ich die Schule beendet hatte, zu Hause geholfen und bin viel gereist. Mein Vater hatte eine Schwester in Gotha, meine Mutter hatte ihre Geschwister in Erfurt, so war ich viel unterwegs. Ich habe Tennis gespielt und bin gern gewandert. Dabei hatte ich immer Gesellschaft und immer Freundinnen um mich.

Weihnachten 1925 haben mich Wittenbergs nach Berlin eingeladen. Das war die jüngste Schwester meines Vaters, die war 1880 geboren und war furchtbar nett zu mir. Das war schon eine moderne Frau, die machte mit den Jungen alles mit. Dadurch hab ich Berlin ziemlich gut kennengelernt. Mein Vater hatte hier noch einen Haufen Geschwister.

In Berlin gab es eine jüdische Loge, die hieß B'nai B'rith, in der Kleiststraße 10. Da gab's Vorträge und Zusammenkünfte, religiös ganz ungebunden, es war eine kulturelle Vereinigung. Die Männer haben immer geheimgetan, Frauen durften nicht rein. Einmal war auch ein Vergnügen. Ich war damals neunzehn Jahre alt und hab getanzt, immer weg. Da kam einer, der sehr nett aussah. Er hat viel mit mir getanzt, und hinterher haben sie mir erzählt, er hieße Walter Lichtenstein. Er hatte ungefähr vier Jahre vorher geheiratet und hatte eine Tochter, Toni. Seine Frau war an Krebs gestorben. Zusammen mit seinem Bruder Fritz hatte er eine Schirmfabrik mit vielen Filialen, in jedem Stadtteil.

Ruth Lichtenstein, 1927

Und ich alte Schlampe, die ja immer Schirme verloren
hatte, brauchte nun gar keine Sorge mehr um einen Schirm
zu haben, weil er mein Mann wurde.

Nach dem Vergnügen trafen wir uns mehrmals, gingen
öfter zusammen spazieren, und, wie das so ist, wir haben
uns ineinander verknallt. Er war aber sehr depressiv. Es lag
ihm noch immer in den Knochen, das mit seiner jungen
Frau, die so entsetzlich an Krebs gestorben war. Er war
danach viel gereist, um sich abzulenken, und hat große

Schiffsreisen gemacht. Er lebte wunderschön, ein bißchen altmodisch, in der Gegend vom Tiergarten, in einem Haus, das auch ausgebombt ist. Dort hab ich ungefähr vier Jahre mit ihm und seiner Tochter Toni gewohnt, bis wir geheiratet haben. Dann suchten wir uns eine neue Wohnung in Siegmunds Hof.

Seine Geschäfte gingen bald furchtbar schlecht, durch die Nazizeit. Da stand an den Schaufenstern »Juda verrecke!« oder »Wer kauft beim Juden?«. Die Leute haben die Geschäfte gemieden. Dann kamen bald die Sorgen. Mein Mann war ein unwahrscheinlich gütiger Mensch, aber sehr depressiv, wie gesagt, durch den Tod seiner ersten Frau. Furchtbar. Seine Eltern habe ich nicht mehr kennengelernt, die waren schon lange tot.

Zunächst aber machte mir das Leben in Berlin noch großen Spaß, vor allem gefielen mir die vielen Geschäfte. Man mußte sich jedoch daran gewöhnen, daß man nicht alles kaufen konnte. Das ging aber sehr schnell. Wir hatten für den Zoo ein Abonnement und sind oft dorthin gegangen, haben Stullen mitgenommen und abends dort unser Abendbrot gegessen. Das war damals so Sitte.

Mit Toni hatte ich ein äußerst schwieriges Kind übernommen. O Gott, ein verwöhntes kleines Balg! Jeder hatte Mitleid mit ihr, weil die Mutter gestorben war. Ich weiß noch, wie ich in ihr Kinderzimmer kam, und da waren zwanzig Käthe-Kruse-Puppen! Du weißt gar nicht, was das bedeutet! Käthe Kruse war eine Puppenmacherin, eine Künstlerin, die machte himmlische Puppen. Die Puppen sahen aus wie Kinder, ganz natürlich, nicht so aus Zelluloid. Man schenkte seinem Kind mal *eine* Käthe-Kruse-Puppe, die kostete einen Haufen Geld. Aber Toni hatte zwanzig solcher Puppen, irre teuer! Na ja, jeder wollte dieses arme Kind trösten. Für mich war das eine schrecklich schwere Zeit, hätte ich nie gedacht! Einmal nahm ich sie mit zum Schuster, der zwei Häuser weiter wohnte. Ich sagte: »Komm, Toni, wir wollen mal runtergehen und ein Paar Schuhe von dir reparieren lassen.« – »Ich«, sagte sie, »hab's doch nicht nötig, die Schuhe zu tragen«, und hat sich auf die Erde geschmissen. Damals war sie noch keine sechs Jahre alt.

Die Ehe mit meinem Mann war gut, da gab's keine

Walter Lichtenstein (links), um 1932

Probleme. Mein Mann war älter als ich und hatte Erfahrung. Mich hatte meine Tante hier in Berlin aufgeklärt, die jüngste Schwester meiner Mutter. Mit meiner Mutter hätte ich über solche Probleme nie reden können.

Unsere Wohnung in Berlin lag in einem Dreifamilien-

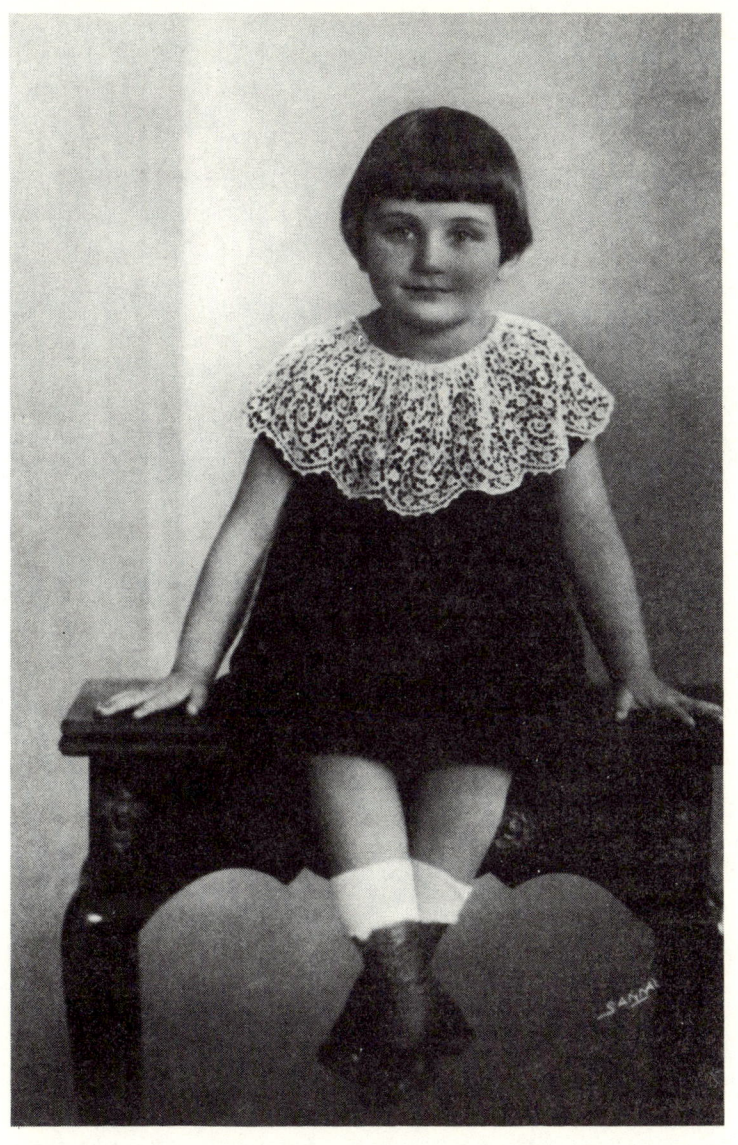

Toni Lichtenstein, um 1926

haus. Wir bewohnten die erste Etage: Herrenzimmer, Eßzimmer, Salon, Kinderzimmer und Mädchenzimmer und noch ein Fremdenzimmer. Es waren eigentlich fünf Zimmer mit Nebengelaß. Ich hatte ein Hausmädchen und eine Köchin, die wohnten mit bei uns.

1927 wurde mein Sohn Hans geboren. Ich bin viel mit meinem Jungen spazierengegangen und habe Besorgungen gemacht. Ich habe selbst eingekauft, hab das Hausmädchen mitgenommen und bin mit ihr auf den Markt gegangen. Ich bin eine alte Marktgängerin, bin es aber eigentlich hier in Berlin erst geworden. Dann wurde gekocht. Und als der Junge noch klein war, bin ich jeden Tag mit ihm runtergegangen, und wenn Toni irgend etwas hatte, habe ich sie hingebracht. Aber sie war wirklich wahnsinnig schwierig. Sie kam mal nach Hause und sagte: »Die Schulärztin hat gesagt, du möchtest doch mal zu ihr kommen.« Ich bin hingegangen, da sagt die Ärztin: »Sie sind die Mutter?« Ich sagte: »Ja, natürlich. Mein Mann ist das zweite Mal verheiratet, und ich bin die Mutter.« – »Das kann doch nicht wahr sein«, sagte die Ärztin. »Doch«, sagte ich. »Ihre Tochter kam gestern zu mir zur Schuluntersuchung«, sagte sie, »in vollkommen desolatem Zustand: Haare verwurstelt, Strümpfe runter, also unwahrscheinlich. Sie wurde nach ihrem Zuhause gefragt, was macht der Vater, was die Mutter. Und das Kind antwortete: Ich habe keine Mutter.« Deshalb hat mich die Ärztin kommen lassen.

In der Freizeit waren wir viel spazieren, mit Verwandten zusammen, und sind auch oft im Theater gewesen. Mein Mann war ein großer Theaterfreund. Ich habe nie Langeweile gehabt. Auch gelesen habe ich gern: Balzac, Gerhart Hauptmann, das waren noch Bücher aus meiner Mädchenzeit, die ich immer wieder mit viel Interesse gelesen habe, und später zum Beispiel Anatole France, den hab ich geliebt, heiß und inniglich. Den liebe ich heute noch, besonders seine geistreiche Art. Mein Mann hat weniger gelesen, aber wir sind eben viel verreist. Dann hatten wir ein geselliges Haus. Wir hatten oft Besuch und sind häufig ausgegangen. Er hat ja seine Geschwister hier gehabt.

Als der Faschismus aufkam, haben wir das alle nicht geglaubt. Das kann doch nicht wahr sein!, sagten wir uns. Und so schlimm kann das doch nicht werden. Das war ja

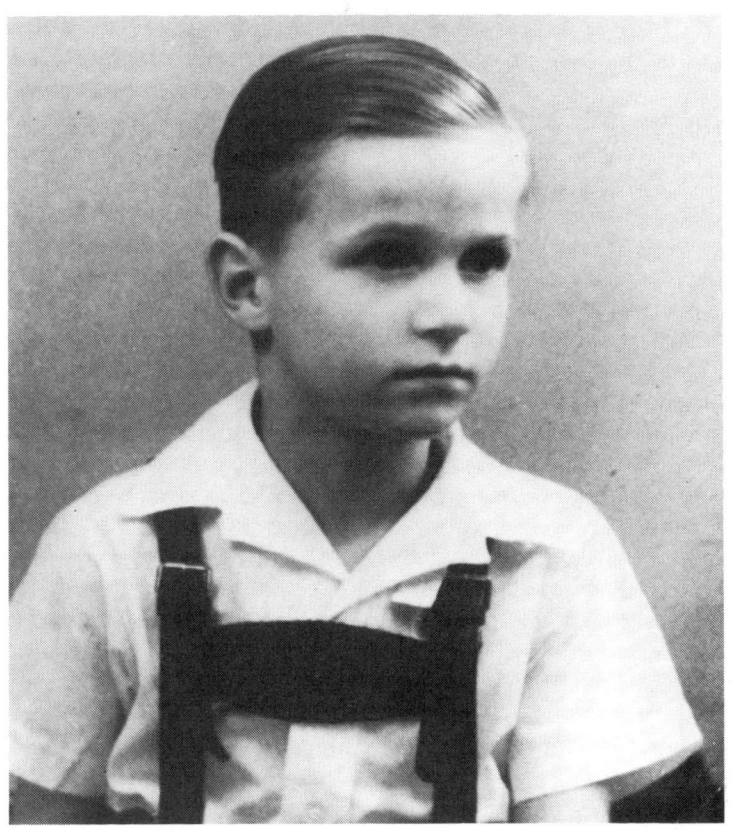

Hans, 1934

der große Trick, den sie unters Volk gebracht hatten. Daß
so was kommen konnte in Deutschland, das konnte sich ja
kein Mensch vorstellen, das konnte man sich doch nicht
denken nach den Entwicklungen nach 1918! Von den politischen und sozialen Spannungen in Berlin habe ich kaum
was mitbekommen in den zwanziger Jahren. Na ja, registriert werde ich's schon haben, daß es immer mehr nach
rechts ging. Mein Bruder Rolf war ja auch noch da, der
ging erst 1938 weg. Er hat mir vieles erklärt.

Die Geschäfte gingen immer schlechter. Hitler war eine
Bestie mit all seinen Parolen. Er kam über Nacht an die
Macht. Plötzlich war Hitler Reichskanzler! Der ganze Dreck

wurde hochgeschwemmt. Wir haben uns ruhig verhalten, haben immer mit dem Gedanken gespielt wegzugehen. Wir hatten zuallererst die Aufgabe, meine Eltern aus Rotenburg herzuholen. Mein Vater war bereits in Konkurs geraten und hatte das Haus verkaufen müssen. Das war schrecklich! Mein Vater war so ehrgeizig. Er hat gedacht, er könnte mit dem Geld, was er für das Haus bekommt, seinen Betrieb retten, aber es war nichts zu retten. Das war bereits Ende der zwanziger Jahre gewesen. Da war ich schon weg von zu Hause. Meine Eltern hatten erst eine Mansardenwohnung in diesem herrlichen alten Haus. Dann mußten sie raus. Sie bekamen eine Wohnung in einem anderen Haus. Am 1. April 1933 rief meine Mutter morgens in Berlin an und sagte: »Ruth, der Vater ist ... sie haben den Vater rausgeholt, auf den Misthaufen geworfen und haben ihn halbtot geschlagen.« Da ist noch der Hausmeister dazugekommen, das war so ein Bulle. Ich weiß auch noch, wer das war. Nach dem Krieg hatte ich immer Angst, ihm zu begegnen, wenn ich mal nach Rotenburg fuhr. Sie haben dann meinen Vater genommen und ihn in die Wohnung zurückgebracht. Die Mutter hat nach dem Arzt geschickt. Er hieß Dr. Hieronymus und war unser Hausarzt. Er ist gekommen, ist in der Tür stehengeblieben und hat meinen Vater von weitem betrachtet. Er hat ihm einiges gegeben und gesagt, was meine Mutter tun sollte, und dann ist er schnell wieder gegangen.

Zu der Zeit, als das geschah, lag mein Mann gerade im jüdischen Krankenhaus. Er litt unter Nierensteinen und Nierenkoliken und hatte gerade eine Operation hinter sich. Da hab ich ihn im Krankenhaus angerufen und gesagt: »Du, hör mal, die Mutter hat eben angerufen und gesagt, Vater haben sie halbtot geschlagen, was soll ich machen?« Er sagte: »Rufe sofort an! Sie sollen kommen, sofort!« Und das haben sie dann auch gemacht.

Meine Eltern sind, wie sie gingen und standen, mit ganz wenig Gepäck nach Berlin gekommen, und mein Vater hat Wochen und Wochen kein Wort gesprochen, solche Depressionen hatte er. Das kann sich keiner vorstellen. Er ist ins Zimmer gegangen und hat sich auf die Couch gelegt. Meine Mutter hat dann immer zu meinem Sohn Hans gesagt: »Geh doch mal zu Opa und sei ein bißchen nett zu

Der Vater, um 1934

ihm.« Es war ganz furchtbar. Er hat nichts gegessen, nichts getrunken und ging manchmal tagelang nicht aus dem Haus.

Das ist eines der schrecklichsten Erlebnisse, die ich hatte, weil ich doch so an meinem Vater gehangen habe! Du bist ja so hilflos, kannst gar nichts machen. Aber er hat sich dann, nach vielleicht zwei Monaten, etwas aufgerappelt.

Sie hatten ja noch ihre Wohnung in Rotenburg. Er ist hinge-fahren, da hat ihm keiner mehr was getan. Er hat einen Möbelwagen bekommen, und was noch wert war, hat er mitgenommen und ist mit dem Möbelwagen allein nach Berlin gekommen.

Wir hatten Glück und bekamen für meine Eltern eine Wohnung im Hinterhaus einer Nebenstraße. Doch diese Wohnung haben dann meine Geschwister Rolf und Ester bezogen. Rolf war ja mit dem Studium bald fertig, aber Ester hatte noch keine Stellung. Meine Eltern blieben dann doch bei uns wohnen, sie hatten ein Zimmer für sich. Unsere Wohnung in Bellevue war ja sehr schön groß. Unten floß die Spree, die nächste Ecke war schon Moabit. Die Sachen, die mein Vater mitgebracht hatte, stellte meine Mutter in einem Zimmer ab, und einen Teil verkaufte mein Vater.

Das Geschäft meines Mannes ging noch bis 1938, bis zur »Kristallnacht«. Da waren dann überall in roten Farben die Parolen angeschrieben, alles wurde zerschlagen und aus den Geschäften rausgeholt. Wir bekamen die Judenkenn-karte. Ich bin zur Polizei gegangen, und man nahm mir die Fingerabdrücke ab. Den Beamten, den ich kannte, hab ich gefragt: »Nun sagen Sie mal, was habe ich denn verbro-chen? Ich werde ja hier wie ein Schwerverbrecher behan-delt.« Da sagte er: »Nein, nein, das ist heute so.« Also der Polizist in meinem Revier war jedenfalls anständig und hat mich nicht extra beleidigt.

Ich hab's genauso gemacht wie meine Mutter: wenn ich die Nazis auf der Straße kommen sah, bin ich getürmt. Aber durch mein Aussehen ist ja nie jemand auf die Idee gekommen, daß ich Jüdin war.

Später durfte ich in kein Theater, kein Lokal mehr gehen. Da ist mir noch folgendes passiert: Ich hatte einen guten Freund, der war Häusermakler und gleichzeitig Hausver-walter. Er war »halbarisch« und hatte es irgendwie bewerkstelligt, in den Besitz eines »richtigen« Passes zu kommen. Er sagte: »Ruth, wollen wir heute abend nicht mal essen gehen?« — »Gut«, sagte ich, »gehen wir essen.« Wir kommen da rein ins Restaurant und setzen uns hin. Ich hatte die jüdische Kennkarte. Kommt der Kellner und sagt, zu ihm gewandt: »Entschuldigen Sie, ich kann Sie nicht bedienen.

Hier ist für Juden verboten.« Da hat mein Freund natürlich seinen Paß vorgezeigt, und wir wurden bedient, mich hat der Kellner gar nicht gefragt!

Natürlich fühlten wir uns ständig bedroht, aber an Widerstand habe ich nicht gedacht. Ich war politisch auch nicht engagiert, jedenfalls damals noch nicht. Wie sollten wir Widerstand leisten? Eine Zivilperson hatte doch kein Gewehr. Das hätte man ja organisieren müssen, und das war unmöglich bei dieser Naziumgebung. In Berlin gab es viele Juden, aber auf dem Land lebten immer relativ wenige, im Vergleich zur Bevölkerung. Also da konnte nichts organisiert werden. Und emigrieren war auch nicht so einfach für alle. Mein Vater hatte kein Geld mehr. Er hatte ja alles verkaufen müssen und hat das nicht zu seinem Vergnügen getan, sondern um sich und die Familie über Wasser zu halten. Und ich selbst bin später auch nicht mehr dazu gekommen, zu emigrieren, die Zeit war bereits zu sehr vorangeschritten.

Nach der »Kristallnacht« verschlimmerten sich die Depressionen meines Mannes. Eines Morgens ging er in sein Büro und kam nicht wie sonst am Nachmittag nach Hause. Ich weiß noch, an dem Morgen, bevor er ins Büro gegangen ist, habe ich gesagt: »Also laß uns weggehen, ja?« Und er sagte: »Ich habe draußen keine Existenz. Ich bin zu alt.« Da haben wir noch einen Meinungsstreit gehabt. Als er nicht zur Zeit nach Hause kam, habe ich in seinem Betrieb angerufen und gefragt, ob irgend etwas ist. »Nein, es ist nichts«, sagten sie, »er ist weggegangen.« Als er dann immer noch nicht kam, habe ich die Polizei angerufen. Dort kriegte ich die Nachricht, er hätte seinen Wagen mit der und der Nummer in der Kaiser-Wilhelm-Straße abgestellt, in der Nähe vom Roten Rathaus, am Alexanderplatz. Ich blieb mit der Polizei in Verbindung. Dann bekam ich plötzlich die Nachricht, mein Mann sei im Hotel Liepnitzsee aufgefunden worden – aufgehängt – Herr Walter Lichtenstein!

Er ist auf dem Jüdischen Friedhof in Berlin-Weißensee begraben worden. Wie ich diesen Schock überhaupt verarbeitet habe, kann ich heute nicht mehr sagen. Ich habe wohl versucht, es mit den Jahren zu verdrängen.

Als erster ist mein Bruder Rolf weggegangen. Er kam

Dokument

nach Berlin, nachdem er sein Staatsexamen in Würzburg gemacht hatte, das war alles schon während der Nazizeit, und arbeitete im Jüdischen Krankenhaus. Hier machte er noch die Spezialausbildung als Pathologe. Die dauerte vier Jahre, es war eine sehr lange Ausbildung. Er hatte das Glück, daß er bei Professor Pick unterkam. Das war ein sehr berühmter Pathologe, auch international. Den haben die Nazis als ersten abgesägt, da war er schon ein alter Mann. Er war von der Allgemeinen Ortskrankenkasse, ein riesengroßes Unternehmen. Das war noch so komisch: Da haben sie den Professor Pick entlassen, weil aber kein Ersatz da war, durfte er sich selber vertreten! Rolf ist jeden Tag aus seinem Jüdischen Krankenhaus zu Professor Pick gefahren. Der wohnte in der Luisenstraße, in einem altmodischen Haus, mit seiner Haushälterin zusammen. Da hat Rolf seine medizinischen Schnitte vorgelegt, und Professor Pick hat kontrolliert, ob Rolfs Obduktionen richtig waren. Dazu gehören ja nicht nur die Schnitte, sondern auch chemische Untersuchungen.

Rolf ist dann im Mai 1938 nach New York gefahren, hat sich dort umgesehen und sofort Arbeit bekommen. Er kam noch mal kurz zurück, hat seine Ausbildung hier beendet und ging dann endgültig weg. Er bekam eine Arbeit als Pathologe an der Universität von New Haven. Sobald er konnte, wollte er uns nach und nach rüberholen. Nach einiger Zeit rief er aus New York an, und wir haben noch darüber gesprochen, daß wir alle rausmüßten. Es fingen ja schon die Deportationen an. Man hatte bereits jüdische Männer abgeholt und sie umgebracht. Rolf hatte Kisten mitgenommen mit seinen Sachen, darunter einen wunderschönen alten Schreibtisch von meinen Eltern, durch dessen Verkauf er sich in Amerika etwas leichter eine Existenz aufbauen konnte.

Die nächste, die rauskam, war meine Schwester Ester. Ein schwedischer Architekt hatte für sie und ihren Mann, der ebenfalls Architekt war, gebürgt. Ich gab ihnen das Fahrgeld und eine große Kiste, in der sie ihre Kleidung und ein paar Sachen mitnehmen konnten, damit sie sich erst mal nichts Neues anschaffen mußten. Ester und ihr Mann sind nach Neuseeland gegangen und haben beide sofort Arbeit gehabt – Helmut als Stadtarchitekt, und Ester war Buchhalterin in einem Betrieb.

Dann ging mein Sohn Hans im Juni 1939, mit nur zwölf Jahren! Das war furchtbar, für ihn und für mich! Mein Bruder Rolf schrieb mir, die Quäker hätten auf seine Bitte eine Ausreise für Hans organisiert. Es ginge ein jüdischer Kindertransport am Soundsovielten von Berlin. Er teilte mir auch die Adresse in Berlin mit, wo ich mich erkundigen sollte. Da bin ich hingegangen, und sie haben meinen Sohn mit auf die Transportliste geschrieben. Der Kindertransport ging vom Schlesischen Bahnhof, das ist der heutige Ostbahnhof. Den habe ich sehr lange Zeit nicht wieder betreten, ich konnte da nicht mehr hingehen! Ich bin der Meinung gewesen, wir alle gingen nach und nach raus, sonst hätte ich gar nicht weiterleben können! Da hätte ich mich gleich auch aufhängen können! Ich habe Hans getröstet. Ich hab ihm gesagt: »Jetzt ist Rolf raus, jetzt gehst du raus, und später kommen wir alle nach.« Weil die Not so groß war, hab ich mich von Hans getrennt, obwohl er doch erst zwölf Jahre alt war. Hätt ich ihn hier umbringen lassen sollen? Es waren ja schon genug Morde geschehen. Ich konnte diesen Bahnhof nicht mehr sehen!

Mein Bruder Rolf hatte ein kinderloses Ehepaar aus England kennengelernt. Beide waren, glaube ich, Juristen. Rolf hatte in einem Gespräch mit diesen Leuten erwähnt, daß er sich Gedanken mache, was nun mit seiner Familie geschehen würde. Da haben sie spontan erklärt, sie würden für meinen Jungen zahlen, bis er achtzehn Jahre alt ist. Die Bürgschaft wurde von dem Land verlangt, das die Emigranten aufnahm. Sie haben die Bürgschaft für Hans übernommen und auch gezahlt. Ich habe mit dem Jungen gesprochen und ihm das klargemacht. »Jetzt gehst du raus, dann kommt Toni auch raus, und zuletzt gehen Oma, Opa und ich.« So war unser Plan.

Der Zug, mit dem Hans abfuhr, war voller Mütter und Kinder. Alles weinte. Ich habe Hans gesagt: »Gib acht, der Rolf kümmert sich um dich, wenn du jetzt nach England gehst!« Die Quäker haben sich sofort um den Jungen gekümmert. Dann hatte er das irrsinnige Glück, in England in eine Schule zu kommen, zu einem Mann, der in Deutschland früher die berühmte Bodenseeschule geleitet hatte, eine ganz moderne Schule. Hans hat auch dort im Internat gewohnt. Dieses wildfremde Ehepaar, das die Bürgschaft für ihn übernommen hatte, hat die ganzen Jahre für ihn gezahlt, bis zum Abitur, auch für das Internat. Ich hatte doch kein Geld mehr, um für ihn aufzukommen.

So habe ich also meinen Jungen mit zwölf Jahren — das werde ich nie vergessen — am Schlesischen Bahnhof mit einem Kindertransport weggegeben. Zuletzt kam noch eine Krankenschwester und brachte einen Säugling zum Zug.

Während des Krieges konnten wir beide nur Rote-Kreuz-Karten schreiben: »Lieber Hans, ich hoffe, Du bist gesund, wir sind auch gesund, Oma und ich. Viele Grüße und Küsse!« Und er durfte auch nur fünfzehn Worte schreiben. Er hat genauso geantwortet.

Dann ist Toni nach Holland gegangen. Sie lebte dort mit einem Genossen, auf einem Hausboden versteckt. Sie haben kampiert — wie Anne Frank —, aber überlebt. Von Holland ist sie mit dem ersten Schiff nach dem Krieg nach Palästina gefahren. Für sie war das schlimmste Erlebnis, daß dieser Mann, mit dem sie ein paar Jahre in der Illegalität zusammen gelebt hatte, in dem Moment, wo der Krieg zu Ende und Frieden war, sie verlassen hat. Kann man sich so was vorstellen? Wahrscheinlich ist das eine solche Nervenprobe in dieser Zeit gewesen. Toni ist vor zwei Jahren an Krebs gestorben, das hat mir unendlich leid getan.

Also, meine Geschwister Rolf und Ester, meine Kinder

Hans, Juni 1939

Hans und Toni waren raus, mein Mann Walter war tot. Alle waren weg bis auf meine Eltern und mich.

Dann hat sich mein Vater aufgehängt, in unserer Wohnung, bei meiner Mutter im Zimmer. Meine Mutter ist morgens wach geworden, und da hing er am Fensterkreuz. Ich war nicht da. Ich war das erstemal nach dem Tod meines Mannes über Nacht weggeblieben, bei Freunden. Meine Mutter hat ihn vom Strick abgeschnitten.

Nun war nur noch meine Mutter da. Was sollte ich denn

machen? Ich konnte doch den Kindern, weder der Toni noch dem Hans, antun, daß ich mich nun auch noch aufhängte.

Meinen zweiten Mann, Heinz, habe ich noch durch meinen Bruder kennengelernt, als Rolf noch da war. Heinz Gützlaff war der beste Freund meines Bruders. Er war Kommunist und saß im Knast. Ich hab die Akten noch, es war ein großer Prozeß mit ungefähr fünfzehn Genossen, darunter war auch er. Heinz hatte zwei Jahre bekommen, die er bis 1935 abgesessen hat. Damals kam Rolf und sagte: »Da kommt der Gützlaff aus dem Gefängnis, hast du nicht ein Kopfkissen für ihn? Der hat kein Kopfkissen, der wohnt bei Grete Ackermann.« Das war eine Freundin von Rolf. Da hab ich erst mal ein Kopfkissen geholt, und so war die erste Berührung mit Heinz Gützlaff. Später kam er und besuchte mich.

Ich war damals in einem schrecklichen Zustand. Die Kinder waren weg, und mein Mann und mein Vater hatten sich umgebracht. Es war alles so grauenhaft. Ich fühlte eine so große Verantwortung für meine Mutter, ich konnte sie doch nicht im Stich lassen! Heinz hat zu mir gehalten und ich zu ihm, obwohl ich Jüdin war und er »Arier« und unsere Verbindung seit den Nürnberger Gesetzen bei Strafe verboten war.

Heinz war Werkzeugmaschinenschlosser von Beruf, ein gebildeter Mensch, gebildeter als alle meine bürgerlichen Freunde. Leider war er sehr kurzsichtig. Als ich ihn kennenlernte, hatte er minus 10, und kurz bevor er starb, hatte er minus 19 oder 20, war also fast schon erblindet. Kurzsichtig war er schon in der Schule. Er hat immer sehr starke Gläser getragen. In der Nazizeit blieb er nie lange auf einer Arbeitsstelle. Als er aus dem Gefängnis kam, mußte er sich erst jeden Tag, dann alle Woche, später jeden Monat und dann jedes Vierteljahr bei der Polizei melden. In den Nächten hat er sich die Bildung weiter autodidaktisch angeeignet. Sie war viel besser als meine. Dabei hat er sich die Augen endgültig verdorben.

Illegale Arbeit nach dem Knast hat er nicht mehr gemacht, auch meinetwegen. Es wäre unmöglich gewesen, wir wären beide umgebracht worden. Aber Heinz blieb Kommunist.

Toni Lichtenstein, 1939

Mein Weltbild hatte sich schon durch meinen Bruder Rolf verändert. Ich hab mit Rolf viel über die Zeit gesprochen und auch darüber gelesen. Dann war ich eine Anlaufstelle für Genossen von Rolf, die in der Schweiz wohnten, sie schickten ihre Briefe an mich. Rolf blieb aber unorganisiert. Ich hab viel von meinem Bruder gelernt und später von Heinz.

Aus unserer späteren Ehe sind zwei Kinder hervorgegangen. Franek wurde am 15. Mai 1941 geboren und Katinka am 31. Juli 1944. Obwohl Heinz wußte, daß ich jüdisch war, sind wir zusammengeblieben. Wenn sie uns erwischt hätten, wären wir beide weg gewesen. Heiraten konnten wir aber erst später.

Als ich noch Sternträgerin war, sind wir sogar einmal hier in einem Konzert gewesen, natürlich ohne Stern. Das war für mich strengstens verboten! Furtwängler dirigierte, und Edwin Fischer hat als Solist ein wunderbares Beethoven-Konzert gespielt. Das konnten wir uns nicht verkneifen. Da sind wir trotz Verbots in die Philharmonie gegangen und haben zwei Karten gekauft. Als wir dort saßen, beugte sich auf einmal eine Frau vor und lächelte mir freundlich zu und dann noch mal – na reizend, dachte ich! Sie war die Tochter eines nach dem ersten Weltkrieg pensionierten Offiziers, Gabriele von Richter, aus meiner Geburtsstadt Rotenburg an der Fulda. Sie strahlte mich an. Da hab ich gleich zu Heinz gesagt, weil doch die SS an jedem Eingang stand: »Komm, wir gehen. Wenn die jetzt auf mich zukommt und mich strahlend begrüßt!« Wir sind aber nicht gegangen. Die Leute waren keine Nazis. Ich hätte dann sagen müssen: »Entschuldigen Sie bitte vielmals, es gibt ja manchmal Ähnlichkeiten, aber ich bin das wirklich nicht, was Sie glauben!« Doch sie hat es wohl kapiert und ist nicht auf mich zugekommen.

Aber ich sah, wie gesagt, auch gar nicht jüdisch aus. Damals hab ich einen Dutt getragen und einen Hut, wenn ich wegging. Ich bin auch immer noch auf den Markt gegangen, was für uns verboten war, und habe für mich und gleichzeitig noch für andere Juden eingekauft. Sie haben sich nicht mehr auf die Straße getraut. Ich denke noch so manchmal an den Hackeschen Markt, dahinter diese kaputten Querstraßen, da wohnten die armen Juden.

Das waren meistens Leute, die aus Polen geflohen waren. Sie liefen oft noch im Kaftan rum, der typischen Männerbekleidung der orthodoxen Juden.

Ich bin schließlich im September 1940 bei Siemens zwangsverpflichtet worden. Wir waren 260 Frauen in einem Saal der Motorenwicklerei. Viele Berliner Juden mußten arbeiten gehen vor der Deportation. Ich bekam den Befehl, dort hinzugehen, Punkt! Es war ein Frauensaal, nebenan waren die Männer. Na ja, da bin ich dann jeden Tag hingefahren und habe gewickelt. Eines Tages sprach mich die Leiterin unserer Abteilung an und fragte mich, wie es mir geht, was ich mache und ob ich nicht gegen die Nazis irgend etwas tun will. Das war Marianne Baum, die Leiterin bei den Frauen. Ihr Mann, Herbert Baum, war im Saal nebenan bei den Männern. Die Mitglieder der Herbert-Baum-Gruppe, der junge jüdische Widerstandskämpfer angehörten, haben später eine antisowjetische Propagandaausstellung der Nazis in Berlin angezündet und wurden alle hingerichtet.

Wir kamen ins Gespräch, und Marianne fragte mich: »Wir haben öfter mal abends junge Leute zu Besuch, willst du nicht mal kommen?« – »Na klar, gern«, sagte ich. Bin ich also hingegangen, aber schleunigst nachher wieder nach Hause! Das waren alles illegale Leute. Ja, ich hatte Angst. Ich hab ja meine Mutter zu Hause gehabt, das war doch unmöglich! Ich bin also nicht wieder hingegangen.

Bald darauf, ungefähr im November/Dezember, wurde ich wegen Schwangerschaft krank geschrieben. Außerdem war ich bei Siemens über eine Kiste gestolpert und hatte mir dadurch noch eine Geschichte mit meinem Knie zugezogen. Ich ging zu einem jüdischen Arzt, Dr. Hirschfeld. Er sagte: »Das kriegen wir hin mit dem Knie. Wir machen ein paar Bestrahlungen.« Da sagte ich: »Ich habe noch ganz etwas anderes, Herr Doktor. Ich kriege ein Kind von einem ›Arier‹.« Er sagte darauf: »Sie brauchen keine Angst zu haben, ich bin der Vater.« Den Dr. Hirschfeld hatte ich das erstemal gesehen! Das hat er aus Sympathie getan, er kannte mich ja gar nicht. Ich konnte doch nicht einen »arischen« Mann als Vater angeben. Stell dir mal vor, dieser ganz fremde Mann sagt mir das! Dieser Doktor war gerade aus Königsberg nach Berlin gekommen und hatte eine schreckliche Ehescheidung hinter sich. Die Frau war schuldig geschieden worden, und er hatte ein Kind nach Berlin mitgebracht, das Epilepsie hatte. Dieses Kind ist später nach Auschwitz gebracht worden, das konnte er nicht verhindern. Vorher hat es noch hier in einem Heim gelebt. Er hat also die Vaterschaft meines Kindes anerkannt, damit das alles nach außen hin seine Richtigkeit hatte.

Er erzählte mir auch: »Vertrauen gegen Vertrauen: Ich hab eine ›arische‹ Frau hier, mit der lebe ich jetzt zusammen, eine geschiedene Frau.« Aber das ging später nicht mehr. Die Praxis wurde ihm genommen, und er mußte schleunigst irgendwohin verschwinden. Da ging mein Heinz zu unserem Polizeirevier in Grunewald und sagte: »Entschuldigen Sie bitte, es tut mir furchtbar leid, ich habe gestern am Wannsee meinen Personalausweis verloren.« – »Na«, sagten sie, »da müssen Sie vier Wochen warten, bis Sie einen neuen kriegen.« Heinz hat dann einen neuen gekriegt, aber aus dem alten Ausweis sein Bild entfernen und das Bild von Kurt Hirschfeld reinbringen lassen. Auf diese Weise wurde aus Dr. Hirschfeld ein Heinz Gützlaff, und es existierten auf einmal zwei Heinz Gützlaff!

Kurt Hirschfeld war ein sehr gut aussehender, großer junger Mann. Er ging immer mit kurzen Hosen und hatte schwarzbehaarte Beine. Wenn man es nicht gewußt hätte, daß er Jude ist, man hätte es nicht geglaubt. Eines Tages sagte Heinz zu mir: »Mensch, mir ist der Kurt wieder begegnet, mir ist ganz schlecht geworden!« Diese Angst hat Heinz die ganze Zeit über gehabt.

Kurt Hirschfeld und seine zweite Frau haben überlebt, auch aufgrund des gefälschten Ausweises. Sie sind beide nach dem Krieg nach Amerika gegangen. Er ist in den USA verstorben, und sie ist zurückgekommen und lebt jetzt bei ihrer Schwester. Wir sehen uns noch ab und zu.

Nachdem mein Vater tot war, wollte ich nicht in unserer alten Wohnung bleiben, ich konnte das nicht mehr ertragen. Mein Bruder hatte mir noch von einer Frau Holzmann erzählt, die am Kurfürstendamm Ecke Königsallee einen sehr schönen Neubaublock errichten ließ. Ich habe mir das angeguckt, im Keller war sogar eine Garage für den Wagen, bin gleich hingegangen und habe einen Vertrag bei der Hausverwaltung gemacht, die Wohnung war noch gar nicht fertig. Ich habe alles, was wertvoll war, mitgenommen von meinen Möbeln und den Rest verkauft. 3 000,– Mark habe ich dafür noch gekriegt. Ich war froh, daß ich es los war. Die Möbel, die hier zum Teil heute noch in meiner Wohnung stehen, blieben übrig.

Ich bin dann mit meiner Mutter und meinem kleinen Franek, der inzwischen geboren wurde, in die Königsallee gezogen. Franek war damals sehr krank, er war rechtsseitig gelähmt auf die Welt gekommen. Das war eine sehr schlimme Sache. Man weiß nicht genau, woher diese Lähmung kam, wahrscheinlich war es die furchtbare Aufregung damals, die ich durchmachen mußte.

Was wir konnten, haben wir für seine Rehabilitation getan. Die Lähmung erstreckte sich auf Beine und Arme, und auch die Sprache war etwas behindert. Wir haben von klein auf Gymnastik betrieben und auch sonst alles Mögliche getan. Es hat sich weitgehend gegeben. Heute hat er überhaupt keine Schwierigkeiten, schon lange nicht mehr. Bis er zur Schule ging, war es sehr schwierig. Dann, als wir nach dem Krieg wieder nach Berlin kamen, haben wir eine wunderbare Orthopädin ausfindig gemacht. Ihre Behandlung hat ihm sehr gutgetan. Er ist ein unerhört ausgeglichener Mensch geworden. Ich meine, die meisten Menschen waren furchtbar nett zu ihm. Er hat auch so 'n bißchen Mutterwitz.

Da sind auch noch solche Dinge passiert: Als der Franek geboren wurde, habe ich ihn nur ganz kurz nähren können. Nun gab es da im Westendkrankenhaus eine Sammelstelle für Muttermilch, dort konnte man sich jeden Tag Milch holen. Eines Tages, als ich wieder hinkam, haben sie gesagt: »Tut uns leid, wir können Ihnen keine Milch mehr geben. An Juden geben wir keine Milch ab.« Ich hieß damals noch Lichtenstein. Da saßen wir da! – Aber du siehst, er ist trotzdem groß und stark geworden, der Franz!

Im Keller des Hauses Königsallee habe ich die ersten Bombenangriffe erlebt. Ich hatte den Säugling mit im Keller, das war ja wohl selbstverständlich. Über uns wohnte eine ältere Frau, eine Witwe mit ihrer Tochter. Nachdem ich das erstemal in dem Luftschutzkeller war mit dem Kind und meiner Mutter, ist die zur Polizei gegangen und hat gesagt: »Wenn die Judenhure noch einmal in den Keller kommt bei Luftangriffen, gehe ich zur Gestapo und zeige sie an!« Ich mußte dann mit meinem Säugling aus dem Keller raus.

Unten im Parterre wohnte ein Ehepaar, ein jüdischer Mann, der irgendwo im Harz Staatsanwalt gewesen war, mit seiner »arischen« Frau. Wenn ein Mann jüdisch war und die Frau »arisch«, war die Ehe »privilegiert«, so hieß das bei den Nazis. Die durften auch nicht mehr runter in den Luftschutzkeller. So bin ich dann bei Luftangriffen mit der Mutter und dem Kleinen immer zu ihnen ins Parterre gegangen.

Mein Junge war damals sehr empfindlich. Er hatte oft Erbrechungsanfälle. Einmal war es so schlimm, daß ich schnell einen Notarzt kommen lassen mußte. Der hat mir ein Rezept gegeben, und ich bin in der Nacht – Berlin war ein Flammenmeer – ein ganzes Stück den Kurfürstendamm runtergelaufen, um eine Apotheke zu finden und das Medikament für das Kind zu bekommen. Der Junge hat das Erbrechen sehr lange gehabt, aber es ist alles in Ordnung gekommen nachher mit dem Magen. Wahrscheinlich war das Kind überempfindlich, das kann man sich doch vorstellen.

Wenn ich in diesen Tagen unterwegs war, habe ich mich immer bei meiner Mutter in der Königsallee telefonisch gemeldet, um zu erfahren, ob etwas Besonderes los war. »Ja«, sagte meine Mutter eines Tages, »du möchtest so schnell wie möglich zu Tante Emma kommen, sie kommt morgen weg!« Das war die Schwester meines Vaters, sie war über siebzig Jahre alt. Ich dachte, ich werd nicht mehr! Ich bin also zu ihr gefahren und habe mich verabschiedet. Ein oder zwei Tage später wurde sie nach Theresienstadt deportiert. Als ich zurückkam, sagte meine Mutter: »Eine neue Botschaft, da war ein Ehepaar hier und wollte unsere Wohnung haben. Ich glaube, die war ihnen nicht groß genug.« Am andern Tag klingelte es wieder, und da stand ein neues Ehepaar vor der Tür. Sagt die Frau: »Um Gottes willen, Sie sind noch in der Wohnung? Entschuldigen Sie bitte vielmals, wir wollen Sie doch nicht hier vertreiben.« Wir hatten ja den Judenstern an der Wohnungstür.

Dann der dritte Fall. Wieder rief ich von unterwegs an,

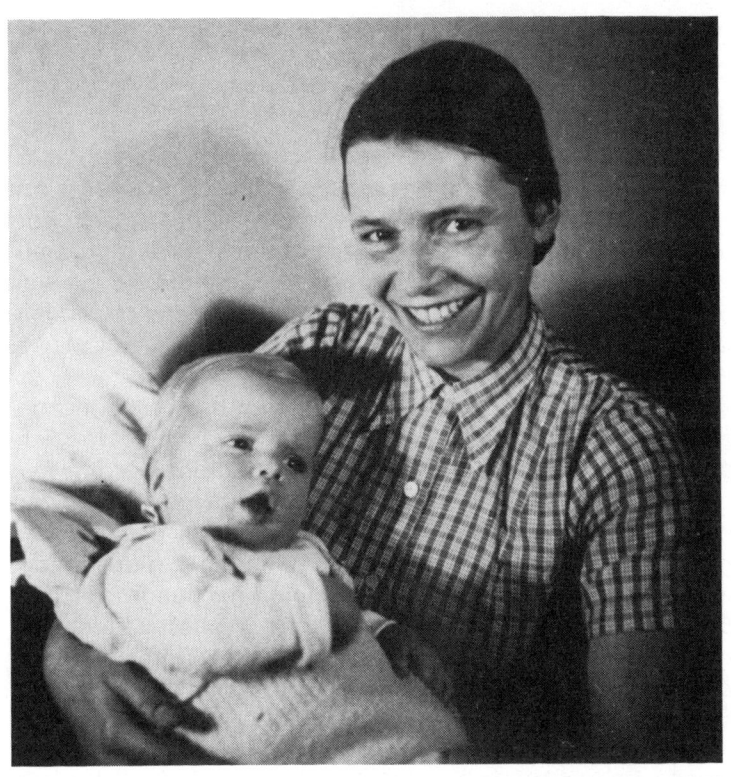

Ruth Gützlaff mit Sohn Franek, 1941

ob was gewesen ist. Da sagte meine Mutter: »Komm sofort
nach Hause, die Wohnung ist weg!«

Man ist vogelfrei gewesen. Stell dir vor: Eines Tages steht
jemand vor deiner Tür, der hat eine Einweisung für deine
Wohung! Sie haben uns die Wohnung dann wirklich weggenommen, und wir mußten uns an die Jüdische Gemeinde
wenden, um Ersatzwohnraum zu bekommen. Die Jüdische
Gemeinde hat leerstehende Wohnungen vermietet und hat
mir eine halbleerstehende Wohnung im Grunewald gegeben, ganz hoch unterm Dach. Es war Gott sei Dank eine
wunderbare Wohnung, aber es wohnte noch ein jüdisches
Ehepaar aus Schlesien darin, und auch eine alte Dame von
achtzig Jahren und eine junge Frau hatten dort Zuflucht
gefunden. Wir bekamen ein Zimmer, mit dem Kleinen. Die

meisten meiner Möbel mußte ich auf den Speicher geben.

Um diese Zeit lernte ich einen ebenfalls jüdischen Mann kennen, mit dem ich ins Gespräch kam. Ich weiß gar nicht mehr, wie ich an den gekommen bin. Jedenfalls sagte er zu mir: »Sagen Sie mal, wie lange wollen Sie denn noch warten? Bis Sie umgebracht sind, oder was? Sie sind doch ›halbarisch‹.« Sag ich: »Na, was soll ich denn machen?« – »Na, hören Sie mal«, sagte er. »Sie machen einen Prozeß!« Er hat mir also den Rat gegeben, weil meine Mutter »arisch« und mein jüdischer Vater tot war, einen Deutschen zu finden, der quasi die Vaterschaft für mich vor Gericht übernimmt. Er riet mir, einen Rechtsanwalt zu nehmen, der mir bei einem solchen Prozeß hilft. Und so haben wir es tatsächlich auch gemacht.

Mein Onkel Otto, der ältere Bruder meiner Mutter, den ich in dieser heiklen Sache um Hilfe bat, hat uns dabei sehr geholfen. An einem Sonnabend nachmittag klingelte es, und er stand bei uns in Berlin vor der Tür. Er brachte den Geburtsschein eines Vetters meiner Mutter aus Erfurt mit, der zu dieser Zeit schon gar nicht mehr am Leben war, und sagte: »Deine Mutter hatte doch ein Verhältnis mit ihrem Vetter in Erfurt, bevor sie geheiratet hat, und daraus bist du eben hervorgegangen! Hier sind die Papiere.« Es hat also alles wunderbar geklappt. Ich fragte noch: »Und wie soll ich meine Mutter davon überzeugen, wo doch für sie schwarz gleich schwarz und weiß gleich weiß ist?« – »Na«, sagte er, »ich werd sie schon rumkriegen!« Und dann kam Mutter rein, und er sagte: »Wie lange wollt ihr denn warten mit Ruth?« Meine Mutter sagte: »Ja, was sollen wir denn machen?« Und da hat ihr mein Onkel die Papiere gezeigt und ihr alles erklärt. Sie ließ sich schnell überzeugen und willigte ein, das für ihre Tochter zu tun.

Meine Mutter hat dann sofort den Prozeß angestrengt. Wir hatten einen netten Anwalt, Dr. Schieferdecker, das war ein Deutscher. Die wahren Zusammenhänge brauchte man ihm gar nicht darzustellen. So etwas erzählte man doch nicht in dieser Zeit. Der hat es doch gerochen! Die Rechnung für den Anwalt und auch den Prozeß bezahlte ich von dem Geld, das ich geerbt hatte, als sich mein Mann das Leben nahm. Vor dem Gerichtstermin mußte ich noch zu einem rassenpolitischen Amt. Da wurden mein Profil und alle möglichen Körperteile gemessen, es wurde bescheinigt, daß ich unmöglich von einem Juden stammen könnte. Sie haben festgestellt, daß ich einwandfrei eine »reine Arierin« bin. Ich nehme an, die wußten, was Sache war, die waren doch nicht blöd.

Meine Mutter hat dann vor Gericht eidesstattlich versichert, daß sie in der Zeit, als sie schon mit meinem Vater verlobt war, kurz vor ihrer Eheschließung noch mal mit dem Vetter in Erfurt Geschlechtsverkehr hatte und ich daraus hervorgegangen bin.

Die Verhandlung war irrsinnig komisch. Sie fand in diesem schrecklichen Gerichtsgebäude am Alex, der heutigen Littenstraße statt, diesem schrecklichen Gebäude in diesem verschnörkelten Jugendstil, das auch heute noch das größte Gericht Berlins ist. Eine Freundin, Ilse Ploog, blieb bei meinem Jungen zu Haus. Mutter und ich sind dann hin. Herr Dr. Schieferdecker war auch da. Ich bin mit dem Judenstern am Mantel hingegangen, das mußte ich ja. Aber nachher, als der Prozeß vorbei war, habe ich noch auf der Treppe des Gerichts rasch 'ne Schere genommen und den Stern abgetrennt. Wir waren beide, meine Mutter und ich, während der Verhandlung ganz ruhig. Ich hab daran geglaubt, daß es klappen würde. Zu Hause saß meine Freundin Ilse mit meinem Jungen und hat gezittert. Als wir aus dem Gerichtsgebäude auf die Straße traten, sagte meine Mutter: »So, jetzt gehen wir zu Kranzler Kaffee trinken und Kuchen essen! Ich lad euch ein.« Das war meine Mutter!

Heinz war inzwischen eingezogen worden, als ein verhältnismäßig älterer Mann, schwer kurzsichtig, zum Landesschützenersatzbataillon, nach Strausberg, wo lauter alte, aber auch jüngere kranke Männer waren.

Ich bin dann noch im Grunewald ausgebombt worden. Wir kamen aus dem Keller raus, und da war alles zerbombt. Wenn wir in der Wohnung gewesen wären, hätte es uns verschüttet. Aber unten im Keller ist uns nichts passiert. Du wußtest nie, krachte es im Nebenhaus oder bei uns.

Als Heinz zwischendurch einmal auf Urlaub kam, haben wir 1943 geheiratet. Nun konnte er also eine »Arierin« heiraten, nachdem der Prozeß erfolgreich war. Später ist er dann wegen seiner Augen und seines sonstigen Gesund-

Poliklinik
für Erb- und Rassenpflege

(Leiter: Direktor Dr. med. Ed. Schütt)

Sprechstunden:
Montag und Donnerstag von 14-16 Uhr
Mittwoch von 9-11 Uhr

Br./U

Tagebuchnummer: ....
(Bei der Antwort gefl. anzugeben)

10. Juli 1942.

Berlin-Charlottenburg 5, den
Heubnerweg 6
Fernsprecher: Sammel-Nr. 30 62 11

An den Herrn
Generalstaatsanwalt beim
Landgericht,

B e r l i n N W 40.
Turmstraße 91.

In der Ermittlungssache
Staatsanwaltschaft ./. Lichtenstein
wegen Anfechtung der Ehelichkeit
- 90a Hs. 275.42 -

erstatte ich der Generalstaatsanwalt-
schaft beim Landgericht Berlin das gemäß
der Verfügung von 30.5.42 angeforderte
erbbiologische Gutachten.

Das Gutachten stützt sich auf die
Kenntnis der Akten der Generalstaatsan-
waltschaft Berlin -90a Hs. 275.42-, auf
die vorgelegten Lichtbilder und auf die
eigene Untersuchung des Prüflings Ruth
Sara Lichtenstein (P) und dessen Mutter
Wilhelmine Katzenstein (M) am 30.5.42.

Hinsichtlich der Vorgeschichte wird
auf den Akteninhalt verwiesen.

Eigene Untersuchung:

P ist 166,8 cm groß, M 162,4 cm groß.
Die Körpergröße von P liegt also innerhalb
der für Juden und Judenmischlinge gefun-
denen Variationsbreite. Die unbestritten
deutschblütige Mutter ist jedoch nur
wenig größer. P und M sind von leptosom
athletischem Körperbau. P hat aber längere
Beine als M. Die Haltung ist bei beiden
Untersuchten gerade, der Hautturgor prall-

Gutachten

elastisch, die Hautfarbe rosig weiß. Sowohl P als auch M haben
ein mäßig entwickeltes Fettpolster. In den allgemeinen Körpermerk-
malen zeigt P keine Eigenheiten, die auf einen jüdischen Blutseinschlag hinweisen würden.

P und M haben mittellange Köpfe und breite Gesichter. Die
Stirn ist bei P und M steil, bei P etwas höher als bei M, das Schä-
deldach ist bei P nicht in der für Juden und Judenmischlinge
charakteristischen Weise gewölbt. Beide Untersuchten haben ein
gewölbtes Hinterhaupt. Das Profil ist bei P und M nicht gerundet.
P weist also keine für Juden und Judenmischlinge kennzeichnenden
Merkmale auf.

Die Lidspalten sind bei P und M etwas nach innen geneigt,
der Lidrand bei P medial gedeckt im Gegensatz zu M, dem gesetzlichen Vater und den Geschwistern Rolf und Esther. P hat einen
niedrigeren Oberlidraum als M, die Brauen verlaufen in einen
flachen Bogen. In den Weichteilen der Augengegend zeigt P Ähnlichkeit mit dem angeblichen Erzeuger Grimmer, keine Ähnlichkeit dagegen mit den Geschwistern, dem gesetzlichen Vater oder M. Bei P
ist die Deckfalte tiefer und die Polsterung des Oberlidraumes
stärker als bei den Vorgenannten. Die Augäpfel liegen bei P und
M in Augenebene. Ein Rüssel ist bei P angedeutet, bei M ausgebildet.
Insgesamt zeigt P in den Weichteilen der Augengegend keine für
Juden und Judenmischlinge kennzeichnenden Merkmale. Andererseits
weist die zwischen P und Grimmer bestehende Ähnlichkeit auf eine
eventuelle Erzeugerschaft des Letztgenannten hin.

P hat eine schmale, M eine mittelbreite Nase. Der Nasen-
rücken ist bei beiden Untersuchten leicht gewellt. Die Nasenspitze
ist bei P spitzrund, bei M rund und vorwärts gerichtet. Die Nasen-
flügel sind bei P und M mittelstark gewölbt, mitteldick nicht
fleischig. Der untere Teil der Nase hängt bei P nicht wie an-
scheinend bei dem gesetzlichen Vater. Bei den Geschwistern ist die

Nasenform nach den vorliegenden Lichtbildern nicht gut zu beurteilen. Hinweise auf einen jüdischen Blutseinschlag bei P fehlen
also.

P hat mittelbreite Schleimhautlippen, die Unterlippe
steht nicht vor, wie sonst bei Juden und Judenmischlingen häufig.
Die Unterlippenkinnfurche ist bei P tiefer als bei M. In der Kinn-
form sind P und M ähnlich. Die Lichtbilder der Geschwister sind
infolge der Retusche für Vergleiche mit P ungeeignet.

P und M haben breite anliegende Ohren, M mit einem langen
P mit einem mittellangen Läppchen. Auch die Geschwister von P
haben nur ein mittellanges Läppchen. Während bei P das Läppchen
eher dünn ist, findet sich bei M ein ziemlich dickes Ohrläppchen.
Vergleiche in Einzelheiten anzustellen ist bei dem vorliegenden
Bildmaterial nicht möglich. P weist jedenfalls keine charakteristischen jüdischen Merkmale am Ohr auf.-

P hat hellaschblonde schlichte Haare. M ist ergraut, war
früher angeblich hellbraun. Die Haarform von M ist ebenfalls
schlicht. Beide Geschwister von P haben angeblich dunkleres Haar
als P, bei der Schwester ist es offenbar wellig. Der gesetzliche
Vater von P hatte angeblich braunes leicht welliges Haar, Grimmer
dagegen blondes, schlichtes Haar. Diese Angaben würden also eher
für eine Erzeugerschaft des Grimmer als des gesetzlichen Vaters
sprechen.

Die Körperbehaarung ist bei P und M sehr schwach. Näsel-
bildung ist bei M vorhanden, bei P nur angedeutet.

P und M haben braune Augen.

Die Hände sind bei beiden mittelbreit, die Finger schlank,
die Füße sind bei M etwas breiter als bei P, die Fußgewölbe bei
P und M intakt.

Zusammenfassend ist festzustellen, daß P eine Reihe von
Merkmalen u.a. auch solche, die bei Juden und Judenmischlingen

häufig vorkommen, mit R gemeinsam hat. Mit dem gesetzlichen jüdi
schen Vater hat P keine Ähnlichkeit. Dagegen weisen die Weich-
teile der Augengegend ähnliche Merkmale bei P und Grimmer auf,
die daher an eine Erzeugerschaft des Letztgenannten denken
lassen. Auch von den Geschwistern (aus der Ehe der Mutter mit
dem gesetzlichen Vater) unterscheidet sich P, wenngleich das
vorliegende Bildmaterial keine ins Einzelne gehenden Vergleiche
zuläßt. P weist keine hervorstechend jüdischen Rassenmerkmale
auf, die auf einen jüdischen Einschlag hinweisen würden. Es
ist daher eher anzunehmen, daß der Erzeuger von P ein deutsch-
blütiger Mann (in vorliegenden Fall ist wegen einiger gemein-
samer Merkmale bei P und Grimmer an diesen zu denken) der Erzeuger von P gewesen ist.

Ich komme demnach zu folgendem Schluß :

1.) Der Prüfling weist keine hervorstechend jüdischen
Rassenmerkmale auf.

2.) Nach dem Erscheinungsbild des Prüflings ist nicht anzunehmen, daß er von seinem gesetzlichen Vater abstammt.

3.) Es ist vielmehr anzunehmen, daß der Prüfling von einem
Mann deutschen oder artverwandten Blutes (in vorliegenden Fall ist an Grimmer zu denken) erzeugt worden ist.

Einverstanden :   Der Sachverständige :

(Dr. Lubitsch)   Dr. Braun
Oberarzt und stellvertretender   Wissenschaftlicher Mitar-
Direktor.   beiter.

Landgericht Berlin
213 R. 452/42

Verkündet am 17. August 1942
gez. krause, Justizangestellter
als Urkundsbeamter d.Geschäftst 11

I m   N a m e n   d e s   D e u t s c h e n   V o l k e s !
==

In dem Rechtsstreit

betreffend die Kindschaftssache des
Generalstaatsanwalts beim Landgericht Berlin, Berlin NW 40
Turmstr. 91,

g e g e n

die verwitwete Kaufmann Frau Ruth-Anna-Liese Sara Lichtenstein
geb. Katzenstein, geb. am 20. Januar 1906 in Rotenburg an der
Fulda, wohnhaft in Berlin-Grunewald, Königsallee 1 a

Beklagte,

-Prozeßbevollmächtigter: Rechtsanwalt Dr. Schieferdecker, Ber-
lin-Schöneberg, Nymphenburger Str. 9,
wegen Anfechtung der Ehelichkeit hat die Zivilkammer 13 a
des Landgerichts Berlin auf die mündliche
Verhandlung vom 17. August 1942
durch den Landgerichtsdirektor Dr. Heintzel
für Recht erkannt:

Es wird festgestellt, daß die Beklagte nicht
das eheliche Kind des jüdischen Kaufmanns
Siegfried Katzenstein ist.
Die Kosten des Rechtsstreits werden der Beklagten auferlegt.

Tatbestand.

Die Beklagte ist am 20. Januar 1906 geboren. Ihre
Mutter war seit dem 15. April 1905 mit Siegfried Katzenstein
verheiratet.

Der Kläger ficht mit der Klage die Ehelichkeit
des beklagten Kindes auf Grund der Behauptung an, daß der in
der Urteilsformel bezeichnete gesetzliche Kindesvater in der
Empfängniszeit erst dann der Kindesmutter, seiner Ehefrau, bei-
gewohnt habe, als sie bereits von ihrem inzwischen verstorbenen Vetter Max Grimmer geschwängert gewesen sei; hierfür spreche auch das Zeugnis der erbbiologischen Untersuchung.

-2-

Urteil

- 2 -

Der Kläger hat den der Urteilsformel entsprechenden Klageantrag gestellt.

Die Beklagte hat sich in dem Rechtsstreit
vertreten lassen - und # keine Anträge gestellt. Sie
bestreitet die klagebegründenden Behauptungen nicht.

Es ist Beweis erhoben worden.

Wegen des weiteren Sachverhalts wird auf den vorgetragenen Inhalt der Akten Bezug genommen.

Entscheidungsgründe.

Die auf die §§ 1591 ff BGB und auf die §§ 640
ff ZPO sowie auf das Gesetz vom 12. April 1938 (RGBl. S.
380 f) gestützte Anfechtungsklage ist begründet.

Die Beklagte besitzt die Deutsche Reichsange-
hörigkeit und hat den Wohnsitz im Bezirk des Landgerichts
Berlin. Die örtliche Zuständigkeit ist daher gegeben.

Auch sachlich ist die Klage begründet.

Die gesetzlichen Kindeseltern haben in der vom
24. März bis 23. Juli 1905 laufenden nach der glaubhaften
Zeugenaussagen der Kindesmutter zwar auch Geschlechtsverkehr gehabt, sie hatte aber im April 1905 bis zum Abend
vor der Hochzeit noch mit Max Grimmer geschlechtlich verkehrt. Die Beklagte weicht nimmt in ihrem Äußeren, insbesondere in der Haarfarbe von den beiden ehelichen Kindern
der Kindesmutter wesentlich ab. Das erbbiologische Gutachten kommt hinsichtlich der Beklagten ("Prüfling") zu folgendem einwandfreien Schluß :

1) Der Prüfling weist keine kennzeichnend jüdischen
   Rassemerkmale auf.

2) Nach dem Erscheinungsbild des Prüflings ist nicht
   anzunehmen, daß er von seinem gesetzlichen Vater
   abstammt.

3) Es ist vielmehr anzunehmen, daß der Prüfling von
   einem Mann deutschen oder artverwandten Blutes
   (in vorliegendem Fall ist an Grimmer zu denken)
   erzeugt worden ist.

Hiernach bestanden keine Bedenken der Klage, wie geschehen, stattzugeben.

Die Kosten des Rechtsstreits fallen dem beklagten
Kinde nach § 91 ZPO zur Last.

Gez. Dr. Heintzel.

Ausgefertigt:
...lin, den *21.* August 1942
Mausie Jus... ...Collte
als Urkundsbeamter de Geschäftsstelle
des Landgerichts Berlin.

Vorstehendes Urteil ist seit dem 17. August 1942
rechtskräftig.

Berlin, den *31* August 1942
Die Geschäftsstelle des Landgerichts Berlin.

Justizinspektor

heitszustandes vom Militär entlassen worden. Danach
arbeitete er in einem Betrieb in Babelsberg als Schlosser.
Dieser Betrieb wurde dann wegen der Bombenangriffe auf
Berlin an einen Ort an der Schweizer Grenze verlagert, und
Heinz ging mit.

Wir sind, nachdem wir in dem Haus im Grunewald ausgebombt waren, wie viele andere Berliner auch aus dem
Bombenhagel raus und nach Brodowin geflüchtet, einem
kleinen Dorf außerhalb Berlins. In dem Rest der Möbel, die
uns blieben, waren im Furnier Tausende von winzigen
Löchern durch die Bombensplitter.

In Brodowin hatte ich schon vorher ein Zimmer oben in
einem Bauernhaus gemietet, wo ich früher oft in der Som-
merfrische war. Ich sagte zu dem Bauern: »Franz, ich bin
ausgebombt! Der Heinz ist nicht da. Kann ich mit dem Kind
und meiner Mutter zu euch kommen und oben bei euch
wohnen?« – »Aber ja«, sagte er, »kannst die ganzen
Klamotten mitbringen.« Ich habe mir also wieder bei meinem Spediteur einen Wagen gemietet. Vieles war kaputt,
aber wir hatten noch einen wunderschönen alten Kleiderschrank. Ich habe alles eingepackt und bin mit den Resten,
die vom Bombenangriff übrigblieben, nach Brodowin gezogen.

Brodowin liegt eine ganze Ecke weg von Berlin, in Richtung Oderbruch. Die Gegend ist wunderschön, herrliche Seen, ich glaube sechs oder sieben Seen hintereinander, himmlisch! Dort habe ich tatsächlich das Kriegsende erlebt. Die Bauersleute waren furchtbar nett. Sie haben ihre gute Stube sowieso nie benutzt, da haben sie alles aufgestellt, was ich mitgebracht hatte. Was nicht so kostbar war, hat Franz irgendwo untergebracht, in Stallungen, die nicht benutzt wurden. Die Bauersleute hatte ich schon in den dreißiger Jahren durch Rolf kennengelernt. Er und Heinz haben oft bei ihnen im Heu geschlafen, wenn sie am Parsteiner See waren. Dorthin haben sie ihre Ausflüge mit dem Fahrrad gemacht. Ob die Bauern wußten, daß ich Jüdin war? Ich habe darüber nie gesprochen, aber sie kannten ja Rolf und konnten sich ihren Vers machen.

Als Heinz bereits eine Weile an der Schweizer Grenze war, stellte sich eines Tages heraus, daß er Zungenkrebs hatte. Es begann mit einem Pickel auf der Zunge. Er ging zum Arzt und ließ sich untersuchen, und es wurde Zungenkrebs festgestellt. Er wurde in der Charité behandelt; es war eine sehr gute Behandlung. Sie haben die Geschwulst entfernt, und er bekam sehr viele Bestrahlungen. Danach ist er wieder zu seinem Betrieb nach Weil am Oberrhein gegangen. Dort wohnten die Eltern seines besten Freundes. Der Vater war Physiker, er war aber im Krieg. Die haben sofort ihre Mansarde zur Verfügung gestellt. Heinz hat dort gewohnt, und ich hab ihn sogar mal besucht. Ja, es war sehr turbulent damals, Nerven mußte man schon haben! Wie ich das alles verarbeitet habe, kann ich heute nicht mehr sagen. Ich mußte ja! Ich hatte hier die alte Frau, und ich hatte das Kind.

Dann hab ich eines Tages gesagt: »Kinder, ist denn hier nicht irgendwo 'ne Wohnung frei?« Da sagte der olle Franz: »Du, da unten das Küblische Haus ist leer. Der Schmied, der in der Mitte des Dorfes seine Schmiede hatte, ist weg. Geh hin und frage, ob du es mieten kannst.« Und es klappte. Da habe ich in Brodowin eine richtige eigene Wohnung gehabt!

Dann kam meine Tochter Katinka zur Welt, 1944, vierzehn Tage früher, als wir ausgerechnet hatten. Katinka ist mir am 31. Juli 1944 direkt aus dem Schlüpfer auf die Couch geflogen. Es war eine Sturzgeburt. Kein Mensch hat

D 10 Unterzeichnete erklärt hiermit   den

Austritt aus der Jüdischen Gemeinde zu Berlin
(Kultusvereinigung).

Name: Ruth Anneliese Sara Lichtenstein

Geborene: Katzenstein

Geburtstag und Ort: 20. Januar 1906 in Rotenburg an der Fulda

Wohnung: Berlin-Grunewald, Königsallee 1 a

Verheiratet, ledig, geschieden: verwitwet

Bei Verheirateten oder verheiratet gewesenen Personen Standesamt Berlin 12a
Standesamt und Register-Nummer der Eheschließung: Register Nr. 71

Tag der Eheschließung: 8. Maerz 1926

Ruth Sara Lichtenstein

Hans Israel Mamlein

Jude; Kenn-Nr.: Berlin A. 465406

Dokument

mich angefaßt. Sie kamen alle vom Feld und haben gesagt: »Frau Gützlaff, was ist denn nun?« Es ist natürlich jemand gegangen und hat den Arzt angerufen. Der Doktor war ein begeisterter Jäger, sie haben ihn vom Hochstand runtergeholt. Der kam zu mir und nabelte die Katinka ab. Mutter hatte schnell kochendes Wasser gemacht. Der Doktor sagte: »Sehen Sie, die hat 'ne Stupsnase, geben Sie mal acht, die kommt gut durch die Welt!« Na, da brüllte sie dann auch schon. Der Doktor hat mich über die Schulter geschmissen, damit ich nicht laufen mußte, und mich ins Auto gesetzt. Die Hebamme hat das Kind genommen, und sie haben uns nach Oderberg ins Krankenhaus gefahren. Das war natürlich richtig. Wir hatten ja keine Wasserleitung und nichts. Dort haben wir beide dann vierzehn Tage gelegen.

Vor Schluß des Krieges kam Heinz zurück und hat wieder in Babelsberg gearbeitet. Man mußte ja immer Angst haben, daß man geschnappt wurde, wenn man nicht arbeitete. Er hat sogar noch von Brodowin aus dort gearbeitet, wenn ich mich recht erinnere, bis zum Kriegsende.

Dann, eines Morgens, hörten wir klapp, klapp, das waren die deutschen Soldaten, deren Eßgeschirr beim Marschieren auf dem Rückmarsch klapperte. Meine Mutter stand in ihrem Zimmer und wusch sich; sie hat sich immer kalt gewaschen. Plötzlich rief sie: »Ruth, komm schnell, da haben Leute unseren Kinderwagen gestohlen!« Es waren Flüchtlinge, die nichts für ihr Kind hatten, sie wollten gerade mit unserem Kinderwagen losziehen. Na, da bin ich rausgegangen und hab gesagt: »Tut mir wahnsinnig leid, ich hab einen Säugling hier, den Wagen könnt ihr nicht kriegen.« Da mußten sie so abziehen. Es hat mir leid getan, aber so waren die Dinge damals.

Die sowjetische Armee kam dann nach Brodowin. Die Soldaten sind auch in meine Wohnung gekommen. Ich weiß gar nicht, wie das war. Ich kam aus dem Dorf und hab Milch mitgebracht, und da saßen plötzlich zwei Soldaten, einer auf dem Tisch neben der Tür, der andere daneben, auf dem Stuhl, und Mutter briet ihnen Bratwürste. Sagt sie: »Siehst du, die waren beim Metzger und haben sich die Bratwürste geholt, ich brat sie ihnen gerade.« Ich führte sie in das Riesenzimmer, in dem die Kleine lag. Sie waren sehr freundlich. Nachher kam Heinz, und sie haben sich ein bißchen, so mit Händen und Füßen, unterhalten. Dann sind sie wieder gegangen. Es ist uns nichts passiert. Ich weiß nicht, wieviel Soldaten durch diese Wohnung gegangen sind. Sie kamen rein in die Küche, ins Zimmer, und mein Säugling Katinka heulend und der kleine Franz vier Jahre alt! Die haben Mitleid gehabt und uns noch was mitgebracht.

Natürlich hatten alle zuerst eine wahnsinnige Angst vor der Roten Armee. Die meisten Frauen waren ja ohne Männer. Sicher ist auch da und dort was passiert, daß jemand vergewaltigt worden ist, aber es ist bei uns alles relativ schnell unterbunden worden. Denk mal, wir haben so abseits gewohnt, weiß Gott. Es sind Sachen vorgekommen, natürlich, aber es waren auch viel Greuelmärchen dabei. Mein kluger Mann Heinz hat dann auf dem Küchentisch, gleich neben dem Hauseingang, hingeschrieben, wer wir sind, und hat meinen Stern und sein Parteibuch der KPD hingelegt. So ist uns also nie etwas passiert, und es hat uns auch niemand etwas weggenommen.

Die schrecklichsten Erlebnisse in der Nazizeit waren natürlich, daß mein Mann und mein Vater sich das Leben genommen haben und daß ich meinen Sohn Hans hab weggeben müssen. Aber es war andererseits auch wieder eine solche Erleichterung, daß Hans weg war und ich ihn in Sicherheit wußte. Man hörte ja immer wieder neue Schreckensnachrichten. Wenn ich manchmal nach Hause kam, hat die Mutter gesagt: »Ein Glück, daß unsere Familie weg ist.« Wir haben gar nicht an uns gedacht, was mit uns werden könnte, wir waren nur froh, daß sie alle weg waren. Der Prozeß, den ich hatte, war die Hauptursache, daß ich überlebte. Auf einmal war ich »arisch«.

Ich bin davon überzeugt, daß die Deutschen zum großen Teil sehr kleinbürgerlich sind und deshalb auf diese Dinge reinfielen. Unter dem Motto: Ich will's mir mit niemandem verderben. Ich will nichts mehr sehen und nichts mehr hören. Das hätten sich wahrscheinlich Franzosen und Engländer nicht gefallen lassen, die schon lange in bürgerlichen Demokratien lebten. Da könnte man sich einen Faschismus wahrscheinlich nicht erlauben. Ich weiß das nicht, aber das ist mein Argument.

Die Juden sind jahrhundertelang unterdrückt worden, überall, wo sie gingen und standen. Und sie sind natürlich deshalb hochempfindlich, viel empfindlicher vielleicht als manche andere, die sorgloser aufgewachsen sind. Man ist empfindlicher gegen Beleidigungen, aber man ist auch empfänglicher für alles Schöne, zum Beispiel für Kunst und was dazu gehört. Man hat gelernt, jeden Tag zu genießen, solange man lebt. Und das überträgt sich auf alles. Es gibt aber sicher Tausende von deutschen Menschen, die dieselbe Mentalität haben wie ich, selbstverständlich.

Ich habe doch diesen Spediteur gehabt, von dem ich erzählte, der mir auch den Umzug nach Brodowin machte, mit allen meinen kaputten Sachen. Bevor ich weggegangen bin, habe ich ihm meine Silberbestecke gegeben, außer denen, die wir selbst nötig hatten. Ich sagte ihm: »Nehmen Sie, was Sie brauchen.« Und als der Krieg zu Ende war, steht der Mann vor der Tür und bringt mir meine ganzen Bestecke wieder!

Oder im Pfarrhaus von Brodowin wohnte zum Beispiel ein »Mischlingsehepaar«, nette Leute, der Mann war Geologe, christlich, und hatte eine jüdische Frau und zwei Kinder, bildhübsche Kinder. Da hat im Dorf kein Mensch was gesagt, und sie haben den Krieg überlebt im Pfarrhaus. Aber es gab auch andere, wie die Mieterin in meinem Haus, die androhte, es der Gestapo zu melden, wenn wir noch einmal in den Luftschutzkeller gingen. Das werde ich nie vergessen!

Ich muß aber sagen, bei den meisten Menschen, die mit mir unmittelbar zu tun hatten, hab ich gefühlt: Na Mensch, wir werden dir helfen, das wäre ja noch schöner. Sie haben sich gefreut, wenigstens einem Menschen mal helfen zu können. Und man darf dabei auch nicht vergessen: Die Nazis haben einen derartigen Terror gemacht, daß jeder Mensch, der für einen jüdischen Mitmenschen eingesprungen ist, mit weggekommen wäre. Die haben alle selber soviel Angst gehabt! Es sind viele entsetzliche Dinge geschehen, aber aus Menschenfreundlichkeit ist auch mancher gerettet worden, wie ich. Davon bin ich überzeugt.

Ich habe eigentlich den Faschismus nicht mit Deutschland gleichgesetzt. Das war eine Geschichte, die durch Gewalt übernommen und durch Gewalt aufrechterhalten wurde. Aus Angst, daß hier alles schiefgehen könnte, haben die

Industriellen die Nazis gestützt, mit Geld. Die haben denen dazu verholfen, daß sie an die Macht kamen. Sie haben sich gesagt: lieber die Nazis als die Kommunisten. So war das.

Als der Krieg zu Ende war, ist Heinz sofort zur Partei gegangen. Er hat die Parteigruppe in Brodowin gegründet. Dann brauchten sie einen neuen Bürgermeister, weil der andere so ein verrücktes Aas war, der sich da reingesetzt hatte. Es wurde doch von jedem Bauernhof aufgenommen, wie viele Kühe, wieviel Getreide und so weiter vorhanden waren, damit das Abgabesoll berechnet werden konnte. Dabei hatte er Unterschlagungen gemacht und sich bereichert. Sie haben dann Heinz zum Bürgermeister gewählt. Na ja, er konnte gut sprechen, ich meine inhaltlich, aber er konnte auch mit den Bauern reden. Er war kein »feiner Mann« und war dort beliebt. Es herrschte ja auch manchmal Ungerechtigkeit in dieser Zeit. Die hat er, soweit es ging, abbiegen können. Und er hat es ausgezeichnet verstanden, mit der sowjetischen Besatzungsmacht zusammenzuarbeiten. Jedes Dorf hatte einen sowjetischen Offizier, der dann ab und an kontrollierte, ob das Abgabesoll erfüllt wurde. Es wurde nach der Größe der landwirtschaftlichen Fläche festgelegt, die man besaß. Die städtische Bevölkerung mußte ja leben. Und da war man eben sehr zufrieden mit Heinz, wie er das machte.

Nach 45 kam sofort ein Umbruch, eine ganz andere Atmosphäre. Also wir waren glücklich und selig. Nach dem Krieg war es eigentlich nicht schwer für uns. Wir waren in der sowjetischen Besatzungszone. Daß da keine bürgerliche Republik mehr aufgebaut wurde, war uns ganz klar. Es mußten also alle Linkskräfte gesammelt werden, und aus diesen Linkskräften heraus ist dann die Regierung gebildet worden. Ich bin damit immer einverstanden gewesen, denn ich wußte ja, was bei einer Nazi- oder anderen Regierung auf mich zugekommen war. Es war uns auch klar, nachdem wir sowjetisch besetzt waren, daß wir keinen kapitalistischen Staat mehr haben würden. Das Regime, unter dem wir lebten, war also das einzig mögliche für mich. Ich konnte mir nicht vorstellen, daß ich noch mal in einem kapitalistischen Staat leben könnte. Oder wenn, dann müßte ich zur Opposition gehören. Aber hier war ich zu Hause, ich hab das doch alles miterlebt.

Die Deutschen, die die Verbrechen an den Juden begangen haben, sind zum Teil geschnappt worden oder sind
geflüchtet. Sie waren gar nicht mehr da. Ich bin nur mit den
Bauern zusammengekommen, die jetzt an den Aufbau her-
angingen. Manchmal haben sie gemeckert, wenn das
Abgabesoll zu hoch war. Sie sagten: »Na, Heinz, hast uns
aber wieder mal einen aufgedrückt, heute!« Doch Heinz
war stur und sagte: »Ich weiß schon, was ich verantworten
kann.« Die erste Zeit nach dem Krieg ist sicher manchem
schwergefallen. Es mußten ja erst mal die Soldaten aus der
Gefangenschaft nach Hause kommen. Zuerst waren fast
nur Frauen da. Viele Männer waren ja auch gefallen.

Brodowin hatte sehr sandigen Boden. Man konnte also
zum großen Teil das Soll nicht so hoch ansetzen, und doch
ist es wohl immer erfüllt worden. Und wenn jemand
geglaubt hat, daß er übervorteilt worden ist, dann sind sie
auch bereit gewesen, mit dem Soll etwas herunterzugehen.
Natürlich kamen die Städter, vor allem aus Berlin, ham-
stern. Aber man hat auch gegeben, wenn man etwas hatte.
Wir konnten immer nur Kartoffeln geben. Sie hatten keine
Kartoffeln in der Stadt.

Wir hatten mit der Ernährung während und nach dem
Kriege keine großen Schwierigkeiten. Es gab Gemüse,
Milch und Eier, und wir waren ja eine große Familie und
bekamen Lebensmittelkarten. Außerdem hatten wir eine
Kuh und auch Gänse, und wir hatten ein paar Morgen
Land. Wir haben Roggen abgeliefert und erhielten dafür
vom Müller, der gleichzeitig der Bäcker war, Mehl und
Brot. Also Not haben wir nicht gelitten. Kleidung hatten wir
auch. Rolf hat sofort, als der Krieg zu Ende war, für uns
gesorgt, das war gar keine Frage. Und Ester hat auch
geschickt. Katinka hat neulich erst erzählt, sie genierte sich
immer, auf die Straße zu gehen, weil Ester ihr so süße
Sachen von ihren Töchtern geschickt hat. Die Kinder bei
uns hatten doch noch nicht so schöne Dinge.

Meinem Sohn Hans habe ich nach dem Krieg, nachdem
man wieder schreiben konnte, einen längeren Brief
geschrieben, worin ich ihm mitteilte, daß ich Heinz Gützlaff, der ja gut mit uns befreundet war, geheiratet und mit
ihm zwei Kinder habe. Er schrieb daraufhin an meinen
Bruder Rolf, ich hätte ihn nur weggeschickt, damit ich mit

dem Heinz allein sein konnte. Es war eine furchtbare Enttäuschung für ihn gewesen. Rolf hat den ersten Passagierdampfer, den es gab, von New York aus benutzt, um zu dem Jungen zu fahren. Der war ja inzwischen schon erwachsen, hatte das Abitur gemacht und fing an zu studieren. Rolf hat dem Jungen klargemacht, was hier gewesen war, was passiert wäre, wenn er hätte hierbleiben müssen. Hans wäre nicht am Leben geblieben, wenn ich ihn nicht rausgeschickt hätte. Seit diesem Gespräch mit Rolf war Hans völlig verändert und hat das vollkommen anerkannt. Da kannst du sehen, mit welchem Ballast so ein Kind rumlaufen mußte. Ob er seelisch Schaden genommen hat durch diese frühe Trennung von der Mutter, kann ich heute nicht beurteilen. Er hängt kolossal an mir und freut sich jedesmal, wenn ich da bin oder wenn er hier ist. Heute ist er Arzt in England und hat selbst eine glückliche Familie, eine sehr charmante und nette Frau. Sie haben einen Haufen Kinder, drei eigene und zwei adoptierte. Das war auch so eine Reaktion von ihm, nach dem Krieg. Er kannte ja die Not, in die Kinder kommen konnten, darum hat er die Kinder adoptiert. Sie sind inzwischen alle erwachsen. Hans ist nicht mehr nach Deutschland zurückgekommen. Als ich ihn das erstemal traf, war er schon verheiratet und arbeitete als praktischer Arzt in England. Er ist ein rührend netter und anhänglicher Sohn.

Nach den Kämpfen und nach dem, was wir alles aufs Spiel gesetzt hatten während der Nazizeit, kannst du dir ja denken, daß unser Zusammenleben hier wunderbar war. Unser Familienleben mit fünf Personen, also Heinz, meine Mutter, die beiden Kinder und ich, war sehr harmonisch.

Dann erhielt meine Mutter, daß muß etwa 1947 gewesen sein, einen Brief von meinem Bruder aus Amerika, ob sie nicht zu ihm kommen wolle. Da hat sie erst nein gesagt, aber dann hat sie ihm doch eines Tages geantwortet, daß sie schon sehr dankbar sein würde, wenn sie nicht jeden Tag die Treppe runtersteigen und das viele Wasser schleppen müßte. Wir haben alle Wasser geschleppt, nicht nur meine Mutter, weil es keine Wasserleitung gab im Haus. Von der Küche führte eine ganz schräge Treppe runter auf den Hof, wo der Brunnen war. Meine Mutter fuhr also zu meinem Bruder nach Amerika. Und du wirst es nicht glau-

Familie Gützlaff, 1950

ben: nach einem oder anderthalb Jahren schrieb sie, sie könne es nicht aushalten mit meiner Schwägerin, ob sie nicht wieder nach Hause kommen könne. Heinz hat sofort gesagt: »Also du schreibst jetzt oder telegrafierst, daß sie natürlich nach Hause kommen kann.« Und da ist meine Mutter reumütig nach Brodowin zurückgekehrt. Die Lebensbedingungen in Brodowin waren inzwischen aber nicht besser geworden. Es gab noch immer keine Wasserleitung. Heute haben sie alle eine Wasserleitung. Als wir damals von dort fortgingen, wurde sie überall gelegt.

Meine Schwägerin war eine hochintelligente, aber sehr eigenwillige Person. Sie glaubte immer, wir bildeten uns ein, was Besonderes zu sein. Konnte einem richtig leid tun, eine hochintelligente Frau! Sie war Pathologin wie mein Bruder. Sie hatten sich noch hier in Berlin im Jüdischen Krankenhaus kennengelernt, damals, und sind nacheinander nach Amerika gegangen und haben dort geheiratet. Sie hat immer, das ist mir unverständlich gewesen, furchtbare Minderwertigkeitskomplexe gehabt. Das war gar nicht zu fassen. Kein Mensch von uns hat je daran gedacht, sie für minderwertig zu halten. Das gab's doch überhaupt nicht nach dieser fürchterlichen Zeit.

Heinz mußte sich dann noch einmal einer Krebsopera-

Die Mutter, 1960

tion unterziehen, in Berlin, im Virchow-Krankenhaus. Als er wiederhergestellt war, ging er zu einem Kursus der Justiz nach Bad Schandau. Dort wurden in zwei Jahren Richter und Staatsanwälte ausgebildet. Vom Schlosser über den Bürgermeister zum Staatsanwalt! Das war damals sehr schön. Ich meine, er hatte absolut auch die Bildung und Intelligenz für diesen Beruf, es war nicht schwierig für ihn.

Er kam jeden Sonnabend/Sonntag nach Hause, manchmal bin ich auch zu ihm gefahren, oder wir haben uns in Dresden getroffen. Danach ging er als Staatsanwalt nach Berlin, und wir sind hierhergezogen.

In Brodowin bin ich in die Partei eingetreten. Die Parteiversammlungen dort betrafen immer nur die örtlichen Verhältnisse, aber ich hatte ja einen Mann, der mich geschult hat. Ich selbst bin in Brodowin ein paar Jahre mit aufs Feld gegangen und habe im Frühjahr Kartoffeln gelegt und im Herbst die Kartoffeln mit geerntet, bis genügend Arbeitskräfte da waren. Es hat mir Spaß gemacht. Ich hab nie Schwierigkeiten gehabt, weil ich ja vom Lande kam, und wir hatten ja selbst Land. Während des Kurses von Heinz habe ich als Sekretärin im Gemeindebüro gearbeitet, das war genau neben unserem Haus. Die Arbeit hat mich befriedigt, man kannte ja alle.

Das schönste in Brodowin war die Landschaft. Wir sind jeden Abend im Sommer zum Parsteiner See schwimmen gegangen, und wir sind viel spazierengegangen. Es gab sehr viel Wild dort. Das war schon sehr schön. Auch durch Fontane hab ich die Landschaft in der Umgebung Berlins liebengelernt. Ich fand immer die Mark Brandenburg ein bißchen langweilig, aber Fontane hat sie mir nähergebracht. Jetzt lieb ich sie sehr, und ich hänge an ihr. Ich hab mir das Zimmer in Brodowin, in dem ich gewohnt habe, eingerichtet, so daß wir dort lange Jahre, nachdem wir bereits wieder in Berlin wohnten, in den Ferien oder an freien Tagen hingefahren sind.

Nachdem Heinz die Stellung in Berlin bekommen hatte, kam er eines Tages und sagte: »Jetzt kommst du mit nach Berlin. Wir werden uns um eine Wohnung bemühen.« Ich sagte: »Ich denk nicht dran.« Da sagte er, er habe schon eine Wohnung in Aussicht, die leersteht. »Sie sieht zwar verkommen aus, aber guck sie dir wenigstens an!« Ich bin dann widerwillig mitgefahren. Die Wohnung, in der Nähe der Greifswalder Straße, sah wirklich unwahrscheinlich aus! Die Handwerker hatten die Öfen rausgerissen, um alles wieder instand zu setzen. Sie war dreckig und schwarz! Aber ich hab mir alles genau angeguckt, und da hinten ein Garten war, hab ich gesagt: »Na ja, wenn die Wohnung wieder in Ordnung kommt, dann bin ich einverstanden

Ruth Gützlaff, 1960

mitzukommen.« Es waren dreieinhalb Zimmer, unten im Parterre. Meine Mutter hatten wir wieder dabei, sie brauchte ja auch ein eigenes Zimmer.

Als wir 1949 nach Berlin kamen, war die Stadt noch wahnsinnig zertrümmert. O Gott, meine Güte, überall, wo du gingst und standst, lagen die Trümmer. Ich bin auch nach Westberlin gefahren, dort hatte ich noch Freunde. Es war alles unheimlich zerstört. Du brauchst nur an die Gedächtniskirche zu denken, die ist ja inzwischen ein Mahnmal geworden.

Als erstes hat die Straßenbahn wieder funktioniert, als ich herkam, und die S-Bahn auch. Ich bin auch mitgegangen und habe Steine geklopft. Es wurde viel aus den Trümmern gerettet. Wir Trümmerfrauen haben die Steine geklopft und aufgeschichtet. Die sind dann geholt worden, und es wurde angefangen zu bauen. Ich war eine ganze Zeit dabei, vielleicht zwei Jahre.

In der Wohnung Nähe Greifswalder Straße sind wir geblieben. Nur später, als Heinz und meine Mutter starben, sind wir in eine kleinere Wohnung, zwei Stockwerke höher, gezogen. Heinz hatte aufgrund seines Berufs und als Verfolgter des Naziregimes diese Wohnung bevorzugt bekommen.

Die beiden Kinder wuchsen auf und gingen zur Schule. Mein Mann hat gearbeitet, und ich war zunächst zu Hause, als Hausfrau, sozusagen der gute Geist.

Eines Tages kam ein Genosse, ein Kollege von Heinz, und erzählte vom Groscurth-Ausschuß, der gebildet worden war. Die suchten Leute. Groscurth war ein Kommunist, der von den Nazis umgebracht worden ist. Der nach ihm benannte Ausschuß sollte Kommunisten aus Westberlin, die drüben zum Teil sehr schlecht behandelt worden sind, die Möglichkeit geben, sich hier Rat zu holen, und sie unterstützen. Ich habe ungefähr drei Jahre dort gearbeitet. Es kamen Leute, die in Not geraten waren, sie erhielten hier aus einem Fonds Unterstützung. Wir haben ihnen auch fortschrittliche Rechtsanwälte genannt, die ihre Fälle in Westberlin vertreten konnten, und ihnen auf diese Weise geholfen. Das war Anfang der fünfziger Jahre, als die Grenzen noch offen waren. Der Ausschuß ist inzwischen natürlich längst aufgelöst.

Die Kinder waren in der Schule mittelprächtig. Bei Katinka mußte ich oft hinterher sein, daß sie was tat. Bei Franek weniger, dem flog das zu, aber natürlich hatte er sehr große Schwierigkeiten mit dem Schreiben. Er hat das ausgeglichen durch ein unwahrscheinliches Gedächtnis. Er schreibt ja auch heute noch mit der linken Hand, sehr schlecht, aber man kann es lesen, und im Betrieb braucht er nicht zu schreiben, er diktiert. Franek ist nach der 10. Klasse abgegangen und hat Kaufmann gelernt, bei der HO. In Abendkursen an der Volkshochschule hat er das Abitur nachgemacht und hat dann gesagt: »So, jetzt geh ich nach Halle und studiere Jura!« Und er hat vier Jahre in Halle studiert und kam nur Sonnabend/Sonntag nach Hause. Er bekam später von Halle eine Stelle in Nordhausen, in einem großen Bergwerk, als Justitiar. Dort lernte er ein Mädchen kennen. Sie hatte nur noch eine Lebenserwartung von fünf oder sechs Jahren. Es war eine Bluterkrankung, alles war blau. Sie haben geheiratet, und wie vorauszusehen war, ist sie ein paar Jahre später gestorben. Sie hat im Büro gearbeitet. Franek war nach Nordhausen gefahren, in Sülzhayn haben sie gewohnt, als sie plötzlich von zu Hause per Telefon Alarm machte, daß ihr nicht gut war. Es sind gleich zwei Ärzte gekommen, die kannten sie schon, und sind mit ihr ins Krankenhaus nach Nordhausen. Aber ich glaube, sie war schon auf dem Weg ins Krankenhaus gestorben. Sie hat keine Luft mehr bekommen. Ich meine, der Franz mußte darauf vorbereitet gewesen sein, und sie haben eben die Jahre, die sie gehabt haben, genossen, und er hat es ihr so schön wie möglich gemacht. Er lebt noch dort und hat eine sehr gute Stellung und offensichtlich auch ein sehr gutes Verhältnis zu den Mitarbeitern.

Katinka hat Veterinärmedizin studiert. Sie hat eine Stellung in der Veterinärmedizinischen Klinik der Universität. Mit Katzen und Hunden werden dort Forschungen gemacht.

Ich war nach der Arbeit im Groscurth-Ausschuß zwischendurch wieder ein paar Jahre zu Hause, und dann hab ich im Verlag Die Wirtschaft angefangen. Es kam eine Genossin, die ich gut kannte und mit der ich mich gut verstand. Sie sagte: »Du, hör mal zu, wir werden nicht fertig, wir haben in unserer Abteilung so furchtbar viel Material auszuwerten. Hast du keine Lust? Na, nu mach mal, wirst es schon schaffen!« Es war eine schreckliche Arbeit. Die haben vom ersten Tag nach dem Krieg an Zeitungen gesammelt, westliche und DDR-Zeitungen, und die mußten nach bestimmten Richtlinien ausgeschnitten werden fürs Archiv. Es hatte sich so viel angesammelt, daß sie überhaupt keinen Platz mehr hatten, und da hieß es dann eben, alles wird rausgeworfen, was raus kann. Diese »angenehme« Arbeit hatte ich also, jeden Tag. Ich bin nicht fertig geworden damit und hab dann nach drei, vier Jahren aufgehört. Ich hatte ja damals schon Rente. Später erzählte eine Genossin: »Du, also es sieht heute noch genauso aus wie damals, als du weggegangen bist, es hat sich nichts geändert, obwohl es wichtig wäre, die Zeitungen weiter zu archivieren. Es kommt ja immer wieder Neues dazu.«

Warum ich mir nach 45 nicht eine interessantere Arbeit gesucht habe, weiß ich nicht. Heinz hatte ja schon angefangen zu arbeiten und außerdem noch gelernt. Und mir kam es darauf an, ein bißchen was dazuzuverdienen, wenn ich Gelegenheit hatte. Der Verdienst eines Staatsanwalts war damals nicht hoch, Heinz bekam ungefähr sechshundert oder sechshundertfünfzig Mark ausgezahlt. Jedenfalls hat er sich fünfzig Mark Taschengeld für den ganzen Monat genommen, und den Rest gab er mir für die Kinder. Wir waren ja 'ne große Familie. Und Miete hatten wir auch zu zahlen, die kostete rund hundertfünf Mark. Rolf und auch Ester haben uns in dieser Zeit sehr unterstützt. Es war schon sehr schön, als dann VdN-Leute 'ne Extra-Rente bekamen. Das ist aber erst eine ganze Zeit später gewesen.

In der Parteigruppe habe ich auch hier in Berlin mitgearbeitet. Die Themen in den Parteiversammlungen waren dieselben, die ich zu Hause mit meinem Mann besprach, so daß das für mich gar nicht so neu, so ein Erlebnis war. Aber die Geschichte mit Stalin damals war eine wahnsinnige Enttäuschung. Obwohl wir immer empfunden haben, daß es furchtbar ist, ihn wie ein Götzenbild zu verehren. Wahrscheinlich war es die Mentalität der Menschen. Wir haben dann versucht, es uns irgendwie zu erklären. Es sollte eine Lehre für alle sein, in Zukunft rechtzeitig von sich aus reinen Tisch zu machen. Ich kann das nicht mehr analysieren. Aber Stalin hat absolut seine Macht mißbraucht. Das ist es doch gewesen.

Natürlich lernten wir auch Genossen kennen, mit denen wir uns persönlich befreundeten. Wir hatten sehr gute Freunde. Erstens waren die Einhorns da: Hans, der Bruder von meinem Schwager in Neuseeland, und die Marion. Den Hans kannte ich von früher. Eines Abends kamen wir mal zu Ploogs, und da trafen wir den Seitz, er war Bildhauer. Er sagte: »Ihr könnt doch auch mal zu uns kommen.« Das wurde dann eine wunderbare Freundschaft. Sie bewohnten so 'ne olle Villa und hatten sie ganz umgebaut, einen Riesenraum daraus gemacht, den Garten mit einbezogen, also wunderschön, wenig möbliert und die himmlischen Bilder an den Wänden! Er und seine Frau paßten auch gut zusammen. Leider ist er so früh gestorben. Sie sind vorher noch weggegangen von uns, nach Hamburg.

Heinz war zuletzt Kaderleiter bei der Berliner Staatsanwaltschaft. Das ist ihm alles nicht schwergefallen. Nur daß er eben sehr kurzsichtig war. Er las immer noch Tag und Nacht, aber aus Spaß an der Freude, gesellschaftswissenschaftliche Literatur und Belletristik. Und er kannte seinen Lenin. Wir haben viel miteinander diskutiert.

Als Heinz starb, war es schrecklich für mich. Es ist ja nicht von heute auf morgen, daß da plötzlich jemand tot ist. Mutter war dann auch lange krank und lag im Krankenhaus. Sie ist in Weißensee auf dem jüdischen Friedhof beigesetzt worden bei meinem Vater.

Nach ihrem Tod klingelte es eines Tages, und vor der Tür stand ein freundlicher Mann und sagte: »Ach, entschuldigen Sie vielmals, hier hat doch 'ne alte Dame gewohnt. Ich hab gesehen, wenn die Fenster morgens offen waren, sie hatte so schöne Möbel. Haben Sie davon was zu verkaufen?« Da hab ich gesagt: »Ja, Sie können was kaufen.« Er hat einen Kleiderschrank von meiner Mutter gekauft und sich sehr darüber gefreut. Einen anderen von den alten Schränken hat Rolf bekommen, und Katinka hat einen mitgenommen, als sie selbst eine Familie gründete.

Ich fühlte mich sehr allein, nachdem Heinz tot war. Aber ich hab ja die Kinder, und ich habe Freunde. Ich bin ja nicht allein. Die Katinka hat zwei Kinder. Der Große fängt jetzt mit der Lehre an, der Kleine geht noch zur Schule. Franek hat keine Kinder.

Ich bin mit meinem Leben hier zufrieden. Wenn's jedem so ginge, könnte man froh sein. Und wenn sie auch sehr weit weg wohnen, ich hab ja noch meine Schwester Ester in Neuseeland. Ach, ich möchte, daß auch die andern mal sehen, wie schön es dort ist! Eine Landschaft, ein Klima, herrlich! Überall Meer und Gebirge. Sie haben sich dort ein Häuschen gebaut.

Für mich ist es auch wichtig, daß ich in einer Umgebung lebe, die ich schön finde. Ich bin ja am Anfang mitgegangen und hab Steine geklopft. Ein Problem beschäftigt mich. Wenn man zum Beispiel rausfährt nach Marzahn und diese unheimlich vielen Häuser sieht, so zusammengedrängt, das ist nicht ein bißchen großzügig gebaut. Dann hab ich oft mit mir selbst diskutiert: Mensch, dann würden wir noch mehr landwirtschaftliche Gebiete für die Bebauung brauchen! Es wird schon sowieso so viel Kulturland zum Bauen genommen. Das ist sehr schwer zu entscheiden. Wie ich da durch Marzahn gekommen bin, na, da ist mir einfach die Spucke weggeblieben. Du kommst aus dem schönen Strausberg mit der wundervollen Umgebung, und da sind nur Steine, Steine, Steine, furchtbar! Wo bleibt denn der Sauerstoff für uns alle! Ich bin dann immer froh und glücklich, wenn ich wieder zu Hause bin, wir haben ein unheimliches Glück, daß hier so viel Grün ist. Ich hoffe, daß man auch Marzahn bald ein bißchen mehr kultiviert.

Gute Beziehungen zu Freunden, zu meiner Familie, das ist mir sehr wichtig im Leben. Wenn man die nicht hätte, das wär furchtbar. Das Gesellschaftliche interessiert mich auch sehr, aber es geht mir nicht so nahe wie meine persönlichen Verhältnisse.

Ich habe manchmal wahnsinnige Gewissensbisse, daß ich was verkehrt gemacht habe, natürlich. Ich vergesse furchtbar viel. Das ist nicht nur altersbedingt, ich war immer eine Schlampe. Ich borg mir ein Buch und vergeß es zurückzugeben, solche Geschichten. Es sind schlimme Situationen, in die ich mich da bringe, indem ich irgendwas Wichtiges vergesse. Es hängt mir sehr nach, und dann ärgere ich mich über mich. Aber das merkt ja keiner, wenn ich allein bin.

Persönlich wünsch ich mir, daß ich gesund bleibe. Kann ja sein, wenn du in sechs Wochen kommst, ist der erste Schlaganfall da. Wenn ich sterbe, möchte ich in Ruhe einschlafen und nicht erst lange krank sein, für meine Familie und mich.

Ich möchte, daß sich unsere Gesellschaftsordnung einmal weiterhin durchsetzt. Man kann was aus ihr machen. Viele junge Leute zum Beispiel sind noch zu uninteressiert und haben nichts weiter im Kopf als ihre persönlichen Interessen, Autos oder irgendwelche technischen Dinge. Für die kulturellen Dinge interessieren sie sich weniger. Aber wie schwierig das manchmal ist, sehe ich ja auch an meinen Kindern. Sie sind gar nicht so materiell eingestellt.

Ruth Gützlaff, 1985

Katinka und Horst, der Arzt, sind aber so eingebunden in ihren Beruf, daß sie kaum noch irgendwas anderes machen können. Jeden Morgen verlassen sie um sieben oder acht Uhr das Haus, kommen abends um sechs wieder. Dann warten zwei hungrige Kinder, die inzwischen nun, Gott sei Dank, schon selbständig sind. Sie haben ihren Garten, nicht elegant, ein Häuschen, das mit den einfachsten Handgriffen in Ordnung zu halten ist, was auch immer mein Prinzip gewesen ist. Der Garten besteht aus einem Riesenrasen, an dessen Ende ein Schuppen steht. Alles ist ganz einfach. Das genießen sie eben, es ist ihre Oase, in die sie am Wochenende, oder wenn sie mal Zeit haben, fahren können. Sie verbringen selbst einen Teil ihrer Ferien dort. Franek denkt mehr über Geschichte nach, Horst und Katinka haben dazu weniger Beziehung. Ich meine, auch so von jüdischer Seite aus gesehen.

Viele werden das Vergangene noch verstandesgemäß aufnehmen, aber es ist jetzt zu lange her, wir leben ja schon über vierzig Jahre nach dem Krieg. Das ist eine ganz neue Generation, die in völlig anderen Verhältnissen hier lebt. Es darf aber alles nicht in Vergessenheit geraten, damit so was nie wieder passiert. Man muß immer, wo man geht und steht, dafür wirken, daß *jeder* Mensch zu achten ist, ganz gleich, welcher Rasse oder welcher Religion oder vielleicht gar keiner Religion er angehört. Er sollte danach beurteilt werden, wie er sich im Leben benimmt. Es war ein ungeheuerliches, unfaßbares Ereignis — dieser deutsche Faschismus. Was hat sich Deutschland auf seine Kultur eingebildet! Da haben wir gesehen, daß die Kultur nicht so tief steckt. Es gibt Menschen, die von der Kultur gar nicht viel wissen, sich aber menschlich bewegen, und es gibt andere, die hochgebildet sind und gar nicht gucken, was neben ihnen passiert. Das gibt's bestimmt auch bei uns.

Das einzige antisemitische Erlebnis nach dem Krieg hatte ich, als ich zum Jüdischen Friedhof gefahren bin und der Straßenbahnschaffner ausgerufen hat: »Herbert-Baum-Straße — Jüdischer Friedhof! Wenn sie die mal alle umgebracht hätten!« Der ist an der nächsten Haltestelle verhaftet worden. Sicher, das nehme ich an, gibt es in der Bevölkerung noch antisemitische Vorurteile, bei primitiven Leuten.

Ich werd es nie vergessen, auf dem Weg nach Bernau ist auf der linken Seite der Liepnitzsee, und am Liepnitzsee gibt es ein Hotel. In diesem Hotel hat sich mein Mann aufgehängt. Alle können noch so guter Laune sein, ich meine, ich bin dann nicht schlechter Laune, aber ich werd es nie vergessen.

Ilse Stillmann

Am 21. Dezember 1911 wurde ich in der Jablonskistraße im Berliner Prenzlauer Berg als Kind jüdischer Eltern geboren. Ich war die jüngste von vier Geschwistern. Wir haben gern und auch nicht leise gespielt, Verstecken, Einkriegezeck und andere wilde Spiele. Die Portierfrau, Frau Stieler, hat uns immer mit dem Schrubber vom Hof gejagt. Oder wir tobten in der Wohnung. Dann klopfte Frau Abraham, die unter uns wohnte, an die Decke und beschwerte sich, weil ihr Kronleuchter beinahe runtergekommen wäre. In der Wohnung haben wir, wenn Mutter nicht da war, Feuerwehr gespielt. Über Küchenstühle wurde eine Leiter quer gelegt. Da haben wir uns reingesetzt, den Wasserhahn aufgedreht, den Finger druntergehalten und die Küche vollgespritzt. Wir waren ganz schön munter und haben unserer Mutter ziemlich viel Ärger gemacht. Wir haben uns auch geprügelt. Ich entsinne mich, einmal haben sie mich auf dem Balkon ausgesperrt und wollten mich nicht mehr reinlassen. Da hab ich die Scheibe eingeschlagen. Dann sind wir aber losgelaufen zum Glaser, damit die Scheibe wieder drin ist, wenn Mutter kommt. Mein Bruder Hans hat mir mal ein blaues Auge verpaßt, weil ich frech zur Mutter war. Er boxte damals grade. Da hat er mir das Auge geschlossen, wie man so sagte. Ich hab mich aber nicht getraut, das in der Schule zu sagen, und erklärte: »Ich bin gegen die Schrankkante gerannt.« Mutter hat mal zu einer Frau Kant gesagt, daß sie mich in die Fürsorgeerziehung bringen will. Aber ich meine, das hätte sie nie gemacht. Ich war ein richtiger Rowdy.

Die Wohnung in der Jablonskistraße hatte zwei Zimmer und eine sogenannte Mädchenkammer. In der einen Stube schliefen meine Eltern, mein Bruder Rudi und ich. In der guten Stube schlief, glaub ich, mein Bruder Hans und in der Mädchenkammer meine Schwester Edith. Die gute Stube

Die Eltern mit Ilse und Bruder Rudi, 1913

wurde nach meines Vaters Tod vermietet. Natürlich war das nicht angenehm, denn wir mußten auf die Untermieter Rücksicht nehmen. »Verhaltet euch ruhig, stört die nicht!« sagte meine Mutter immer.

Wir hatten auch eine Badestube. Aber Warmwasser gab's schon im ersten Weltkrieg nicht mehr. In der guten Stube stand ein großes Büfett, mit grünem Glas, und wir mußten Staub wischen. Dann ging Mutter mit dem Finger hinterher, alles war so Geschnitztes, und wenn sie Staub fand, gab's Backpfeifen. Ich war immer glücklich, wenn ich mal allein in der Wohnung war. Dann setzte ich mich in die Sofaecke und las.

Man hat in unserer Gegend ganz gute Nachbarschaft gehalten. Es gab auch etliche Juden in dem Haus, wo wir wohnten. Die Wohngegend hat mir gefallen. Sie war das Zuhause.

Ganz stark habe ich den Friedrichshain in Erinnerung, denn als ich dann in die Schule kam, ging ich fast täglich mit Freundinnen dorthin. Wir hatten da einen Platz, wo wir Völkerball spielten. Ich liebte das Spiel sehr. Als wir eines Tages hinkamen, spielten dort Jungen. Obwohl die einen Kopf größer waren als wir, haben wir gesagt: »Das ist unser Völkerballplatz!« und uns regelrecht mit den Jungs geprügelt. Ich hatte zwar einen verknacksten Daumen, aber wir haben gesiegt.

Die Atmosphäre in unserem Viertel veränderte sich, als die Fröbelschen Festsäle populär wurden. Das war ein Obdachlosenasyl in der Fröbelstraße. Die Kneipe gegenüber von unserer Wohnung, wo die Bürger ihr Bier tranken, wurde zur Pennerkneipe, so nannte man sie dann. Aber wir Schulmädel hatten nichts gegen Penner. Wir haben uns mit ihnen auch manchmal unterhalten.

In unserem Viertel wohnten Kleinbürger und Arbeiter. Es gab viele Milchgeschäfte. Unserem Haus gegenüber war ein Bäckerladen. Da holten wir uns manchmal für einen Groschen Schnecken zum Kaffee. Ich entsinne mich übrigens, daß in der Inflationszeit das letzte Brot fünfhundert Milliarden kostete, und die Verkäuferin gab mir aus Versehen zu viel raus, 'ne Billion oder was weiß ich. Ich brachte schnell mein Brot nach Hause und ging noch ein Brot holen, denn eine Stunde später war das Geld bereits entwertet.

Die Geschwister Hans, Rudi, Edith und die Mutter in Heringsdorf, 1914

Alle Welt hat damals spekuliert. Mein Bruder und ich wollten auch spekulieren. Wir kauften beim Althändler einen Packen Zeitungspapier und freuten uns, daß wir am nächsten Tag viel, viel mehr Geld dafür bekamen, das natürlich wertlos war.

Die Jablonski war damals noch eine stille Straße. Die Greifswalder war die Verkehrsstraße. Da fuhr die Elektrische, die an der Danziger Straße endete. Ich erinnere mich, unsere liebste Tante Hedwig, die jüngere Schwester meiner Mutter, wohnte in Schöneberg, und wir fuhren eine Stunde mit der Straßenbahn hin und eine Stunde zurück. Eine Stunde! Die Straßenbahn hatte so einen Geruch, irgendwie vom Strom. Mir wurde jedesmal schlecht.

Das schönste waren unsere Besuche bei Tante Hedwig. Sie hatte nur zwei Kinder, einen Jungen und ein Mädel. Wenn wir kamen, gab sie uns Kindern Geld und sagte: »Geht runter zu Daßler«, das war 'ne wunderbare Konditorei, »und sucht euch was aus.« Also, Tante Hedwig war unser Liebling. Und wenn irgendwelche Feiern waren, wo sie eben schon Kuchen gebacken hatte, gab's immer reichlich bei ihr. Auch Onkel Bruno, ihr Mann, kam manchmal,

145

wenn er Geld gekriegt hat, zu uns und sagte: »Geht mal gleich einkaufen.«

Der große Einschnitt in unserer Familie war der Tod meines Vaters im November 1919. Von dem Tag an ging es uns sehr schlecht. Ich war damals noch keine acht Jahre alt. Der älteste Bruder, Hans, war zu der Zeit schon in der Lehre, und zwar durch Vermittlung meines Onkels in Belgard, irgendwo in Pommern, im Getreidehandel. Edith ging noch zur Schule, und Rudi ging in der Großen Hamburger Straße in die jüdische Knabenschule. Vater war Expedient bei Gromach gewesen, einer jüdischen Textilfirma in der Königsstraße, jetzige Rathausstraße. Viel verdiente er nicht, aber wir kamen durch. Ich kann mich nicht entsinnen, daß er sich viel mit uns abgegeben hat. Manchmal, wenn wir unsere Mutter fragten, ob wir runtergehen dürften – an unseren Vater trauten wir uns gar nicht erst ran –, sagte sie: »Fragt Vater.« Und seine Antwort war dann meistens: »Meinetwegen.« Wahrscheinlich weil er schon jahrelang krank war. Er starb an einem handtellergroßen Magengeschwür, das nach außen aufgebrochen und nicht rechtzeitig erkannt worden war. Ich weiß nur: Vater kam ins Krankenhaus. Er war von der Arbeit von zwei Kollegen nach Hause gebracht worden und krümmte sich vor Schmerzen. Aber was los war, wußten wir nicht. Dann war unsere Tante Hedwig ständig bei uns, und da hörte ich zufällig, wie sie sagte: »Die beiden Kleinen wissen noch gar nicht, daß der Vater tot ist.« Wir sahen bloß: Mutter saß neben dem Ofen und heulte nur.

Die Beerdigung war ganz schrecklich, mit Orgelmusik, furchtbar! Als zwei Jahre später mein Großvater starb, hab ich mich strikt geweigert, zur Beerdigung zu gehen. Ich hab mich nicht zwingen lassen.

Die Mutter stand dann allein mit den vier Kindern da. Hans mußte die Lehre abbrechen und kam wieder nach Hause. Er hatte zeitweise auch Arbeit; ich weiß nur, daß er von einer Firma zur Börse geschickt wurde. Mutter war wohl vorübergehend in fremden Haushalten tätig, sie hatte ja keinen Beruf. Sie hat dann 'ne Zeitlang Pullover gehäkelt für eine andere Frau, die das gewerblich betrieb. Aber das ging auch nicht lange. Im wesentlichen war es eine monatliche Spende von ihrem ältesten Bruder aus Belgard, die uns

Ilse (links) mit den Geschwistern Edith und Rudi, 1918

damals ernährte. Der hatte dort ein Gut und ein Getreide-geschäft. Soweit ich mich entsinne, hat er jeden Monat hundert Mark geschickt. Meine Mutter wußte nicht mal, daß sie von der Sozialversicherung meines Vaters eine Rente zu beanspruchen hatte. Die erhielt sie erst vier, fünf Jahre später, als eine Nachbarin mit ihr zur Angestellten-versicherung gegangen ist. Von da ab bekam sie die Rente, anfangs vierundvierzig Mark zwanzig monatlich, und ein Jahr Nachzahlung. Das andere war verfallen. Von dieser Nachzahlung bekam ich meinen ersten Wintermantel. Ich hab immer die abgetragenen Sachen von meinen Geschwi-stern tragen müssen, sogar die Schuhe mit Ösen von mei-nem Bruder.

Mutter hatte es allein schwer, und ich Rüpel hab ihr das Leben auch nicht leichter gemacht. Aber sie war gutherzig. So gut sie konnte, hat sie uns erzogen. Sie war nicht sehr geschickt im Flicken und Stopfen, ich bin manchmal mit ganz schön kaputten Strümpfen rumgelaufen. Mutter hatte sogar die höhere Schule besucht, mit Französisch.

Dann wurde die Rente meiner Mutter von vierundvierzig Mark zwanzig durch die Notverordnung auf neununddrei-ßig Mark zwanzig gekürzt. Für die Miete hatte sie einen Erlaß, eine sogenannte Hauszinssteuer. Mutter machte immer Geldpäckchen, für Gas, Licht und so weiter, die wurden im Wäscheschrank aufbewahrt. Mit Sparen war nichts, aber wir hatten keine Schulden.

Zu hohen Feiertagen wurde sogar 'ne halbe Gänsebrust gekauft. Da kam dann auf jeden Teller ein kleines Streif-chen. Wochentags gab's mal Mohrrüben, mal grüne Boh-nen. Später holte Mutter Essen aus der jüdischen Volksküche in der Schönhauser Allee. Das war für die ärmere Bevölkerungsschicht. Ich weiß nicht, ob dafür ein paar Groschen bezahlt werden mußten. Es war ein ziemlich weiter Weg, und es ist meiner Mutter gar nicht leichtgefal-len, von dort immer das Essen zu holen. Sie hatte so stark geschwollene Knie, eine chronische Kniegelenkentzün-dung, und furchtbare Krampfadern.

Vater war Mitglied der Jüdischen Gemeinde. Das war damals selbstverständlich. Politisch war er nicht organi-siert. Aber wenn die Brüder bei den Großeltern zusam-menkamen, gab's immer große Debatten. Doch wer was vertrat, blieb mir völlig schleierhaft. Ich war ja noch sehr klein.

Meine Mutter hat immer gesagt, sie will kein Schweinefleisch, aber sie hat's auch gegessen. Das einzige, woran ich mich entsinne, war Pessach, der Sederabend. Den hat mein Vater noch gemacht, und ich als Jüngste mußte das Gebet sprechen. Das jüngste Kind mußte immer das Gebet in hebräisch sprechen. Das Pessachfest hat irgendwas mit der Flucht der Kinder Israel aus Ägypten zu tun. Ich hab später darüber im *Joseph* von Thomas Mann nachgelesen. Nach dem Tod meines Vaters gab's bei uns aber auch keinen Sederabend mehr.

Mit fünfzehn Jahren sind meine Freundin und ich aus der Jüdischen Gemeinde ausgetreten. Unsere Schule war in der Kaiserstraße, nicht weit vom Amtsgericht. Wir wollten uns in der Gemeinde nicht mehr einordnen lassen. Meine Mutter ging weiterhin an den hohen Feiertagen in den Tempel, da mußte sie auch unbedingt fasten. Jom Kippur gab man ihr einen Apfel, gespickt mit Nelken, zum Riechen, weil sie ja den ganzen Tag im Tempel blieb. Wir Kinder bekamen Mohrrüben zu essen. Ich hab als junges Mädchen keine tiefere Beziehung zum traditionellen jüdischen Leben herstellen können. Vom Religionsunterricht hab ich genausoviel vergessen wie von allen anderen Fächern. Die zehn Gebote könnt ich zum Teil noch aufsagen. Also, töten würd' ich nie gern, ehebrechen auch nicht, aber es kommt auf die Liebe an. Ich meine, das sind ethische Gebote. Wie viele Menschen wurden und werden noch getötet? Wieviel Ehen werden gebrochen? Wieviel Väter und Mütter werden nicht geehrt? Das ist alles ganz schön und gut, aber in der Praxis ...

Ich bin in die jüdische Mädchenschule in der Kaiserstraße gegangen. Das war ein ziemlich langer Schulweg. Die Schülerfahrt kostete acht Pfennige bis zum Alex. Später, als ich schon in der Jugendbewegung war, wollte ich so gern eine Windjacke haben. Da bin ich gelaufen und hab die sechzehn Pfennige, die ich täglich bekam, gespart, bis ich mir für zwölf Mark eine Windjacke kaufen konnte. Dafür bin ich ziemlich lange gelaufen.

Es gab Fächer, die mir Spaß machten, aber insgesamt hatte ich an der Schule keine Freude. Die Lehrerinnen waren schreckliche alte Jungfern, ohne Verständnis für Kinder. Ich weiß noch, die eine, die war immer so stolz darauf, daß Kaiser Wilhelm ihr mal die Hand gereicht hatte. Es gab Beschwerden von allen Lehrern über Lilo, meine beste Schulfreundin, und mich. Wir sind zum Beispiel an Hindenburgs achtzigstem Geburtstag, zu dem angesetzt war, daß alle helle Kleider oder weiße Blusen zu tragen hatten, im schwarzen Kittel mit roter Kordel erschienen. Ich war viel mit Lilo zusammen. Einmal in der Woche hatten wir Kochunterricht, da bin ich gar nicht erst nach Hause gefahren, sondern habe bei ihr Mittag gegessen. Sie wohnte in Mitte.

Physik hatte ich ganz gern, aber auf dem Abgangszeugnis habe ich von Herrn Arndt eine schlechte Zensur gekriegt. Der konnte mir keine gute Zensur geben, obwohl ich wirklich eines der verständigsten Mädchen in Physik war. Herr Arndt, ein Jude, war konservativ kaisertreu eingestellt. In der Schule hieß er nur der Bulle, weil er immer so furchtbar brüllte, und er war auch der einzige, der mit dem Lineal auf die Fingerknöchel gehauen hat. Bei uns wurde ja in der Regel nicht mehr geschlagen. Sein Sohn Rudi, mit dem ich befreundet war, ist später zu den Kommunisten gegangen.

Wenn Lilo und ich durch die Klassen gingen und Schülerversammlungen organisieren wollten, ging Herr Arndt hinterher und sagte den Mädels, sie sollten ja nicht auf uns hören, wir wollten ihnen nur Geld abknöpfen. Von Geld war überhaupt keine Rede. Es sollte sich in der Schule nur einiges ändern, zum Beispiel die ganze Behandlung durch die alten Jungfern. Das benutzte Arndt dann, uns ein halbes Jahr vor dem Abschluß aus der Schule zu werfen. Er hat uns selbst bis zur Schultür gebracht, die ich dann mit einem Fußtritt aufgetreten habe. Das war in der neunten Klasse, und wir waren schon im Schwarzen Haufen, mit vierzehn, fünfzehn.

Der Schwarze Haufen, der sich so nach Florian Geyer nannte, war eine linke Absplitterung der zionistischen Jugendorganisation Kameraden, die im Grunde genommen ganz bürgerlich war. *Wir sind des Geyers schwarzer Haufen* war unser Leib-und-Magen-Lied. Ein anderes war »Flandern in Not, in Flandern reitet der Tod. Der Tod hat ein ...« Ich weiß nicht mehr, wie es weiterging. Wir haben viel gesungen, vor allem Lieder aus dem Bauernkrieg. Ich fand die zionistische Jugendbewegung anfangs fortschrittlich, weil sie in Palästina den Sozialismus schaffen wollte. Wir hatten auf irgendeinem Hinterhof so eine Art Heim, zwei Räume. Dort haben wir schon marxistische Kurse abgehalten und rege Diskussionen über marxistische Theorien geführt.

Im Frühjahr 1928 waren wir auf Wanderung, das war praktisch ein Bundestag unserer Organisation. Wir sollten uns entscheiden, ob wir Max Fürst als *den* Führer anerkennen. Da ist mein lieber Natti Steinberger voller Wut aufgesprungen. Er fand es unerhört, solche Fragen an Vierzehn-, Fünfzehnjährige zu stellen. Das bedeutete für uns das Ende des Schwarzen Haufens. Siegbert Kahn gründete die Rote Republik, das war schon eine marxistische Gruppierung. Siecke war zu der Zeit, ohne daß wir es wußten, bereits im Kommunistischen Jugendverband und hat uns sozusagen »unterwandert«. Viele junge Juden sind diesen Weg gegangen. Siecke war ein guter Freund, ein zuverlässiger, guter Freund.

Meine Schwester Edith ist als erste dem Kommunistischen Jugendverband beigetreten. Sie ist wahrscheinlich durch Freunde dorthingekommen. Ich kann mich noch entsinnen, daß ich ihr zuerst vorwarf, den Zionismus verraten zu haben: das Judentum, den Sozialismus und Palästina. Der Übergang zum KJVD war also für mich nicht ohne Konflikte. Sie hat mich zu einer Kundgebung im Saalbau Friedrichshain mitgenommen. Ich war tief beeindruckt, als da Verwundete, von der Polizei niedergeknüppelt oder angeschossen, auf Tragen reingebracht wurden. Und mich hat auch beeindruckt, daß Edith bei der Nachricht von Lenins Tod geweint hat. Meine Schwester gehörte vorher so einer linken Gruppe an, Poalé Zion. Die war zionistisch eingestellt, mit der Illusion, daß wir mit Hilfe von Kibbuzen, also landwirtschaftlichen Kommunen, in Palästina den Sozialismus aufbauen könnten. Daran glaubten wir, bis mein Cousin, Walter Knopp, nach seiner Rückkehr aus Palästina erzählte, wie er in englischen Gefängnissen geprügelt worden war. Da war's aus.

Ich hab 1924 als Lehrling im Verlag der *Sozialistischen Monatshefte* angefangen, durch Vermittlung von einem aus dem Schwarzen Haufen, James Löwensohn. Die Verlagsleiterin, Frau Nauwitzki, war eine großartige Frau. Sie hatte wirklich Verständnis für einen jungen Menschen. Wenn schönes Wetter war, sagte sie: »Wissen Sie, Kindchen, fahren Sie 'n bißchen in den Grunewald.« Und wenn ich gesagt hab: »Nein«, dann wußte sie, ich habe kein Fahrgeld, und gab mir auch noch das Fahrgeld. Und wenn ich nichts zu rauchen hatte, schob sie mir ihre Zigaretten rüber. Sie war auch Jüdin.

Es war ein sozialdemokratischer Verlag, an den *Sozialistischen Monatsheften* hatte auch Rosa Luxemburg mitgearbeitet. Die Hefte hatten teils theoretische, teils literarische Inhalte. Es gab auch immer Buchbesprechungen.

Ich habe als Lehrling im Versand gearbeitet. Es war keine sehr große Auflage, ich glaub, bloß viertausend Exemplare. Und ich mußte für Herrn Löwensohn, den Vater von James, in Zehlendorf die Leihbücherei einrichten, in seinem Privathäuschen. Er arbeitete praktisch im Verlag mit. Meine Literaturkenntnisse waren damals schon recht gut. Es ist mir bis heute rätselhaft, warum der Verlag der *Sozialistischen Monatshefte* vom Institut für Konjunkturforschung Berichte bekam, die an die Reparationskommission geliefert werden sollten. Da wurde ich immer hingeschickt, und ich habe für Siegbert Kahn welche abgezweigt. Schon als Junge hat der zu Hause gesessen und Wirtschaftskurven gezeichnet. Es gab Wochenberichte, Monatsberichte und Vierteljahresberichte. Manche waren doppelt. Ich hatte als Lehrling auch alle Botengänge zu machen. Manchmal wurde ich in die Redaktion geschickt, zu einem Doktor Bloch, der am Reichskanzlerplatz wohnte, und da mußte ich auch Korrektur lesen. Leider konnte der Verlag nur einen Lehrling einstellen. Neben der Verlagsleiterin gab es noch 'ne alte Buchhalterin, die schon Rente bekam und auch nur ein kleines Gehalt hatte, und den einen Lehrling, der im ersten Lehrjahr zwanzig Mark monatlich und im zweiten Lehrjahr dreißig Mark monatlich bekam. Dann mußte wieder ein neuer Lehrling eingestellt werden, und der ausgelernte wurde entlassen. Sie haben mir aber 'ne Stelle besorgt beim Globusverlag, doch da war ich nur kurz.

Mir gefiel besonders, daß ich viel mit Literatur zu tun hatte. Wir bekamen alle Neuerscheinungen, die dann an Leute zur Besprechung weitergeleitet wurden, unter anderem auch an den Bruder von Käthe Kollwitz, der wohnte eine Etage über den Kollwitz' in der Weißenburger Straße, der heutigen Kollwitzstraße. Ihm mußte ich immer die Besprechungsexemplare für 'ne bestimmte Sparte bringen. Ich hatte die Möglichkeit, sehr viele Bücher zuerst zu lesen, Belletristik besonders. Ich hab damals Dostojewski, Tolstoi und Dickens gelesen.

Im Herbst 1927 bin ich in den KJVD eingetreten, den Kommunistischen Jugendverband. Meine Wohngebietsgruppe tagte montags im Jugendheim in Prenzlauer Berg, in der damaligen Danziger Straße. Gruppe Helmholtzplatz nannten wir uns. Meine Funktion war, die *Junge Garde* zu vertreiben, die Wochenzeitung der Gruppe. Dann sollte ich in die Jugendgewerkschaft, in den Zentralverband der Angestellten [ZdA], um, das war die Linie der Partei, in der Gewerkschaft aktiv zu werden. Meine ZdA-Jugendgruppe tagte aber auch an einem Montag, und so wechselte ich zu einer andern KJ-Gruppe, die in der Kneipe Zur Schönhauser Vorstadt tagte. Und da wurde ich nachher Organisationsleiter der Gruppe.

Wir waren gleichgesinnte Kameraden. Am Spätnachmittag, denn manche arbeiteten ja, trafen wir uns, hörten Referate zu irgendwelchen Themen, dann wurde diskutiert. Gesungen wurde auch, und Fahrten haben wir gemacht, bis Ende 1931. Es kam auch schon zu Keilereien mit SA-Leuten, die versuchten, in unser Sekretariat in der Fransecky-straße einzudringen, in unseren Keller.

Ein Referat hab ich übrigens nie gehalten. Lilo war eine gute Rednerin, ich nicht. Wir haben aber auch Referenten eingeladen, unsere Reichstagsabgeordneten zum Beispiel, die aktuelle Themen behandelten, aber auch Grundsätzliches vortrugen. Doch, wir hatten gute Referenten, jede Woche!

Und wir waren sehr viel unterwegs vom Jugendverband aus. Da hab ich von den Polizisten meine erste Keile gekriegt. Ich hab die Methode gehabt, ihnen seelenruhig entgegenzugehen, wenn sie angerannt kamen mit ihren Knüppeln, da ist man meist ungeschoren davongekommen. Am 1. Mai 1929 hatte ich aber vergessen, daß ich 'ne rote Nelke im Knopfloch trug. Da haben dann zwei auf mir rumgeprügelt.

Von den *Sozialistischen Monatsheften* bin ich also zum

Globusverlag, saß unten im Keller in der Expedition und hab am ersten Tag vier Seiten falsche Buchungen gemacht! Ich hatte ja von Buchhaltung keine Ahnung. Mir kullerten die Tränen auf das Buch. Es war schrecklich. Nach vier Monaten bin ich rausgeflogen, weil ich in unserer *Jungen Garde* einen Artikel über das unkollegiale Verhalten einer sozialdemokratischen Kollegin geschrieben habe. Na ja, das hat sie irgendwie spitzgekriegt und dafür gesorgt, daß ich entlassen wurde. Ich bin nicht freiwillig gegangen, obwohl ich da todunglücklich war.

Dann war ich kurze Zeit im Basarverlag. Ich saß an der Adrema-Maschine und durfte nur Adressen stempeln. Der Bürochef war ein alter Herr mit weißem Bart und Brille. Der breitete in der Pause immer seinen *Völkischen Beobachter* aus. Dadurch fühlte ich mich provoziert, nahm meine *Rote Fahne* raus und breitete sie auch aus. Das war in der Potsdamer Straße, ein eleganter Modeverlag mit Modezeitschriften. Das war natürlich nicht das Richtige für mich.

Dann hatte ich 'ne kurze Aushilfsstellung in einer Lederfirma. Da mußten in solche Lederdinger für Uhrenarmbänder immer drei Stiche gemacht werden. Dort hab ich bis Weihnachten ausgeholfen. Aber sonst war ich von 1931 bis 1935 arbeitslos.

Und dann sind Lilo und ich auf Walze gegangen. Ich rief Lilo an und sagte: »Ich bin arbeitslos«, und sie sagte: »Ich auch.« Sie hatte Krawattennähen gelernt. Also sind wir losgestiefelt. Bis Brandenburg sind wir gefahren und dann immer die Landstraße lang in Richtung Westen. Wir haben Autos angehalten und uns mitnehmen lassen. Unsere Absicht war, bis Paris zu kommen. Wir haben noch ein paar Groschen gehabt, so daß wir uns mal eine Kleinigkeit kaufen konnten, oder wir haben in Bäckerläden gebettelt. Damals gab es viele Walzbrüder, aber kaum Walzschwestern. Als wir in Essen angelangt waren, gingen wir, warum, weiß ich nicht mehr, zum Parteibüro, und da haben sie Lilo gleich festgehalten. Die brauchten ganz dringend eine Stenotypistin, und Lilo war eine hervorragende Stenotypistin. Und ich hab mich beim Arbeitsamt in Essen angemeldet und Stempelgeld bekommen, also Arbeitslosenunterstützung. Dann hab ich 'ne Pioniergruppe geleitet.

Der Mann übrigens, der uns damals in Essen festhielt,

war der Chefredakteur der *Roten Fahne,* Ernst Bayer. Das war Alexander Abusch. Er war sehr nett zu uns. Er rauchte immer *Attika.* Wenn wir uns begegneten, hielt er uns seine *Attika* hin. Er war gar nicht soviel älter als wir. In Essen wohnten wir in einer Mansarde bei einer Genossin.

Wir blieben in Essen bis zum Leipziger Jugendtag. Mit dem Lastwagen der Dortmunder sind wir nach Leipzig gefahren, von dort nahmen uns Nazis mit dem Auto mit, sie fuhren nach Magdeburg, und von Magdeburg sind wir nach Berlin getrampt. Aber diese Walztour hat man mir im Jugendverband ein bißchen übelgenommen, denn ich hatte ja auch Funktionen.

Als ich in die KPD eintrat, habe ich mich im Sekretariat gemeldet und gesagt, daß ich nun also Mitglied der Partei werden wollte. Das war im Januar 1932. Ich war inzwischen zwanzig Jahre alt und fand: nun ist es Zeit. Der KJVD war ja die Vorbereitungszeit gewesen.

Wir hatten unseren Stützpunkt in der Christburger Straße, dort befand sich auch die Parteikneipe. Sie war eigentlich unser Hauptkampfgebiet, denn in der Christburger Straße gab es diverse SA-Leute, mit denen wir zu tun hatten. Es gab ja zu der Zeit sehr viele Wahlen, und natürlich − vor den Wahllokalen standen sie und standen wir. Da gab's ganz schöne Diskussionen. Wir waren gezwungen, in einer Wohnung von Genossen nachts Wache zu sitzen, weil die SA Überfälle organisierte. Da hab ich übrigens gut Skat spielen gelernt.

Was die laufende Parteiarbeit anbetraf, hatten wir zum Beispiel zwei Betriebe, die wir ständig mit Material versorgten, das die Partei herausgab, und wir mußten mit Kollegen diskutieren. Der eine Betrieb war die Müllabfuhr in der Marienburger Straße. Mit denen kamen wir wunderbar aus, die kauften jedes Material ab und nahmen auch, was sonst noch verteilt wurde. Also die waren ganz links. Der andere Betrieb war schwieriger. Das war die Gasanstalt, dort, wo heute der Thälmann-Park ist. Ich war mein Leben lang ein Langschläfer, aber dort mußte ich um fünf Uhr antreten, zum Schichtbeginn. In der Gasanstalt herrschte mehr Reformismus, da hatten wir keinen guten Stand.

Dann gab's natürlich die Aufgabe, jeden Sonntag die

Rote Post treppauf, treppab in alle Wohnungen zu bringen, und es war uns eine Freude, daß manche schon auf uns warteten – auf ihre Sonntagslektüre. Die *Rote Post* war die Wochenzeitschrift der KPD, die Sonntagswochenzeitung. Wir haben richtige Trupps gebildet. In der Christburger Straße gab es ein Jugendaktiv, möchte ich sagen. Dazu gehörten die beiden Fehse-Jungen, die beiden Danelius-Jungen und ich. Die andern waren schon viel älter. Wir fünf waren ständig im Stadtgebiet aktiv, haben unsere Literatur verkauft, Agitation gemacht und natürlich Flugblätter verteilt.

Ich war von Kindheit an sehr rebellisch und für den Sozialismus eingestellt, schon in meiner naiven zionistischen Neigung für ein Palästina auf sozialistischer Grundlage. Der Ursprung meiner Einstellung war das Bedürfnis nach Gerechtigkeit, das war mir angeboren. Armut hat mich nie bedrückt, mich bedrückte der Luxus, den übrigens auch die Kinder zum Teil heute schon haben. Ich bin's nicht gewöhnt. Ich hab damals auch schon *Staat und Revolution* von Lenin und von Engels *Ursprung der Familie* gelesen. Das *Kapital* bekam ich erst in die Hand, als ich die Bezirksparteischule besuchte, nach 1945. Die speziellen Grundlagen, wie sie im *Kapital* dargelegt sind, kannte ich noch nicht, die sind ja außerordentlich kompliziert zu lesen. Aber ich fand, daß der Marxismus-Leninismus wirklich eine Einheit darstellt.

Die Religion hat mich nie sehr interessiert. Man war zufällig jüdisch. Sicher, es gab einige jüdische Geistesgrößen in Deutschland. Das aufzuzeigen ist wirklich sehr dankenswert, oder das, was Knobloch gemacht hat, die Erarbeitung seines Moses-Mendelssohn-Buches. Es gab eine Reihe hervorragender Juden, und das hat seine Ursachen. Dadurch, daß Juden in ihrer beruflichen Tätigkeit sehr beschränkt wurden, gab es bestimmte Berufe, denen sie sich intensiv gewidmet haben. Das betraf zum Beispiel bedeutende Philosophen, Künstler, Wissenschaftler und Ärzte. Zum anderen war die Unterdrückung der Juden natürlich auch ein Anlaß für sie, sich verstärkt mit Gesellschaftsfragen zu beschäftigen.

Wie ein sozialistisches Deutschland entstehen würde, darüber dachte ich nicht nach. Mir lag viel näher, erst

Ilse, um 1933

einmal den Faschismus zu bekämpfen, das war Selbstver-
teidigung, wir wurden ja ständig konfrontiert mit der
faschistischen Gefahr, den Prügeleien und Auseinandersetzungen.

Meine Weltanschauung hat sich ganz organisch heraus-
gebildet. Da waren die Diskussionen im Schwarzen Haufen, da war Siegbert Kahn, der uns ganz unauffällig steu-
erte. Aber es gab auch ein besonderes Kunstwerk, das

mich in dieser Zeit berührte. Das war *Der heilige Sebastian* mit den Pfeilen im Leib. Jedesmal bin ich andere Wege durch das Kaiser-Wilhelm-Museum, das heutige Bode-Museum, gegangen und hab mir Bilder angesehen, aber immer gelangte ich zu meinem *Heiligen Sebastian*. Den liebte ich sehr. Aus dem *Buch der Lieder* von Heine konnte ich viele Gedichte auswendig. Trotzdem trug ich es immer bei mir. *Meeresrauschen* – das war mein liebstes Gedicht. Ich besitze viele Bände von Heine. Thomas Mann liebte ich auch. Die *Buddenbrooks* habe ich mehrmals gelesen, später *Lotte in Weimar* und auch seine Briefe. Wie er zuerst geglaubt hat – er war ja schon in der Schweiz –, daß man sich doch vielleicht mit den Nazis arrangieren kann.

Oder ich denke an die Piscator-Bühne am Nollendorfplatz, die Volksbühne. Das erste Stück, das ich sah, war, glaub ich, *Hoppla, wir leben.* Es war antikapitalistisch. Das hat mich beeindruckt. An die *Dreigroschenoper* von Brecht kann ich mich auch noch erinnern. Die gab's Unter den Linden. Da war so'n kleines Theater, und es war die Originalinszenierung Brecht – Weill. Die Aufführung war wunderbar, eine Sensation damals. Harald Paulsen als Mackie Messer, und eine wunderbare Sängerin, die Kate Kühl. Im Film *Kuhle Wampe* hab ich sogar in einer Statistenrolle mitgespielt, in der U-Bahn. Die Marta Wolter, die die zweite weibliche Hauptrolle spielte, war in meiner Gruppe im Jugendverband. Dieser Film war wie unser Leben.

Für die Wohlfahrtsunterstützung in der Zeit der Arbeitslosigkeit mußte man arbeiten gehen, zum Beispiel fürs Gartenamt irgendwelche Flächen umgraben. Das war schwere körperliche Arbeit, oder ein andermal in einer Großküche Kartoffeln schälen. Arbeitslosenunterstützung bekam ich, glaube ich, ein halbes Jahr, und danach wohl noch ein halbes Jahr Krisenunterstützung, die war geringer. Und wenn damit Schluß war, bekam man nur noch Wohlfahrtsunterstützung.

Dann begann das Jugendamt sich um mich zu kümmern. Das befand sich in Prenzlauer Berg damals in sozialdemokratischen Händen. Es war bereit, mir die Ausbildung als Kraftfahrer zu bezahlen, aber der Kreisarzt fand, daß das kein Beruf für ein junges Mädchen sei. Punkt – aus. Daraufhin ging ich in eine Tischlerei. Dort fragte man mich, ob ich fliegen wolle, so als Witz. Ich hab natürlich ja gesagt und kam in eine Gruppe, die ein Segelflugzeug baute. Das waren alles Arbeitslose. Wir bekamen gutes Mittagessen. Es gab verschiedene solche Werkstätten, die sich auch mit Metallarbeiten beschäftigten, um die Jugendlichen von der Straße wegzuholen. Das ging sofort mit Beginn der Nazizeit zu Ende; die in den Stadtbezirksräten haben dann gleich mit dem sogenannten freiwilligen Arbeitsdienst angefangen, aus dem ja sehr schnell der allgemeine Arbeitsdienst wurde.

Ich war auch im Arbeiterschützenbund. Schießen hat mir Spaß gemacht. Gelernt hab ich's bei Siecke Kahn. Im Strausberger Wald haben wir oft Schießübungen gemacht, zum Teil mit Rot-Front-Kämpfer-Bund und Jungfront-Leuten. Das war sozusagen Arbeiterwehr, und es war Trainingsschießen. Wir trainierten in der Prenzlauer Allee in einem Keller auch Pistolen- und Kleinkaliberschießen. Das war legal, und es war für mich wirklich nur Sport.

Nein, nein, ich habe damals nicht geahnt, daß Hitler Krieg bedeutete und daß er die Juden vernichten würde. Die Nazis haben ja den ersten Judenboykott, 1933, sehr schnell zurückgenommen. Da spielte auch internationales Kapital eine Rolle. Meine Vorstellung vor 1933 von den Nazis war: Radaubrüder. Ich habe den Faschismus jedenfalls nicht so eingeschätzt, wie er sich dann erwiesen hat, als Massenmorden, und auch nicht, daß er einen solchen Weltkrieg nach sich nachzieht. Die Losung der KPD: »Sozialdemokraten sind Sozialfaschisten« war schon vorbei. Und ich muß dir sagen, als Hitler im Januar 1933 an die Macht gelangte, kamen Genossen vom Reichsbanner in unser Parteilokal und sagten: »Wenn ihr was macht, Kommune oder so, wir machen mit.« Aber es waren nur einzelne.

Mit der Machtübernahme der Nazis stand für mich fest: Ich bleibe, was ich bin! Und das war auch die Ursache dafür, eine Scheinehe mit August Haak einzugehen, damit ich nicht den jüdischen Namen Lewin mit mir rumschleppen mußte. August Haak gehörte zur Kampfgruppe gegen den Faschismus. Er war nicht in der Partei. Wir haben regelrecht Familienhochzeit gefeiert, aber ich hatte keinerlei Beziehung zu ihm, es war eine reine Formsache. Im Herbst 1934 wollte ich August Haak nicht mehr mit einer jüdischen Frau belasten, und wir haben uns scheiden lassen.

Wie ich zur Kampfgruppe gegen den Faschismus kam, ist eine komische Geschichte, die in einem Judencafé begann. Dort trafen wir uns oft. Bei dem Kellner konnte man auch mal Schulden machen, die man dann das nächste Mal bezahlte. Die Kampfgruppe gegen den Faschismus war eine Massenorganisation für Leute, die gegen die Nazis waren, sich aber nicht gleich parteilich binden wollten. Eines Tages tauchte einer auf, der nannte sich Leiter der antifaschistischen Kampfgruppe Jugend. Er suchte jemanden als Adjutanten und sprach mich an. Wir vereinbarten einen Treff mit der Neuköllner Jugend. Doch als wir zu dem Treffpunkt kamen, waren schon alle verhaftet! Er kam wieder in das Café, diesmal mit drei Pistolen. Wir versteckten sie bei einem Genossen in der Nähe vom Wittenbergplatz. Der war Goldschmied und hatte einen Laden mit einem Eingang zum Keller. Wir gingen durch mehrere Keller in den hintersten, da war ein Ausgußbecken voller Mörtel, und unter diesem Mörtel versteckten wir die drei Pistolen. Am nächsten Tag erzählte mir der Genosse, daß die Polizei bei ihm war, und die ging schnurstracks in den Keller bis zu diesem Ausgußbecken! Aus einer Eingebung heraus hatte er aber die Pistolen vorher in einen Sägespänesack gesteckt. Über den sind die Polizisten beinahe gestolpert. Daraufhin hab ich nicht ganz zufällig am Kurfürstendamm die Berliner Leiter des Kampfbundes getroffen, »die Alten«, hab ich immer gesagt, und denen die ganze Geschichte erzählt. Die sagten, ich solle sofort aufhören, bei dem Mann als »Adjutant« zu arbeiten. Das sei ein Provokateur und ganz offensichtlich ein Spitzel, denn solche abenteuerlichen Aktionen, wie er sie vorgeschlagen hat, haben wir von der KPD nicht unterstützt, weil sie idiotisch waren.

Ich hab in der Christburger Straße auch erlebt, wie einer, der vorher zur Jungfront gehörte, plötzlich in SA-Uniform umherlief. Er hatte neue Stiefel bekommen und einen neuen Anzug. Es waren oft Arbeitslose, die allmählich demoralisiert waren und sich von den Nazis korrumpieren ließen, oder Radaubrüder, die wir ja auch bei uns hatten, denen nichts eine Frage der inneren Überzeugung war. Durch diese Radaubrüder, die in der Jungfront oder im RFB waren, ist die kommunistische Bewegung manchmal ganz schön deformiert worden.

Andererseits erinnere ich mich zum Beispiel an einen SS-Mann, der in der Jablonskistraße wohnte, Fritz Müller hieß er, glaub ich. Der borgte mir das Buch *Der Antisemitismus von Moses bis Lenin.* Für ihn war Antisemitismus positiv. Das Buch wurde während einer späteren Hausdurchsuchung bei mir gefunden, es stand sein Name drin. Die Gestapoleute haben das Buch angeguckt und gefragt: »Wer ist Fritz Müller?« Ich sagte: »Das ist ein SS-Mann, mit dem hab ich mich über Antisemitismus unterhalten. Der hat mir das geborgt.« Garantiert haben sie sich mit ihm in Verbindung gesetzt. Aber er hat nicht gesagt, daß ich Kommunistin bin, denn sonst hätten sie mich verhaftet.

Christburger Straße, an der Ecke links, wohnte einer, der von seinem Fenster aus alles überblicken konnte, wenn wir vorm Wahllokal standen und diskutierten. Der war nach 1933 gleich auf'm Bezirksamt. Ich mußte dorthin, um mir meine Wohlfahrtsunterstützung abzuholen, und er sagte: »Na, siehste, wir haben recht gehabt!« Ich hab ihm geantwortet: »Wer die Macht hat, der hat noch lange nicht das Recht!« Also, Schnauze halten war bei mir nicht drin!

Unsere Parteigruppe ist dann erst mal rausgezogen aus Berlin, nach Schönow bei Zepernick, um als Kommunisten nicht auf dem Präsentierteller im Wohngebiet zu sein. Es waren nicht so viele, aktiv vielleicht sechs bis acht Jüngere. Wir hatten auch 'ne Anzahl recht alter Genossen dabei. Ein Teil wurde sofort von den Nazis abgeholt, die Familie Fehse zum Beispiel. Bei ihnen haben sie die Tür eingeschlagen und den alten Mann mitgenommen. Nur dem jüngeren Sohn gelang es, außerhalb von Berlin unterzutauchen. Auch die Danelius-Jungen wurden gleich verhaftet, zusammen mit einem dritten.

Ein Teil unserer Zelle hat zunächst in Schönow versucht zu überleben. Wir hatten ein Häuschen gemietet mit einem Garten, in dem wir irgendwas geerntet haben.

Ich bin dann wieder zurück nach Berlin in die Berliner Straße. Dort erfolgte meine erste Haussuchung, und zwar, nachdem Siecke Kahn am 1. April 1933 verhaftet worden war. Sie hatten bei ihm einen Zettel mit meiner neuen Adresse gefunden, den hatte ich ihm hinterlassen. Sie wollten unbedingt was finden! Ich mußte zum Beispiel zehn Mark Miete zahlen und besaß von der Wirtin eine Bescheinigung. »Wer ist Frau Lehmann?« – »Meine Hauswirtin.« Damit war das erledigt. Also, bei mir war nichts zu holen. Dann bin ich nicht zur Wahl gegangen, aber dummerweise in meiner Wohnung geblieben, und da kamen die Wahlschlepper, zwei SA-Leute, wie das üblich war, und holten mich. Ja, was tun? Ich mußte Hitler wählen, denn sie haben mir den Zettel aus der Hand genommen. Ich durfte ihn nicht in die Urne stecken. Sie haben Pappe vorgehalten und den Zettel hinter die Urne auf den Tisch fallenlassen, um zu sehen, wie ich gewählt hatte. Ich hab mich schrecklich gefühlt dabei und hätte mich prügeln können für die Dummheit, in der Wohnung geblieben zu sein.

Ich bekam den Auftrag, eine Mädchengruppe im Betrieb mit Material zu versorgen. Das war Anfang 1934, bevor die zweite Hausdurchsuchung bei mir war und meine kurze Verhaftung erfolgte. Ein Genosse von der Kreisleitung Prenzlauer Berg, mit dem ich mich traf, arbeitete mit einer Gruppe von vier oder fünf Mädchen aus einer alten, bekannten Wäschefirma in der Greifswalder Straße, für die ich Zeitungen bekam. Das war 'ne illegale Zeitung. Ehrlich gesagt, ich habe keine Ahnung, wie sie hieß. Die waren so gefaltet, vier, fünf solcher Zeitungen, wie ich auch meine Strümpfe zusammenlegte. Ohne irgendwelche Ängstlichkeit hab ich sie unter meine Strümpfe geschoben. Die Mädels in der Wäschefabrik haben die Zeitungen gelesen und auch weitergegeben. Diskutiert darüber haben wir nicht. Ich hatte nur den Auftrag, sie ihnen zu übergeben. Das ging ein paar Wochen.

Im Frühjahr 1934 wurde ich frühmorgens um halb sechs, sechs, so kamen sie ja immer, von der Revierpolizei abgeholt. Es waren Leute im Auftrag der Gestapo. Sie haben Haussuchung gemacht und mich vom Revier zur Prinz-Albrecht-Straße gefahren. Ich hatte mir schnell von meiner Wirtin ein Schleierhütchen geborgt und 'nen Mantel, weil ich ja sonst nur in Windjackenkluft und vielleicht noch mit 'ner Baskenmütze rumlief. Das hat mir geholfen, mich ein bißchen zivil zu machen. Der Bulle sagte gleich: »Nehmen

Sie mal Ihren Hut ab.« Dann guckte er: »Rötlich blond, na ja, könnte stimmen.« Irgendwie kam mir gleich die Idee, wer gemeint sein könnte: die rothaarige Ilse. Dann hat er mir Namenslisten vorgelegt mit zum Teil verstellten Angaben, zum Beispiel Leo Rat, Lietzmannstraße 5. Das war Leo Rot. Der war zu der Zeit aber, glaub ich, schon in der Sowjetunion. Natürlich behauptete ich, keinen einzigen Namen zu kennen. Dann hat er mich nach unten in eine Zelle bringen lassen, mir aber zugesichert, daß die Zelle aufbleibt. Nachmittags ist er mit mir zur Gegenüberstellung nach Moabit gefahren, damit alle, die über die »Rote Ilse« ausgesagt hatten, mich identifizieren sollten. Der erste, der den Kopf durch die Tür steckte − sie kamen jeder mit 'nem Wachtmeister −, sagte: »Nein, das ist sie nicht!« Den kannte ich noch flüchtig vom Jugendverband Mitte. Auch die beiden andern haben alles, was sie wußten, über die »Rote Ilse« ausgesagt, bestätigten aber, daß ich nicht die »Rote Ilse« war. Es war Ilse Kroner, die gesucht wurde. Sie hielt sich noch jahrelang in Berlin auf, ehe sie in die Tschechoslowakei emigrierte. Ich bin schließlich freigelassen worden und hab mir von dem Bullen sogar noch zwanzig Pfennige Fahrgeld geborgt. Ich konnte von Moabit nicht zu Fuß nach Hause gehen, denn ich hatte den ganzen Tag nichts zu essen oder zu trinken gehabt und war vollkommen fertig.

Danach bin ich wieder mit meiner Mutter zusammengezogen, in Untermiete, Immanuelkirchstraße 9, Mutter mußte raus aus dem Haus in der Jablonskistraße. Die neue Wirtin hatte gesagt, sie dulde keine Juden in ihrem Haus. Mein Bruder kam auch mit, wir wohnten zu dritt. Das muß kurz vor 1935 gewesen sein.

1935 habe ich eine Aushilfsstelle als Fakturistin in einer Konfektionsfirma am Hausvogteiplatz bekommen. Das war damals der typische jüdische Konfektionsplatz. Ich habe dort vielleicht drei Monate gearbeitet. Die Fakturen wurden mit Bleistift geschrieben, und wenn man einen Bleistift brauchte, mußte man zum Chef gehen, und der sagte: »Sie fressen die wohl?« Ich nannte ihn den »abgebrochenen Riesen«, weil er sehr klein war, und hab bei dem mächtig Krach gemacht! Als ich rauskam aus seinem Zimmer, huschten die Kollegen weg. Sie haben sich gefreut, daß ich mit der Faust auf'n Tisch gehaun und ihn angebrüllt habe,

Ilse, die Mutter und Rudi, etwa 1933/34

weil das ein furchtbares Ekel war. Aber die Arbeit war ich los. Dennoch, was ich da gelernt hatte, konnte ich nachher bei der Firma Goldschmidt gut verwerten. Bei Goldschmidt stimmten die Posten, die geliefert wurden, nie mit den Bestellungen überein. Da hab ich Kundennummern eingeführt, eine feste Nummer für jeden Auftrag. Dort war ich nachher sogar die letzte und mußte nach der »Kristallnacht« mithelfen, die Firma zu liquidieren. Aber natürlich hab ich auch dort aufgemuckt. Freitags war Liefertag für die Zwischenmeister, die lieferten den ganzen Tag, bis spätabends, beinah bis Mitternacht. Ich hab um fünf Uhr meinen Mantel angezogen und gesagt: »Bei mir ist Feierabend!« Die Chefs, sie waren Bruder und Schwester, schon ältere Leute, fragten: »Wo wollen Sie denn hin, die Ware muß doch weg!« – »Tja, tut mir leid, morgen«, sagte ich. »Ansonsten müssen Sie mir Überstunden bezahlen!« Von dem Tag an bekamen erst mal alle Mitarbeiter Bockwurst und Brötchen, damit war jeder zufrieden, und es wurde bis elf Uhr abends gearbeitet. Ich hab aber dennoch auf dem Überstundengeld bestanden, und wir haben es dann auch bekommen. Sie haben den Nazis zwanzigtausend Mark für die »Winterhilfe« gezahlt, da konnten sie auch mir zwanzig Mark zulegen!

Etwa 1936 wurde ich Mitglied der illegalen Gruppe Kahn. Das war so: Rosa, die Frau von Siegbert Kahn, war aus dem Barnimgefängnis entlassen worden und hatte ihren Jungen bekommen. Mit Rosa traf ich mich immer an der Blutbuche im Friedrichshain. Dort fuhr sie ihr Baby spazieren. Einmal sagte sie: »Hör mal zu, die Trulla kann Rudi nicht mehr besuchen und als seine Braut mit ihm korrespondieren, weil sie nicht Jüdin ist. Kannst du es nicht übernehmen, Rudis Braut zu spielen, um die Verbindung aufrechtzuerhalten?« Inzwischen gab es ja die Nürnberger Gesetze. Rudi Arndt, der Sohn meines Physiklehrers, saß damals noch in Brandenburg, wie Siegbert Kahn auch. Ich sagte: »Na, selbstverständlich!« So ging die Korrespondenz der beiden über mich. Die Briefe, die Trulla, das war Ilse Haken, Rudi schrieb, habe ich abgeschrieben und ihm geschickt. Und jedes Vierteljahr oder jedes halbe Jahr beantragte ich einen Besuch im Zuchthaus und fuhr als Rudis Braut nach Brandenburg. Viel konnte man meistens nicht reden, denn man saß an einem langen Tisch, jeder an einem Ende, und dazwischen saß der Wachtmeister.

Manchmal war ich auch im Auftrag von Rudi illegal tätig, er hatte alle möglichen Fäden in der Hand gehabt. Einmal sollte ich mir von der SA-Fahnenweihe einen SA-Mann angeln, um Informationen zu sammeln. Aber ich hab keinen gefunden, der sich für mich interessiert hat. Rudi wohnte vorher in der Neuen Königstraße. Wenn ich vor 1933 aus der Schule kam, ging ich selten an seinem Haus vorbei, stieg die Treppen rauf, mal guten Tag zu sagen. Nachher hatte ich keinen Kontakt zu ihm, bis ich wieder als seine »Braut« mit ihm zusammenkam. Ich hab ihm auch über irgendwelche Leute, die ich gar nicht kannte und nach denen er sich erkundigt hatte, berichtet, damit er wußte, wer draußen war und wer im Knast saß. Das letzte Jahr in Brandenburg war er schon in Einzelhaft und lebte ein Jahr lang mit der Mitteilung, daß er nach seiner Entlassung der Gestapo zugeführt würde. Bei meinem letzten Besuch sah ich, daß ihm die Hände zitterten. Das war ich bei Rudi nicht gewohnt! Er war richtig mürbe.

Als Siecke Kahn wieder rauskam, haben wir uns sehr bemüht, für Rudi eine Auswanderung zu organisieren, mit Hilfe seiner Schwester, zu der er sonst keinen Kontakt mehr hatte. Sein Vater war ja sowieso ein Mistkerl. Ein Doktor Knopf hatte erklärt, er hätte gute Beziehungen zur Gestapo, aber fünfhundert Mark würde das kosten. Die Schwester von Rudi beschaffte fünfhundert Mark, die brachte ich dem Doktor Knopf, und Doktor Knopf ward nicht mehr gesehen! Er wohnte in einem Hotel in der Stresemannstraße, die am Anhalter Bahnhof vorbeiführte. Aber eine Schiffskarte war da. Rudi nutzte sie nichts mehr. Sie hatten verlangt, sein Vater solle ihn aufnehmen. Das war 'ne faule Ausrede, der Vater hatte sich auch geweigert, und obwohl die Schwester erklärte, Rudi könne zu ihr ziehen, schaffte man ihn nach Sachsenhausen, Dachau und Buchenwald. In Buchenwald hat er noch 'ne wichtige Rolle gespielt und den Widerstand mit organisiert. Er war zum Schluß Blockältester von allen Judenblocks in Buchenwald, bis er ermordet wurde.

Später, als wir schon alle bei Siemens zwangsarbeiten mußten, bekam ich eines Tages von Herrn Arndt einen Brief, daß Rudi verstorben sei, er und seine Frau hatten die Mitteilung bekommen, daß die Urne angefordert werden könnte. Er kannte nur meinen Namen, den von Rudis Freundin Ilse Haken nicht. Ich bin sofort hingefahren. Die beiden erklärten, sie würden die Urne nicht anfordern, sie verzichten darauf! Daraufhin bin ich zur Jüdischen Gemeinde und hab mich als Rudis Braut ausgegeben. Die Urne sollte durch die Jüdische Gemeinde angefordert werden. »Ja«, sagten sie, »ist gut.« Dann plötzlich haben die Alten sich wieder eingeschaltet. Ich bekam von einem Tag zum anderen die Mitteilung von ihnen, morgen sei die Urnenbeisetzung auf dem jüdischen Friedhof! Daraufhin hab ich sofort die Baums informiert, und die Baums haben Himmel und Hölle für eine große Trauergemeinde in Bewegung gesetzt. Auch die Eltern von Lothar Cohn, der zu der Zeit in Haft war, waren zur Beisetzung erschienen. Nach ihm heißt übrigens ebenfalls eine Straße in Weißensee. Er war im Jugendverband in meiner Gruppe. Ja, da wußte die Alte von Arndt nichts weiter zu sagen als: »Wo kommen denn all die Leute her?!« Ich sagte: »Es sind Trauergäste, die durch mich informiert wurden.« Dann sprach der Rabbiner ein kurzes Gebet und sagte, Rudi würde im Jenseits sein. Da hab ich nicht ruhig bleiben können. Es war das erstemal, daß ich öffentlich ein paar Sätze sagte, darüber, daß Rudi uns allen unvergessen bleibt und in uns weiterleben wird. Ganz spontan, ohne jede Vorbereitung. So hatten wir sozusagen eine kleine antifaschistische Kundgebung, auch die Baum-Leute waren illegal da. Das war bereits 1940. Ich konnte ja sagen, mein Verlobter wird beigesetzt, aber die andern? Ich weiß nicht, womit die Baum-Gruppe ihre Beurlaubung bei Siemens begründet hat. Trulla, die wirkliche Braut von Rudi, konnten wir nicht informieren. Sie war gar nicht in Berlin. Der konnte ich es überhaupt erst sagen, nachdem sie zurück war.

Als Siegbert Kahn aus dem Zuchthaus kam, war sofort unsere Verbindung wieder da. Wir trafen uns immer bei Günter Stillmann. Er hatte von der Jüdischen Gemeinde eine Wohnung in der Köpenicker Straße bekommen. Das war in Mitte, direkt gegenüber von einem Polizeirevier. Günter war der einzige von uns, der vorher nicht kommunistisch organisiert war. Wir hatten uns 1934 bei Nesselroths kennengelernt, bei denen ich damals noch in Untermiete wohnte. Sein Kollege Flato, der später nach Amerika ausgewandert ist, dessen Freundin und die Nesselroths hatten verabredet, einen Ausflug zu machen. Günter und ich standen am Alex, und keiner von den andern kam. So sind wir zu zweit in den Grunewald gefahren. Natürlich haben wir uns gestritten. Günter war damals noch dagegen, sich direkt politisch zu organisieren, und ich hab feste mit ihm diskutiert. Siecke hat ihm später die Pistole auf die Brust gesetzt: entweder, oder; und Günter wurde für unsere Gruppe der beste Geldbeschaffer. Günter war Hutvertreter. Er hatte als einziger einen festen Job. Er hat das Geld durch seine Kunden rangeholt, zum Beispiel von Anna Selle. »Für notleidende Freunde«, hat er gesagt. Aber sie wußte Bescheid.

Siegbert Kahn hat uns eigentlich ganz unauffällig geführt. Das ergab sich ja schon in unserer Gruppe Rote Republik. Zu unserer illegalen Gruppe gehörten Siecke, seine Frau Rosa, Günter und ich. Der Freund von Günter, Karl, gehörte mehr am Rande dazu, würde ich sagen, wie auch Walter Kausel, der Fotokopien für uns machte, und seine Schwester Rosa. Sie nahmen nicht an allen unseren Zusammenkünften teil. Es war also eine Art Siebenergruppe. Wir trafen uns jede Woche, wobei wir zunächst jedesmal festlegten, was wir sagen wollten, warum wir zusammengekommen waren, damit unsere Aussagen übereinstimmten für den Fall, daß irgendwas passierte.

In unserer Gruppe haben wir erst mal direkte Schulungen gemacht. Siecke hatte ja noch illegale Verbindungen und bekam *Inprekorr,* die Internationale Presse-Korrespondenz aus der Sowjetunion, und anderes Material. Ich habe nie gefragt, woher er es bekam. Er hatte seine Verbindungen, auch zu Freunden. Walter Kausel arbeitete in einem Fotolabor, und er hat das Material illegal vervielfältigt. Auf diese Weise konnten wir die Materialien sogar weitergeben. Das war unsere Haupttätigkeit. Teils haben wir es persönlich an Freunde und Bekannte gegeben, teils in Briefkästen gesteckt. Vor allen Dingen aber unterstützten wir auch Genossen mit Geld. Walter Kausel ist leider sehr bald gefallen. Er wurde Soldat, und als wir das letztemal zusammen waren, sagte er, er habe Angst.

Ich hatte eigentlich nicht sehr viel Angst. Das kam erst später, als ich untertauchen mußte. Wir waren ja recht mobil. An den Wochenenden sind wir mit den Fahrrädern nach Strausberg gefahren, sonnabendmittags nach der Arbeit, haben Aquavit getrunken, gebadet und uns nach besten Kräften amüsiert. Der Strausberger Ihlandsee war »unser« See. Günter hat ganz gut verdient und kaufte alle möglichen Kostbarkeiten, teures Obst und Süßigkeiten, die wir uns sonst gar nicht hätten leisten können. Und dann sind wir auf dem Straussee gerudert. Das war wirklich schön. Keiner von uns hat gejammert. Im Gegenteil, wir waren vergnügt, und jede Schulungsstunde wurde abgeschlossen mit 'ner lustigen Keilerei.

Wir glaubten nicht, daß Hitler für uns eine lebenslange Existenz hätte. Es gab ja viele Widerstandsgruppen in den Betrieben, die auch heut noch nicht alle bekannt sind. Wir haben nicht überlegt, wie er abtreten würde, wir wollten vor allem möglichst viele Menschen aufklären, denn wir wußten ja, daß schon schreckliche Dinge geschehen waren. Wenn ich nur daran denke, wie viele in meinem Wohngebiet verhaftet wurden. Als der Krieg näher rückte, wurde uns natürlich mulmig.

Die Treffen in unserer Gruppe gingen weiter, bis Siecke

emigrieren mußte. Günter war dann derjenige, der für die Betreuung derer, die in Not geraten waren, weiterhin das Geld aufbrachte, für ehemalige Häftlinge oder deren Angehörige, bis auch er emigrieren mußte. Siecke ging zunächst in die Tschechoslowakei, und wir organisierten, daß seine Frau Rosa und der Junge, die zunächst zurückbleiben mußten, ihm nachfolgen konnten. Günter und ich haben die beiden über die tschechische Grenze geschmuggelt. Der Junge war damals so zwei, drei Jahre alt.

Nachdem damals die Firma Goldschmidt liquidiert war, hat mir Günter eine Stelle beim Palästina-Amt vermittelt. Dort wurde durch die sogenannte Jugendhilfe die Vorbereitung von jüdischen Jugendlichen für die Auswanderung nach Palästina organisiert. Sie wurden in eine landwirtschaftliche Einrichtung geschickt und mußten Landarbeit lernen. Zuvor wurden sie aber ärztlich untersucht und sofort abgelehnt, wenn sie, Gott behüte, zum Beispiel irgendeine Hautgeschichte hatten. Die konnten krepieren. Aber Palästina bot eine Auswanderungsmöglichkeit, die relativ billig war, und sie war ja noch eine Zeitlang legal.

Ich habe dort Schreibarbeiten gemacht. Wenn ich sechs Seiten geschrieben hatte, kam meine Vorgesetzte und sagte, ich hätte das ganz falsch geschrieben, dabei war ihr Text nicht in Ordnung gewesen. Solche Arbeit liebte ich natürlich nicht. Das wurde erst anders, als ich mit Sonja Orkun gearbeitet habe, die ihre Stelle übernahm. Sonja war ein wunderbarer Mensch und sehr tolerant. Sie wußte, daß ich keine Zionistin war, sondern Kommunistin, und hat später mitgeholfen, meiner Mutter das Leben zu retten.

Günters Emigration lief auch über das Palästina-Amt. Die Leute, die ihn in einen illegalen Transport einschleusten, wußten, daß eine Notwendigkeit dafür bestand. Er war nämlich zuvor wegen Huddelei mit einem SA-Mann verurteilt worden. In der Wohnung von Günter, in der wir uns immer trafen, wohnte im Nebenzimmer ausgerechnet ein SA-Mann, ein Zuhälter. Mit dem kam Günter in eine Prügelei, als dieser betrunken war. Die Polizei nahm den SA-Mann mit, weil sie ja sah, was mit dem los war, aber Günter wurde verurteilt. Es war nicht lange danach, daß alle Juden, die vorbestraft waren, abgeholt und erschossen

Sonja Orkun

wurden. Deshalb mußte Günter so schnell wie möglich verschwinden. Ich hab mich dann um seinen Vater kümmern müssen. Sein Vater hatte schon einen Schlaganfall gehabt und war nicht mehr ganz beisammen. Er sollte noch ein Paar Schuhe für Günter bringen, und ich hatte mich mit ihm am Spittelmarkt verabredet. Er kam zwar mir den Schuhen, bloß, er hatte sie selbst an. Dann wohnte er irgendwo in der Greifswalder Straße in Untermiete, und die Wirtin hat furchtbar geschimpft über das »Dreckschwein«. Er ist nach Theresienstadt gekommen und hat natürlich nicht überlebt.

Zwischen Günter und mir war und blieb beste Freundschaft. Über seine Cousine bekam ich Nachricht, daß er gut nach Palästina durchgekommen war. Inzwischen war ja der Krieg ausgebrochen. Die Cousine konnte immer noch Rote-Kreuz-Briefe von ihm erhalten. Als auch ich später untergetaucht und illegal war, wurde immer von mir etwas mit in die Briefe reingesetzt, so daß Günter wußte, ich lebte noch. Natürlich hat er sich Sorgen um mich gemacht.

Hans und Rudi, meine Brüder, gingen ebenfalls nach Israel. Hans ist gleich 1933 emigriert, zunächst nach Triest, bis 1939 auch in Italien die Judengesetzgebung kam. Vorher gehörte seine Tochter sogar noch der faschistischen Jugend an, von der Schule aus. Mein Bruder übersiedelte dann mit der Familie nach Haifa. Dort war er zum Teil Kellner in Gaststätten, zum Teil blieb er auf dem Schiff als Chefsteward, praktisch im Offiziersrang. Es ging seiner Familie ganz gut.

Rudi ging's wahrscheinlich nicht ganz so gut. Er arbeitete als Feinmechaniker und war erst bei der Post beschäftigt. Später machte er die feinsten Instrumente für Augenuntersuchungen. Rudi kam nach dem Kriege aus Israel zurück, war aber sehr krank. Er hatte eine Lungengeschichte gehabt, eine Ätzung wahrscheinlich.

Edith, meine Schwester, ging mit ihrem Mann in die Sowjetunion. Er war Wirtschafts-, vor allem Landwirtschaftsexperte und arbeitete im internationalen Agrarinstitut in Moskau. Erst 1956, glaub ich, kamen sie wieder zurück und wohnten bei uns, bis man ihnen sagte, es wäre günstiger, sie würden ins Hotel ziehen, dann kriegten sie eher 'ne eigene Wohnung, und das war dann auch so.

171

Ich hatte schließlich auch eine Auswanderung nach England beantragt, aber ich wollte dann meine Mutter nicht allein zurücklassen! Sie war bereits zu alt für die Auswanderung, sie kam dafür gar nicht mehr in Frage. Alte Leute hatten überhaupt keine Chance, wenn sie nicht Geld hatten oder Verwandte im Ausland, die für sie gut zahlten. Die Auswanderung nach England ging nur über die Jüdische Gemeinde. Dort wurde man registriert, und ich mußte dann mal im Altersheim in der Küche beweisen, daß ich als Hausgehilfin arbeiten kann, als Dienstmädchen. Es gab nur die Möglichkeit, sich als Dienstmädchen zu bewerben. Ich hab unendlich viele Rouladen rollen müssen.

Wir mußten die Wohnung in der Immanuelkirchstraße verlassen, sie wurde für irgend jemanden geräumt. Das war eine Aktion, die Tausende von Juden betroffen hat. Sie durften nur in Häusern wohnen, die jüdisches Eigentum waren. Vermittelt wurden sie von der Jüdischen Gemeinde. Und während meine Mutter stundenlang auf der Gemeinde zubrachte, habe ich einen Kammerjäger bestellt, denn in der Immanuelkirchstraße war alles furchtbar verwanzt, und ich wollte nicht noch mit den Wanzen umziehen. So kamen wir wenigstens mit sauberen Möbeln in die Lietzenburger Straße. Dort wohnte bereits eine Familie Freundlich, Mann, Frau und eine erwachsene Tochter. Die Tochter war geistig offensichtlich ein wenig gestört. Außerdem wohnten in dieser Wohnung noch eine ehemalige Kollegin aus dem Palästina-Amt und ihr Mann. Es gab jeweils nur ein Zimmer für zwei Personen. Mit fremden Menschen zusammen zu leben, waren wir gewohnt, das war ja in der Immanuelkirchstraße noch schlimmer gewesen. Toilette, Bad und auch die Küche mußten gemeinsam benutzt werden, doch meine Mutter hat sich vor den Leuten geekelt. Wir haben dann unser Küchengeschirr in die Stube geschafft. Und überall: Wanzen, Wanzen, Wanzen. Der Kammerjäger hatte nichts genutzt.

Ich fühlte mich nicht allein, obwohl schon so viele Freunde und Verwandte fort waren. Angst hab ich erst in der Zeit kennengelernt, in der ich illegal lebte. Auch bei Siemens bin ich noch ganz schön keß aufgetreten.

Im Palästina-Amt mußte ich aufhören zu arbeiten, auf Befehl der Gestapo. Das war wohl im ersten Halbjahr 1941. Die Gestapo hatte angeordnet, eine bestimmte

Anzahl zu entlassen. Sie haben ja nachher die Jüdische Gemeinde völlig aufgelöst. Laut Gestapoverfügung mußte man sich beim Arbeitsamt für Juden melden. Dort wurden die Augen geprüft, und meine Augen waren ganz hervorragend. Eine Siemens-Vertreterin, die an der Untersuchung teilnahm, hat mich sofort für Siemens eingeteilt. Wir wurden trotzdem noch vom Betriebsarzt untersucht, das war 'ne Formalität. Der fragte mich: »Na, Sie sind doch nicht voll?!« Also »Volljüdin«, meinte er. Und ich sagte: »Doch, bin ich.« Weil ich ein bißchen zart und elend aussah, sagte er: »Sie dürften eigentlich gar nicht in einem Metallbetrieb arbeiten.« Also er versuchte, meine Einstellung dort zu verhindern. Aber da ich bereits wußte, dort gibt's eine Gruppe Genossen, wollte ich zu Siemens. Außerdem war meine Cousine bei IG-Farben, und dort war es viel schlimmer als bei Siemens, wegen der Chemikalien. Sie hat sehr drunter gelitten.

Siemens war aber auch ganz furchtbar: Fünfhundert Menschen an Maschinen in einem Raum und dieser schreckliche Lärm! In der ersten Zeit hatten wir einen Meister, der uns sagte: »Sie sind hier wie alle anderen Kollegen. Der einzige Unterschied ist der: Sie dürfen nicht allein durchs Werk gehen.« Wir mußten uns unten beim Pförtner sammeln und wurden von einer Vorarbeiterin hinaufgeführt. Zuerst haben wir auch in der Kantine Mittagessen bekommen, und in unseren Saal kam der Frühstücksbote mit einem Karren und verkaufte Getränke. Aber sehr bald wurde der gute Meister Müller abgelöst, und es veränderte sich alles. Wir bekamen kein Mittagessen mehr, es gab keinen Getränkewagen mehr, und wir erhielten auch keine ehrlichen Löhne mehr. Vorher verdiente ich zwanzig bis fünfundzwanzig Mark die Woche, denn ich war 'ne ganz gute Arbeiterin. Ich mußte Anker schalten, und ich war eigentlich die einzige in unserer Kolonne, die das nach einem Schaltbild selbst machen konnte. Ich hab mich ja immer für Technik interessiert. Bei den Kollektoren mußte man immer erst mal den Anfang von den Drähten finden. Sonst hat das die Vorarbeiterin gemacht. Ich hab vielen auch beim Fehlersuchen geholfen. Das ging bis Februar 1943.

Die einzige Sabotage, die gemacht wurde, war die mit

den dünnen Drähten. Eines Tages war eine ganze Kiste Drahtspulen durchgeschnitten. Die Vorarbeiterin kam an unseren Tisch und sagte: »Wenn das noch mal passiert, wird die Gestapo gerufen, und es werden wahllos drei Frauen rausgegriffen und verhaftet.« Da hab ich gesagt: »Das ist doch unglaublich! Da sollen wir hier sozusagen mit einem Strick um den Hals sitzen!« Die Vorarbeiterin ist sofort zum Ingenieur, und ich wurde zu Herrn Liesmann gerufen, das war der Abteilungsleiter. Ich sagte: »Woanders passiert auch mal was, ohne daß man solche Drohung ausstößt.« Und er: »So, Sie behaupten also, woanders wird auch Sabotage getrieben.« Ich sagte: »Nein, ich bin bloß der Meinung, irgendein Murks passiert auch anderswo, ohne daß man bedroht wird.« Dieser Kerl war furchtbar. Wenn man wegen Alarm nachts im Keller sitzen mußte, und man durfte ja nicht raus, bis Entwarnung war, oder 'ne S-Bahn sich verspätete und man nicht pünktlich war, mußte man unten noch extra 'ne Stunde stehen, bis man von einer Vorarbeiterin zu Herrn Liesmann geführt wurde, um sich zu entschuldigen. Wenn irgend so ein armer Deibel dann sagte: »Entschuldigen Sie, Herr Liesmann, ich bin zu spät gekommen« aus dem und dem Grund, hatte der Liesmann die Gewohnheit, daß er schrieb, schrieb und schrieb, und wenn der Betroffene nun gar nichts mehr zu sagen wußte, guckte er hoch und fragte: »Was wollen Sie?!« Und dann erst hat er die Entschuldigung angenommen. Ich hatte die Methode: Ich klopfte an, ging rein und blieb stehen, bis er mich fragte: »Was wollen Sie?« Dann hab ich gesagt: »Entschuldigen Sie, Herr Liesmann, ich bin zu spät gekommen.« Und er: »Warum?« Dann hab ich ihm erklärt, warum. Ich hab nicht gleich losgeblubbert, um mir dann von dem Liesmann dämlich kommen zu lassen.

Wir mußten oft Überstunden machen und Sonntagsarbeit, ohne daß so viel Arbeit da war. Dann hieß es sechzig Wochenstunden und siebzig Wochenstunden. Darauf kam's denen ja nicht an.

Mit dem Stern herumzulaufen, damit mußte man sich abfinden. Der Stern war am Türschild der Wohnung und auf dem Arbeitskittel bei Siemens. Er war auch auf der Oberbekleidung und mußte deutlich sichtbar auf der linken Brust getragen werden. Und gnade Gott, er wurde versteckt oder verdeckt! Auf der Fahrt zu Siemens bekam ich mal eine furchtbare Kolik. Ich muß schrecklich ausgesehen haben, und die Leute sind aufgestanden. Aber ich durfte mich ja nicht setzen! Die sind wirklich aufgestanden, um mir die Möglichkeit zu geben, mich zu setzen. Und es passierte oft, daß einem einer auf der Straße 'ne Zeitung zugesteckt hat oder einen Apfel. Wir durften ja keine Zeitungen kaufen, und Obst haben wir auch nicht bekommen.

Siemens hat uns wirklich von vorn bis hinten um den Lohn betrogen. Zuerst hatten wir den Lohnzettel an jedem Stück. Darauf stand, wieviel Minuten pro Stück gezahlt wurde. Nachher bekamen wir keine Arbeitszettel mehr zu sehen. Ich hatte Glück, wenn ich mit fünf Mark fünfzig die Woche nach Hause ging, und ich war 'ne gute Arbeiterin. Wir hatten einen Meister, einen Zwölfender, der zwölf Jahre bei der Polizei gewesen war. Der hatte von der Arbeit wenig Ahnung. Ich hab mit einemmal nichts mehr geschafft, und nicht nur ich, es ging allen so. Da hat mir Herbert Baum von einem Kollegen aus der »arischen« Abteilung die Lohngruppen gebracht, die richtigen, und ich hab mir in einem Heft notiert, was wir bekommen haben und wie hoch der wirkliche Preis für die Arbeit war. Dann rief ich beim Arbeitsgericht an, doch sie erklärten, sie dürften von Juden keine Klagen mehr annehmen. Kurz vorher nämlich hatte eine jüdische Kollegin vom Kleinbauwerk geklagt und vom Arbeitsgericht recht bekommen. Sie rieten mir, mich an den Treuhänder der Arbeit zu wenden, und gaben mir die Telefonnummer. Der Treuhänder nannte mir einen Termin, und ich bin hin mit meinem Heft und sagte: »Solche Irrtümer kommen immer wieder vor.« Ich durfte ja nicht sagen: »Man bescheißt uns.« Er sagte: »Ja, wir werden das kontrollieren.« Und ich hab ihn gebeten: »Aber bitte am Arbeitsplatz.« Doch es kam anders. Ich wurde zum Leiter des sozialen Büros bestellt, nahm mein Heftchen und legte alles noch mal dar. Dann wurde ich zum stellvertretenden Direktor Mehlis bestellt. Dem sagte ich: »Bitte, der Meister hat meine Arbeit gelobt als Musterstück. Ich kann gut arbeiten, und ich hab mit dem und dem Anker immer mein Geld verdient.« Was passierte bei Herrn Mehlis? Ich kriegte nur noch diesen Anker, es war ein großer U-Boot-Anker, und verdiente dreimal soviel wie die andern. Die

Kollegen waren neidisch, aber das war auch die Methode: Teile und herrsche.

Wir haben dennoch Kleinigkeiten sabotiert. Zwischen den Drähten bei den Ankern steckten Lamellen, so 'n Isolierzeug. Man konnte aber von Kupferlamelle zu Kupferlamelle 'nen Bleistiftstrich machen, der wurde an der Hochspannungsgütekontrolle nicht entdeckt, und es gab dann 'ne Verbindung durch den Bleistiftstrich. Lange gehalten hat der Anker bestimmt nicht. Das hab ich herzlich gern gemacht. Aber oft konnte man sich das nicht erlauben.

Zur illegalen Arbeit der Baum-Gruppe hatte ich keinen direkten Kontakt. Herbert Baum hat mir einmal einen französischen Ausweis angeboten, aber ich wollte das nicht. Ich wußte die ganze Zeit, daß sie 'ne illegale Gruppe hatten. Vier waren bei uns in der Abteilung: Heinz Rotholz, Gerd Meier und die beiden Baums. Ich hatte keine Ambitionen, in der Gruppe mitzuarbeiten. Sie waren 'ne Extragruppe. Wir haben uns, soweit es betriebliche Fragen betraf, ja immer ausgetauscht. Die Marianne Baum arbeitete in der Nebenkolonne, wo die Rohkörper mit Draht versehen wurden. Als die Baum-Gruppe aufflog und geholt wurde, drehte Gerd Meier sich noch mal nach mir um. Er wußte, was ihm bevorstand. Ich hatte keine Ahnung von ihrer Aktion, als sie den antisowjetischen Ausstellungspavillon am Alex anzündeten. Die Zeitungen haben das natürlich ausgeschlachtet. Die Todesurteile wurden ja immer bekanntgemacht.

Unsere liebste Verwandte, Tante Hedwig aus Schöneberg, erkrankte schwer an Angina pectoris. Aber sie mußte das Krankenhaus verlassen, denn Anfang 1942 bekam sie die Listen zur Deportation. Die Listen führten auf, was die Juden mitnehmen durften. Es hieß: Wer die Listen kriegt, ist dran! Und diese todkranke Frau sollte nun deportiert werden. Meine Mutter und ich fuhren sofort zu ihr, doch da hatte mein Cousin ihr und sich bereits zwanzig Veronal-Schlaftabletten gegeben und anschließend erst ihre und dann seine Pulsadern geöffnet. Ich sah dieses blutüberströmte Bett! Jahrelang konnte ich keine rotgefärbten Fingernägel mehr sehen. Mein Cousin hatte sich rasch noch einen Eimer hingestellt. Man brachte beide ins jüdische Krankenhaus. Meine Tante ist glücklicherweise nicht mehr aufgewacht, aber meinen Cousin haben sie zurechtgeflickt.

176

Er sagte mir, er ginge nie mehr in die Wohnung zurück, und hat bei irgendwelchen Bekannten geschlafen. »Nächstes Mal mach ich es besser!« sagte er. »Dann nehm ich meine zwanzig Veronal« – woher er ständig Veronal hatte, weiß ich nicht – »und schwimme raus.«

Die Tochter von Tante Hedwig, deren Mann als Müllkutscher arbeitete, bekam nach dem Heydrich-Attentat, für das fünfhundert Juden wahllos geholt und erschossen wurden, ebenfalls die Listen. Da haben mein Cousin und ich dafür gesorgt, daß sie in Ruhe ihre zwanzig Veronal nehmen konnte. Meinen Cousin habe ich nie wiedergesehen.

Meine Mutter bekam die Aufforderung zum Transport erst, als Theresienstadt eingerichtet war, es sei für die über Fünfundsechzigjährigen, hieß es. Sie hatte vorher bereits einmal Listen bekommen. Damals hatte unser Doktor Landshut die Papiere meiner Mutter in den Ofen gesteckt. Diesmal sagte er: »Nach Theresienstadt kannst du sie ruhig fahren lassen.« Es war auch ein KZ, aber ein »Renommier-KZ«, in das die ausländische Presse und andere zur Besichtigung eingeladen wurden. Meine Mutter hat mir später erzählt, daß da selbst den Kindern eingebleut wurde, was sie sagen sollten: »Onkel, wir haben schon wieder Ölsardinen bekommen.« Die Kinder wußten wahrscheinlich gar nicht, was Ölsardinen waren. Theresienstadt war im Grunde für die Alten ein Sonder-KZ, von dort wurden sie nach Auschwitz transportiert.

Als meine Mutter abgeholt wurde – wie es üblich war, von einem Gestapomann und einem jüdischen Helfer –, hab ich andauernd hinter ihrem Rücken gestanden und den Mantel gebürstet, als wenn da immer noch Fusseln wären. Den Gestapomann fragte ich, ob ich noch mal zu meiner Mutter kommen könne. »Ja«, sagte er, »wenn sie noch nicht durchgeschleust ist.« So bin ich nachmittags noch mal in die Große Hamburger Straße, wo die Juden gesammelt wurden, und da war sogar ein Onkel von mir als Helfer, ein Bruder von meinem Vater. Ich glaube, seine Frau war Nichtjüdin.

Danach zog ich zu Sonja Orkun, ich bekam auch eine Einweisung. Unser engster Gast dort war Greta Schellwort, die Freundin von Sonja, eine Kinderärztin und Leiterin der

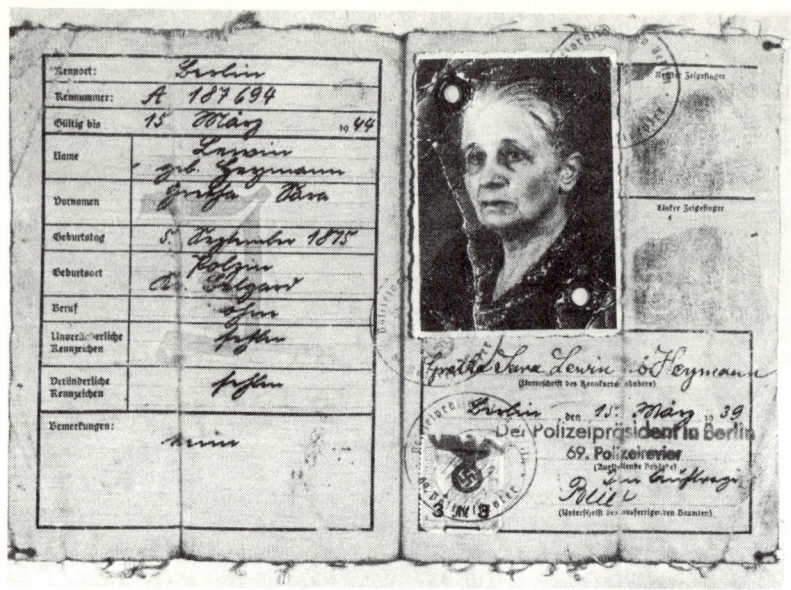

Judenkennkarte der Mutter

Kinderabteilung im Polizeikrankenhaus und keine Jüdin. Sie hat mir viel geholfen.

Dann schickte die Gestapo, die, um Arbeit zu sparen, in allen KZs Selbstverwaltungen einrichten wollte, Paul Epstein als Leiter der Selbstverwaltung nach Theresienstadt. Paul Epstein war der Vorsitzende der Jüdischen Gemeinde zu Berlin und der unmittelbare Vorgesetzte von Sonja Orkun. Er war noch ein junger Mensch, so Mitte Dreißig. Ich hab ihn mal vom Fenster aus auf der Straße gesehen. Wie ein Greis bewegte er sich entlang der Häuserwand langsam vorwärts. Er war der letzte Vorsitzende der Jüdischen Gemeinde vor 1945. Seine Frau ging mit ihm nach Theresienstadt, und auch meine Sonja ging freiwillig mit! Sonja hatte am Hals ein offenes Krebsgeschwür, was ihr sehr zu schaffen machte. Sie war ein wunderbarer Mensch, der nie etwas für sich in Anspruch nahm. Es gab noch eine Aussprache bei Brunner, der Nachfolger von Eichmann in Berlin wurde. Brunner war aus Wien. Ich verstehe nicht, daß man diesen Namen nie hört! Denn mit

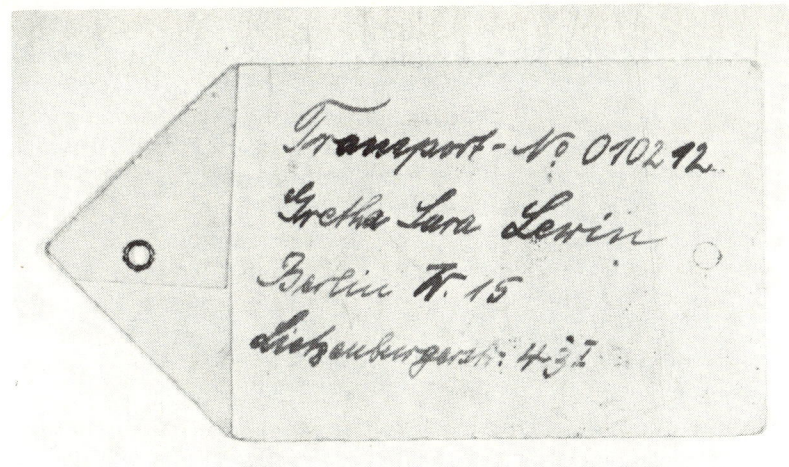

Kofferanhänger der Mutter

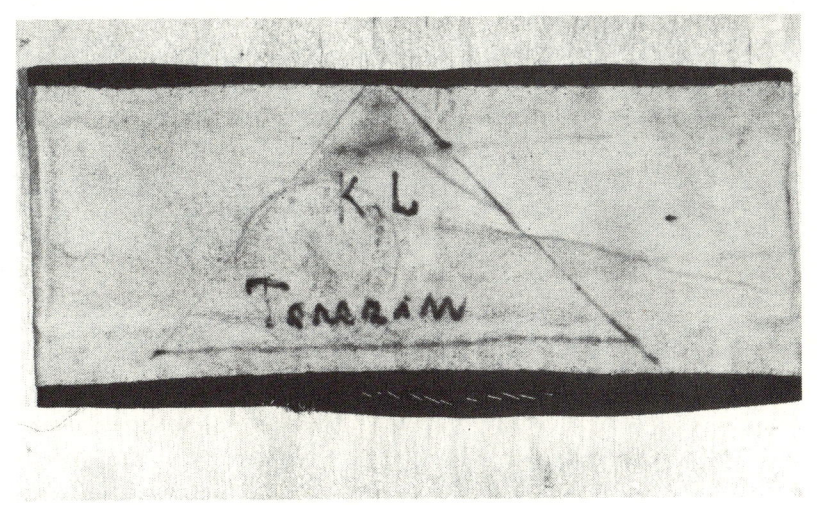

Armbinde der Mutter

ihm ging's dann ganz rapide los mit den Transporten. Sonja erzählte mir noch, er sei ein bildschöner Mensch, direkt »Edelrasse«. Während sie bei ihm waren, kam ein alter Jude in das Zimmer und legte, wie vorgeschrieben, seinen Ausweis auf den Tisch. Brunner hat den Ausweis vom Tisch gefegt, der war ihm wohl zu dreckig, und gleich den Befehl gegeben: »Weg mit dem Mann!«

Sonja bekam von Brunner die Genehmigung, mit nach Theresienstadt zu gehen. Das war ein »Entgegenkommen«. Ich gab ihr einen langen Brief an meine Mutter mit, auf ein Band geschrieben und anstelle des Gummis in den Schlüpfer eingezogen, in dem ich sie bat, Sonja von dem, was ich ihr schicke, abzugeben. Einmal im Monat schickte ich ein Paket mit allen möglichen Nährmitteln, was ich so zusammenbekam, in kleinen Tütchen. Diese Pakete haben wahrscheinlich mitgeholfen, daß meine Mutter Theresienstadt überlebte. Sie sagte mir später, daß sie mehrfach zum Transport nach Auschwitz eingeteilt war und Sonja Orkun offensichtlich dafür gesorgt hat, daß sie immer wieder aus der Transportliste rauskam und in Theresienstadt blieb.

In Theresienstadt gab es ein Ghetto und eine kleine Festung, wo die Politischen umgebracht wurden. Dort sind auch die Heimanns umgebracht worden, Margot und Bernhard. Sie waren auch eine illegale Gruppe mit Trulla, Margot und Hardel und Wolfgang Bols und wohnten in der Uhlandstraße. Wenn ich in der Lietzenburger Straße übern Hof ging, das tat ich ab und zu mit verdecktem Stern, bin ich zu ihnen hinauf. Sie sind später verhaftet worden und wurden in der kleinen Festung umgebracht.

Sonja Orkun und Hedwig Epstein haben sich, soviel ich hörte, das Leben genommen. Sie wären sonst nach Auschwitz gekommen. Paul Epstein soll zuvor ermordet worden sein, nachdem er sich geweigert hatte, Eichmanns Befehl zu befolgen, alle aus Theresienstadt nach Auschwitz zum Vergasen abtransportieren zu lassen.

Als Sonja fort war, hat sich Greta Schellwort um mich gekümmert. Ich lebte bereits illegal. Jeden Monat gab sie mir ihre Brotkarte, außer Weißbrot, und ich wurde von ihr ärztlich behandelt. Eines Tages, es war früh um fünf, kam sie in die Wohnung im Hansaviertel, in der eine Kollegin, Ellen Frenzel, und ich wohnten, und sagte: »Heute werden

Postkarte von Ilse an die Mutter

12. 11. 1943

Mein liebes gutes Gretchen!

Ich hoffe, Du bist mir nicht böse, daß ich Dir so lange nicht geschrieben habe, aber Du weißt ja, daß ich trotzdem ständig an Dich denke. Heute Nacht habe ich Dich sogar im Traum besucht; ich kam dorthin und traf Dich auch dann gleich auf der Straße. Na, die Freude! aber dies Mal leider nur im Traum. Wie geht es Dir gesundheitlich? Machen Dir die Beine viel zu schaffen, oder haben sie sich gebessert? Du konntest bei Luftveränderung immer viel besser laufen, ist das dort auch der Fall? Und wie geht es den anderen lieben Freunden, sind sie alle gesund, auch Sonja? Wir machen uns ihretwegen Sorgen. Hoffentlich hat sich ihr Leiden nicht verschlechtert. Ich bin so froh, daß Du sie und Hedwig dort hast und sie so lieb zu Dir sind.

Vordruck

die letzten Juden aus den Betrieben abgeholt! Taucht unter!« Als Polizeiärztin hatte sie ja ihr Ohr an vielen Stellen. Ich sollte sie nachmittags anrufen. Vorher fing ich aber an, mir Waschzeug und Zahnbürste einzupacken und mich auf den Abtransport vorzubereiten. Plötzlich sagte Ellen Frenzel: »Ich geh nicht!« Und ich hab gesagt: »Wenn du nicht gehst, geh ich auch nicht!« Greta Schellwort sagte am Telefon: »Ilse, wenn Sie zu Ihrer Freundin gehen können, dann gehen Sie! Es ist grausig.« Sie war mit ihrem Polizeiarztausweis zum Güterbahnhof Grunewald gegangen, wo alle Juden verladen wurden, und hat gesehen, wie die Leute behandelt wurden. Ich hab Trulla informiert, die ehemalige Frau von Rudi Arndt, und Ilse Krüger, eine von den beiden Mädchen, die ich noch von Strausberg kannte. Dann hab ich alles verbrannt, was zu verbrennen war, und Ilse Krüger hat die Möbel, 'ne Couch und 'nen kleinen Schrank, und ein paar Dinge abgeholt und sie erst mal bei sich untergestellt. Sie hatte ein eigenes Fuhrunternehmen, sie war keine Jüdin. Ellen Frenzel und ich sind nicht mehr zu Siemens gegangen, sondern am Wochenende nach Strausberg gefahren zu den alten Bocks, bei denen wir von

Arthur Israel Stillmann   Berlin N 54 den 1. 5. 1943
                      Auguststr. 51

Meine liebe gute Sonja, ich habe mich nicht sehr gefreut als ich hörte, daß Ihr alle gesund seid und daß Ihr zusammen seid, und auch öfter mit dem Gretchen. Was machen ihre Beine, d. h. die Krampfadern? Und Dein Hals? Kratzt Du auch nicht zu viel? Schreib doch mal etwas ausführlicher an mich. Und wie geht es Hedwig? Ihr wirtschaftet doch alle zusammen, nicht wahr, kocht Ihr nun auch selber? Mir geht es gut, ich arbeite jetzt mit Peterchen zusammen und es gefällt mir ganz gut. Kommt Herbert oft zu Euch? Ich hoffe, daß er nicht zu aufdringlich ist. Vielleicht kann Gretchen auch mal schreiben. Ich hatte mir doch große Sorgen um sie gemacht, hoffe aber nun, daß Du mal nach ihr siehst und das beruhigt mich doch sehr. Grüße sie recht sehr und seid Ihr alle herzlichst gegrüßt.

                        Euer
                        Arthur

Brief von Ilse an Sonja Orkun

Kindheit an übernachtet hatten. Dort waren bereits Vera Freyer, von der ich später falsche Papiere bekam, und Ilse Krüger. Wir kannten uns schon jahrelang. Sie waren keine Kommunisten.

Trulla brachte mich für vier Wochen bei jemandem in der Linienstraße unter. Nach Ablauf dieser vier Wochen hatte ich kein festes Quartier mehr. Ich trieb mich mit meinem Nachtgepäck auf der Straße herum und versuchte, möglichst unauffällig zu sein. Meine Frisur hab ich häufig verändert, wie du auf den Paßfotos sehen kannst, um etwas unkenntlicher zu sein. Ich wußte oft nicht, wo ich schlafen konnte. Manchmal war es bei Lotte Gerbaid, manchmal bei Trulla in Frohnau. Für Lotte Gerbaid, die vorher ein Jahr im Gefängnis saß, war das nicht so einfach, mich illegal zu beherbergen. Ich war ein gutes Jahr lang ohne festes Quartier, bis Mitte 1944.

In der Zeit, in der ich keine feste Unterkunft hatte, hielt ich mich oft am S-Bahnhof Prenzlauer Allee auf. Einmal sah ich auf dem Bahnhof plötzlich Stella, eine ehemalige Kollegin von Siemens aus der Judenabteilung, mit ihrem auffallenden Haarschopf. Ich wäre fast zu ihr gegangen, aber sie stand mit zwei fremden Männern, und da wollte ich nicht vorbei. Ich erzählte einem Illegalen, daß ich Stella gesehen hatte. »Stella Kübler«, sagte ich. »Wir waren in einer Abteilung bei Siemens.« Und er sagte: »Die läuft als jüdischer Spion herum, um illegal Lebende zu fangen.« Von dem Moment an hatte ich eigentlich immer Angst, Stella Kübler zu begegnen. Sie ist nach 1945 geschnappt worden. Juden, die aus Auschwitz zurückgekommen waren, erkannten sie. Sie haben sie zur Jüdischen Gemeinde geschleppt, wo ihr die Haare abgeschnitten wurden. Sie ist dann von der Besatzungsmacht verurteilt worden, aber nicht zum Tode. Wieviel Leute sie verraten hat, weiß man nicht.

Die Zeit des Umherirrens war schrecklich. Ich hab bloß immer gedacht: Auf dem Bahnhof, im Wartesaal, kannst du nicht übernachten. Und irgendwie fand sich dann doch immer wieder eine Möglichkeit, zu jemandem zu gehen. Ich habe zum Beispiel eine Aufwartestelle gehabt bei einem Schneider am Kurfürstendamm. Auf die Art und Weise konnte ich mir auch Geld verdienen. Der hat in einem Zimmer auf einem großen, dicken Teppich seine Sachen

Paßbilder von Ilse mit verschiedenen Frisuren

zugeschnitten. Die Fusseln da rauszukriegen, war wirklich 'ne Schinderei. Und ich mußte für ihn kochen. Ich war hingegangen mit der Maßgabe, in seiner Kammer ein Nachtquartier zu bekommen, sonst hätt' ich das vielleicht gar nicht angenommen. Aber das gab er mir nicht. Und als er es mir anbot, wollte ich nicht mehr, denn da war mir klar, warum er's anbot.

Inzwischen hatte ich durch Trulla Kontakt mit Lotte Kohls. Sie konnte mir jeden Monat etwas Brot geben. Bei ihr lebte illegal der Genosse Rudi Wunderlich, der aus Sachsenhausen geflohen war. Er bekam plötzlich hohes Fieber und dicke Gelenke und brauchte dringend ärztliche Behandlung. Rudi Wunderlich stammte aus Leipzig und hatte all seine Genossen und auch seine Frau in Leipzig. Bei Lotte Kohls mußte er, wenn ihr Bruder, der Nazi war, zu Besuch kam, im Schrank hocken und durfte sich nicht rühren. Also, wie ihn nach Leipzig schaffen? Wir haben ihm einen falschen Ausweis, einen falschen Wehrpaß besorgt, und er ist gut in Leipzig angekommen, und die Genossen haben ihn untergebracht.

Die falschen Papiere für ihn bekamen wir durch Mamuschka. Sie hieß eigentlich Hedwig Hildemann und wohnte in der Immanuelkirchstraße. Alle nannten sie nur Mamuschka. Sie war eine kleine, zarte, alte Frau. Ich hab nie wieder einen Menschen gesehen mit solch goldfarbenen Augen. Leider ist sie nach der Befreiung bald an Krebs gestorben.

Von Mamuschka bekamen wir auch Flugblätter und Klebezettel, die die Sredzkis angefertigt hatten. Gerhard Sredzki war aus der Haft geflohen. Wenn wir zum Wasserholen zum Wertherplatz laufen mußten und Luftangriffe kamen, sind wir in die Häuser geflitzt, und da konnte man gleich noch Flugblätter niederlegen. Was draufstand, kann ich nicht mehr genau sagen. »Macht Schluß!« wahrscheinlich. Nach den Sredzkis ist eine Straße in dem Viertel benannt, in dem sie wohnten.

Mamuschka organisierte für mich einen alten Postausweis, auf dem noch eine Hindenburgmarke klebte. Darauf kam nun eine Hitlermarke. Ob auf dem Postausweis schon Vera Freyer stand, weiß ich nicht. Der zweite, den ich mir besorgt habe, trug dann diesen Namen.

Ich tauchte bei der Mutter von Vera Freyer unter. Sie hieß Schröder und wohnte in der Nähe vom Bahnhof Ostkreuz. Dort habe ich die Wohnung saubergemacht und auf ihrem Grundstück in Biesdorf die Sauerkirschen geerntet. Ich hab tagelang auf der Leiter gestanden und Kirschen gepflückt und dann die Kirschen zum Einwecken vorbereitet. Natürlich bekam ich auch zu essen. Inzwischen ergab sich eine neue Möglichkeit: Trullas zweiter Mann, Glondajewski, hatte eine Kochstube in der Marienburger Straße, gleich neben dem Postamt, das heute noch existiert. Er war inzwischen als Vorbestrafter trotzdem »wehrwürdig« geschrieben worden und mußte Soldat werden. Um die Kochstube bemühte sich über Mamuschka auch eine Gertrud Wargel.

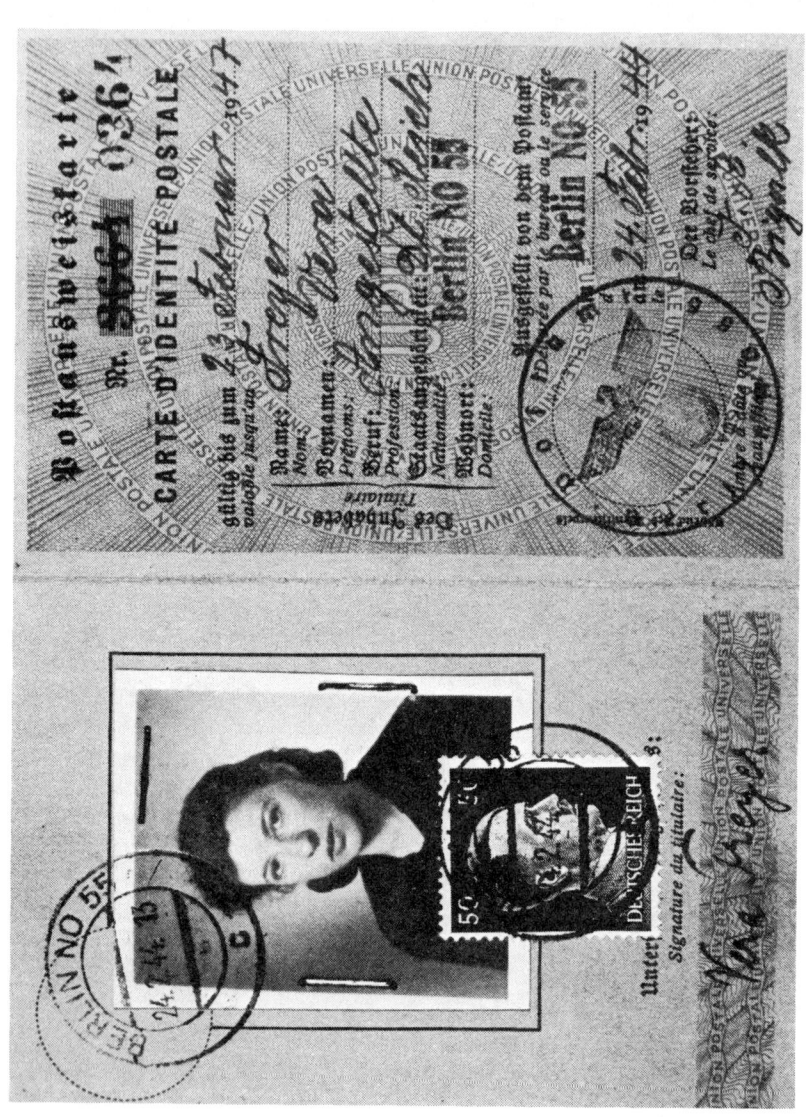

Postausweiskarte

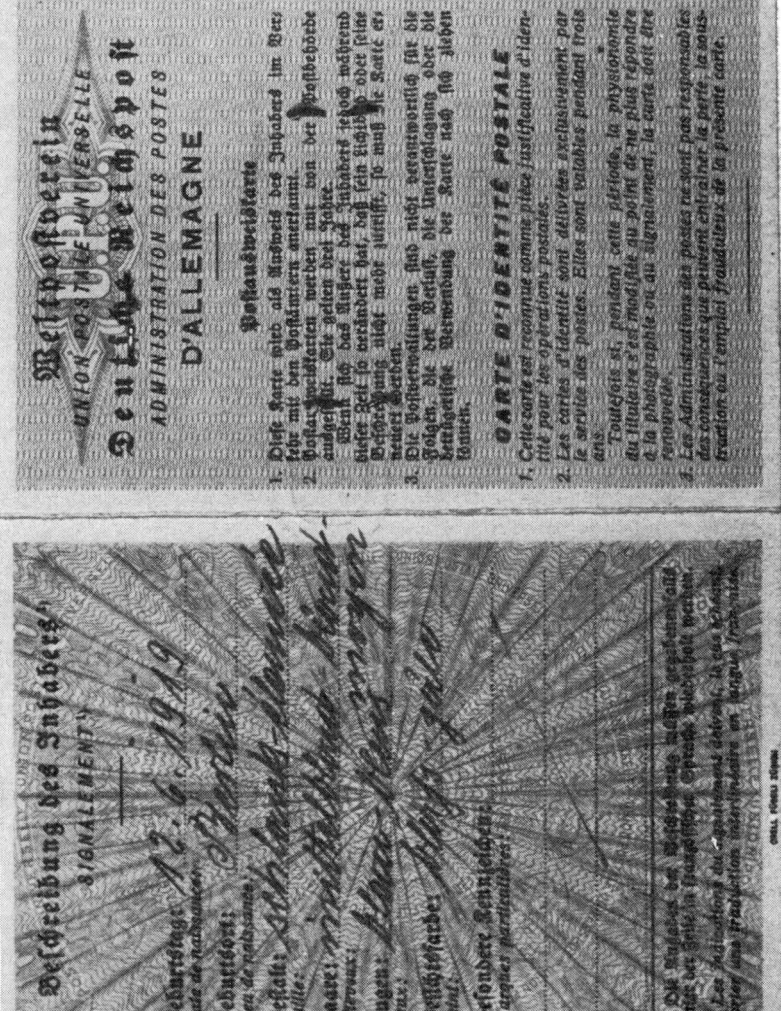

Postausweiskarte

Sie hatte ein Verhältnis mit dem Blockwart des Hauses, in dem sie wohnte, und die Frau vom Blockwart war sehr eifersüchtig. Also wollte Gertrud unbedingt aus dem Haus raus. Die Kochstube wurde ihr unter der Bedingung gegeben, daß sie mich mit aufnahm, und von da an hatte ich ein festes Quartier bis zur Befreiung.

In die Kochstube hat mir Ilse Krüger das bißchen gebracht, was sie an Möbeln aus der anderen Wohnung rausgeholt hatte. Da hatte ich wenigstens meine eigene Couch und den Schrank.

Ich hatte mal einen Kursus zur Herstellung von Lederhandschuhen mitgemacht, weil ich dachte, das für die Emigration nach England gebrauchen zu können. In der Brükkenstraße hatte ich in einem Lederkeller alle möglichen Lederreste, Fischleder, Kaninchenleder und so weiter, gekauft und daraus Schultertaschen und Brieftaschen genäht. Die waren damals, als ständig Luftangriffe waren, sehr beliebt. Die Leute konnten die Schultertaschen mit ihren Papieren umhängen, wenn sie in den Keller gingen. Damit hab ich einiges Geld verdient. Die Taschen wurden über meine Freunde angeboten.

In der Etage, wo unsere Kochstube lag, wohnte noch ein altes Ehepaar, das mit einem Sack auf die Straße ging und Müllkästen ausräumte. Wirklich, hinter der Frau konnte man nicht die Treppe runtergehen, so stank sie. Dann wohnte dort noch Papa Lemke, zu dem Nutten kamen. Papa Lemke hat mal 'ne Bemerkung über die beiden schwulen Weiber gemacht und meinte damit Trude und mich. Das hatte Trude Wargel gehört, und ich sagte: »Mensch, wunderbar, auf die Art und Weise kommt man nicht auf die Idee, daß ich illegal lebe!«

Außerdem wohnte dort noch dieses Ehepaar. Der Mann war süchtig und hat sich gespritzt. Sie verkauften mir ihre Lebensmittel und gingen mit ihren Kindern in die Kneipe und holten sich markenfreies Essen. Es war eine schlimme Etage! Und Flöhe, Flöhe, Flöhe! Wenn ich morgens aus dem Bett zur Toilette ging, die war 'ne halbe Treppe tiefer, und mir den Morgenrock anzog, hab ich mir von den Füßen die Flöhe abgestreift. Die sind alle runtergesprungen zu den Füßen.

Zu weiteren falschen Papieren kam ich durch Vera

Freyer. Sie gab mir einen Ausweis aus ihrem Betrieb und eine alte Monatskarte für die Straßenbahn mit ihrem Namen, die sie nicht mehr brauchte, damit ich wenigstens irgendeinen Ausweis bei mir hatte. Dann schrieb ich mir selbst einen Einschreibebrief, und als die Briefträgerin kam und sich den Empfang quittieren ließ, fragte ich sie: »Wie geht denn das, wenn ich einen Postausweis haben möchte?« – »Ja«, sagte sie, »da muß ich Sie auf der Post ausweisen.« Ich vereinbarte mit ihr einen Termin auf der Post, sie bestätigte dort, daß ich Vera Freyer sei, und ich bekam einen »ungefälschten« neuen Postausweis auf den Namen Vera Freyer mit meinem Bild.

Ich hatte keine großen Schwarzmarktbeziehungen, außer eben die Lebensmittel von den Nachbarn. Greta Schellwort gab mir jeden Monat ihre Brotkarte, und sie unterstützte mich auch sonst. Mit Alfred Schirrwanz, Lotte Kohls und Trulla war ich oft zusammen. Wir sind nach Königs Wusterhausen gefahren oder sonst irgendwohin. Alfred Schirrwanz war vorbestraft. Ich war die einzige Jüdin in dieser Gruppe, und jeder wußte, wie gefährlich das für sie alle war.

Ich war glücklich und froh, mich zu der Zeit, als ich endlich ein festes Quartier hatte, auch wieder illegal betätigen zu können. Es war für mich eine große Befriedigung, daß ich nicht nur einfach mein Leben retten wollte.

Als ich noch bei Sonja wohnte, waren wir mal im Keller und fanden eine große Zigarrenkiste voller Briefmarken. Sonja sagte: »Nimm du die mal, vielleicht kannst du was damit anfangen!« Ich hatte von Briefmarken keine Ahnung. Sie waren von einem Kaufmann gesammelt worden, der mit großen ausländischen Firmen Kontakt gehabt hatte. Der Liebste von Trude Wargel, der Blockwart, war Briefmarkensammler, und er kam mit einem Katalog. Sie hatte ihm übrigens gesagt, was mit mir ist. Ein doller Nazi war er nicht. Er sortierte die Marken nach dem Katalog, und es stellte sich heraus, daß zum Teil sehr wertvolle Marken darunter waren, unter anderem ein Satz amerikanischer Marken, der laut Katalog fünfhundert Mark kostete. In einer Zeitung las ich ein Inserat von einem Briefmarkenhändler, der Marken kaufte. Er hieß Max Borchert. Ich hab angerufen, er gab mir einen Termin, und ich bin gemein-

Die Deutsche Arbeitsfront
Gauwaltung Berlin

Erſatz-Ausweiskarte

Dem Mitglied _____ Freyer _____ , _____ Werta _____
　　　　　　　　　Name　　　　　　　　　Vorname

werden während der Beſchäftigung bei der Firma: **Otto Gaſt**

die Beiträge zur D. A. F. regelmäßig einbehalten. Das Mitgliedsbuch befindet ſich im Beſitz der Firma.

Unterſchrift d. Verwaltungsſt.　　　　Unterſchrift des Gehilfenbüros

Otto Gaſt
Berliner Bottich- und Faß-Fabrik
Berlin O 17, Rüdersdorfer Str. 21

Dieſe Karte gilt als vollgültiger Erſatz für das verlorengegangene Mitgliedsbuch. Die Firma hat beſtätigt, daß das Mitgliedsbuch nur gegen Abgabe dieſer Erſatz-Ausweiskarte dem Mitglied auszuhändigen. Dieſer Ausweis iſt nur gültig, wenn er den Stempel der Verwaltungsſtelle und die eigenh. oder fakſimilierte Unterſchrift des Verwaltungsſtellenleiters trägt.

Grm. 014

Arbeitsnachweis

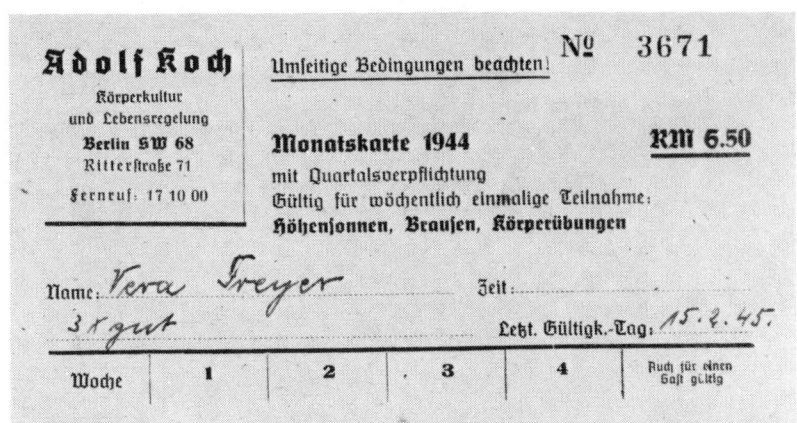

Adolf Koch

Körperkultur
und Lebensregelung

Berlin SW 68
Ritterstraße 71

Fernruf: 17 10 00

Umseitige Bedingungen beachten!

№ 3671

Monatskarte 1944
mit Quartalsverpflichtung
Gültig für wöchentlich einmalige Teilnahme:
Höhensonnen, Brausen, Körperübungen

RM 6.50

Name: *Vera Freyer*   Zeit:

3 x gut   Letzt. Gültigk.-Tag: *15. 2. 45.*

Woche	1	2	3	4	Auch für einen Gast gültig

Monatskarte für die Gymnastikgruppe

sam mit dem Blockwart hingefahren, weil ich dachte, der
Händler haut mich vielleicht übers Ohr. Er nahm sich die
guten Marken heraus, auch die amerikanische Serie, und
ich machte so 'ne Bemerkung, ich hätte zu Hause auch noch
Ganzsachen, also solche, bei denen die Marken noch auf
den Briefen sind. »Ja«, sagte er, »die gucke ich mir mal
an.« Er kam in die Marienburger Straße. Trude Wargel war
nicht da, sie hat im EAB Schöneweide gearbeitet. Der
Briefmarkenhändler machte dabei in bezug auf die Marken eine Bemerkung wie: »Dieser ganze Scheiß Hitler-
kram!« Irgendwie hat mich das verführt zu sagen, wer ich
bin: eine illegal lebende Jüdin. »Das glaub ich Ihnen nicht«,
sagte er, »das müssen Sie mir beweisen.« Ich zeigte ihm
eine Karte aus Theresienstadt, die bestätigte, daß meine
Mutter ein Päckchen von mir bekommen hatte. Da fragte
er: »Was brauchen Sie monatlich? Reichen Ihnen zweihundert Mark?« Ich wußte gar nicht, was ich dazu sagen sollte!
Dann gab er mir tausend Mark und sagte: »Wenn's alle ist,
melden Sie sich bei mir!« Nach vierzehn Tagen bekam ich
von ihm 'ne Karte oder einen Brief, er sei dann und dann in
Berlin und wolle mich dort und dort treffen. Er merkte bei
unserem Treff, daß ich zurückhaltend war. Ich hatte ja
Erfahrungen gemacht: Frauen wollten billige Dienstmädchen, und Männer wollten mit einem schlafen. Dazu war ich

Monats-Grundkarte

nicht bereit. Max Borchert sagte: »Sie brauchen keine Angst zu haben. Ich bin ein alter, schwerkranker Mann. Ich beabsichtige nicht, Sie auf diese Art und Weise rumzukriegen.« Er wollte ein bißchen Freude in mein Leben bringen, ist mit mir essen gegangen, auch Eis und Sahne, Dinge, die sich kaum jemand leisten konnte. Einmal ist er mit mir nach Potsdam gefahren und hat mich dort herumgeführt. Es hat ihm Spaß gemacht. Als er zum Straßenbau eingezogen werden sollte, beschloß er wegzufahren und sich ein Haus am Bodensee zu kaufen. Geld hatte er genug, Briefmarken waren damals mehr wert als Gold. Sie waren zu der Zeit die beste Währung.

Das Ende des Krieges war schrecklich. Ich habe vorher nie Angst vor Bombenangriffen gehabt. Die waren mir piepschnurzegal. Als ich in der Laube in Biesdorf wohnte, stand ich in der Tür und hab geguckt, wenn nachts die Bomben runterkamen. Das hat mir kein Herzklopfen verursacht. Aber die letzten Monate in der Marienburger Straße, als jeden Abend um zwanzig Uhr die Angriffe losgingen, zitterte ich schon den ganzen Tag aus Angst besonders vor dem Abendangriff! Es ist schlimm, ganz schlimm gewesen. Wir wohnten ja oben in dieser Mansarde, dieser Kochstube, im Vorderhaus. Ende April flogen die Raketen schon bis zum Alexanderplatz.

Einer der Freunde von Karl und Günter, Oskar, ein Graphiker, lebte illegal als Deserteur. Das war kurz vor der Befreiung. Er hatte sich einen falschen Ausweis angefertigt und auch Lebensmittelmarken gedruckt. Bevor der Beschuß auf Berlin losging, gab er mir einen ganzen Bogen Buttermarken, und zwar diese Reisemarken für Urlauber, ohne Namen. Ich ging vom Alex die Neue Königstraße und die Greifswalder Straße runter, und jeder Butterladen, der noch geöffnet war, war meiner. Da hab ich meine Reisemarken gegen Butter eingetauscht. In einem Laden hat einer sie genauer angeguckt und gesagt: »Ja, doch, Wasserzeichen sind drin!« Mein lieber Oskar hatte also noch 'ne Vorrichtung gehabt, um scheinbare Wasserzeichen zu machen. So kam ich mit einem guten Buttervorrat in der Marienburger an. Dafür konnten wir dann Brot eintauschen. Leider keine Zigaretten. Zu der Zeit hab ich dann Zigarren geraucht. Ich war schon immer 'ne starke Raucherin.

Neben Hannchen Gerbait in Hoppegarten lebte ein alter Genosse, der von Kindheit an gelähmt war und im Rollstuhl fuhr. Der besaß eine große Landkarte. Einmal, im Herbst 1944, hatte Hannchen mich zu ihm mitgenommen. Er war ein großer Stratege und hatte auf der Karte mit Stecknadeln genau markiert, wo die Rote Armee hinkommt und bis wann. Da hab ich mir gesagt, bis zum ersten Mai halt ich durch! Ich hab wirklich gedacht: Länger halt ich das nicht aus, länger hat das keinen Zweck! Ich war fest entschlossen, mir dann das Leben zu nehmen. Ich besaß ein Röhrchen Zyankali, das hatte ich mit Rudi Wunderlich geteilt, als er nach Leipzig ging. Das hat schon ganz schön gestunken. Zyankali hatte ich auch von Max Borchert bekommen, für alle Fälle.

Als die Befreiung kam, ach, das war wunderbar. Es war im Keller in der Nacht vom ersten zum zweiten Mai. Einer von den großen Nazis hatte einen Radioapparat, den er leise laufen ließ. Plötzlich sagte eine Stimme im Radio: »Hitler ist tot.« Durch den Keller ging ein Gemurmel. Am zweiten Mai bin ich aus dem Keller raus, und da war die Rote Armee in der Greifswalder Straße angetreten. Ach, also, es war unbeschreiblich! Es war unglaublich! Ich war zwar gesundheitlich ein Wrack, aber es war wunderbar!

Ich habe während der Nazizeit vielleicht nicht so furchtbar gelitten wie andere Juden. Die Menschen, mit denen ich unmittelbar lebte, mit denen ich zusammenkam, waren ja fast alle Genossen, da gab's keine Diskriminierung. Schlimm war für mich, meine Tante zu erleben und meinen Cousin, und die Abholung meiner Mutter, das war ganz schlimm! Aber die Freunde und Genossen haben mir doch viel gegeben, so daß ich unter der Diskriminierung nicht so zu leiden hatte wie andere. Und bei Siemens hab ich mich nach besten Kräften gewehrt. Ich hab dabei immer so eine harmlos Doofe gemacht. Das hat mir, glaube ich, auch später geholfen: harmlos und ein bißchen betuppt, auch der Gestapo gegenüber.

Ja, ich hab mich durch die Nazizeit verändert, stahlhart kann ich nicht mehr sein. Ich fühlte mich vorher stahlhart, zum Beispiel hab ich nie in meinem Leben Angst vor Gewitter gehabt. Günter und ich waren relativ kurze Zeit nach seiner Heimkehr in Strausberg, und es zog ein starkes

Gewitter auf. Da hab ich vor Angst gezittert. Ich hab noch so manches Mal aus dem Schlaf um Hilfe gerufen. Aber die erste Zeit nach 1945 war ich glücklich, daß ich mit Volldampf gearbeitet habe.

Wenn ich in der Nazizeit mit Bekannten sprach, also nicht nur in meinem Freundeskreis, haben alle gewußt, was mit den Juden geschah, und alle waren entsetzt. Es gab auch Leute, die zum Beispiel in der »Kristallnacht« den Mund aufgemacht haben, und ich habe es erlebt, daß einem fremde Menschen was zugesteckt haben, für die das ja eine große Gefahr gewesen ist. Ich glaub nicht, daß es sich wirklich um einen Volksantisemitismus handelte. Es gab kaum spontane Übergriffe. Das war alles von den Nazis organisiert.

Im Mai 1945 wollte ich mich sofort legalisieren, ich war ja ohne Ausweis. Aber in der ersten Zivilverwaltungsstelle saßen lauter Fremde. Dann wollte ich zur Kommandantur, und in der Neuen Königstraße standen ein paar Sowjetsoldaten. Ich hab gefragt: »Kommandantur?« Einer drückte mir gleich ein Hemd in die Hand und wollte mich in den Hausflur ziehen. Da hab ich gemerkt, dort ist keine Kommandantur. Nein, ich bin nicht vergewaltigt worden und hab nichts eingebüßt, außer einer alten, kaputten Uhr. Das war kurz nach dem Beschuß auf Berlin.

Unsere Hauptsorge war, was ist mit Mamuschka? Trude Wargel und ich sind zu Fuß nach Charlottenburg zu Genossen gegangen. Wir sind zwar oft angehalten worden und mußten mal ein Stück schippen, Trümmer wegräumen, aber wir haben's bis Charlottenburg geschafft. Da kam ein Sowjetsoldat und fragte: »Wie spät?« Er hielt meine Hand fest und machte die Uhr ab. Ich versuchte ihm noch zu sagen: Die taugt nichts, die ist kaputt. Aber das half nichts. Sie klauten Uhren und Fahrräder. Nebenbei gesagt, die Amis, als die nach Zehlendorf kamen, haben auch geklaut. Ich mußte das Federbett, das ich für meine Mutter aufgehoben hatte, in einen Kohlensack stecken, sonst hätten sie mir das genommen.

Für eine Feier anläßlich der Befreiung hatten wir gar keine Zeit. Der erste, den ich traf, war einer aus meiner früheren KJ-Gruppe, der aus Brandenburg entlassen war. Wir flogen uns in die Arme. Er wurde als Leiter eines

Polizeireviers eingesetzt, und als ich mal hinkam, saß er an der Schreibmaschine und tippte mit zwei Fingern. Ich sagte: »Na, ein bißchen besser kann ich's«, und hab ein paar Tage dort getippt. In der ersten Arbeitsstelle dachten die vielleicht, ich bin eine Nazisse, die untertauchen will. Sie kannten mich nicht, und ich kannte sie nicht, in meinem alten Stadtbezirk. Erkannt hat mich nur der Schuster, der gegenüber wohnte, Wassil Christoph, ein alter bulgarischer Genosse. Unter seinem Schuhtisch lag immer ein Band Rosa Luxemburg, er hat ihre Schriften studiert. Rosa Luxemburg war sein Liebling.

Trulla brachte mich gleich mit Genossen zusammen, die aus dem KZ gekommen waren, und Hans Rosenberg bat mich, ihm im Hauptausschuß für die Opfer des Faschismus zu helfen. Ob das danach schon so hieß, weiß ich nicht. Ich glaube, die Bezeichnung kam erst später. Ich hab dann bereits im Mai angefangen, im Magistrat zu arbeiten, und ich kann wirklich sagen, daß ich dort die Arbeit zum großen Teil mit organisiert habe. Es gab ja zunächst noch keine wirkliche zentrale Macht, es war noch alles im Fluß. Auf den Landstraßen waren Tausende befreiter Häftlinge unterwegs, die Berlin anliefen. Wir hatten Mitarbeiter aus verschiedenen Konzentrationslagern, die uns bei der Überprüfung der Häftlinge halfen. Ich befragte die Ankommenden und führte für jeden eine Betreuungskarte. Es waren allerhand darunter, bei denen festgestellt wurde: Hier stimmt was nicht! Die wurden gleich dem Polizeipräsidium überstellt. Es genügte ein Anruf, und ein Beamter kam und nahm die Betreffenden zur Überprüfung mit. In der ersten Zeit war mancher darunter, der trotzdem mit allen Bescheinigungen wieder zurückkam. Es stellte sich dann heraus, daß im Polizeipräsidium jemand saß, der aus Sachsenhausen zurückgekommen war und einen roten Winkel mitgebracht hatte. Er war aber kein Politischer gewesen, sondern ein Krimineller. Das gab's alles in der ersten Zeit! Er wurde natürlich schnell abgelöst.

Wir bekamen von verschiedensten Stellen Spenden, und wir hatten ein Lager, aus dem sie an die ehemaligen Verfolgten ausgeteilt wurden. Nachher organisierte ich es so, daß die Spenden nach Stadtbezirken zur Ausgabe an die dort Wohnenden aufgeteilt wurden, und ich bin manchmal in die Bezirke gefahren und hab die Betreuung kontrolliert. Da mußte man schon hinterher sein. Auf alle Fälle war es mein Prinzip, nichts zentral zu verteilen, damit keinerlei Korruption in Erscheinung treten konnte, wofür wir die Verantwortung gehabt hätten, und ich hab mir damals manchen Feind gemacht, wenn irgendein Funktionär etwas haben wollte und ich gesagt habe: »Das geht nicht!« Dann gab es die Aktion »Rettet die Kinder«, in der zu Weihnachten vor allen Dingen für die Kinder der Verfolgten gesorgt werden sollte. Das war der erste Winter 1945/46. Die Initiative war von Ottomar Geschke ausgegangen, der zwölf Jahre in Sachsenhausen gesessen hatte. Viele Spenden kamen von einem Textilmann in Weißensee, der sagte, wir hätten ihm Lumpen dafür gegeben. Das stimmte natürlich gar nicht. Er unterhielt Schieberbeziehungen zum mitteldeutschen Textilgebiet, und die Spenden waren sein Aushängeschild. Die sowjetischen Behörden sind dahintergekommen und haben seinen Laden dichtgemacht. Alle Textilien, die für die Kinder vorgesehen waren, wurden beschlagnahmt! Tja, was tun? Im Stadtbezirk Weißensee konnte ich zunächst nichts erreichen. Ich ging dann zum obersten Chef der Zentralkommandantur und mußte sehr beredt auftreten. Und tatsächlich bekam ich die Genehmigung, die Sachen herauszuholen. Die Kinder der Verfolgten waren damals vielleicht ärmer dran als die der anderen Bevölkerung, die während der Nazizeit »frei« gelebt hatte.

Dann gab es eine Zuzugssperre für Berlin für diejenigen, die keine Berliner waren. Das mußten wir jedesmal feststellen und die Kameraden weiterleiten, die nicht nach Berlin gehörten. Es genügte eine Bescheinigung von mir, daß sie in Berlin Zuzug bekamen. Also, man hatte eine ziemliche Machtbefugnis, die erschreckend war, wenn man damit Mißbrauch getrieben hätte. Manch einen schickte ich zu Ottomar Geschke. Einer hieß Hermann Müller. Ich sagte: »Na, da haben Sie ja einen prominenten Namen.« Es war tatsächlich der ehemalige Ministerpräsident der Weimarer Republik, Hermann Müller! Und er erzählte, er wäre mit Thälmann zusammen gewesen. Es gab eben immer mal besondere Personen, bei denen ich dachte, da muß 'ne höhere Stelle die Entscheidung treffen.

Übrigens, nach der Spaltung des Magistrats hab ich noch

Backpfeifen ausgeteilt, über die im *Tagesspiegel* berichtet wurde: »Kommunistische Backpfeifen« für ein Mädchen, das sich Akten in die Tasche gesteckt hatte und sie heimlich mitnehmen wollte. Der hab ich eine gelangt. Vorher war schon die Abteilung Sozialwesen von einem sozialdemokratischen Chef übernommen worden, und kaum war ich in Urlaub, verteilte er an alle einen Anzug, einen Mantel oder ein Kleid. Das gab's bei mir nicht, daß wir uns selbst betreut haben. Ich hab immer gesagt: »Wir stellen an unsere Betreuungsstelle im Stadtbezirk genau wie jeder andere unseren Antrag.« Ich glaube, das wichtigste, was ich in meiner Tätigkeit dort erreichte, war, daß jede Korruption ausgeschlossen wurde und die ganze Arbeit übersichtlich und sauber organisiert war.

Ich habe eigentlich damit gerechnet, daß gleich nach der Befreiung was Neues anfängt und wir ein bißchen entschiedener durchgreifen würden. Anfang Januar 1946 hatte Trulla eine Diskussion organisiert. Ein Genosse von der Bezirksleitung in Dortmund, aus dem Ruhrgebiet, hat lange mit mir diskutiert. Ich glaube, wir haben eine ganze lange Nacht zusammengesessen, und es wurde darüber gesprochen, daß es darauf ankommt, erst mal keinen Sozialismus aufzubauen, sondern eine Einheitsfront zu schaffen. Ich hab's dann eingesehen, mit der Einheit war ich sowieso einverstanden.

Ich bin dann bald von der Marienburger weggezogen, weil ich endlich eine eigene Wohnung haben wollte. In Prenzlauer Berg hatte ich eine Wohnung besichtigt und gleich kehrtgemacht, als ich die Wanzenflecke sah. Wanzen hatte ich zuviel erlebt! Da sagte der Stellvertreter von Ottomar Geschke, Schellenberg: »Komm zu uns rauf nach Zehlendorf, da gibt's so viele verlassene SS-Wohnungen.« An dem Tag, als ich in die Siedlung Onkel Toms Hütte, eine ehemalige SS-Siedlung, einzog, kam der Anschlag von den Amerikanern: »Alles räumen!« — Berlin war inzwischen in vier Sektoren aufgeteilt, und die Amerikaner nahmen gerade diese Siedlung für sich in Anspruch. Ich durfte nur einen Sack Kohlen mitnehmen, und in dem Sack Kohlen hab ich, eng zusammengeschnürt, das Federbett für meine Mutter durchgeschmuggelt. Meine Couch mußte ich stehenlassen. Ich bekam eine Wohnung in Zehlendorf.

Als meine Mutter aus Theresienstadt zurückkam, habe ich für sie ein Feldbett geborgt. Ich schlief auf der Erde. Wir hatten nichts. Bis mal ein Genosse kam und gesehen hat, wie wir auf'm umgedrehten Bügeleisen Kartoffeln gekocht haben und überhaupt unsere ganze Wirtschaft! Der sagte: »Hier sind genug Möbel von den Nazis!« Und so bekamen wir Möbel.

Nach der Befreiung in Theresienstadt blieben die Überlebenden dort zunächst noch in Typhusquarantäne und wurden von den Russen aufgepäppelt. Aber es gab eine Liste der Überlebenden aus Theresienstadt bei der Jüdischen Gemeinde in der Iranischen Straße. Dort hab ich gesehen, daß meine Mutter überlebt hatte. Dann kam die Nachricht ihrer Ankunft, und ich hab sie mit dem Dienstwagen abgeholt. Wie wir uns begrüßt haben? Ach, das ist eine Frage!

Meine Mutter erzählte nicht viel. Sie hat auch nicht mehr lange gelebt, 1950 ist sie gestorben. Es war ihre große Freude, daß Hans, ihr Sohn, noch mal aus Israel zu Besuch kam, obwohl man ihm da furchtbar abgeraten hatte: »Um Gottes willen, in den Osten, da kann man nicht hinfahren!« Aber er hat gesagt: »Wo meine Mutter und meine Schwester leben, da kann auch ich hinfahren.«

Mamuschka aus der Immanuelkirchstraße wohnte dann in Charlottenburg. Sie hatte wohl Magenkrebs. Ich war an dem Abend vor ihrer Operation bei ihr. Sie wollte die Operation, rechnete aber nicht damit, daß sie wieder gesund wird. Sie ist während der Operation oder kurz danach gestorben. Es war das einzige Mal in meinem Leben, daß ich eine längere Trauerfeierrede gehalten hab, denn sie hatte es sich gewünscht. Das haben mir die Sredzkis etwas übelgenommen. Aber bei meiner Rede ist all den tränenreichen Nachbarinnen das Weinen vergangen, denn ich hab über Mamuschkas Tapferkeit, über ihr Wirken gesprochen und nicht über die Trauer um sie.

Vera Freyer ist leider umgekommen, und Lotte Gerbaid hat nachher Hermann Fenske geheiratet. Wo sie jetzt ist, weiß ich nicht. Ich hab nie mehr Kontakte aufgenommen. Vielleicht bin ich undankbar gewesen.

Greta Schellwort hat nach 1945 sowjetische Verwundete gepflegt. Leider hat man sie nachher so blödsinnig behandelt. Man wollte sie zwingen, in den FDGB einzutreten, und ausgerechnet Leute, die vor 1945 gar nicht sehr gut waren. Sie wollte mit ihnen wirklich nichts zu tun haben, und hat gesagt: »Die Ärztekammer ist meine zuständige Organisation!« Sie hatte Verwandte in Amerika und ist später ausgewandert.

Als Günter 1948 aus Palästina wiederkam, war ich glücklich. Er bekam erst keinen Zuzug nach Zehlendorf und blieb angemeldet im Parteiheim Waldstraße, wohnte aber von Anfang an bei mir in Zehlendorf, bis wir nach Adlershof umgezogen sind. Mit dem Chef einer Schnapsfirma, der in Adlershof wohnte, haben wir einen sogenannten Kopftausch machen können. Es konnten immer nur so viel Personen, wie einen Stadtbezirk verließen, wieder reinkommen. Das war eine Frage der Lebensmittelversorgung.

Die Möbel von den Nazis haben wir in Zehlendorf gelassen. Im Industrieladen in der Wallstraße, den ehemals Deutschen Werkstätten, haben wir uns dann neue Möbel gekauft.

Im März 1950 haben wir unseren Jungen bekommen.

Günter arbeitete zunächst bei der Zentralen Kontrollkommission, die unter anderem die ganzen Schieberaffären in Mitteldeutschland aufrollte. Dann hat er gesagt, er ist nicht nach Deutschland zurückgekommen, um ständig unterwegs zu sein, er war lange genug unterwegs gewesen. Er ging in die Pressestelle der deutschen Wirtschaftskommission, und als diese bei Gründung der Republik aufgelöst wurde, ist er als Journalist zur *BZ am Abend*. Nach Abschluß der Parteischule 1953 wurde mit jedem einzelnen der Einsatz besprochen, und er wurde gebeten, bei der neugegründeten *Wochenpost* anzufangen. Dort war er zehn Jahre, dann beauftragte man ihn, zur *NBI* zu gehen, und dort war er sechzehn Jahre. Er hat seinen Beruf sehr geliebt. Sicher, er war auch hier viel unterwegs, aber seine Reportagen hat er gern gemacht. Sein Hauptinteresse galt der Außenpolitik. Er hat ja seinen Lebensweg selbst beschrieben.

Ottomar Geschke hatte mir dann angeboten, die Leitung der Sozialhilfe von Groß-Berlin zu übernehmen. Aber ich wollte mich nicht im Sozialwesen festsetzen. Das lag mir nicht allzusehr. In der Zeit wurde das Deutsche Wirtschaftsinstitut gegründet, und mein alter Freund Siegbert Kahn, der aus der englischen Emigration zurückgekommen war, wurde Direktor des Instituts und brauchte einen Kaderleiter, Personalleiter sagte man damals. Also bin ich mit der Gründung des Instituts Personalleiter geworden und blieb es bis 1953. Es hat mir nicht sehr gefallen, es gab ständig irgendwelche Quengeleien und Scherereien. 1953 hab ich mit Günter ein Jahr die Bezirksparteischule besucht. Danach hab ich für drei Monate ein Gastspiel beim Rundfunk gegeben. Es war eine sehr oberflächliche Arbeit. Ich mußte aus irgendwelchen ADN-Meldungen eine Sendung formulieren. Die Themen waren ganz unterschiedlich. Das hat mir auch nicht zugesagt. Außerdem ging es mir damals gesundheitlich nicht sehr gut.

Im Herbst 1954 hab ich im Kinderbuchverlag angefangen, zunächst als Hilfsredakteur. Später war ich sogar Lektoratsleiter. Ich muß sagen, das war die schönste Berufsarbeit, die ich im Leben hatte, und ich hab dort sehr gern gearbeitet. Das hatte ich vor allen Dingen Hilga Cwojdrak zu verdanken, einer sehr hilfsbereiten Kollegin. Wir hatten Glück und saßen die ganze Zeit, obwohl ständig umgezogen wurde, in einem Zimmer zusammen und haben gemeinsam auch viele Dummheiten gemacht. Es war sehr schön.

Der Lektor für Populärwissenschaft verließ den Verlag, und da ich inzwischen anerkannter Redakteur war, wurde ich Leiter des Lektorats Populärwissenschaft. Es war mein Wunsch, populärwissenschaftliche Bücher für Kinder nicht nur über Blümchen und Vögelchen oder Tiere herauszubringen, sondern auch über gesellschaftspolitische Fragen. Ich war zum Beispiel stolz darauf, daß mir Jürgen Kuczynski ein Büchlein geschrieben hat, *Vom Knüppel zur automatischen Fabrik*. Das wichtigste war für mich, daß die Kinder verstehen lernten, wie die Gesellschaft und wie der Mensch sich entwickeln.

Später wurde ich Mitglied der Parteileitung im Wohngebiet. Jahrelang hab ich da zum Beispiel die Wandzeitung gemacht, die merkwürdigerweise immer von den Leuten gelesen wurde. Wir haben keine Zeitungsartikel rangehängt, sondern sind auf örtliche Probleme eingegangen. Es gab eine Redaktionskommission, und verschiedene Leute haben Beiträge geschrieben. Ich hab oft gehört: »Ja, da wird man informiert.«

Zum Judentum habe ich gar keine Beziehungen mehr. Ich habe überhaupt keine religiösen Ambitionen. Gewiß, als ich 1972 mit Günter nach Israel reiste, war ich sehr beeindruckt von diesen vielen altgeschichtlichen Stätten, nicht nur von der Klagemauer. In Hebron zum Beispiel war eine fünfhundert Jahre alte Glasbläserei, aus moslemischer Tradition. Nach meiner Reise durch Israel habe ich von Thomas Mann *Joseph und seine Brüder* gelesen. Erst wollte ich nicht ran, aber nachher habe ich es mit zunehmendem Interesse gelesen.

In Hebron besuchte ich auch eine altpalästinensische Familie, Moslems, eine große Familie, die sehr gastfreundlich war. Das war großartig. Wir haben die christlichen Stätten aufgesucht und waren auch in der Geburtskirche. Und wir waren im besetzten Gebiet und haben dort mit Leuten gesprochen. Es muß Schluß gemacht werden mit der Knechtung der Araber, denn es war ursprünglich ein jüdischer und ein arabischer Staat vorgesehen. Aber ich weiß auch, daß es eine große Bewegung innerhalb der israelischen Bevölkerung gibt, die Frieden-jetzt-Bewegung. Die ist absolut nicht einverstanden mit dem Kurs der israelischen Regierung.

In den Schulen müßte umfassender über Religionsgeschichte informiert werden. Dazu gehört auch die Geschichte der Juden. Das war schon immer mein Problem. Es gehört zur Allgemeinbildung, zu wissen, wie sich die Religionen entwickelt haben, von den Götzen angefangen, die angebetet wurden, bis zur Monoreligion. Das gehört mit in den Geschichtsunterricht. Ich finde es großartig, daß wir gegen den Antisemitismus doch allerhand in der Presse veröffentlicht haben.

Ich hab heute außer lesen überhaupt keine Interessen mehr. Es geht mir auch gesundheitlich nicht mehr sehr gut. Als Rentnerin und nach Günters Tod hab ich meine ganze Ehrenburg-Reihe noch mal von vorn bis hinten gelesen. Ich erinnere mich noch, als Ehrenburg mal hier in Berlin war. Da war ich noch im Deutschen Wirtschaftsinstitut, Anfang der fünfziger Jahre. Günter rief mich an und sagte: »Ich hab jetzt im Hotel am Stettiner Hof ein Interview mit Ehrenburg, willst du mitkommen?« Ich habe mich gleich beurlaubt und bin hin. In Moskau haben wir Ehrenburg später

auf seiner Datsche besucht. Wir waren einen ganzen langen Nachmittag bei ihm, und er erzählte uns von seinem
Vorhaben, dieser Autobiographie. Die war noch nicht
geschrieben. Er fragte nach allen möglichen Genossen
hier. Es war wirklich schön. Ich lieb ihn sehr. Günter und ich
haben seine Bücher meistens nacheinander gelesen und
darüber gesprochen. So wie auf diesem Foto sah Ehrenburg aus, als er hier war. Günter fragte ihn, ob er ein
Deutschenhasser wäre, na ja, weil er den Ruf hatte. Das
war er absolut nicht. Aber im Krieg mußte man den sowjetischen Soldaten klarmachen, daß der Deutsche wirklich der
Feind war, denn viele haben ja zeitweise immer noch
geglaubt, der deutsche Arbeiter meinte es nicht ernst mit
dem Krieg gegen die Sowjetunion. Ich habe dir ja erzählt
von einigen, die behaupteten, Kommunisten oder Sozialisten zu sein, und dann stolz darauf waren, daß sie Oberge-
freiter wurden. Ich habe die Deutschen sehr unterschiedlich
erlebt. Die Frau von einem großen Nazi hat zu meiner
Mutter gesagt, sie sollte bloß machen, daß sie aus Deutschland rauskommt, denn es wird furchtbar für die Juden
werden. Eine Nazifrau, die gewarnt hat.

Viele Bücher habe ich wieder neu entdeckt. Ich habe
Hermann Kant noch mal gelesen und viel Neues gefunden
im *Impressum*. Ich hab den *Stillen Don* gelesen und mit
Begeisterung Barlachs Briefe. Literatur bedeutet mir viel.
Sie ist eigentlich das, was mich heute noch mit dem Leben
verbindet.

Walter Besser

Ich wurde am 24. August 1911 in Coburg, in Bayern, geboren. Coburg war damals eine Stadt mit 25 000 Einwohnern. Sie hatte viel mittelalterliche Architektur in ihren engen Straßen. Im Zentrum lagen der große Marktplatz und das Rathaus, es waren alles alte Gebäude, die heute noch sehr gut erhalten sind, dazu vornehme und schöne Geschäftsstraßen mit herrlichen Fachwerkbauten. Es ist dort in den Bombennächten des zweiten Weltkrieges kaum etwas kaputtgegangen.

Besonders liebenswert war die reizvolle Umgebung. Man konnte hinauf zur Veste Coburg und in wunderbaren Parkanlagen spazierengehen. Sie liegt über der Stadt, 364 Meter über dem Meeresspiegel.

Charakteristisch für Coburg war, daß dort Fürsten gewohnt haben, zum Beispiel der Thronfolger Prinz Kyrill, Nachfolger des Zaren, oder ein König von Bulgarien, aber auch der Herzog von Sachsen-Gotha-Coburg und die Prinzen von Leiningen und Hohenlohe. Es war eine vornehme Stadt, mit einem Landestheater, mit sehr guten Schauspielern, mit Opern, Operetten und Theaterstücken. Nach den Bayreuther Festspielen kamen in- und ausländische Künstler nach Coburg und gestalteten dort eine »zweite Bayreuther Aufführung« mit der berühmten Veste Coburg als Kulisse im Hintergrund. Auch mein Vater gehörte zum Vorstand einer Gesellschaft für Musikfreunde.

Der Nachteil von Coburg bestand darin, daß die Stadt sehr nationalistisch eingestellt war, schon durch die Fürstlichkeiten, die dort wohnten. Coburg war bereits 1927/28 die erste Stadt im damaligen Großdeutschen Reich, in der die Nationalsozialisten eine Mehrheit im Stadtrat hatten. Schon 1922 habe ich als elfjähriger Junge Adolf Hitler in Coburg gesehen. Er fuhr oft in seinem offenen Mercedeswagen durch die Stadt. Coburg war eine Hochburg der

Stahlhelmer und der Hugenberg-Partei. Der Bürgermeister Schwede-Coburg hat später, 1941, in Stettin die ersten Judentransporte organisiert. So war ich von frühester Jugend mit dem aufkommenden Antisemitismus konfrontiert.

In Coburg war hauptsächlich Handwerk ansässig, wie Korbmachereien und Spielzeugwarenherstellung und -vertrieb. Auch mein Vater hatte unter anderem einen Spielwarengroßhandel mit fünfhundert Heimarbeitern bis nach Thüringen, in Sonneberg, Neustadt bei Coburg, in Köppelsdorf und Judenbach. Bei uns gab es Teddybären, Holzspielwaren, mechanische Spielwaren, Christbaumschmuck und so weiter. Vater hat zum Beispiel für ein großes Warenhaus in Amsterdam einen Elefanten herstellen lassen von zwei Meter Höhe, der mit dem Rüssel eine Orgel drehte. Der wurde in Sonneberg gebaut. Die Waren gingen in die ganze Welt.

Mein Vater ist in Schönau, in der Nähe vom damaligen Breslau, geboren. Meine Mutter stammte aus Neusalz an der Oder. Beide kamen also aus dem Schlesischen. Ein Cousin meines Vaters hatte in Coburg ein Herrenkonfektionsgeschäft. Als mein Vater 1907 heiratete, kaufte er es. Dadurch übersiedelte er nach Coburg. Er besaß also diesen Laden, und so wurde bei uns auch Konfektion en gros hergestellt. Das große Spielzeugwarengeschäft ist beim Schwarzen Börsenkrach 1929, glaube ich, bereits verlorengegangen.

Es war ein turbulentes Leben bei uns. Wir hatten ein riesengroßes Haus mit Vorgarten, das leider noch am 8. Mai 1945 ausgebombt wurde. Viele Leute, vor allem Kunden aus aller Welt, wurden bei uns empfangen. Da wurde Frühstück gemacht oder Kaffee. Sie haben alle im Bahnhofshotel gewohnt, ob es Amerikaner oder Inder waren. Ich mußte oft abends ins Bahnhofshotel, um ein paar Havannazigarren für die Kunden zu holen. Ich kann mich zum Beispiel auch an eine Dame aus Holland erinnern, die war schwerbeschädigt an den Händen, und sie hatte zwischen ihren Füßen ein Schreibgerät und schrieb die Aufträge mit den Füßen! Sie malte sogar Bilder damit.

Ich hatte mit meinen zwei Brüdern, Ludwig und Heinz, ein eigenes großes Zimmer von ungefähr dreißig Quadratmetern. Wir hatten auch noch ein kleineres Damenzimmer mit Balkon, ein Herrenzimmer und ein Biedermeierzimmer. Da wohnte eine Tante der Familie. Wir haben in unserm Zimmer auf Eisenbettstellen mit harten Matratzen geschlafen, weil das sehr gesund für die Wirbelsäule ist.

Damals gab's ja noch keine Radios. Aber ich weiß noch, daß wir mit den ersten Detektorapparaten anfingen. Für Technik habe ich mich schon immer interessiert. Wir haben uns als Kinder Haustelefone aus Streichholzschachteln und auch kleine Segelflieger selbst gebaut. Dadurch daß mein Vater Spielzeug verkaufte, hatten wir immer die neuesten Sachen. Ich kann mich noch an die ersten mechanischen Autos erinnern, wo die Lampen brannten. Wir sind oft ins Geschäft des Vaters gegangen und haben dort gespielt. Vater hat nur gesagt: »Ihr könnt spielen, aber seht euch vor, nichts kaputtmachen!«

Wir liefen meist in Sepplhosen herum, mit Hosenträgern mit einer Borte, bunt bestickt, so wie man es manchmal noch in den Heimatschnulzenfilmen aus Bayern sieht. Dann hatten wir einen Sepplhut auf mit einer langen Feder. Je dreckiger die Lederhosen waren und abgespeckt, desto wertvoller waren sie. An der Seite steckte ein kleines Messer in der Hose. Und Haferlschuhe trugen wir, mit so einer großen Lasche, die eingezackt war, und als Übergangskleidung dunkelgrüne Lodenmäntel.

Mein Vater war ein richtiger Mann! Der konnte schon früh um fünf oder sechs ein Kotelett essen. Er wog vierundachtzig Kilo, war stämmig und hieß mit Vornamen auch noch Siegfried! Das paßte zu ihm. Er war blond und stark. Mutter war dagegen dunkel, aber auch sehr kernig. Wenn Vater die Hand zusammenballte, konnte man nicht in die Haut eindrücken. Er hatte ganz schöne Muskelpakete und war auch ein starker Zigarrenraucher, und oft trank er schon frühmorgens seinen Schoppen Bier. Er war ein richtiger Bayer, obwohl er nicht aus Bayern stammte.

Wir Kinder wurden gut erzogen, ein bißchen streng, und mit Taschengeld knapp gehalten. Vater hat immer gesagt: »Es ist kein Kunststück, der Sohn eines reichen Vaters zu sein.« Der Koks vom Kohlenhändler wurde auf den Hof gefahren, und wir Jungs mußten ihn in den Keller tragen. Wir mußten auch vor dem Grundstück im Winter selber den

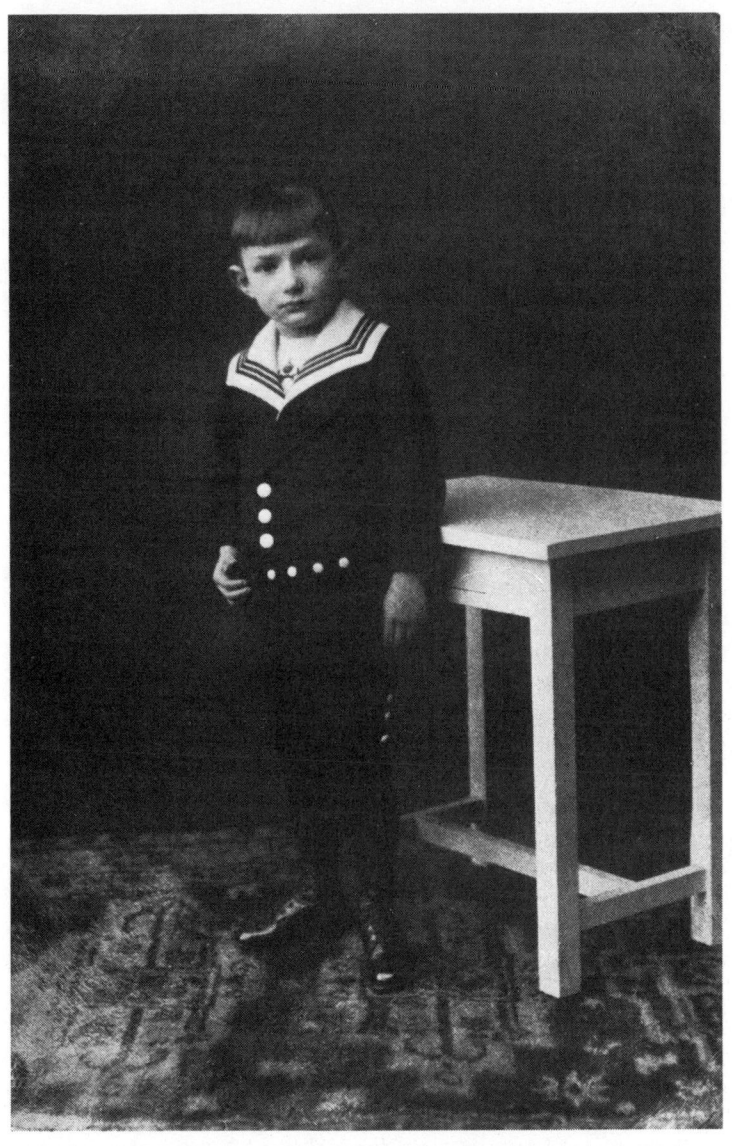

Walter, Coburg, 1918

Schnee wegfegen. Abends durften wir bis 22.00 Uhr wegbleiben, als wir älter waren. Aber wir durften die Zeit nicht
überschreiten. Es war eine gutbürgerliche Erziehung. Es
wurde Wert gelegt auf gutes Benehmen und Freundlichsein.
Vater sagte, wenn er mit uns durch die Straßen ging:
»Achtet mir die Arbeiter!« Er blieb dann stehen und hat
auch mal Arbeitern, selbst wenn sie bloß Straßenkehrer
waren, eine Zigarre angeboten. Er belieferte auch die
Arbeiterwohlfahrt. Vater war in der SPD und Mitbegründer
des Reichsbanners der SPD-Schutztruppe in Coburg. Als
der Kaiser abdankte, erzählte Vater nur: »Siehst du, der
Kaiser wohnt jetzt in Holland. Wir mußten die Haut hinhal-
ten und waren das Kanonenfutter. Wie das eben in der Welt
immer so ist: die Armen betrifft es, die Großen verschwinden.« Wir waren politisch ziemlich exponiert, so daß später
die ganze Wut der Nazis an uns ausgelassen wurde. Vater
unterstützte die Partei auch finanziell. Wir hißten immer die
schwarzrotgoldene Fahne mit Emblem. Aber mein Vater
fühlte sich als guter Deutscher. Er war im ersten Weltkrieg
eingezogen, vier Jahre, und wurde mit dem EK zweiter
Klasse ausgezeichnet, dem Verwundetenabzeichen.
Die Erziehung in meinem Elternhaus war, obwohl es uns
sehr gut ging, nicht hochnäsig. Nicht protzen, sondern Gutes
tun, lieber geben als nehmen! Das war die Devise meines
Elternhauses. Meine Mutter war eine richtige jüdische Hausfrau. Sie arbeitete mit im Geschäft. Wir hatten zwei Hausmädchen, einen Chauffeur und auch ein Kindermädchen,
die sie anleitete. Während des Krieges hatte Mutter die
ganze Last des Geschäftes zu tragen. Mutter verstand sich
auf die gute Führung des Haushaltes, aufs Essenkochen,
auch jüdisches Essen. Aber koscher gab's bei uns nicht. Wir
haben auch Schweinefleisch gegessen. Doch Ostern, zu
Pessach, wurde alles Geschirr gewechselt, geputzt und
geschrubbt. In den acht Tagen wurde nur pessachmäßig
gekocht, gebacken und gegessen. An den Feiertagen gab's
jüdische Küche. Aber wir sind so erzogen worden, daß wir
alles essen mußten. Wenn man nicht gegessen hatte, bekam
man das den nächsten Tag wieder vorgesetzt. Das war
streng. Mutter hatte ein dickes, handgeschriebenes Koch-
buch. Das habe ich sogar noch in die Illegalität mitgenommen. Leider ist es später verlorengegangen.

Der Vater (Mitte) im ersten Weltkrieg

Res.-Inf.-Rgt. 93.

Vorlaeufiger Ausweis.

Der Kommandierende General des Garde-Reserve-Korps hat im Namen Seiner Majestaet des Kaisers und Koenigs dem

Landsturmmann Siegfried Besser

von der 4. Kompagnie des Reserve-Infanterie-Regiments Nr. 93 das

Eiserne Kreuz II. Klasse

verliehen, worueber ihm dieser vorlaeufige Ausweis ausgefertigt wird.

Rgts.-St.-Qu., den 13. 1918. J.

Major und Regimentskommandeur.

Hauptmann.

Urkunde

Wir waren liberal-fromm. Jeden Freitag wurde eben Schabbes gehalten, die zwei Lichter wurden angezündet, und Vater sagte die Segenssprüche auf, es wurde Barches, ein Zopfbrot, gegessen und Wein getrunken. Wir fühlten uns als assimilierte deutsche Juden.

In Coburg lebten damals etwa zweihundert jüdische Familien, meistens gutsituierte Kaufmannsleute, wobei auch ärmere Schichten dabei waren. Es gab eine kleine Synagoge. Wir gehörten zu einer Reformgemeinde. Bei uns wurde die Thora bereits auf deutsch vorgelesen. Aber wir sind weder am Freitag noch am Sonnabend in die Synagoge gegangen, auch wegen der Ladenschlußzeiten. Es gab keinen freien Sonnabend, der Laden war immer bis 19.00 Uhr geöffnet. Für die Synagoge war da kaum Zeit. Wir sind als Kinder natürlich regelmäßig zum Religionsunterricht gegangen und mußten Hebräisch lernen, um zur Barmitzwa, der jüdischen Jugendweihe mit dreizehn Jahren, aus der Thora vorlesen zu können. Die Barmitzwa ist der Einsegnung bei den Christen vergleichbar. Wir mußten selbst aus der Thora vorlesen, mit so einer kleinen Silberhand als Lesehilfe, um die Thora nicht zu berühren. Damit trat man ins Erwachsenenalter ein. Das wurde dann gefeiert, im Bahnhofshotel, und Bekannte und Verwandte, ob Juden oder Christen, waren eingeladen. Es war eine große Sache!

Über die Bedeutung der jüdischen Feste und Feiertage weiß ich heute nichts mehr. Das ist auch der Grund, warum ich hier in Berlin nicht mehr zur Synagoge gegangen bin, weil ich das alles vergessen habe. Aber trotzdem bin ich heute stolz auf mein Judentum, jetzt erst recht! Aus Tradition, aus Überzeugung, aus Pietät meinem Elternhaus und meinen Verwandten gegenüber. So wurde ich auch wieder Mitglied der Jüdischen Gemeinde nach 1945.

Nur an das Laubhüttenfest erinnere ich mich noch intensiver. Auf dem Gelände der Jüdischen Gemeinde wurde eine Laubhütte aufgebaut. Da sind wir natürlich mit den Eltern hin. Die Kinder wurden mit Bonbons überworfen. Auf der Empore der Synagoge saßen die Frauen und warfen die Bonbons runter. Dann gab's für die Kinder Schokolade und ein bißchen Kuchen. Es ist ja ein Freudentag, ein Erntedankfest. Wir konnten auch unsere guten christlichen Freunde mitbringen.

Was mir an meiner jüdischen Erziehung wichtig blieb, ist die Tatsache, daß wir ein ausgesprochen starkes Familienleben haben. Das wird sogar von Andersgläubigen immer gesagt: Ihr Juden hättet nie überlebt, wenn ihr nicht so eine Tradition, ein Zusammengehörigkeitsgefühl, hättet: in der Familie und in der Gemeinde. Auch als wir später in Berlin wohnten, während der Nazizeit, haben die Schwestern meiner Mutter jeden Freitagabend Schabbes gefeiert. Wir waren dadurch jede Woche regelmäßig im Familienkreis zusammen, obwohl ich schon erwachsen war.

Wir wurden zu Hause so erzogen, daß wir alle Arbeiten mitmachten. Ich bin an und für sich ein Hausmann. Im Betrieb haben sie immer gesagt: »Kollege Besser, sei ruhig! Du verdirbst die Preise! Das dürfen unsere Frauen gar nicht hören!« Ich betrachte die Frau nicht als mein Dienstmädchen. Ich habe die Frauen immer hoch verehrt. Immer aufmerksam, Blümchen mitgebracht. Sie ist nicht mein Schuhputzer, ich muß ihr Arbeit abnehmen, man muß einander ergänzen. Das sage ich, obwohl ich das vierte Mal verheiratet bin. Ich möchte keine meiner vier Ehen missen. Mit jeder Frau war's auf eigene Art schön.

Ich bin vier Jahre zur Volksschule gegangen und dann aufs Realgymnasium. Ich war ein mittelmäßiger Schüler und sprachlich überhaupt nicht begabt, ich hatte ja Englisch, Französisch, Latein und Griechisch. Heute kann ich nichts mehr davon, weil man's ja nicht pflegen konnte. Eigentlich wollte ich Arzt werden, deshalb Latein und Griechisch. Aber unser Hausarzt riet mir davon ab, weil er immer so viele Hausbesuche machen mußte und in einem anderen Beruf genausoviel Geld zu verdienen war. Da hab ich mich überreden lassen und wollte Automobilbauingenieur werden. Wir hatten ja Autos zu Hause. Ich hab dann Latein und Griechisch weggelassen und mich auf einen technischen Beruf konzentriert. Ich war und bin mehr praktisch begabt. Das ist gar nicht schlecht. Wenn zu Hause mal was kaputt ist, kann ich das selber reparieren, auch am Auto.

Auf dem Gymnasium waren richtige Pauker. Hände vor, wenn was war, und mit dem Rohrstock draufgeschlagen, auch auf den Hosenboden. Da haben wir den Hintern mit Zwiebeln eingerieben, damit es nicht so weh tat. Das waren ganz strenge Pauker. Die sahen auch schon so aus: verknöcherte Studienräte und Oberstudienräte, deutschnational durch und durch. Gediente Soldaten waren das. Ich kann mich noch an den Direktor Debritz erinnern. Da hatten wir auch einen Karzer und mußten manchmal drei, vier Stunden dort absitzen. Aber der Mensch ist ein Gewohnheitstier. Wir durften eben nicht so frech sein. Ein bißchen strengere Erziehung kann nie schaden. Doch es wurden auch untertänige Menschen dabei erzogen. Gelitten habe ich darunter nicht.

Einen gewissen Antisemitismus gab es schon in der Schule. Beim Deutschlandlied durften wir später nicht mehr mitsingen. Sie haben gesagt, die Juden dürfen das Deutschlandlied nicht singen, weil sie nicht deutschnational genug sind. Oder Schulkameraden beschimpften uns mit: »Juden! Juden! Hepp-hepp-hepp!« und »Judenstinker«. Was sollte man machen? Es war später so, daß mein eigener Mitschüler mich nachts zur Gestapo abholte.

Wir haben in der Schule eine sehr gute Allgemeinbildung vermittelt bekommen. Zu Hause besaßen wir auch viele Bücher, Werke von Schiller und Goethe, Thomas und Heinrich Mann, und wir haben gute Zeitungen zu Hause gelesen. Ich war immer politisch interessiert, obwohl ich kein politischer Mann geworden bin. Alles, was ich aufschnappte, ließ ich mir durch den Kopf gehen, um zu vergleichen. Das hab ich in frühester Jugend schon getan, auch durch meinen Vater. Wir haben uns viel mit den Eltern unterhalten und sind immer mit ihnen sonntags weggegangen oder spazierengefahren über Land. Nachmittags saß man dann im Gartenlokal und bestellte ein Glas Milch und schönen Landschinken mit einem knusprigen Brot dazu. Da hat man sich unterhalten. Wir haben auch Picknick im Freien gemacht. Mutter machte Kartoffelsalat und hatte Buletten gebraten. Dann haben wir Apfelwein mitgenommen und fuhren mit dem Auto zu Vaters Bruder nach Ilmenau. Das war ungefähr 80 km entfernt. Weil es bergig war, brauchte man so anderthalb bis zwei Stunden. Wir haben die Weinflaschen in einem fließenden Bach gekühlt, haben Decken ausgebreitet und einen herrlichen Tag verlebt. Das können sich die meisten gar nicht mehr vorstellen. Das Leben war viel geruhsamer.

214

Ich war dann im jüdischen Pfadfinderbund. Den gab es
ja in ganz Deutschland. Wir trugen Uniformen und haben
mit unserem Prediger Hirsch Ausflüge gemacht und uns
mit allem möglichen beschäftigt. Jeder mußte Vorträge
halten. Ich mußte mich sogar einmal eine Zeitlang mit
Marx, Engels und Lenin beschäftigen. Ich bin in die Bibliothek der Sozialdemokratischen Partei in der Judengasse
gegangen und habe mir dazu was ausgearbeitet. Da war
ich ungefähr sechzehn, siebzehn Jahre alt. Vater gab mir
etwas Unterstützung. So kam ich dann ein bißchen zum
Sozialismus, ohne mir darüber große Gedanken zu
machen, daß das später mal auf der ganzen Welt verbrei-
tet sein sollte. Erst nach 1945 kam die Erinnerung daran
zurück. Das war auch ein Grund dafür, warum ich hiergeblieben bin.

Prediger Hirsch war ein weitblickender und fortschrittli-
cher Mann. Er war sehr bekannt in Coburg und schrieb als
Theaterrezensent Kritiken fürs *Coburger Tagesblatt*. In
Coburg waren die Juden eigentlich alle bekannt. Wir
waren, wie man heute so sagt, »jüdische Philanthropen«,
die viel gespendet haben. Da wurde zum Beispiel eine
Rosenausstellung gebaut oder ein Freibad, und die reichen
Juden gaben Geld dafür.

Nach dem Abitur hab ich eine Lehre in einer Automo-
bilreparaturwerkstatt gemacht und wurde als Autoschlos-
ser von der Pike auf ausgebildet. Erst hab ich Feilen
gelernt, bis es gerade wurde. Das war gar nicht so einfach.
Dann mußte ich Bohren lernen. Ich kam noch nicht an Autos
ran. Ich habe zwar die Autos mit auseinandergenommen
und durfte alles schön saubermachen, aber da war ich
bereits über drei Jahre tätig. Dann durfte ich auch die
Autos wieder mit zusammenbauen. Manchmal blieben ein
paar Teile übrig. Aber das Auto lief trotzdem. Wir hatten
die Automarken Stöver, Adler und Wanderer. Die größte
Automobilindustrie lag in der heutigen DDR, in Zwickau,
dort, wo jetzt die Trabants gebaut werden. Die hießen
damals Horchwerke. Die Lehre hat mir sehr viel Spaß
gemacht.

Ich hatte auch bald selber ein Motorrad, eine Maschine
mit zweihundert Kubikzentimetern. Da brauchte man noch
keine Fahrerlaubnis zu machen. Mit der bin ich von Coburg

Walter Besser, Coburg, etwa 1932/33

Walter Besser (rechts) mit jüdischen Freunden auf einem Fahrradausflug

nach Leipzig zu meinem Onkel gefahren. Die hatte kein Getriebe, sondern nur Luft und Gas. Man schob das Motorrad an, sprang auf den Sattel und fuhr los. Unser Familienauto hatte noch keine elektrische Beleuchtung, sondern Karbidlampen. Es gab auch noch keinen Anlasser. Wir mußten selbst ankurbeln. Im Winter, da wir jeden Tag fuhren, mußten wir jeden Abend das Wasser ablassen und frühmorgens lauwarmes Wasser wieder auffüllen, damit der Grauguß des Motors nicht riß. Es war noch nicht so bequem wie heute. Die Gangschaltung und die Handbremse waren noch im Freien.

Bevor man zum Studium zugelassen wurde, mußte man mindestens drei Jahre Praxis haben, und da bin ich noch in eine Eisengießerei gegangen und hab Handformen und Maschinenformen gelernt und auch Modelltischlerei. Dieses Werk hat Automaten hergestellt für Holland. In diese wurde oben ein Stück Rechteckholz reingeschoben, und unten kam der fertige Holzpantoffel, wie die Holländer ihn tragen, heraus. Mit der Hand wurden die kleineren Teile geformt. Da hab ich richtig Eisengießen gelernt. Ich war der einzige gelernte jüdische Handwerker. Das mag auch nachher, in der Verfolgungszeit, einen gewissen Einfluß gehabt haben, daß ich überlebte, weil sie immer ein bißchen Respekt hatten vor einem jüdischen Handwerker. Bei

217

den Arbeitern habe ich übrigens nie bemerkt, daß sie antisemitisch eingestellt waren.

Die faschistische Entwicklung in Coburg habe ich zuerst, wie gesagt, in der Schule mitbekommen, so daß mir immer klarer wurde, daß ich zu einer Minderheit gehörte. Die Hänseleien der Mitschüler nahmen zu. Sie sagten: »Juda verrecke!« und »Mistjude!« Das war laufend. In meiner frühen Jugend hatte noch keiner darüber gesprochen: Du bist das, und du bist das: katholisch, evangelisch oder jüdisch. Aber gerade durch die Fürstenhäuser wurde der Antisemitismus hereingetragen. Das wurde von uns zur Kenntnis genommen und sonst nichts. Der Direktor hat dann mal vor der Klasse gesagt: »Laßt das sein! Wer kann dafür, daß er als Jude geboren wurde. Man kann sich seine Eltern ja nicht aussuchen.« Aber es hat alles nichts genützt. Die haben das eben weiter gesagt. Nicht daß wir geschlagen wurden, das war erst 1929. Da waren dann schon diese SS-Rowdys, die Schlägertrupps, unterwegs.

Ich hatte viele jüdische Freunde und auch christliche. Das war damals nicht so getrennt, wer mit wem verkehrte, auch nicht, wenn es sich um Familien handelte, die mehr rechts eingestellt waren. Ich kann mich erinnern, daß mein Vater bis 33 sogar mit bekannten Nazis verkehrte, die damals schon das goldene Parteiabzeichen trugen. Trotzdem kamen sie zu uns. Das wurde erst verschärft, als sie auch im Stadtrat die Mehrheit hatten und als die Sondergesetze 1933 rauskamen, als vor unserem Geschäft stand: »Wer beim Juden kauft, ist ein Vaterlandsverräter!« Die Radikalisierung kam erst nach 33.

Wir haben für die christlichen Mädchen, die bei uns angestellt waren, Weihnachten gefeiert und einen Christbaum aufgestellt. Sie bekamen Geschenke. Das fand ich eben so schön, daß wir wie eine Familie waren, obwohl die andern christlich eingestellt waren. Wir fuhren auch in den Schulferien zu den Eltern unseres Hausmädchens, bis sie zweiundzwanzig Jahre alt war und heiratete. Sie stammte vom Land, und wir haben Kartoffeln mit geerntet. Da gab's überhaupt keine Spannungen.

Ich kann mich noch erinnern, wie es in Coburg anfing: Vater mußte mal nach Berlin, und ich bin an einem Sonntag mit meiner Mutter spazierengegangen, so im Juni/Juli. Da wurde

Silberhochzeit der Eltern mit den Söhnen Heinz, Ludwig, Walter
(von links nach rechts), 1932

ich mitten auf der Straße von einer solchen Bande niedergeschlagen, so daß ich einen Nasenbeinbruch hatte. Nur
weil sie wußten, daß ich Jude bin. Die kamen vorbei, haben
mich geschlagen und haben geschrien: »Du Saujude!« Ich
bin mit meiner Mutter schnell weiter und gleich zum Arzt.
Oder ein andermal haben sie uns aus dem Café Schubert
abends rausgetrieben, wo wir immer mit unsern jüdischen
Freundinnen und Freunden saßen. Manchmal haben sie
uns sogar noch nachts verfolgt, und wir sind geflitzt, um
irgendwie in der Nähe in eine Wohnung zu kommen. Das
war kein angenehmes Leben mehr. Es verschärfte sich
zunehmend, als die Nazis ihre Mehrheit in Coburg hatten.
Mein Bruder Heinz flog mal in einen Schaukasten und hat
sich dabei ziemlich verletzt. Der schlug sich mit den SA-
Leuten öfter herum. Er hat immer gleich gegengehalten, er
war ja auch kräftig gebaut wie mein Vater. Das haben sie ihm
dann 1933 gleich heimgezahlt. Er kam sofort ins KZ Dachau.
Heinz, der drei Jahre älter war als ich, lernte zunächst

Herrenkonfektionär und war eine Zeit bei Vater im Geschäft. Dann ging er nach Jena zu einer Firma, die einen großen Laden führte, und lernte dort Verkäufer. Heinz trat der KPD bei. Das war eine Art Opposition zum Vater. Aber es gab fast keine Auseinandersetzungen zwischen ihnen. Die Politik war nicht so scharf. Der eine war eben in der SPD, der andere im Stahlhelm, die andern waren vielleicht versteckte Nationalsozialisten. Manchmal kam man in eine Partei ohne eine wirkliche Überzeugung. Die einen predigten so, die andern so. Die politische Arbeit war mehr wie ein Vereinsleben damals. Eine gewisse Opposition gegenüber den rechten Leuten war natürlich bei Heinz da, wegen ihres Antisemitismus.

Am 21. März 1933 wurde Heinz nachmittags abgeholt, zwei Stunden später, kurz vor Ladenschluß, mein Vater. Meine Mutter und ich haben den Laden geschlossen und sind nach Hause. Abends um zehn haben sie mich dann abgeholt zum Verhör. Mutter hat noch gesagt: »Wollen Sie noch jemand holen?! Ich hab dann bloß noch meinen Jüngsten, ein elfjähriges Kind.« Sie hat geweint und war schrecklich aufgeregt. Ich war zweiundzwanzig Jahre alt und wurde von meinem eigenen Schulkameraden abgeholt. Ich fragte ihn: »Nanu, was ist denn los?« Und er antwortete: »Ja, ich kann ja nichts dafür. Das darfst du mir nicht übelnehmen. Ich mußte das machen. Mich haben sie zu dir geschickt.« Ich kam zu der Verhörstelle der Gestapo, wurde ausgefragt, was ich arbeite, ob ich wüßte, wo die KPD Waffen versteckte, oder die Sozialdemokraten. Ich sagte: »Nee, ich hab mich nie um Politik gekümmert.«

Sie haben alle jüdischen Männer abgeholt und wollten wissen, wo Waffen versteckt seien. Ich erfuhr von meinem Vater und meinem Bruder, daß sie noch und noch Schläge gekriegt hatten. Mein Bruder mußte nachher im Krankenhaus liegen. Er ist mit einem Knüppel geschlagen worden. So haben sie ihn uns in die Wohnung gebracht, den Rücken aufgeschlagen vom Halswirbel bis zum Steiß. Wir konnten ihn nur umdrehen, indem wir am Laken zogen. Er lag drei Wochen zu Hause, dann hat ihn die SA ins Krankenhaus gebracht. Aber der Chefarzt mußte ihn nach einer Zeit wieder rausgeben, und er kam ins SA-Krankenhaus für politisch Verfolgte, für Juden hatten sie extra so ein Krankenhaus eingerichtet. Im Mai kam mein Bruder dann ins KZ Dachau. Das war die Revanche für seine politische Tätigkeit. Ich hab noch den »Schutzhaftbefehl«.

Mir haben sie nichts getan. Sie wollten nur politische Auskünfte. Ich hab gesagt: »Ich bin nichts. Sie kennen mich doch! Wir sind doch keine unbekannten Leute in Coburg. Ich arbeite sogar bei Ihrem Stahlhelm-Mann in der Firma Sander. Ich bin Handwerker.« Dadurch hatte ich's etwas besser. Ich konnte nach vierzehn Tagen nach Hause gehen. Auch mein Vater kam nach einiger Zeit raus. Doch sie sagten uns, wenn wir Coburg nicht bis zum 21. Juni 1933 verlassen, können wir uns auf was gefaßt machen! Wir haben dann alles überstürzt unter Preis verkauft, das Geschäft aufgelöst, die Möbel verladen und sind in der Nacht vom 21. zum 22. Juni, die ganze Familie, mit der Tante, die noch bei uns war, nach Berlin gezogen. Vater war schon vorher in Berlin gewesen, hatte über Verwandte eine neue Wohnung besorgt, doch er hatte nun zunächst gar keine Existenz mehr.

Natürlich haben wir sehr geweint. Mein Vater hatte ja schließlich von 1907 bis 1933 das Geschäft seines Onkels aus Quedlinburg geführt und die andern Geschäfte aufgebaut. An unserem Geschäft stand plötzlich: »Kauft nicht bei Juden! Wer bei Juden kauft, ist ein Vaterlandsverräter!« Wir Juden haben uns gegenseitig besucht und beraten, was geschehen sollte. Aber da mein Bruder politisch so exponiert gewesen war, mußten wir früher aus Coburg raus, im Gegensatz zu den anderen jüdischen Familien.

Sogar Nazis, die schon vor 33 in der Partei waren, kamen noch mal heimlich zu uns ins Haus. Es war ihnen peinlich. Sie sind vielleicht aus wirtschaftlichen und finanziellen Gründen zu den Nazis gegangen, waren aber nie gegen die Juden. Sie haben ja jahrelang mit uns verkehrt. Richtig eingefleischte Antisemiten gab es in unserer näheren Umgebung eigentlich nicht, auch nicht in der Autoschlosserei oder in dem großen Eisengießereiwerk, wo auch über hundert Leute arbeiteten. Der Oberbürgermeister, der Stellvertreter und die Partei, die wollten uns an erster Stelle loswerden. Wir konnten das Haus und das Geschäft frei verkaufen. Aber zu welchem Preis!

Man hat uns allen nach 45 den Vorwurf gemacht, wir

hätten nicht genügend dagegen getan. Das läßt sich leicht sagen. Ich meine, anerkennen muß man, daß die Kommunisten und Sozialdemokraten, auch gewisse bürgerliche Kreise, Widerstand organisiert haben, aber das war doch nicht für alle diejenigen möglich, die nicht so organisiert waren. Nachdem die demokratischen Organisationen zerschlagen waren, war doch nichts mehr zu machen. Ich wurde überhaupt nie angesprochen. Ob ich den Mut dazu gehabt hätte, kann ich heute nicht sagen. Die Zusammenarbeit zwischen KPD und SPD kam auch nicht zustande, weil jeder auf seinem Standpunkt beharrte, statt sich zusammenzusetzen. Außerdem hatte die SPD in diesen Kleinstädten vielleicht dreihundert bis vierhundert Leute, in einer Stadt mit 25 000 Einwohnern, und die KPD bedeutend weniger, grade auch in Coburg, das schon immer mehr rechts stand. Das muß man dabei berücksichtigen.

Aus *Mein Kampf* von Hitler hab ich nur ein paar Abschnitte gelesen. Das hat ja keiner für voll genommen, weil man sich sagte, das kann doch nicht wahr sein, daß ein Volk, das mit auf der höchsten Kulturstufe in der Welt steht, mit großen Dichtern und Denkern, später zu Pogromen übergehen sollte. Auch an einen zweiten Weltkrieg hat niemand gedacht. Man dachte eher: Laßt mal, der Hitler, das gibt sich wieder, das ist nur vorübergehend. Niemand kannte auch diesen Anstreicher aus Braunau in Österreich, der dann sogar die hochstehenden Leute der Finanzwirtschaft und Wirtschaft so eingewickelt hat, daß alle ihm nachgelaufen sind, als ob er Speck in der Tasche hatte! Die Frauen standen bei Umzügen und winkten ihm zu und heulten. Es war unbegreiflich! Wir konnten uns das gar nicht erklären, wie fanatisiert alle waren. Er nutzte natürlich auch die große Arbeitslosigkeit mit den sieben Millionen Arbeitslosen aus. Durch seine Arbeitsbeschaffung, als er zum Beispiel die Autobahn durchs ganze große Deutsche Reich bauen ließ, kamen erst mal Millionen Leute von der Straße. Es gab wieder Arbeit und Brot. Und dann folgte die Propaganda: Das Elend habt ihr den Juden und den Bolschewiken zu verdanken! So wurden viele durch das Hetzen nach und nach fanatisiert und narkotisiert. Es war wie eine Lähmung.

Man munkelte damals nur, daß Hitler mal eine unangenehme Begegnung mit einem jüdischen Schneider in München gehabt haben soll. Und zwar wollte er sich einen Anzug machen lassen. Ich weiß nicht, ob das stimmt. Da hat der Schneider gesagt, er arbeitet nicht für ihn. So sei Hitlers Einstellung zu den Juden entstanden. Das kann natürlich auch ein Volksmärchen gewesen sein. Vielleicht wissen andere mehr. Hitler war Anstreicher und ein primitiver Mann, wo soll er diese Ideen auf einmal hergekriegt haben? Irgendwie mußte er wohl schlechte Erfahrungen mit Juden gemacht haben. Aber Antisemitismus gab es andererseits schon seit Jahrhunderten. Die Juden waren immer der Sündenbock der Nation, ganz gleich, wo, ob im Orient, im Okzident, in Amerika oder in Europa. Es wird Antisemitismus immer geben, zumindest einen versteckten, noch in tausend Jahren. Das ist meine Meinung.

Das Schöne in meiner Jugend war, daß ich zunächst sorgenlos in einem guten, wohlbehüteten Haus gelebt habe, daß ich eine gute Schulausbildung und eine etwas strenge Erziehung erhielt, was im Leben aber nicht geschadet hat. Das Belastende war, daß man ab Mitte der zwanziger Jahre so langsam dahinterkam, schon durch die Beschimpfung der eigenen Schulkameraden: Du bist kein vollwertiger Mensch.

Ich bemühte mich immer, den geraden Weg zu gehen. Ich war nie hinterhältig. Ich sage manchmal lieber ein Wort zuviel, was auch nicht immer gut ist. So geht es mir heute noch. Aber ich kann Ungerechtigkeiten nicht vertragen. Ich hatte ja nichts verbrochen. Was konnten wir dafür, daß wir als Juden geboren wurden? Wir hatten keinem etwas getan. Wir sind mit allen immer gut ausgekommen. Wir waren fleißig, strebsam, arbeitsam und haben der Stadt auch was zukommen lassen. Man lief plötzlich als Mensch dritter oder vierter Klasse herum. Ganz schlimm wurde es später, als der Stern rauskam. Da waren wir auch äußerlich gekennzeichnet und wurden vogelfrei. Jeder konnte uns auf der Straße ohrfeigen und prügeln.

Vater hatte dann eine Wohnung in Berlin-Neukölln bekommen, am Kottbusser Damm 79, im Hause der Dresdner Bank, sie existiert heute noch. Es war eine schöne, geräumige Vierzimmerwohnung in der vierten Etage, in die meine Eltern mit meinem kleinen Bruder Ludwig und mir zogen. Heinz war ja noch im KZ Dachau.

Vater versuchte sich als Vertreter, da er ja in der Konfektion groß geworden war. Er hat in einem Zuchthaus in Straubing Hosen arbeiten lassen. Dadurch waren sie billig und gut umzusetzen. Er hat zunächst gut verdient. Wenn er zu Karstadt gegangen ist, haben die gleich fünftausend Hosen gekauft. Wir konnten uns auch wieder ein Auto anschaffen, bis sie es uns endgültig wegnahmen. So hat sich mein Vater wirtschaftlich halten können, bis er 1941/42 zur Zwangsarbeit im jetzigen Elektroapparatewerk in Berlin verpflichtet wurde.

Viele Juden in Berlin bereiteten ihre Auswanderung vor. Vater war im Zentralverein der Juden Deutschlands, der eine eigene Zeitung herausgab. Da stand drin: Wir müssen einen Adolf Hitler nicht ernst nehmen. Und da mein Vater ein guter Deutscher war, haben wir eine Auswanderung gar nicht erwogen. Wir haben gedacht, das geht vorüber. Es war ja nicht das erste Mal, daß es Pogrome in der Geschichte der Judenheit gab. Doch diese Entwicklung wurde von vielen unterschätzt.

Die erste Zeit in Berlin war ich sehr deprimiert. Aber als ich nachher wieder um meine Existenz kämpfen mußte, verlor es sich etwas, da vergaß ich zunächst die schweren Zeiten. Ich nahm ein Studium auf an der Technischen Lehranstalt der Stadt Berlin, mit Praxis und theoretischem Unterricht. Eines Tages wurde ich zum Direktor gerufen, und der sagte: »Herr Besser, es tut uns furchtbar leid, Sie werden in der Zeitung gelesen haben, daß Sie wegen der Einführung des Arierparagraphen nicht weiterstudieren dürfen. Sie sind ja Volljude, und da müssen Sie die Schule verlassen.« Ich bekam noch ein Behelfszeugnis und ging damit auf Arbeitssuche. Natürlich war ich deprimiert, daß ich nicht zu Ende studieren durfte, weil ich mir doch nichts vorzuwerfen hatte.

Durch einen jüdischen Herrn bekam ich eine Stelle bei der Firma Zucker, einer jüdischen Automobilwerkstatt am Königstor. Dort hab ich noch ein staatliches Examen als Elektro- und Autogenschweißer gemacht. Irgendwie hatte Herr Zucker mit einer Firma Hopf zu tun, einem Rüstungsbetrieb mit vierzig Leuten, und die hat mich dann einge-

stellt. Da verdiente ich sogar 2,60 bis 2,80 Mark Akkord-
lohn, das war sehr gut bezahlt. Meine spätere Frau bekam
bei Siemens fünfundfünfzig Pfennige die Stunde. Damals
kostete ein Ei fünf bis acht Pfennige, ein Pfund Butter
2,50 Mark oder noch weniger und ein Pfund Leberwurst
etwa sechzig Pfennige. Ich habe sechzig Stunden gearbeitet pro Woche. Das brachte mir schönes Geld. Wenn man
sich einen Anzug machen ließ, kostete der englische Stoff
der Meter dreißig Mark. Ich wurde immer beneidet, daß ich
soviel Geld verdiente. Die Arbeit hat mir Freude gemacht.
Die Kollegen waren sehr, sehr nett. Es ging jeden Tag um
sieben los, bis abends um fünf, halb sechs. Ich bin mit dem
Fahrrad gefahren, sommers wie winters, vom Kottbusser
Tor bis zum Markgrafendamm, vielleicht eine Viertel-
stunde. Die meisten Juden haben in Rüstungsbetrieben
gearbeitet. Es gab ja nichts weiter. Wir haben Teile für U-
Boote hergestellt. Wir wußten nicht, für welche, wir wußten
nur, daß damit U-Boote zusammengebaut wurden. Natürlich hat man sich Gedanken gemacht, daß man mithilft, den
Krieg vorzubereiten beziehungsweise zu verlängern. Aber
was blieb einem übrig? Sollt ich mich dagegen wehren?
Weil ich kleine Hände hatte, kleine Finger, wurde ich für
Präzisionsarbeiten genommen. Das Material war eine
Aluminiumlegierung. Da mußte man Obacht geben, um
nicht so forsch die Drehbank zu bewegen, sonst brannte
das Material.

Bei der Firma Hopf, wo ich fünf Jahre arbeitete, war ich
der einzige Jude. Aber es gab keinen Unterschied zwischen
den Kollegen. Da war ein nationalsozialistischer Betriebsrat, und es gab Extra-Käsezuteilungen, weil wir ein
Rüstungsbetrieb waren. Es durfte keiner wissen, daß ich
vom Chef und vom Betriebsrat eine Sonderzuteilung Käse
bekam. Die Arbeiter liebten ihr Bier und ihren Schnaps. Da
wurde auch in den Pausen einer gehoben. Sie waren trotzdem sehr belesen, und wir diskutierten auch in der Pause.
Was sie nicht richtig fanden, war die Judenverfolgung.
Jeder kannte irgendwie eine jüdische Familie, sei es der
Arzt, sei es der, von dem die Frau ihre Kleider und der
Mann seinen Anzug herhatte. Sie kauften vor 1933 alle in
jüdischen Gechäften und waren wie vor den Kopf geschlagen, daß das nun nicht mehr ging, und fanden, daß das

Unrecht war. Es gab auch nie antisemitische Äußerungen der Arbeiter mir gegenüber. Minderwertigkeitskomplexe hab ich also nicht bekommen, weil ich in den Betrieben, wo ich auch später gearbeitet habe, keinen Arbeiter traf, der massiv gegen Juden eingestellt war.

Dann mußte ich eines Tages zum jüdischen Arbeitsamt, und da erfuhr ich: »Ja, Herr Besser, Sie dürfen nicht mehr mit denen zusammenarbeiten, als einziger Jude. Wir vermitteln Sie zur Firma Naumann in der Brunnenstraße. Das ist auch ein Rüstungsbetrieb für die Luftwaffe.« Dort waren nur Juden, außer den Meistern. Wir arbeiteten in drei Schichten. Jede Schicht mindestens fünfzig Kollegen. Ich war traurig, daß ich von der Firma Hopf wegmußte, weil ich mich an die Menschen gewöhnt hatte.

Bei der Firma Naumann wurden Modelle für Wasserflugzeuge hergestellt. Falls ein Flugzeug abgeschossen wurde und ins Meer stürzte, entließ es automatisch ein Faltboot. Eine Armatur blies den Sauerstoff ein, damit das Faltboot sich öffnete. Ich hatte die Teile der Armaturen zu machen, und ich war der einzige Jude, der nur am Tage arbeitete, weil ich eine sehr qualifizierte Arbeit machte. Die andern mußten in Schichten arbeiten, Tag und Nacht. Die Meister waren streng, aber der Deutsche ist ja auch phlegmatisch. Wenn die Leute ihre Arbeit taten, gab's keine großen Probleme mit den Meistern.

Man hatte den Jüdischen Kulturbund gegründet. In der Kommandantenstraße gab es das Jüdische Theater unter Leitung von Fritz Wisten, der nach 1945 die Volksbühne aufbaute und sie bis zu seinem Tode leitete. Wir wußten genau, daß auch Nazileute wie Rosenberg und Konsorten sich abends in die Loge setzten, weil dort die Spitzenkräfte auftraten, die an den großen öffentlichen Theatern nicht mehr spielen durften. Es gab alles, Oper, Schauspiel und Operette, wie in den anderen Theatern auch. Dorthin sind wir regelmäßig gegangen, wie auch in die jüdischen Cafés, zum Beispiel Café Dobrien am Hackeschen Markt. Mit Freunden sind wir zum Tanzen gegangen oder haben in unserer Wohnung gefetet. Mutter bekam Geld und bereitete alles zu, danach gingen die Eltern woandershin. Wir haben gefeiert und in der Nacht noch alles aufgeräumt, abgewaschen und die Wohnung wieder in Ordnung gebracht.

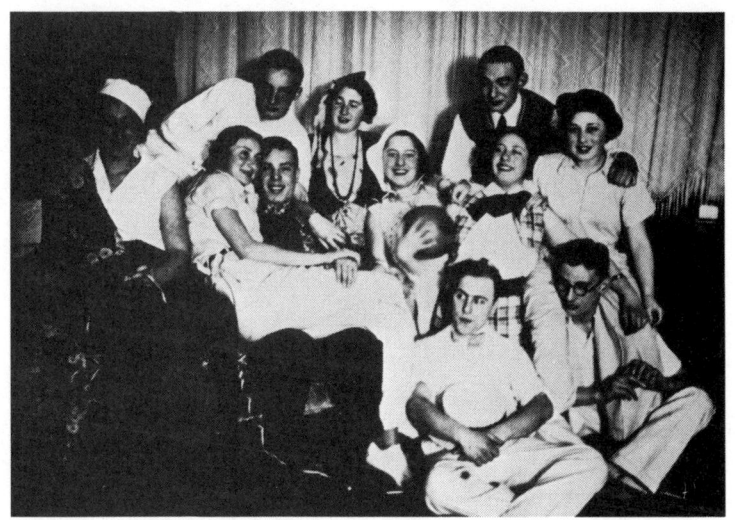

Letztes fröhliches Beisammensein der jüdischen Jugend, rechts oben Walter Besser, Coburg, 1933

Natürlich haben wir uns ständig Gedanken gemacht. Einer, der mit mir auf der Technischen Lehranstalt war, ist nach Australien gegangen. Doch mein Vater sagte: »Mach das mal nicht, das geht hier alles vorüber! Es wird nicht so schlimm! Ich bin Frontsoldat gewesen.« Da hab ich meine Auswanderung nicht weiter betrieben. Die Eltern waren der Meinung, Emigrieren muß nicht sein. Die Verwandten gingen alle weg, nach Chile oder Argentinien, bei uns war das sicherlich auch eine gewisse Bequemlichkeit.

Eines Tages, es war in den ersten Februartagen 1935, erhielten wir einen Einschreibebrief, ein dickes Kuvert. Da stand tatsächlich drin: »Im Namen des Führers und Reichskanzlers. Dem Textilvertreter Siegfried Besser in Berlin ist aufgrund der Verordnung vom 13. Juli 1934 zur Erinnerung an den Weltkrieg 1914/18 das vom Reichspräsidenten Generalfeldmarschall von Hindenburg gestiftete Ehrenkreuz für Frontkämpfer verliehen worden. Der Polizeipräsident Polizeiamt Neukölln-Treptow.« Wir waren natürlich sehr erstaunt, und mein Vater fühlte sich geehrt und dachte, als Frontkämpfer des ersten Weltkrieges könnte ihm und uns nicht viel passieren. Sie würden zwar die Juden aus

Im Namen des Führers und Reichskanzlers

em Textilvertreter

      Siegfried B e s s e r

                  in Berlin

ist auf Grund der Verordnung vom 13. Juli 1934 zur Erinnerung an den Weltkrieg 1914/1918 das von dem Reichspräsidenten Generalfeld= marschall von Hindenburg gestiftete

Ehrenkreuz für Frontkämpfer

verliehen worden.

Berlin, den   30.Januar   193 5

Der Polizeipräsident.
Polizeiamt Neukölln-Treptow.
J.A.

Nr. B.1906 /3 5

Urkunde

ihren Berufen entfernen, damit sie manuelle Arbeiten in Fabriken machten, aber damit mußte man sich eben abfinden. Wir hatten das Auto und sind rumgefahren, nach Bad Freienwalde, nach Strausberg, oder haben auch mal eine Auslandsreise gemacht, nach Karlsbad, nach Marienbad, zur Kur meiner Eltern. Damals hatten die Juden noch ihre Pässe und bekamen sogar Devisen. Das hat sich erst nach der »Kristallnacht« ruckartig verschlimmert.

Mein Vater hatte in Berlin einen General aus dem ersten Weltkrieg kennengelernt. Der erzählte, sein bester Freund wäre der jetzige Reichsstatthalter von Bayern, Ritter von Epp, auch ein hoher General, kein SS-Mann, aber ein Deutschnationaler durch und durch. Mit dem würde er sprechen, ob es eine Möglichkeit gäbe, meinen Bruder Heinz aus Dachau herauszuholen, und er fragte, ob wir etwas Geld anbieten könnten. Die Verwandten haben zusammengelegt und für Heinz zehntausend Mark zusammenbekommen. Das war damals ein Vermögen! Und damit haben wir ihn tatsächlich freigekauft. Am 5. Dezember 1935 wurde laut Verfügung der Bayerischen Politischen

Ausflug mit Freundin Margot und den Eltern, Sommer 1938

Polizei von München die »Schutzhaft« für Heinz aufgehoben. Dies geschah vielleicht auch im Zusammenhang damit, daß mein Vater vom »Führer« dieses sogenannte Ehrenkreuz bekommen hatte.

Heinz war es sehr schlecht im KZ gegangen. Er hatte acht Monate Dunkelarrest und Einzelhaft hinter sich. Es erschien später ein Buch in Paris, was ich leider nicht bekommen habe, über die Qualen, die er dort erleiden mußte. Auf einem Foto nach seiner Entlassung aus dem Frühjahr 1936 sieht er nicht so aus, als hätte er im KZ gesessen. So schlau waren sie, daß sie diejenigen, die sie entließen, erst hochgepäppelt haben. Mein Bruder hat nicht viel über Dachau erzählt. Aber wenn ich mit ihm auf der Straße ging, hat er sich andauernd umgedreht, und wenn er in die U-Bahn stieg, mußte er sich erst noch mal umsehen, ob er auch nicht verfolgt würde. Er mußte sich die erste Zeit immer bei der Polizei melden, in Neukölln beim Revier.

Heinz wollte dann nichts wie raus! Auf Anraten der Jüdischen Gemeinde sind wir mit ihm zur englischen Botschaft gegangen, und ein Captain Fully hat sich seine Akten geben lassen und dafür gesorgt, daß Heinz im Frühjahr 1936 mit zehn Mark in der Tasche nach Palästina ausreisen konnte. Mit zehn Mark ist er ausgewandert und hat sich in

Nach der Entlassung des Bruders Heinz (2. von links), Bruder Ludwig, die Eltern, Walter (von links nach rechts)

Palästina eine Wäscherei aufgebaut. Er hat sich in Israel nicht mehr politisch engagiert, er hatte die Schnauze voll, im Gegensatz zu meinem jüngeren Bruder Ludwig, der in Israel später Mitglied der Sozialdemokratischen Partei wurde. Heinz hatte sich geschworen, er kommt nie wieder nach Deutschland. Ich hab ihn von 1936 bis 1971 nicht wiedergesehen. Im September 1971 hab ich ihn mit meiner jetzigen Frau in Israel besucht, als er achtzig Jahre wurde. Und 1980 hat er uns dann doch noch mal besucht, bevor er 1981 starb.

Die jüdischen Kaufmannsleute durften ihre Geschäfte in Berlin noch behalten bis zur »Kristallnacht« 1938. Dann waren auch wir alle endgültig betroffen. Es war nicht mehr so einfach, aus Deutschland herauszukommen. Man brauchte überall Bürgen und Geld, »Zertifikate« nannte man das, ob in Amerika oder England. Es hätten mehr Juden überleben können, wenn die sogenannten Demokraten in anderen Ländern ihre Grenzen frei geöffnet hätten. Hitler hat sogar einen Ausspruch getan: »Öffnet eure Länder, speziell die großen, Amerika, England, Frankreich, und wir stellen die Schiffe umsonst.« Das hätten diese Länder wohl verkraften können. Wo ein Wille ist, ist auch eine Tat! Und Tel Aviv war ja noch nicht mal hundert Jahre alt, da war fast nichts vorhanden. Wo sollten all die Leute hin? Es gab ja kaum Häuser dort. Manche haben zunächst in Zelten gewohnt. Um dieses Land besiedeln zu können, gehörte ein unverschämtes Geld. Das kam größtenteils von den Zionisten aus Amerika. Die Juden durften kein Geld mitnehmen, nicht mehr als zehn Mark. Später waren die ganzen jüdischen Vermögen gesperrt.

Für uns, die wir zurückblieben, war das sehr deprimierend. Man hat sich bemüht, auszuwandern, aber bei uns hat es nicht mehr geklappt. Dann gingen auch noch die Künstler weg. Es wurden immer weniger im Jüdischen Theater. Wer ausreisen wollte und konnte, der ging, der Rest blieb, und nach 1938 war es bald ganz aus. Die Juden mußten eine Milliarde Tribut bezahlen für den Mord von Grynszpan an dem Gesandten in Paris. Dann kam ein Schlag nach dem andern.

Am 9. November 1938 hieß es, die Synagogen werden angezündet, und so kam es auch. Sie haben nur die verschont, die mitten im Wohngebiet standen, zum Beispiel in der Rykestraße in Berlin oder am Fraenkelufer. Aber die andern Synagogen, Fasanenstraße, Oranienburger Straße, wurden geplündert, die Thoras verschwanden. Es gab Polizeileute, die versucht haben, die Synagoge Oranienburger Straße zu retten. Das ist anerkennenswert. Ich mußte zur Arbeit, bin aber am nächsten Tag nachmittags nach der Arbeit zur Oranienburger Straße und hab mir das angesehen. Es standen viele Menschen herum. Manche schimpften, aber man mußte sich sehr vorsehen. Alles qualmte noch, Schutt lag auf der Straße. Im Betrieb hatten sie gesagt: »Hast du schon gehört, die haben ja die Synagoge angezündet, ist das nicht furchtbar, was sie mit euch machen?« Ich war vorsichtig. Was sollte ich sagen? Schrecklich war das. Und wie sie gehaust hatten in den Geschäften, alles geplündert, die Scheiben eingeschlagen. Viele Juden aus Berlin kamen sofort ins KZ. Aber wenn man den ganzen Tag arbeitete und sich auf seine Arbeit konzentrieren mußte, verflog das Angstgefühl mit der Zeit wieder.

Ab 1935 durften Juden sich in den Parks nur noch auf

bestimmte Bänke setzen. Das haben wir natürlich nicht getan, doch man mußte sich immer vorsehen. Das kann die heutige Jugend gar nicht mehr richtig begreifen. Wir haben von Montag früh bis Sonnabend voll gearbeitet. Wenn man zehn Stunden, wie ich zum Beispiel, an der Drehbank stand, ist man am Sonntag zu Hause geblieben, hat vielleicht nur einen kleinen Spaziergang gemacht. Dann wurde uns das Auto weggenommen, danach nahm man uns die Grammophone und die Schallplatten. Im Winter hatten wir keinen Pelzmantel mehr zum Wärmen. Wir mußten die Goldsachen, den Schmuck, die Besteckkästen aus Silber und was noch alles abgeben, sogar die Piepmätze und die Plätteisen. Kinder und Jugendliche kamen in jüdische Sonderschulen. Dann wurden die Judenkennkarten eingeführt mit dem Namenszusatz Israel für Männer und Sara für Frauen, damit man sofort erkannte, wer Jude war. Das große »J« auf der Kennkarte war gar nicht zu übersehen. Und dann gab's Lebensmittelkarten mit einem »J«. Wir konnten nicht mehr zu jeder Zeit in einem Laden, sondern nur zu bestimmten Zeiten in bestimmten Läden einkaufen. Die Lebensmittelkarte war auch nicht vollständig. Butter bekamen wir zum Beispiel nicht mehr. Es reichte grade so zum Überwasserhalten.

Noch viel schlimmer war 1941 die Einführung des Judensterns, denn damit war man vogelfrei. Jeder bekam ein paar Sterne, weil man die überall sichtbar tragen mußte, am Anzug, an Mänteln und so weiter. Den Stern mußte man fest annähen, er durfte nicht locker sein. Man durfte ihn auch nicht mit der Hand beim Gehen verstecken. Das haben manche versucht, und wurden sie erwischt, gab's harte Strafen, oder sie kamen gleich in die sogenannte Schutzhaft, und weg waren sie. Ich fand, die Einführung des Sternes war das schlimmste, weil man gezwungen war, überall damit hinzugehen!

Immer mußte man damit rechnen, daß ein SA-Trupp kam und einen niederschlug. Das ist auch oft passiert. Man hatte stets das Gefühl: du bist Freiwild, mit dir können sie machen, was sie wollen! Wir mußten auch die Hakenkreuzfahne auf offener Straße grüßen. Wenn man von weitem SA-Leute kommen sah mit der Fahne, mußte man versuchen, sich in einen Hausflur zu drücken, aber möglichst so, daß sie das nicht sahen.

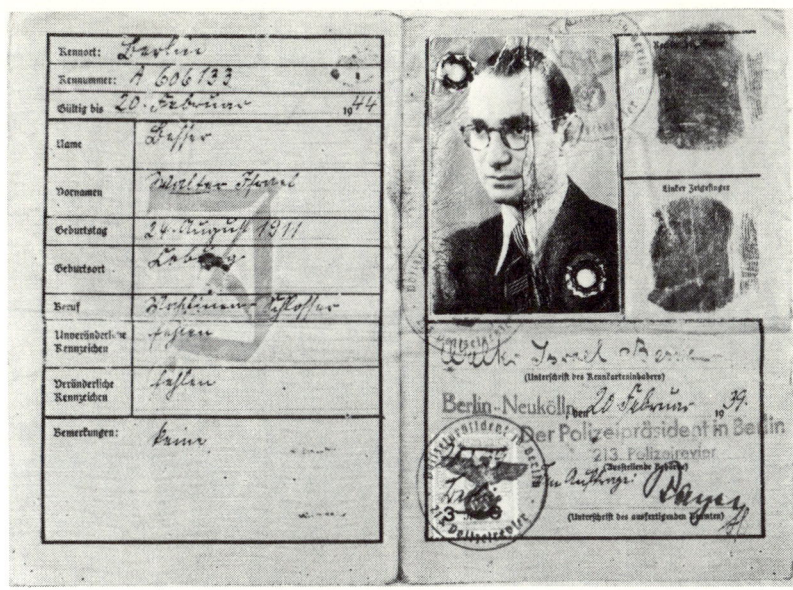

Judenkennkarte

Mit den Verkehrsmitteln durften die Juden nur noch zur Arbeit und zurück fahren. Dafür gab es einen Sonderausweis. In den Verkehrsmitteln mußten wir stehen. Es hat ja jeder den Stern gesehen. In bestimmten Straßen, in der Wilhelmstraße zum Beispiel, wo die Reichskanzlei war, oder Unter den Linden, durften wir nicht mehr spazierengehen.

Manche Leute blickten hämisch, manche mit bedauernder Miene. Sie haben auch Leute verprügelt, die typisch jüdisch aussahen, oder die ganz frommen Juden, aus Polen, mit den Pajes, die waren die häufigsten Opfer.

Ins Kino zu kommen, hab ich nie versucht. Das war zu risikoreich. Es gab ja auch blonde Juden, die gar nicht auffielen. Aber wer nur ein bißchen mehr jüdisch aussah, wie ich, konnte es gar nicht wagen. Das jüdische Aussehen ist natürlich auch ein Klischee. Es gibt viele Leute, die jüdischer aussehen als ein Jude. Aber eine etwas große, gebogene Nase, ein etwas anderer Gang durch Senk- oder Plattfüße, schwarze Haare und dunkle Augen galten als charakteristisch. Mein Vater zum Beispiel sah mit seinen blonden

Judenstern

Haaren, die später ein bißchen ins Silberne gingen, überhaupt nicht jüdisch aus. Meine Mutter sah da schon jüdischer aus.

1941 mußten wir zwangsweise umziehen in die Sybelstraße 35, in eine große Fünf- oder Sechszimmerwohnung, und bekamen Untermieter, die dann ausgewandert sind oder abgeholt wurden. An der Tür stand »Siegfried Israel Besser«. Es war ein sehr herrschaftliches Haus. Belästigt hat uns dort keiner, auch nachts hat niemand geklingelt. Dort wohnten wir, bis meine Eltern ins KZ kamen.

Wir haben wenig diskutiert. In unserer Verwandtschaft wurde alles so hingenommen, wie Schlachtvieh, das man ins Schlachthaus führte. Wir haben gewußt, daß schon 1941 in Stettin die ersten Judentransporte nach dem Osten gingen, für Arbeitseinsätze, wurde gesagt. Wir warteten immer darauf: wie es kommt, so muß man es nehmen.

Es gab Hausdurchsuchungen bei uns. Sie suchten »Feindmaterial« und Schieberware. Wir besaßen einmal Bonbons.

Während sie Vater verhört haben, bin ich in die zweite Toilette und habe die Bonbons runtergespült.

Dann wurde Vater auferlegt, seinen Vertreterposten aufzugeben, und er wurde zwangsverpflichtet in die AEG Apparatefabriken Treptow, das heutige EAW Treptow. Mutter brauchte nicht, sie war Hausfrau. Aber meine spätere Frau, Eva, war Schneiderin, sie mußte bei Siemens arbeiten.

Eva habe ich kennengelernt durch eine Schwester meiner Mutter in Moabit, die in der Turmstraße ein Konfektionsgeschäft besaß und eine Familie Dannbaum kannte. Dort waren drei Töchter. Und weil schon die Judentransporte gingen, hat man sich gedacht, wenn man gehen muß, dann ist geteiltes Leid halbes Leid. Also versuchte man, vorher noch zu heiraten. Wir waren eingeladen worden von den Dannbaums, haben etwas getrunken, und die Mittelste gefiel mir am besten, es war Eva. Die Jüngste ging noch zur Schule. Natürlich hab ich auch vorher Freundinnen gehabt. Eine war aus Spandau. Sie ging nach Amerika. Eine war die Tochter eines Getreidehändlers, aber ich wollte nicht so zeitig heiraten. Lieber erst mal ein bißchen naschen, wie man so sagt, als sich gleich binden. Und dann gingen nach und nach alle aus Deutschland weg.

Eva und ich haben uns unterhalten, haben uns getroffen, sind in ein jüdisches Café gegangen, und ich habe gesagt: »Weißt du, wollen wir nicht heiraten?« Es war eine Vernunftehe. Wir waren uns sympathisch. Eva war eine sehr hübsche Frau, lieb und nett, wie Mädchen aus jüdischen Haushalten eben oft waren, wohlerzogen. Sie war gelernte Schneiderin und nähte zu Hause Blusen, Röcke und Kleider. Und ich war Handwerker. Wir haben uns gesagt, gehen wir mal los, irgendwie wird's schon werden. Wir haben uns angemeldet im Standesamt, sind zur Jüdischen Gemeinde in die Joachimstaler Straße, und im März 1942 haben wir geheiratet. Ich war einunddreißig Jahre alt. Wir bekamen eine deutsche und eine hebräische Heiratsurkunde. Die sind mir noch geblieben.

Wir haben noch eine richtige jüdische Hochzeit gefeiert, im Gebetsraum der Joachimstaler Straße. Ein Rabbiner hat uns getraut, bevor er nach England ging. Die Hochzeit war so: Die Braut kam allein herein und der Bräutigam auch.

Eva und Walter Besser, Berlin, März 1942

Dann wurden beide unter der Chuppe, das ist ein Baldachin, zusammengeführt. Um sie herum standen die Männer. Man hatte einen Talles um, das ist ein Gebetsumhang mit weißen und schwarzen Streifen. Die Hände wurden uns zusammengebunden mit dem Talles, und dann mußten wir uns gegenseitig die Ringe aufstecken. Danach wurden wir

JÜDISCHE KULTUSVEREINIGUNG ZU BERLIN E / V

Unter dem Segen und Beistande Gottes

ist am heutigen Tage, den ...*ersten*... der Woche

dem ...*4.*... des Monats ...*Nissan*... 570*2*

nach jüdischer Zeitrechnung, d.i. am *22. März 1942*

nach bürgerlicher Zeitrechnung

DAS BRAUTPAAR

...*Herr Walter Israel Besser*...

geboren am *24.8.1911* in *Koburg*

Fräulein Eva Sara Dannenbaum

geboren am *22.2.1922* in *Berlin*

hier in BERLIN nach Vorschrift der jüdischen
Religion getraut worden.

Zum Zeugnis dessen ist diese Urkunde ausge=
stellt worden.

Rabbiner Paul Israel Wreszynski

Urkunde

gesegnet in deutsch und hebräisch, und wir haben Wein getrunken. Die Segenssprüche weiß ich nicht mehr. Ich hab seitdem nur noch einmal eine jüdische Hochzeit mitgemacht, zu der hat mich mein Bruder Ludwig in Israel, in Haria, nach dem Kriege mitgenommen. Da waren Hunderte von Menschen. Es kann sein, daß unsere Hochzeit vielleicht die letzte jüdische Hochzeit in Berlin vor 1945 war.

Gefeiert haben wir bei den Schwiegereltern. Da waren meine Eltern, die Verwandten und viele Leute. Die Frauen haben gekocht. Es gab ja keine Hausmädchen mehr. Wir haben gefeiert und getanzt bis spätabends. Dann ist meine Frau mit mir gegangen und wohnte mit mir und meinen Eltern in unserer Wohnung in der Sybelstraße. Dort blieben wir auch, bis wir untergetaucht sind.

Eva und ich haben uns sehr gut verstanden, sonst hätten wir nicht die ganze Zeit illegal zusammen leben können. Das war ja kein Zuckerlecken.

Eva mußte also zunächst bei Siemens arbeiten und kleine Teile am Band herstellen, was die Frauen heute auch noch in den Fabriken machen. Sie hat nur fünfundfünfzig Pfennige die Stunde verdient. Das war zum Leben zuwenig und zum Sterben zuviel. Von den Eltern konnte sie auch nichts mehr bekommen.

Politische Themen waren zwischen uns tabu. Wir haben uns ja zusammengefunden, damit wir, falls man uns abholte, gemeinsam gehen konnten und nicht getrennt. Solange man arbeitete und nicht krank war, kam man zunächst nicht zur Vergasung. Als immer mehr Juden abtransportiert wurden, haben die Nazis gesagt, sie kämen ins Arbeitslager. Das würde in Polen aufgebaut, da könnten sie arbeiten. Und dann gab's diese furchtbar vielen Selbstmorde in Berlin, hauptsächlich von Intellektuellen, die konnten das wohl am wenigsten verkraften. Eva und ich haben versucht, unser seelisches Gleichgewicht gegenseitig zu stützen.

Meine Eltern mußten sich in der Levetzowstraße melden. Sie sind dann im Sommer 1942 weggekommen. Briefliche Verbindungen haben wir nicht mehr gehabt. Ich hab erst nach 1945 durch die Jüdische Gemeinde erfahren, daß sie nach Riga geschafft wurden. Sie mußten sich dort ihr eigenes Grab schaufeln und wurden mit Maschinengewehren erschossen.

Ich war gar nicht da, als sie abgeholt wurden. Seltsamerweise hat sich um mich gar keiner gekümmert. Ich wohnte ja in der gleichen Wohnung und war noch im Betrieb. Nach welchen Richtlinien die überhaupt vorgingen, wußte kein Mensch. Als ich nach Hause kam, hat mir der Hausmeister gesagt: »Ihre Eltern wurden abgeholt.« Einen Koffer mit Wäsche und eine Daunendecke haben sie noch mitgenommen.

Ich bin von einem Gefängnis zum anderen gelaufen und habe meine Eltern gesucht, bis ich endlich in Charlottenburg erfahren habe, sie sind in der Levetzowstraße. Ich brachte ihnen Handtücher, ein bißchen Seife, Zahnbürste, Zahnpasta. Sie konnten nicht viel mitnehmen. Man wußte ja nicht, was los war. Eva und ich sind mit sehr miesen Gefühlen nach Hause gegangen, aber was nutzte das? Frühmorgens um halb sechs klingelte wieder der Wecker, und wir mußten zur Arbeit, trotz aller Seelenschmerzen. Wir mußten unsere Pflicht tun und schoben den Gedanken möglichst weit weg. Wir waren nicht in der Lage, darüber nachzudenken, wann kommst du dran.

Eines Tages, als ich bei der Firma Naumann in der Brunnenstraße arbeitete, kamen, wie immer unangemeldet, drei Offiziere von der Luftfahrtsstelle Hermann Görings. Sie trugen Wehrmachtsuniformen und ihre EK-Zeichen. Sie hatten schon abgedient und waren jetzt hinter der Front. Es waren ältere Offiziere, so Mitte Vierzig. Ihre Namen haben sie wohlweislich nicht gesagt. Sie riefen mich rein zum Chef, wobei ich schon dachte, jetzt kommst du dran! Man mußte ja immer das Schlimmste annehmen. Aber der Chef bot mir einen Stuhl an, er war natürlich ein strammer Nazi, aber immerhin noch mit einer humanen Seite, und einer der Offiziere sagte: »Herr Besser, Sie machen hier eine gute Arbeit. Sie gefallen uns. Wir sind ja höhere Offiziere und sagen Ihnen: der Krieg ist verloren.« Das war Anfang 1943. Die Offiziere waren Kontrolleure in Uniform, zuständig für die Luftfahrt. Es gab überall solche Kontrolleure. Sie gingen in die Rüstungsbetriebe und kontrollierten zum Beispiel, ob Sabotage gemacht wurde.

»Ihr Chef sagt immer«, sagte einer der Offiziere, »Sie

sind fleißig, genau, arbeiten pünktlich und zuverlässig. Der Krieg geht verloren. Haben Sie nicht die Möglichkeit, unterzutauchen? Das kann nur noch ein paar Wochen dauern. Wir haben Stalingrad verloren. Sie müssen weg. Es geht jetzt los mit den letzten Judentransporten aus Berlin.« Ich sagte nach einigem Zögern: »Ich habe einen guten Bekannten von früher, von der Firma Hopf, der dort Dreher ist. Ich werd mal mit dem sprechen.« – »Na ja«, sagten sie, »wir kommen wieder, machen Sie mal schnell. Wo wohnen Sie denn? Wir werden uns mal erkundigen, wann Ihre Straße drankommt. Vielleicht werden Sie aber auch gleich aus der Fabrik abgeholt. Das wissen wir nicht so genau. Wir kommen in drei bis vier Tagen wieder, überlegen Sie sich das.«

Ich bin sofort zu der Firma nach Fredersdorf gefahren. Der Dreher hieß Wieland. Er wohnte in Altlandsberg Süd und hatte sich dort ein Einfamilienhaus gebaut. Ich hab zu ihm gesagt: »Paß mal auf, ich hab noch Geld von meinen Eltern zu Hause, 25 000 Mark.« Das war ein wahnsinniges Geld. »Du weißt ja selber, es kann nicht mehr lange dauern. Können wir, meine Frau und ich, bei dir untertauchen? Du kriegst jeden Monat von uns Geld. Dafür besorgst du ein paar Lebensmittel beim Bauern.« Damals ging's den Bauern noch ganz gut. Wieland sagte: »Morgen abend komm ich bei dir vorbei und klingele. Es dauert nur ein paar Minuten. Ich sag ja oder nein. Wenn ja, machen wir einen Termin aus.« Er war nicht sehr politisch eingestellt, aber ein bißchen geldgierig, außerdem hatte er Hypotheken aufgenommen, die er nach und nach abzahlen mußte.

Er sagte uns tatsächlich am nächsten Abend zu und holte sogar noch unsere Koffer mit der Bettwäsche ab. Unser Hausmeister nahm zu sich, was noch in unserer Wohnung war, weil sie nach seiner Meldung versiegelt wurde. Er erzählte später, daß die Gestapo uns gesucht hat.

Ich habe den Offizieren mein Leben zu verdanken. Sie kannten mich nur von meiner Arbeit. Warum sind sie ausgerechnet zu mir gekommen und nicht zu den andern einhundertachtzig Juden, die auch dort arbeiteten? Mein Chef Naumann muß ihnen gesagt haben, wenn ihr schon einen retten wollt, dann nehmt mal den. Der ist der tüchtigste Mann. Der Chef erzählte dann offiziell, daß ich krank sei, und besorgte sich eine neue Arbeitskraft. Ich habe nach

Familie Wieland vor ihrem Haus, Sommer 1943

Walter Besser zeigt das Kellerversteck, 1988

1945 eine Entnazifizierung für ihn ausgeschrieben, damit er sein Geschäft behalten konnte, weil auch er mir geholfen hat. Er hatte wohl durch die Listen der Jüdischen Gemeinde erfahren, daß ich überlebt habe, und meldete sich bei mir. Die drei Offiziere haben sich nie wieder gemeldet. Ob sie noch umgekommen sind, weiß ich nicht. Es waren ja immerhin noch achthundertfünfzig Tage bis zur Befreiung. Da konnte viel passieren.

So wurden verschiedene Juden gerettet. Mein Cousin hat sich auch versteckt bei einer Familie, bis sie ihn eines Tages gefaßt haben. Es gab jüdische Spitzel, die die Juden verraten haben gegen Geld. Aber die wurden später zum größten Teil entlarvt.

Ich bin mit Eva am 15. Februar 1943 abends gegen 22.00 Uhr untergetaucht. Wir haben uns den Stern abgerissen, sind zum Bahnhof Charlottenburg, haben uns in die Eisenbahn gesetzt und sind bis Fredersdorf mit der Dampfbahn gefahren. Meine Frau mit klopfendem Herzen, sie sah mit ihren schwarzen Haaren jüdischer aus. Am Bahnhof Fredersdorf wartete Wieland. Es war bereits 23.00 Uhr. Er ist mit uns um Fredersdorf herumgelaufen, möglichst weg von der Straße wegen der Wehrmachtskontrollen in der Nacht, bis wir zur Siedlung Altlandsberg Süd kamen. Dort standen auf jeder Seite nur drei, vier Einfamilienhäuser. Gott sei Dank! Er hat uns gut in sein Haus geschleust. Mittlerweile hatte er den Keller, in dem wir leben sollten, mit Balken abgestützt und somit bombensicher gemacht, sowie mit einer Eisenbettstelle ausgestattet. Weiter nichts. Das war natürlich sehr schmal, zwei Personen auf so 'nem Feldbettgestell. Wir hatten unsere Daunendecke mit, in der ich heute noch schlafe. Die Koffer waren schon da. Wir durften ja nichts in der Hand haben, als wir nachts Berlin verließen. Ich hatte mir nur das Geld eingesteckt, die fünfundzwanzig Mille. Wir sind in den Keller gegangen und haben noch ein bißchen gequasselt. Wieland mußte ja früh um vier jeden Tag aufstehen und nach Berlin zur Arbeit fahren. Seine Frau arbeitete bei der Post, sie hatten noch eine Tochter, die fuhr auch nach Berlin.

Wir waren den ganzen Tag über allein. Wir mußten mucksmäuschenstill sein und konnten uns nur im Keller bewegen.

Unsere Kleidung hatten wir oben in den Schränken. Wäsche zum Wechseln, Strümpfe und so weiter hatten wir mit unten im Keller. Die Fenster waren stets verhangen. Es ging eine schräge Treppe nach oben, etwa zehn, zwölf Stufen, in einen Außenkeller und eine Waschküche. Dort stand das Eingemachte aus dem Obstgarten. Wir konnten nachts lüften. Das Außenkellerfenster zeigte in Richtung Berlin. Davor war eine Scheibengardine, so daß man rausgucken konnte, aber von draußen nicht gesehen wurde. Abends, wenn Wielands kamen, haben sie alles zugeriegelt, und wir konnten in ihre Wohnung. Wir haben gemeinsam Abendbrot gegessen und auch jede Woche ein Bad genommen. Tagsüber haben wir uns im Keller ein bißchen gewaschen, in einer Schüssel, und Zähne geputzt. Die Toilette war oben im Badezimmer. Man konnte ganz gut die Übersicht behalten, da nur drei Häuser gegenüber standen. Wir wußten genau, ungefähr um soundsoviel Uhr kommt der Briefträger, und mehr Leute kamen nicht. Dadurch konnten wir tagsüber auch mal auf die Toilette gehen. Aber die Körper gewöhnten sich so daran, daß es mehr zum Abend nötig wurde. Tagsüber saßen wir im ungeheizten Keller, auch winters. Er war aber trocken. Wir haben dort gesessen mit Strickjacken, Ohrenschützern und Pulswärmern.

Wir konnten lesen. Wieland hat uns Zeitungen mitgebracht und uns ein bißchen Literatur besorgt, nichts Hochgeistiges, es waren Schnulzenbücher, Courths-Mahler und ein paar Krimis. Meine Frau hatte Strickzeug, und sie hat sich ein Kleid gestrickt, ganz, ganz langsam. Wir haben uns unterhalten, ich habe vorgelesen, und wir haben über das Buch gesprochen. Eva hat auch selber gelesen, wenn sie nicht mehr stricken wollte. Wenn das Kleid fertig war, hat sie es wieder aufgetrennt, ich habe dann immer die Wolle gehalten, und sie hat wieder von vorne angefangen.

Wir haben für Wielands auch ein bißchen die Wäsche ausgebessert, die Strümpfe gestopft. Mehr konnten wir ja nicht tun. Wir konnten ihnen nicht mal die Wohnung saubermachen, weil das vielleicht einer gehört hätte. Wir haben auch Radio gehört mit so einem kleinen Volksempfänger für fünfunddreißig Mark. Der war sehr gut. Wir haben jeden Abend um 20.00 Uhr BBC London gehört und deutsche Nachrichten. Wir wußten genau, wie die Front verlief.

Wenn Wieland gesehen hat, bei den Nachbarn ist alles ruhig, dann sind wir nachts auch mal raus, frische Luft schnappen. Es waren ja nur wenige Einfamilienhäuser in der Nähe, und die andern Leute sind zeitig ins Bett gegangen. An gewissen Tagen kam auch mal der Schornsteinfeger. Dann blieb Frau Wieland zu Hause, bis der Schornsteinfeger alles saubergemacht hatte.

Unser Unterschlupf war äußerst gefährlich, da die Luftlinie nach Berlin nur etwa zwanzig Kilometer betrug. Wir sahen die englischen oder amerikanischen Flugzeuge genau, die zum Bombardieren nach Berlin flogen, sie setzten ja ihre sogenannten brennenden Christbäume, um nachts beim Bombardieren alles hell zu erleuchten. Einmal ist sogar eine Brandbombe in unser Haus gefallen, sie fiel genau über uns ins Dachgeschoß. Wielands waren in einen Luftschutzbunker gegangen. Sie haben es vom Bunker aus gesehen, kamen natürlich sofort nach Hause gerannt und konnten das Feuer löschen, so daß Gott sei Dank nichts weiter passiert ist. Wir saßen unten im Keller und haben den Einschlag gehört. Wir sahen, wie sie angerannt kamen, mit Eimern voll Wasser. Dann sind sie wieder weg, als wenn nichts gewesen wäre. In den Keller sind sie gar nicht gekommen, weil sie gesehen haben, daß nichts durchgeschlagen ist. Also, es war schon ein verdammtes Risiko für alle.

Nachts war es so, daß sich auf dem schmalen Bett beide Körper gleichzeitig umdrehen mußten. Wenn sich einer umdrehte von der linken auf die rechte Seite, drehte der andere sich wie von selbst mit. Jetzt kann man vielleicht darüber lachen, aber damals ... Solch eine Feldbettstelle war nur 60, 70 cm breit.

Sexuell haben wir uns natürlich sehr vorgesehen, damit kein Kind kam. Wir haben uns genau an die Zeiten gehalten. Was das bedeutete, tagein, tagaus zusammenzuleben, wie diszipliniert die Körper sein mußten! Aber was noch viel schlimmer war, man durfte nicht krank werden! Es bestand keine Möglichkeit, einen Arzt zu holen. Also mußten wir uns so verhalten und kleiden, daß wir uns zum Beispiel keine Lungenentzündung holten. Keiner ist krank geworden. Ich kann mich nicht mal an eine Erkältung erinnern. Das Sexualleben schlief dann auch ein bißchen ein. Wir sind ja das innerliche Angstgefühl nicht mehr losgeworden. Wenn mir zum Beispiel heute meine behandelnde Ärztin eine Spritze gibt, sagt sie immer: »Locker, locker!« Mein Körper ist noch heute stets in Abwehrstellung. Das sag ich immer wieder, und das versteht sie auch. Durch die Nazizeit verkrampfe ich mich und kann nicht locker sein. Das geht automatisch.

Der Keller war sehr klein. Es mußte noch ein Stuhl rein, und auch die Kohlen lagerten dort. Wir sind beide trotzdem sehr gut miteinander ausgekommen. Ich bin sowieso ein Mensch, der sich überall schnell eingewöhnt, in jede Situation. Das liegt nicht allen Menschen. Ich nehme an, daß viele Leute in der Illegalität auch durchgedreht sind. Ich war ruhig, Eva auch, und nicht so ängstlich. Wir haben immer mit der Maßgabe gelebt: es muß doch jeden Tag Schluß sein! Daß es sich doch zwei Jahre und paar Monate hinzog, hat keiner gedacht. Aber die Kraft dazu fanden wir, weil wir hörten, es geht zu Ende. Die Truppen kamen immer näher. Wir wollten ja überleben! Das war das Ziel. Tagsüber kamen die verfluchten Flieger. Sie flogen dauernd Bombenangriffe auf Berlin und die Umgebung. Wir hatten Angst, aber es gab keinen Streit zwischen uns. Wir waren immer lieb zueinander. Wir haben uns vorgestellt, was wir machen, wenn wir das alles überleben. Ich habe geglaubt, daß man uns sofort entschädigen wird von irgendeiner Stelle, und hab zu dem Wieland gesagt: »Mit dir mach ich eine Autoreparaturwerkstatt auf!« Aber daraus wurde dann nichts. Eva hat gesagt: »Ich kann ja wieder in meinen Schneiderberuf gehen. Vielleicht mach ich ein kleines Geschäft auf oder nähe zu Hause, je nachdem.«

Zum Schluß wurde es schwierig mit der Ernährung. Das Geld war verbraucht. Wir konnten Wielands nichts mehr geben. Die Bauern, von denen die Nahrungsmittel kamen, hatten ja auch immer weniger durch die Abgaben. Das letzte halbe Jahr hat jeder täglich sechs trockene Pellkartoffeln bekommen. Dazu gab's Muckefuck zu trinken. Mit Hilfe von Wieland haben wir Holz gesägt für ein Gestell und ein Bügeleisen umgekehrt reingelegt. Darauf haben wir abends im Keller Fladen gebacken aus Weizenkörnern,

Gerstenkörnern oder Mais, die durch die Kaffeemühle gedreht wurden. Sie haben auch manchmal Eier gegeben, aber kein Fleisch mehr, manchmal noch abends ein bißchen Brot mit Marmelade.

Vielleicht brachten wir eine gewisse Stabilität mit. Denn wir wußten ja, warum. Wir sagten uns immer, wir müssen durchhalten! Das ist noch besser, als wenn sie uns irgendwohin mitgenommen hätten. Wir wären dort umgekommen, das wußten wir. Es war der Wille, zu überleben, um zu sehen, ob die andern es besser machten, die dann drankämen. Man wußte ja nicht, was kommen würde. Wir wußten nur, daß die anderen Mächte sich mit der Sowjetunion verbunden hatten, aber wir wußten natürlich nicht, daß Deutschland mal aufgeteilt würde.

Wir haben uns oft unterhalten, wie wir uns kennengelernt haben und wie wir uns sagten, wir halten durch und gehen zusammen! Wir haben von der Hochzeit gesprochen, die Bilder hatten wir ja mit. Ein paar Bilder sind mir verlorengegangen. Wir hatten sogar einen schönen Chanukkaleuchter von meinen Eltern mit, den ich heute noch besitze, und eine große Briefmarkensammlung von meinem Vater. Die Sammlung hab ich nach dem Krieg zu einem guten Preis verkauft, obwohl sie im Keller etwas gelitten hatte.

Es gab noch einmal eine große Gefahrensituation. Eines Tages kamen überraschend Verwandte von Wielands. Die wollten mit einem Evakuierungstransport mit und blieben ein paar Tage im Haus wohnen. Damit die Leute nichts von uns merkten, haben Wielands gesagt, sie müßten sich tagsüber anderswo aufhalten. Wenn sie da waren, durften wir kein Wort reden. Wielands haben uns heimlich Essen runtergebracht. Es war eine furchtbare Situation. Ich muß das Wieland hoch anerkennen, daß er uns versteckte! Wenn die uns erwischt hätten, wäre er ja auch ermordet worden und seine ganze Familie. Er hat uns das Leben gerettet.

Wir haben uns natürlich auch mit Wielands über den Krieg unterhalten. Geschimpft haben beide, daß man sich immer mehr einschränken mußte. Oder wir haben auch mal über die Judenverfolgung gesprochen und daß das furchtbar ist, daß man unschuldige Menschen ermordet. Da waren sie sichtbar empört. Sie mußten dazu ja auch eine

Haltung haben, sonst hätten sie uns nicht versteckt, abgese-
hen vom Geld.

Der Tag unserer Befreiung war der 27. April. Es war ein
herrlicher Frühlingstag mit hohen Temperaturen, blenden-
des Wetter, und der Himmel war blau. Aber bevor die
Russen einmarschierten, kam am Vormittag desselben
Tages gegen 9.00 Uhr noch eine Waffen-SS-Einheit in
unser Haus. Es waren ungefähr sieben Mann. Sie haben
vom Boden aus die Autobahn mit Feldstechern beobachtet.
Es war wohl eine Leitstelle. Sie waren vier Stunden dort
oben und wir unten im Keller! Wielands Frau kam in den

Keller und warnte uns. Wir sind aus dem Bett raus und haben uns auf die Erde unter die Bettstelle gelegt und gewartet. Als die SS-Leute gemerkt haben, die Russen kommen näher, sind sie geflüchtet.

Am Nachmittag, ungefähr gegen 15.00 Uhr, waren die Russen da. Wir haben erst nur den Kanonendonner gehört. Die Russen kamen als Infanteristen. Später haben wir die Panzer in den Feldern gesehen. Nachdem die SS weg war, sind wir aus dem Keller raus. Wielands haben gleich Bettlaken rausgehängt. Endlich, endlich die Befreiung! Der Kanonendonner kam immer näher. Dann waren sie da.

Zu uns kamen so vier, fünf Mann. Die jüdische Kennkarte kannten sie gar nicht. Aber sie haben uns Schokolade gegeben und ein Stückchen Brot. Dabei hatten sie selbst nicht viel. Ich habe sechsundsiebzig Pfund gewogen, Eva noch weniger. Sie kamen in Kampfuniform mit MPs, die sie in Anschlag hielten. Wir haben immer gesagt: »Jude! Jude! Jude!« Den Stern hatten wir noch. Das hatten wir uns alles schon parat gelegt. Aber die Kennkarte konnte ja gefälscht sein, und, wie gesagt, sie kannten die gar nicht. Also, wir mußten beide mit.

Wir kamen ins Gefängnis und wurden dort getrennt. Ich konnte den Weg zur Stadt Altlandsberg ins Gefängnis kaum laufen. Sie haben noch andere Leute mitgenommen, von denen sie dachten, die wären beim Werwolf gewesen. Drei Tage und drei Nächte, meistens nachts, wurden wir immer wieder zum Verhör geholt. Zum Glück waren das aber Politoffiziere, die Deutsch konnten und auch Juden waren. Es lag später in Altlandsberg eine veterinärmedizinische Abteilung mit jüdischen Tierärzten. Am vierten Tag früh haben sie gesagt: »Das kann doch gar nicht sein, zwei Menschen, die so lange im Keller lagen!« Aber wir sagten immer wieder dasselbe. Mittlerweile hatten sie aus Berlin einen Funkspruch bekommen, daß auch in Berlin noch ein paar Juden gefunden worden waren. Da haben sie uns rausgelassen. Sie haben uns zum Kommandanten gebracht. Die Koffer hatten wir noch bei Wielands. Mißhandelt haben sie uns nicht, nur immer wieder verhört. Sie dachten, die Kennkarte sei gefälscht. Wieland konnte auch nichts machen. Er mußte sich noch vorsehen, daß er nicht als Werwolf mitgenommen wurde, doch er hatte wohl einen Ausweis, daß er als Dreher arbeitete.

Der Kommandant hatte sein Quartier im Rathaus aufgeschlagen. Er hatte einen Dolmetscher dabei, und wir hörten, wie sie russisch und jiddisch miteinander sprachen. Gemeinsam mit anderen durften wir uns setzen und haben zu essen und trinken bekommen. Nachdem wir gegessen hatten, Brot, Speck und hundert Gramm Schnaps, hat er zu einem gesagt: »Also, du Bürgermeister!« Und zu mir, ich hatte ja eine Brille auf und war abgemagert: »Du Ernährungsamt! Transportwesen und Krankenhaus!« Das hab ich nachher auch gemacht. Erst hab ich natürlich gedacht, na, laß ihn mal reden. Er hat gesagt: »Morgen früh 9.00 Uhr wiederkommen zu mir, Essen kommt heute abend mit Jeep.« Der Kommandant brachte uns dann persönlich in ein Einfamilienhaus. Es war das Haus eines Architekten und Baumeisters Wendt. Dort hat er uns einquartiert. Später kamen noch mehr Antifaschisten aus Buchenwald und Sachsenhausen. Wir mußten alle zusammenrücken, aber Eva und ich haben ein Zimmer bekommen. So hat sich das Leben langsam normalisiert. Mit den Russen hatte ich noch viel zu tun.

Fünfundzwanzig Verwandte sind von mir umgekommen: meine Eltern, Verwandte aus Glogau, der Möbelfabrikant Jüde, Friedländer, immer zwei, drei Personen, auch die Familie Großmann. Alle Namen weiß ich nicht mehr. Von meinen Brüdern hab ich erst wieder gehört, als die Jüdische Gemeinde in Berlin ein Lebenszeichen von den überlebenden Juden in die ganze Welt verschickte, mit der Anfrage, welche Angehörigen überlebt hatten und wo sie jetzt wohnten. Ich hatte zuerst nur brieflichen Kontakt mit meinen Brüdern, fahren durfte ich lange nicht. Ich hab mich später beim Staatsrat darüber beschwert, aber sie sagten: »Das tut uns furchtbar leid, Sie können erst fahren, wenn Sie Rentner werden.« Da war nichts zu machen.

Mein Bruder Heinz wurde in die israelische Armee eingezogen, aber nur als Reservist ausgebildet. Er hat einen starken Existenzkampf führen müssen, daß er seine Wäscherei aufbauen konnte. Er hat von früh bis spät gearbeitet, um Geld zu verdienen. Der Lebenskampf in Israel ist sehr schwer, auch heute noch, weil sie den größten Teil ihres Staatshaushaltes für die Aufrüstung verbrauchen. Ich

Eva und Walter Besser nach der Befreiung, 1945

bin inzwischen durch ganz Israel gereist bis an die Grenze nach Saudi-Arabien und bis zu den Golanhöhen. Heinz und ich haben später über alles gesprochen, auch, wie es ihm erging in Israel. Es ist sehr viel aufgebaut worden. Da kann man nur den Hut abnehmen, was dort geleistet worden ist. Aber da ist natürlich die verworrene Politik. Ich kann nicht als Verfolgter heute den Verfolger spielen. Es war gut, daß die Juden in Israel eine Heimstätte finden konnten. Es war sehr gut, daß man einen jüdischen Staat geschaffen hat. Daß sich das politisch so auswirkt zwischen Juden und Arabern, ist meiner Meinung nach wirklich sehr bedauerlich und von beiden Seiten nicht richtig angefaßt worden. Man kann nicht immer nur sagen, die haben schuld oder die haben schuld. Beide Seiten müssen versuchen, miteinander auszukommen. Bei gutem Willen geht alles, und ich hoffe, daß mal eine Einigung kommt.

Mein jüngster Bruder Ludwig wohnte in Naharia. Die Stadt ist von deutschen Juden aufgebaut worden. Vom Bürgermeister bis zum gewöhnlichen Arbeiter waren alle ehemalige Deutsche. Ludwig hatte noch hier in Berlin als Lehrling gearbeitet und Galvanisieren gelernt. Nach der »Kristallnacht« 1938 ist er durch das Palästina-Amt auf einem Jugendtransport nach Israel gekommen und in einen Kibbuz gelangt, nach Masaryk, benannt nach dem tschechischen Präsidenten. Dort lebte er viele, viele Jahre. Er war sechzehn Jahre, als er Deutschland verlassen mußte. So waren Tausende und aber Tausende junge Leute dorthin gegangen. Ludwig hat in Israel geheiratet, seine Frau lebte auch im Kibbuz. Die Kibbuze waren gut organisiert. Sie unterhielten auch einen Produktionsbetrieb, so daß sie sich selber ernähren konnten durch die Landwirtschaft und ihren Produktionsbetrieb. Da sie manchmal zwei- bis dreimal im Jahr ernten können, hat er nie Sorgen gehabt. Er hat sich nach vielen Jahren vom Kibbuz auszahlen lassen und ist zu einer Firma in Naharia gegangen, die auch aus Deutschland gekommen war, einem Rechtsanwaltsehepaar aus Ulm. Die Frau hatte sich dort eine Kuh gekauft, dann 'ne zweite, dritte und vierte, bis sie ein großes Geschäft aufmachte mit Käse, Pommes frites und Eis. Sie beschäftigten schließlich fünfhundert bis sechshundert Leute und haben den ganzen Markt, auch hier in Westeuropa, mit ihren Produkten versorgt. Ludwig war Einkäufer, er hat Rosinen gekauft, Mehl und so weiter, und er war sehr zufrieden. Er hat drei Kinder. Jetzt ist er Rentner und noch im Management eines Hotels in Naharia tätig.

Unser Haus in Coburg ist abgebrannt. Meine beiden Brüder sind später einmal vom Bürgermeister von Coburg eingeladen worden. Das Grundstück darf nicht bebaut werden. Es gilt heute noch als jüdisches Vermögen. Sie wollten versuchen, daß auch ich eingeladen würde. Doch die Meinung des Oberbürgermeisters von Coburg war, er brauche mich nicht einzuladen, da ich nicht im Ausland lebte. Kann sein, weil ich in der DDR blieb. Meine beiden Brüder waren vierzehn Tage auf Kosten der Stadtverwaltung dort. Wie ich jetzt erfahren habe, wohnt heute überhaupt kein Jude mehr in Coburg. Aus der Synagoge ist eine katholische Kirche geworden. Ich möchte auch gern einmal wieder in meine Heimatstadt fahren.

Ungefähr im Juli 1945 bin ich in die Sybelstraße, wo wir vorher wohnten. Der Verwalter lebte noch. Er hat gleich gesagt: »Herr Besser, wir geben Ihnen die Wohnung sofort wieder.« Sie war ja leer. Aber da ich mir schon langsam eine Existenz in Altlandsberg aufgebaut hatte, wenn's auch sehr schwer war, hab ich gesagt: »Nein, Herr Richter, ich komm vorläufig nicht!« Vom Eigentum meiner Eltern war nichts mehr da. Es hatte ja unter anderem ein Speisezimmer und ein großes Herrenzimmer in der Wohnung gestanden, als wir sie verließen.

Kurz nach 1945 fand beim Landgericht in Potsdam ein Prozeß statt, zu dem ich überraschend eingeladen wurde. Der Nachbar von Wielands, Pöschel, hatte eine Anzeige erstattet. Pöschels sollten kurz vor Kriegsende von Wielands, insbesondere von Frau Wieland, gedungen worden sein mitzuhelfen, Eva und mich umzubringen – aus Angst vor unserer Entdeckung in letzter Minute und weil die 25 000 Mark verbraucht waren. Ich verzichtete bei der Gerichtsverhandlung auf eine Bestrafung der Eheleute, weil der vorgesehene Mord ja nicht zur Ausführung gelangte und wir am Ende das Kellerversteck in einigermaßen guter Verfassung verlassen konnten. Ich war allerdings so erschüttert von diesem Mordvorwurf, daß wir sofort nach dem Prozeß unsere persönlichen Sachen, die wir immer noch bei

Wielands untergestellt hatten, unter Schutz des sowjetischen Kommandanten in dessen Fahrzeug abholten und ich Wielands seit dieser Zeit nie wieder sah. Inzwischen sind beide verstorben. Wo die Tochter verblieben ist, weiß niemand.

Wir bekamen dann in Altlandsberg eine Wohnung, eine ehemalige Rechtsanwaltswohnung. Der Mann war gestorben, es wohnte dort nur noch die Witwe. Wir hatten zwei Zimmer, und uns wurden die Möbel eines geflüchteten ehemaligen Nazis zur Verfügung gestellt. Der Wohnraum war ordentlich, mit Bad, Toilette und schönem Garten, nicht weit entfernt vom Krankenhaus, auf das ich mich beruflich immer mehr konzentrierte. Das Krankenhaus wurde als Notkrankenhaus aufgebaut, in einem großen leerstehenden Haus. Der Chefarzt, Dr. Lecks, ein ehemaliges Mitglied der SS-Reiterstaffel, war mit seinem Personal geflohen. Ein Dr. Helmbrandt war als ein einziger Arzt dort geblieben. Ich wurde eingesetzt für die Stadtverwaltung und für den Aufbau dieses Krankenhauses.

Die Räume des Rathauses in Altlandsberg wurden von den Russen benutzt. Wir mußten in ein anderes Haus auf dem Marktplatz ziehen und haben dort eine eigene Stadtverwaltung aufgebaut. Ich versuchte zum Beispiel für das Transportwesen ein paar Pferde aufzugabeln. Dann mußten wir die Ernährung sichern. Es war ja nichts da. Die Russen haben Mehl und Zucker gebracht. Wir hatten das Glück, daß in Hoppegarten noch die alten Rennpferde standen, da haben wir auch mal Pferdefleisch bekommen. Dann mußte ich für das Krankenhaus Betten organisieren. Viele Bauern waren geflohen. Wir sind einfach in deren Wohnungen gegangen und haben die Betten rausgeholt. So hatten wir Krankenbetten für die deutsche Bevölkerung.

Es gab auch leider sehr viele Vergewaltigungen, das wollen wir gar nicht verschweigen. Das war zum Teil verständlich, wenn man bedenkt, was die Deutschen den Russen angetan hatten.

Wir haben das Krankenhaus organisiert mit zunächst nur einem Arzt. Licht hatten wir nicht, für die Entbindungen mußten wir Wachskerzen benutzen. Meine Frau half Kartoffeln schälen und Essen kochen. Wir hatten überhaupt kein Geld. Also hab ich folgendes gemacht: Ich bin in die Patientenzimmer gegangen, wir konnten ungefähr dreißig, vierzig Leute aufnehmen, und habe gesagt: »Kinder, wer Geld hat, gibt pro Tag zehn Mark.« Ich hab mir eine Kladde angelegt und die Einnahmen eingeschrieben und vom Chefarzt gegenzeichnen lassen. So haben wir uns langsam finanziert. Dann wurden ja auch wieder einige Geschäfte geöffnet, in denen man etwas kaufen konnte.

Ich wurde also der Verwaltungsleiter des entstehenden Krankenhauses. Wir haben eine Menge erreicht in dieser Zeit. Die Medikamentenversorgung war natürlich das schlimmste! Wir haben von den Russen fast gar nichts bekommen, außer ein paar Medikamenten gegen Geschlechtskrankheiten. Ich habe später in Lokalen Razzien mitgemacht, bei denen wir die Leute rausgeholt haben, die verdächtig waren, geschlechtskrank zu sein, vor allem mit Syphilis und Gonorrhöe. Einmal hat ein Russe zu mir gesagt, ich sollte nach Berlin fahren und versuchen, ob ich ein paar Medikamente bekäme. Ich hab mir einen Rucksack genommen, so schwach, wie ich war, bekam eine Armbinde mit einem roten Kreuz, und die Russen haben mich mitgenommen bis zum Frankfurter Tor. Dann bin ich durch die teilweise noch brennenden und schwelenden U-Bahn-Schächte gelaufen, um durch die Trümmer zu kommen, und hab gefragt: »Wo ist denn hier das Gesundheitsamt?« Es war in der jetzigen Karl-Liebknecht-Straße. Da bin ich rein und hab gesagt: »Ich komme aus Altlandsberg, bin in der Verwaltung zum Aufbau eines neuen Krankenhauses und brauche Medikamente.« So viel hätten sie auch nicht, und es wäre verboten, sagten sie. »Na«, sag ich, »kann ich ja verstehen, aber ich habe ein paar Kohlköpfe mitgebracht!« Und da hab ich unter Hängen und Würgen einige Medikamente bekommen. So hab ich das ein-, zweimal gemacht.

Es war auch gar nicht so einfach, Kerzen zu besorgen. Ich habe selbst bei mancher Entbindung nachts die Kerze gehalten. Da gab's keinen Achtstundentag. Wir haben fünfzehn, sechzehn Stunden gearbeitet, manchmal noch länger. Dann hab ich für die Schwestern mal Kittel, mal Strümpfe organisiert. Es war wüst! Es war alles zerstört. Unsere ganze Kraft haben wir eingesetzt, um wieder Ordnung zu schaffen.

Die Arbeit hat mich befriedigt. Da kam es auf die Stunde nicht an. Wichtig war, die Leute aus der Lethargie rauszureißen. Daß ich eigentlich eine eigene Autoschlosserei aufbauen wollte, vergaß ich in dem Wust von Arbeit.

Im August 1945 bekamen wir die Nachricht, daß meine Schwiegermutter in Theresienstadt überlebt hatte. In letzter Minute wurde sie gerettet, hat sie uns erzählt. Sie kam in ganz gutem Zustand zu uns. Wir bekamen dann jeden Monat über die Jüdische Gemeinde unentgeltlich Care-Pakete, so daß wir privat keine Sorgen hatten, im Gegenteil, wir konnten immer noch was abgeben. Die Pakete wurden in Amerika zusammengestellt. Da war alles drin: vom Toilettenpapier über Tabletten zum Wasserentseuchen, Sporthemden, Unterwäsche, Zigaretten, Schokolade, alles, was auch die Soldaten bekamen. Wir haben als überlebende Juden auch erhöhte Lebensmittelkarten bekommen.

Die Schwiegermutter lebte also mit in der Familie. Eva ging vom Krankenhaus weg, als wir Personal bekamen, und blieb zu Hause. Sie schneiderte und verkaufte das an Bauern. So bekamen wir auch von den Bauern was zu essen.

Im Oktober 1946 wurde unser Sohn geboren, trotz der schweren Zeit. Dr. Helmbrandt besaß ein Auto und hat den Rabbiner aus Berlin nach Altlandsberg gefahren. Der Rabbiner machte im Krankenhaus die Beschneidung. Dabei wird aus hygienischen Gründen, nicht nur bei Juden, sondern im Orient überhaupt, die Vorhaut beschnitten, damit sich dort kein Schmutz sammeln kann. Beschnitten wird mit einer kleinen Schere, als ob man eine Zigarre beschneidet. So sieht das aus. Das wird acht Tage nach der Geburt gemacht. Da bleibt keine Narbe zurück. Schwiegermutter hatte Essen bereitet, dann haben wir mit dem Rabbiner, mit Dr. Helmbrandt und ein paar Bekannten sehr schön gefeiert. Möglicherweise hatten wir die letzte jüdische Hochzeit vor 1945 in Berlin und die erste Beschneidung nach 1945.

Eva und ich haben uns gut verstanden, aber Schwiegermutter hatte von Anfang an gesagt, daß sie auf keinen Fall hier in Deutschland bleibt, sondern zu ihrem Bruder und der Schwester in die USA, nach Houston, Texas, fahren will. Daraufhin fing Eva an, daß sie ihre Mutter nicht mehr allein lassen könne. Evas Vater war in Auschwitz umgekommen und ihre beiden Schwestern in Majdanek. Da haben wir uns

Walter Besser mit Eva und ihrer Mutter, 1946

Eva und Sohn Ludwig, Altlandsberg, 1948

eines Tages hingesetzt, haben uns unterhalten, und ich sagte: »Wißt ihr was, nehmt mir das nicht übel: Wir hatten zwar die schwere Zeit zusammen, aber ihr müßt auch verstehen, ich kann nicht Englisch, ich habe keinen abgeschlossenen Beruf. Ich möchte nicht als Schnorrer nach Amerika zur Verwandtschaft kommen.« Ich wußte auch nicht, was es dort überhaupt für Existenzmöglichkeiten gab. Das wußten Eva und ihre Mutter auch nicht. Aber ich konnte andererseits auch verstehen, daß einer, der aus dem KZ kam, sagte, nur weg, weg von hier zu den Verwandten! Und so haben wir uns dann 1950/51 scheiden lassen. Das ist mir sehr schwergefallen. Wir hatten 1942 geheiratet. Da war Eva erst achtzehn Jahre alt. Sie hat so sehr an der Mutter gehangen, und ich konnte verstehen, daß sie ging. Eva hat auch gekämpft mit sich, aber ich hab ihr dann zugeredet, weil ich ja elfeinhalb Jahre älter war als sie und die größere Lebenserfahrung hatte. Ich hab ihr gesagt: »Weißt du, manche Ehen gehen auseinander wegen anderer Sachen, hier ist ein wirklicher Grund vorhanden. Ich kann dich verstehen, und du wirst mich auch verstehen. Ich würde mitgehen, aber was erwartet mich dort? Ich kann dir nichts bieten in Amerika. Und wenn du einen anderen Mann kennenlernst, der Amerikaner ist und Geld hat? Da bist du doch besser dran als mit mir, dem armen Schnorrer. Da muß man nicht drum rumreden. Ich bin ein Realist.«

Sie sind mit unserem Sohn nach Amerika. Schwiegermutter schickte mir noch von ihrem umgekommenen Mann die Kleidung, die lange zuvor nach Amerika geschickt worden war. Er hatte meine Figur. Es waren Anzüge, Unterwäsche und Oberhemden. Dann teilte mir Eva eines Tages mit, daß sie einen Deutschamerikaner kennengelernt hatte, der bereit war, sie zu heiraten und das Kind zu adoptieren. Seit dieser Zeit habe ich nichts mehr von ihnen gehört. Schade, aber ich wollte mich auch nicht weiter einmischen. Ich habe nie mehr eine Nachricht bekommen und weiß nicht, ob sie überhaupt noch leben und ob mein Sohn nicht als Soldat vielleicht nach Vietnam kam und dort umgekommen ist. Es hat mir sehr leid getan, aber es sollte eben nicht sein.

Nachdem Eva weggegangen war, meldete sich im Krankenhaus eine gelernte Operations- und Oberschwester. Die hab ich eingestellt, und dann haben wir uns beide liiert und geheiratet. Sie hieß Annemarie und war sehr energisch. Wir lebten bis 1959 zusammen. Dann hat sie einen Architekten vom Ingenieurhochbau kennengelernt, der Krankenhäuser projektierte. Na ja, und wie das so im Leben ist, sie hat sich in ihn verliebt, und dann kam für mich wieder eine Ehescheidung. Kinder hatten wir nicht zusammen.

Eines Tages stand in Altlandsberg die Aufgabe, auch etwas für die Kultur zu tun. Wir fuhren zur Landesleitung des Kulturbundes nach Potsdam, zu Otto Nagel. Man bat uns, eine Ortsgruppe in Altlandsberg zu gründen, und setzte mich als ersten Vorsitzenden ein. Ich hab noch den Ausweis mit der Unterschrift von Otto Nagel. Wir wurden später die beste Ortsgruppe mit den meisten Mitgliedern, wir hatten 264 Mitglieder vom ganzen Land Brandenburg. Wir haben ein eigenes Orchester gegründet, mit ungefähr zwölf, fünfzehn Musikern. Auf einem Bauernfuhrwerk sind wir mit dem Orchester von einem Dorf zum andern gefahren, bis nach Bernau und Strausberg, und haben von Altlandsberg aus Kultur aufs Land gebracht. Der Arbeiter-Professor Resch hat mit dem katholischen Pfarrer von Altlandsberg Diskussionsabende abgehalten über Sozialismus und Kirche. Die Leute in Altlandsberg waren etwas schwerfällig, aber sie kamen und waren begeistert. Dieser Professor Resch verstand es ausgezeichnet, den Sozialismus wie mit einer dünnen Kanüle in die Zuhörer zu injizieren. Und der Pfarrer war sehr aufgeschlossen. Das war hochinteressant, wir haben mindestens zehn solcher Vorträge veranstaltet, und wir organisierten Bälle und Tanzabende im großen Restaurant und Theaterstücke mit den Lehrerfrauen.

Die Russen haben uns unterstützt. Als ich die Eröffnungsrede halten mußte, kam sogar der Kommandant mit seiner Frau und dem Dolmetscher. Sie haben uns mit Getränken versorgt. Es gab ja noch keine Weine, sondern nur Mixgetränke, »Alkolat« nannte sich das. Wenn man davon trank, wurde man sofort besoffen.

Diese Zeit möchte ich mein ganzes Leben lang nie missen, weil man immer in Schwung war. Das hat mir Spaß gemacht, auf der Bühne zu stehen vor siebenhundert Leuten. Mit ein bißchen Lampenfieber konnte ich frei reden. Aber es hat alles geklappt, und die Leute waren begeistert

Bescheinigung.

Herr Walter B e s s e r , Altlandsberg
Berliner Allee 10c ist der 1.Vorsitzen-
de der Kulturbundwirkungsgruppe Altlandsberg und von der Landesleitung der Provinz Brandenburg beauftragt samtliche
Kulturbundangelegenheiten in Altlandsberg durchzuführen. Wir bitten die deutschen Behörden sowie die örtlichen Be-
satzungsstellen, Herrn Besser bei der
Ausübung seiner Tätigkeit für den Kulturbund nicht zu behindern sondern in jeder
Weise zu unterstützen.

Der Kulturbund zur demokratischen Erneuerung Deutschlands
Landesleitung Brandenburg
Der Landesleiter
gez. Otto Nagel

Dokument

über den Kulturbund. Dort merkte ich erst, welche Fähigkeiten ich hatte! Denn wir mußten ja, der Not gehorchend,
immer improvisieren. Damals war der Kulturbund der Not-
nagel, aber wir haben uns die Crème der Intelligenz für den
Vorstand ausgesucht. Das ist nachher alles verebbt, weil
die Leute nach und nach bessere Stellungen bekamen.
Aber in den ersten paar Jahren waren wir durch die Not
eine richtige Gemeinschaft. Der Wohlstand hat die Men-

schen dann wieder auseinander gebracht. Als ich später einmal wieder in Altlandsberg war, hat der Bürgermeister mir gesagt, hier ist nicht mehr viel los.

Ich bin auch einige Zeit in der Partei gewesen und habe viele Schulungen mitgemacht. Ich hab Karl Marx und Friedrich Engels gelesen. Wir hatten alle vierzehn Tage von 18.00 bis 20.00 Uhr Schulung. Aber es hat mir nicht das gegeben, was ich mir vorgestellt hatte, in der Richtung, wie wir es zu Hause im Elternhaus besprochen hatten. Ich war enttäuscht und bin dann 1951 wieder ausgetreten, weil ich kein Dialektiker war. Ich muß sagen, meine Erfahrungen haben mich gelehrt, daß man mit einem Dialektiker überhaupt nicht diskutieren kann. Der findet immer, daß er recht hat. Und das paßte mir nicht. Man muß auch die Meinung des anderen akzeptieren. Ein Dialektiker, im negativen Sinne, hat für alles Entschuldigungen. Er läßt den andern zwar ausreden, sagt aber nicht, »im Prinzip haben Sie recht«. Nein, der geht stur nach seinem Dogma und sagt: »Das geht nicht! Das können wir nicht! Das machen wir nicht!« Und da bin ich natürlich nach 1945 oft enttäuscht worden. Das merkte man jeden Tag: Wer nicht in der Partei war, ist nicht voll anerkannt worden, nur immer die Genossen! Das steht für mich fest. Ob sie was geleistet hatten oder nicht, das spielte keine Rolle. Andere haben auch was geleistet! Ich bilde mir jedenfalls ein, grade nach 45 bewiesen zu haben, auf welcher Seite ich stand. Was mich am meisten störte, war die Zwiespältigkeit, die sich in der Praxis entwickelte, die Bevorzugung einiger gegenüber anderen. Das hatte ich mir anders vorgestellt. Ich bin nicht so ein Mensch, der sich nur auf die Partei stützt. Ich bin ein Mensch, der, wenn er eine Aufgabe gestellt bekommt, sie hundert- oder hundertzwanzigprozentig durchführt. Man muß mir nicht sagen, dazu mußt du ideologisch geschult sein. Ich bin von zu Hause aus ein Gerechtigkeitsmensch. Ungerechtigkeiten kann ich nicht vertragen. Um nicht bestechlich zu sein und den graden Weg zu gehen, brauche ich nicht parteigebunden zu sein. Nachteile sind mir durch den Parteiaustritt nicht entstanden. Ich war ja anerkannter Verfolgter und habe eine gute Arbeit gemacht.

Hinzu kam übrigens folgende absurde Geschichte: Ich hatte von der Landesregierung in Potsdam ein altes Auto für die bessere Versorgung des Krankenhauses in Altlandsberg erhalten. An dem Auto fehlten zwei Reifen, die ich natürlich damals nicht so einfach bekommen konnte. Bei einem Altlandsberger Schuhmachermeister hatte ich zwei neue Autoreifen gegen zwanzig Zentner Kohlen vom Krankenhaus eingetauscht. Durch eine Denunziation des damaligen Kraftfahrers des Krankenhauses wurde durch den Staatsanwalt, Genossen Holz, wegen eines nicht genehmigten Tausches ein Strafantrag gestellt und tatsächlich ein Schauprozeß beim Landgericht Potsdam gegen mich durchgeführt. Erschwerend kam hinzu, daß ich damals noch Genosse war. Der Staatsanwalt stellte den Antrag auf zwölf Monate Gefängnis und fünfhundert Mark Geldstrafe. Das Gericht verurteilte mich zu zehn Monaten Gefängnis und fünfhundert Mark Geldstrafe. Die Gefängnisstrafe habe ich voll und ganz abgesessen. Rechtsanwalt Schulz aus Neuenhagen stellte dann später beim Generalstaatsanwalt Melzheimer den Antrag, das Gerichtsverfahren zu revidieren. Wegen Geringfügigkeit der Strafe und Überlastung der Gerichte infolge zahlloser Wirtschaftsvergehen konnte der Prozeß aber, wie es hieß, nicht wieder aufgenommen werden. Die fünfhundert Mark Geldstrafe wurde mir erlassen und die Vorstrafe später aus meiner Kaderakte gelöscht.

Das, was die Nazis nicht geschafft hatten, mich einzusperren, war nun den eigenen Genossen gelungen: mich zu kriminalisieren, weil ich den Menschen im Krankenhaus helfen wollte! Ich war über dieses ungerechte, stalinistische Urteil sehr, sehr erbittert.

Mein Hauptstreben war damals, ein einigermaßen gutes Leben zu führen und zu helfen, die großen Zerstörungen des Krieges, die Trümmer zu beseitigen und zu sehen, wie man sein Leben und das Leben der anderen Bürger mitgestalten kann. Charakterlich hatte ich mich durch die Nazizeit eigentlich nicht sehr verändert, aber ich bin natürlich politischer geworden, bereits vorbereitet durch mein Elternhaus und durch die jüdische Jugendgruppe. Ich konnte das damals noch nicht so verarbeiten, aber deswegen bin ich hier in der DDR geblieben. Ich hätte noch rübergehen können, aber ich habe mir gesagt, hier wird was Neues entstehen! Natürlich mußten wir erst das Chaos beseitigen.

Lieferauto des Krankenhauses

Der Aufbau war furchtbar schwer, bis in die fünfziger Jahre. Die ganzen Ruinen wegzuräumen und alles neu zu gestalten, auch die sozialen und kulturellen Einrichtungen. Da hatte ich ja am meisten mit zu tun. Das war der Sinn meines Lebens nach 1945. Jetzt sind wir über den Berg. Es war eine schöne Aufgabe, und die habe ich, als ich dann in Berlin tätig wurde, weitergeführt.

Die Nachkriegsentwicklung habe ich insgesamt auf jeden Fall begrüßt. Was mir heute auch noch gefällt, wenn ich zurückdenke, war das reale Denken damals, daß alles offener eingeschätzt wurde. Was ich heute bei uns vermisse, ist Offenheit. Man muß die Mängel ruhig aufzeigen. Aus den Mängeln kann man viel lernen.

Die Arbeit in Altlandsberg hat mich dann auf die Dauer nicht mehr befriedigt. Nach fünf Jahren lief das Krankenhaus einigermaßen, und es war mir dort zuwenig Perspektive. Ich bin dann zum Magistrat von Groß-Berlin, am 15. Mai 1951, in die Abteilung Volksbildung. Das war noch unter dem späteren Oberbürgermeister Fechner. Bei uns war er damals Stadtrat für Kultur und Volksbildung. Ich kümmerte mich um die Instandsetzung der alten Schulgebäude und Kindertagesstätten und um die Vorbereitung neuer Schulen. Das hab ich von 1951 bis etwa 1955

262

gemacht. Ich wurde dort sogar BGL-Vorsitzender und später Referatsleiter in Lichtenberg für Investitionen und Werterhaltung. Wir arbeiteten mit den Projektierungsbüros zusammen, um die Standorte für neue Kindergärten und Schulen auszusuchen. Das waren die sogenannten Standortgenehmigungsverfahren, die mit der Plankommission, mit dem Tiefbau zu besprechen waren. Ich war Referatsleiter für fünf, sechs Personen.

Die Schulgebäude, die wir projektierten, waren diese Viergeschosser mit den großen Gängen und Klassenräumen, die teilweise heute noch stehen. Die wurden ständig weiterentwickelt, bis zu den heutigen Schultypen. Die DDR hat ja eine Menge investiert für die Volksbildung, deswegen hatten wir viel zu tun. Auch die Inneneinrichtungen mußten wir bilanzieren. Was für die Schulen ausgegeben wurde, war wirklich unheimlich viel. Dadurch daß viele Frauen berufstätig wurden, mußten auch immer mehr Kindergärten und -krippen gebaut werden. Die Kindergärten mußten neu entwickelt werden. Es war ein ziemliches Tohuwabohu. Die Schulgebäude in den alten Stadtbezirken Mitte, Prenzlauer Berg zum Beispiel waren über hundert Jahre alt. Das Material heranzuschaffen war sehr, sehr schwer. Es war viel kaputt, und alles war zäh und bürokratisch, ist es teilweise heute noch. Es gibt viel zu viele Formblätter.

Die Arbeit hat mich immer befriedigt, es war ja ständig was Neues. Damit ist auch mein Wissen gestärkt worden. Ich kann jedem nur empfehlen, mal die Arbeitsstelle zu wechseln, um seinen Gesichtskreis zu erweitern. Man sollte sich nicht festklammern an einem Arbeitsplatz, auch wenn man da vielleicht mehr Geld bekommt. Ich muß sagen, daß ich überall, obwohl ich nie studiert hatte, aufgrund meiner Erfahrungen eine Bereicherung einbrachte, daß ich immer wieder schnell Fuß fassen konnte.

Nach meiner zweiten Ehe habe ich eine Ärztin kennengelernt, und wir haben 1961 geheiratet und bis 1971 zusammengelebt. Die Ehe war gut, aber sie hat dann in Prag einen Tropenmediziner kennengelernt und gedacht, das wäre ihr große Liebe. Ich war nun ein älterer Mann, zwischen uns lagen vierundzwanzig Jahre, und wir haben uns getrennt. Aber ich bin immer so auseinandergegangen,

Walter Besser, 1961

daß man hinterher noch miteinander sprechen konnte.
1976 hab ich dann meine jetzige Frau geheiratet, die auch
im medizinischen Bereich tätig war.

Als Vertreter des Büros für Territorialplanung habe ich
auch am Aufbau des Alexanderplatzes mitgewirkt. Ich
hatte die Arbeitskräfte zu verwalten und war zuständig für
die Arbeits- und Lebensbedingungen. Später hab ich das
noch mal gemacht beim Allendeviertel. Das war immer

eine sehr schöne operative Arbeit. Man saß nicht nur von früh bis spät am Schreibtisch. Ich mußte viel mit Leuten sprechen, zum Beispiel im Kleingartenverband, um sie zu überzeugen, daß sie von ihren Parzellen müssen, weil sich dort der Wohnungsbau breitmachte mit gesellschaftlichen Einrichtungen. Da gab's natürlich schwere Diskussionen, denn manche Leute waren schon über zwanzig Jahre auf ihrer Parzelle. Aber dann kam die Einsicht in die Notwendigkeit. Sie bekamen auch neues Land. Das mußten wir wieder urbar machen, damit sie dort ihre Lauben oder kleinen Bungalows aufbauen konnten.

Wenn man sich überlegt, daß wir ja nicht so reich sind wie der Westen, ist das beachtlich, was da geleistet worden ist. Sicher, die Entwicklung der Infrastruktur blieb teilweise zurück, und wir haben auch Standorte ausgesucht, wo möglichst schon alles in der Erde lag. Man mußte ständig überlegen, was das kostete: Rohre zu verlegen, das Sanitäre, die Post, das Wasser, dann mußte ein neues Klärwerk gebaut werden in Münchehofe und Falkenberg. Meckern darüber ist einfach, aber besser machen, das ist das Schwierige. Berlin war ja zu achtzig Prozent zerstört. Ich kann mich noch erinnern, als ich bei der Volksbildung angefangen habe, machten wir jeden Sonnabend und Sonntag Aufbaustunden. Wir sind mit wachsender Begeisterung hin, mit dem Stadtrat Fechner. Dann haben wir auf den Baustellen einzelne Kollegen ausgezeichnet, mit einem Oberhemd oder mit Kitteln und Strümpfen. Das war 'ne tolle Sache. Ich hab das nicht als Zwang empfunden. Damals war eine große Begeisterung, sie ist inzwischen ganz abgeflacht. Die Leute sind ja älter geworden, die Jugend hat andere Interessen. Manchmal machen sie vorm Haus noch die »Mach mit!«-Verschönerungen.

Die Architektur der fünfziger und sechziger Jahre war sehr monoton. Die Kritik bestand zu Recht. Die DDR hat die Großplattenbauweise eingeführt, sie war billig. Seit den letzten Jahren hat sich die Architektur aber sehr verbessert, auch durch die Lückenbauten. Jetzt gefällt's mir natürlich besser, wenn ich mir die alte Karl-Marx-Allee ansehe mit den wilhelminischen Fenstern. Wenn wir reich genug wären, müßten wir das alles abreißen, diesen Zuckerbäckerstil, wie wir immer gesagt haben. Das war eine Kopie

der sowjetischen Bauten. Obwohl der Architekt Hensel-
mann ein Mann des Bauhauses war, mußte er wohl diesen
Zuckerbäckerstil nachbauen. Aber wenn man sich das
neue Nikolaiviertel ansieht, ist das doch eine Glanzlei-
stung. Klar schimpfen die in der Republik, daß bei ihnen
nicht soviel gemacht wurde, aber das ist in allen Ländern
so, daß die Hauptstädte vorgehen. Da müssen die andern
ein bißchen drunter leiden. Wobei Halberstadt, Dessau
oder Quedlinburg zum Beispiel auch ganz phantastisch
wieder aufgebaut sind. Wenn wir das wirklich schaffen, bis
1990 den Wohnungsbau fertigzustellen, für jeden eine
Wohnung, dann kann man danach das übrige machen. Das
geht dann auch schneller, weil ja die Hauptarbeit geleistet
ist, denn die Wohnungsfrage ist ein Politikum. Alte Häuser,
die man früher abgerissen hat, reißt man heute nur noch im
Notfall ab. Man versucht sie trotz erhöhter Kosten zu
rekonstruieren. Das gefällt mir auch besser. Vor allem, weil
da immer Läden drin sind. Zwischen Alexanderplatz und
Unter den Linden läuft man sich im Hochsommer bei 25,
30 Grad in der prallen Sonne die Füße wund. Ich kann mich
noch erinnern, als ich 1933 nach Berlin kam, war das alles
zusammenhängender. Heute ist es oft tot. Es gibt noch
Städte, etwa Leipzig, wenn man dort vom Hauptbahnhof
über die Straße geht, ist man gleich in einem wunderbaren
Zentrum, Laden an Laden, da ist es so geblieben, wie es
früher einmal war. Aber rausfahren in die Vorstädte darf
man natürlich nicht. Das ist alles auch eine Geldfrage, eine
Materialfrage, eine Menschenfrage. Daran scheitern wir
oft. Die Ideen der Chefarchitekten und der Kollegen sind
gut, aber sie können eben nicht so verwirklicht werden.
Und dann find ich, daß bei uns zuviel Leute mitreden, es
auch zerreden. Das ist mir bei meiner Arbeit immer wieder
aufgefallen.

Die Mieten betragen ungefähr 1,20 Mark pro Quadrat-
meter, das sind acht bis zehn Prozent vom Gehalt. Das ist
natürlich ausgezeichnet. Die Kehrseite davon ist, daß die
kommunalen Wohnungsverwaltungen Sorge haben, die
Häuser überhaupt zu erhalten. Die reparieren sich zu Tode
mit der Zeit. Nun hat die KWV auch einen Aufschwung
erlebt, sie haben eigene Handwerkerbrigaden, aber sie
kommen gar nicht hinterher. Und dann ist es im Bauwesen

meines Erachtens so, daß zuviel angefangen wird und dann liegenbleibt. Die Gerüste werden hingestellt, doch die Leute kommen nicht, weil sie anderswo dringend eingesetzt werden müssen. So ein Gerüst kostet viel Geld. Das ist doch bilanziert. Es müßte alles viel straffer geführt werden, immer erst das eine fertiggestellt werden, bevor man was Neues anfängt.

Ich möchte in den Satellitenstädten nicht wohnen, ganz ehrlich. Das sind zum größten Teil Schlafstädte, die nicht genügend Infrastruktur haben. Die Leute wissen abends nicht, wo sie hingehen sollen. Alle gesellschaftlichen Einrichtungen gleichen sich, da ist eine wie die andere.

Natürlich waren wir fasziniert vom Aufbau in der Bundesrepublik. Aber das war eben nur möglich mit Hilfe des Marshallplanes. Was die für Geld bekommen haben! Man muß ja bedenken, daß die Sowjetunion die größten Opfer gebracht hat mit 27 Millionen Toten, sie hat ja den größten Aderlaß gehabt. Die Deutschen sind weit ins Land gestoßen und haben alles vernichtet. Sie konnte uns nicht viel helfen. In den anderen Ländern, wie Polen, Rumänien, Ungarn und so weiter war ja auch alles kaputt. Amerika hatte auf seinem eigenen Boden keinen solchen Krieg, da war alles intakt geblieben. Und dann sind wir auch der ärmere Teil Deutschlands, die BRD hatte bessere Bodenschätze, da ging der Aufbau bedeutend schneller. Wir mußten uns alles aus eigener Kraft aufbauen, ohne große Unterstützung, und wir haben auch daran zu kranken, daß wir als rohstoffarmes Land vieles kaufen müssen. Mittlerweile sind die Preise nicht mehr so wie früher, der Ölpreis ist um das Dreifache gestiegen. Und dann sind noch viele gute Leute weggegangen oder weggegangen worden.

Meine Arbeit hat mir bis zum letzten Tag Spaß gemacht. Ich war noch im Institut für Kulturbauten im Ministerium für Kultur und hab mit den Architekten die Vorarbeiten für die Restaurierung des Deutschen Theaters und der Kammerspiele gemacht. Das war große Arbeit, die das Institut geleistet hat. Die Rekonstruktion hat ja vier oder fünf Jahre gedauert. Das Kollektiv, in dem ich gearbeitet habe, wurde ausgezeichnet mit der Ehrenurkunde des Zentralkomitees. Die Rekonstruktion ist sehr teuer gewesen. So wird es uns einmal mit dem Wiederaufbau der Synagoge in der Oranienburger Straße gehen. Das kostet unverschämtes Geld, denn die ganzen Steine müssen in irgendeiner Fabrik extra hergestellt werden, wenn man die Synagoge original wieder aufbauen will.

Ich bin mit meinem Leben ganz zufrieden. Ich bin zwar kein Minister geworden, aber ich bin in meiner Arbeit überall anerkannt worden. Ich habe fünfzehneinhalb Jahre über mein Rentnerleben hinaus gearbeitet. Wenn man achtundfünfzig Berufsjahre auf dem Buckel hat, einschließlich der Verfolgungszeit, dann möchte man auch mal zur Ruhe kommen. Ich habe meine Pflicht unserer Gesellschaft gegenüber auch als Nichtgenosse getan. Immerhin habe ich es noch geschafft, zum Ersten Mai 1987 den Vaterländischen Verdienstorden in Bronze zu erhalten. Das ist schon eine Anerkennung meiner Arbeit. Ich bin stolz, beim Wiederaufbau Berlins mitgewirkt zu haben, wenn auch nur als mittlerer oder leicht gehobener Kader. Man darf nicht zu hoch, dann fällt man zu schnell, und nicht zu tief, dann verdient man zu wenig. Ich war immer mittlerer Kader, aber eine Kämpfernatur, immer Besser.

Ich würde mir wünschen, daß es auch bei uns, wie in der Sowjetunion, mehr Freizügigkeit gibt. Die alten Genossen, die alles hier aufgebaut haben, hängen natürlich noch sehr an ihrer Tradition, sie müssen sich auch ein bißchen mehr umstellen. Es muß im Denken der Menschen eine größere Freizügigkeit geben, in den Medien, den Parteien. Das würde bewirken, daß die Leute beflügelter würden und vielleicht noch mehr für die Gesellschaft leisteten, wenn sie nicht von vornherein wissen, sie ecken bei irgend jemandem an, wenn sie mal ein verkehrtes Wort sagen. Alles wird bei uns zu sehr von oben gesteuert, das merkt man. Man müßte von oberster Stelle noch viel mehr mit den Menschen sprechen. Wenn es heute Probleme mit der Jugend gibt, trifft auch eine gewisse Schuld die Funktionäre, die sich nicht die Mühe machen, mit der Jugend zu diskutieren. Da wird Diktatur ausgeübt, und man vergißt dabei den Menschen. Mit guten Diskussionen kann man fast jeden überzeugen.

Über fünfunddreißig Jahre war ich für den Aufbau Berlins tätig. Da ist viel geleistet worden, aber es sind auch

*Walter Besser vor dem ehemaligen Haus
der Familie Wieland, 1988*

viele Fehler gemacht worden. Ich finde, das ist nicht immer mit der nötigen Offenheit und Konsequenz untersucht worden. Jahr für Jahr schreiben wir in den Zeitungen, wir müssen die Arbeitsproduktivität steigern. Das hängt einem eines Tages zum Halse raus, weil die Menschen schon seit 1946 Schulungen dazu haben und inzwischen auch begriffen haben müßten: man kann nur soviel verbrauchen im Leben, wie man erarbeitet hat, und erst durch die Steigerung der eigenen Arbeitsproduktivität wird das Leben besser. Wir hätten mehr erreichen können, wenn wir selbstkritischer und konsequenter wären.

Nach 1945 wurde ich wieder Mitglied der Jüdischen Gemeinde zu Berlin, noch unter Heinz Schenk, aber da ich beruflich sehr angespannt war und die Jüdische Gemeinde sich auch erst in den letzten Jahren wieder mit Veranstaltungen meldete, ruhte meine Mitarbeit. Ich hab erst 1985 wieder einen Brief bekommen von der Gemeinde, daß ihre Unterlagen verlorengegangen sind und ob ich Interesse hätte, mich mehr um die Jüdische Gemeinde zu kümmern. Da bin ich hingegangen, weil ich ja auch nicht mehr arbeite. Ich war zu vielen Vorträgen der Jüdischen Gemeinde und wurde auch gesellschaftlich mehr einbezogen. Ich finde, daß sie sich jetzt sehr große Mühe geben, und hoffe, daß die Gemeinde nach und nach wieder ein bißchen wächst, auch durch die Jugend. Ich habe schon mit verschiedenen Leuten gesprochen, auch mit Genossen, die nicht wußten, ob sie mitmachen sollten oder nicht. Knapp 200 Mitglieder hat die Jüdische Gemeinde zu Berlin nominell. Etwa noch 2000 Juden leben in der DDR, die sich nicht zum Judentum bekennen, weil sie Atheisten sind. Die Frage ist nicht öffentlich in der Partei geklärt, ob Juden trotzdem Mitglied der Jüdischen Gemeinde sein können. Mein Standpunkt ist Ja. Ich kann ein guter Genosse und trotzdem Mitglied der Jüdischen Gemeinde sein, um unsere Minderheit zu stärken, um das Geschichtsbewußtsein zu entwickeln und die jüdische Kultur zu pflegen. Ich habe mir gedacht, daß ich's überlebt habe, war ein Wunder. Da mußt du dich jetzt erst recht zum Judentum bekennen.

Ich habe seit 1945 bis heute niemals, wo immer ich auch tätig war, geleugnet, daß ich Jude bin. Als Juden sind wir ja eine Minderheit. An erster Stelle bin ich Bürger der DDR, an

zweiter Stelle ein überlebender untergetauchter Jude. Aus
Dankbarkeit halte ich auch zu meinem Elternhaus und
bekenne mich offen zum Judentum. Deshalb kann ich nicht
ganz verstehen, daß es bei uns in Berlin Juden geben soll,
die sich nicht dazu bekennen, weil sie Genossen sind. Sie
brauchen ja deshalb nicht fromm zu sein. Wir müssen
wieder eine stärkere Gemeinde werden. Berlin hatte
155 000 Juden vor dem Krieg. Ich stärke durch mein
Bewußtsein auch zur jüdischen Tradition die Kultur der
Juden. Und da müssen wir noch mehr tun. Bei den Veranstaltungen wird noch zu wenig politisch diskutiert. Die
Jüngeren müssen sich mehr um die älteren Mitglieder kümmern und sie fragen, wie es ihnen geht und wie sie alles
überlebt haben. Das kommt zu wenig zur Sprache. Die
Jugendgruppe sollte unsere Erfahrungen auch mehr zu
Papier bringen. Nicht bloß drei Stunden am Abend unpoli-
tisches Bla-Bla. Auch eine Religionsgemeinschaft muß politisch wirken nach außen. Ich lese in der *Berliner Zeitung,*
wie Heinz Galinski gegen den Faschismus protestiert. Ich
habe noch nie gesehen, daß unser Vorsitzender solch einen
Artikel in die Zeitung bringt. Wir haben doch auch kluge
Leute, die stärker zu Fehlentwicklungen bei uns Stellung
nehmen müßten. Einen gewissen Antisemitismus gibt es
auch noch in der DDR. Das ist daran zu ersehen, daß
Kinder und Jugendliche die Grabsteine zerstört haben,
nicht nur in der Schönhauser Allee. Wie kommen denn die
Siebzehn-, Achtzehnjährigen darauf, die Gräber zu zerstö-
ren? Wenn man sich überlegt, daß da 200 000 Mark Schaden zusammenkommen, eine ganz schöne Wucht. Das
waren wertvolle und unersetzliche Steine. Man muß die
Ursachen suchen! Auch für die antisemitischen Äußerungen, die sie getan haben, selbst wenn das teilweise aus
dem Westen kommt. Man müßte mal mit Lehrern oder der
Stadtbezirksschulrätin sprechen. Wie sehen die Lehrbücher
aus? Ich weiß es nicht so genau. Natürlich stehen Rassismus, Antisemitismus und Faschismus bei uns unter strenger
Strafe. Aber wie heißt es? »Wehret den Anfängen!« Da
darf man nichts bagatellisieren. In den Schulen wird jetzt
verstärkt darauf hingewiesen. Aber ob das allein genügt?
   In meiner Tätigkeit beim Magistrat bin ich nie mit Antisemitismus in Berührung gekommen. Ich weiß, daß die Juden,

die in den Betrieben gearbeitet haben, geachtet wurden. Ich glaube nicht, daß in der DDR jüdische Bürger benachteiligt werden, beruflich oder gesellschaftlich, im Gegenteil. Juden können in der DDR in Ruhe leben. Viele junge Juden konnten studieren und wurden gefördert. Natürlich werden immer Differenzen auftreten. Wenn es das nicht mehr gäbe, wär's traurig. Manchmal sieht unsere Regierung auch ein, daß sie Fehler gemacht hat. Es stand zum Beispiel anläßlich des 75. Geburtstages von Stefan Heym sogar in der *Berliner Zeitung*, daß nicht alles richtig war, wie man mit ihm umgegangen ist. Warum sollen nicht auch unsere Politiker Fehler machen? Keiner ist fehlerfrei.

Unsere Berichterstattung über Israel finde ich zum Beispiel nicht sehr gut, sie ist nicht differenziert genug. Man muß, wenn man schon hart kritisiert, die jüdische Geschichte etwas mehr durchleuchten und sagen, warum das in Israel so gekommen ist. Denn Israel ist ringsum von Feinden umgeben, wobei es auch gemäßigte Palästinenser und gemäßigte Araber gibt und zugleich ganz scharfe Terroristen. Ich finde die Medienpolitik ein bißchen ungerecht, und das kann leicht zu einem Antisemitismus führen. Das muß man bedenken, zumal es auch in unserer Regierung Juden gibt, die dafür sorgen müßten, daß gerechter informiert wird. Dafür tragen wir eine Verantwortung.

Ich bin ein Anhänger des Staates Israel, wobei ich seine Politik in gewissem Grade verurteile, doch ich bin kein Zionist. Ich fühle mich als deutscher Jude. Ich meine, die Palästinenser haben das gleiche Recht auf Leben wie die Menschen in Israel. Die zwei Millionen Palästinenser müssen Land bekommen und einen palästinensischen Staat. Man muß vernünftig miteinander umgehen und sich nicht gegenseitig umbringen. Nationalismus gibt es auf beiden Seiten. Da müßte unsere Berichterstattung differenzierter werden.

Ich habe der Gemeinde angeboten, daß ich in den Wintermonaten gerne bereit bin, ein bißchen zu helfen, bei Vorträgen oder wenn's ums neue Museum geht. Ich habe meinen schönen Leuchter schon jetzt der Gemeinde als Eigentum übertragen, nach meinem Tod. Es gäbe so viel Arbeit in der Jüdischen Gemeinde! Man müßte zum Beispiel versuchen, ob man den Gemeinderaum nicht ein bißchen vergrößern und dadurch vielleicht ein kleines

Café einrichten könnte. Man kann jetzt schwer mit einem Menschen näher bekannt werden, weil nach den Vorträgen immer alle nach Hause rennen. Oder man müßte mal mit dem Vorsitzenden der Gemeinde das Raumprogramm für die neue Synagoge durchgehen. Da gehörten auch gesellschaftliche Räume hinein. Die Gemeinde kann sonst nie einen festeren Zusammenhang bekommen, wenn man nicht in Ruhe miteinander sprechen kann. Ich hoffe, daß Herr Dr. Kirchner sich meine Worte zu Herzen nimmt. Aber wenn sie nicht wollen, werden sie es bleiben lassen. Bisher haben sie meine Angebote nicht genutzt.

Berlin war der Ort, wo die meisten Juden von Europa wohnten. Es kann nicht sein, daß es eines Tages dort überhaupt keine Juden mehr gibt! Man muß versuchen, zumindest in Berlin die Jüdische Gemeinde zu erhalten und zu stärken. Ich will gar nicht von der Republik reden, da wird es sowieso mies. In Leipzig wohnen vielleicht noch sechzig Juden, in Dresden werden es immer weniger.

Sehr viel ist verlorengegangen, es wird niemals wiederkehren. Es wird hier nie wieder eine Gemeinde mit 10 000 Juden geben. Es wird hier nie wieder eine blühende jüdische Gemeinde geben. Der Aufbau der Synagoge in der Oranienburger Straße ist nur symbolisch. Aber da sie von einem guten Architekten gebaut wurde und weil sie schön ist, brauchen wir sie für die Allgemeinheit als Erinnerung an das einstmals blühende jüdische Leben in Berlin, in Deutschland.

Kurt Goldstein

Ich wurde am 3. 11. 1914 in Scharnhorst, einem Arbeitervorort von Dortmund, geboren. Er bestand im wesentlichen aus einer Schachtanlage und lag in der Nähe eines Höschwerkes. Wenn ich den Ort so vor mir sehe, erblicke ich in der Mitte das Haus, in dem ich geboren wurde und in dem meine Eltern ein Kaufhaus eingerichtet hatten. Es führte Lebensmittel und alles, was man zum Anziehen benötigte. Unser Haus gehörte zum »Geschäftszentrum« des Ortes. Auf der linken Seite schlossen sich die Bergarbeitersiedlungen und auf der rechten Seite die Grubenbeamtenhäuser von Scharnhorst an.

Als ich Scharnhorst vor ein paar Jahren aufsuchte, war vom Elternhaus nichts mehr zu finden, nur Reste der Bergarbeitersiedlung standen noch und die Schachtanlage, alles andere war neu bebaut.

An der Stelle, wo die Eisenbahn über die Straße führte, stand ein Haus, in dem damals schon ausländische Ziegeleiarbeiter wohnten; es hieß Die Burg. Hinter der Kirche ging ein Feldweg ab zu einem großen Gut, Wortbergs Domäne. Der Gutsherr war ein Partner in unseren Hauskonzerten. Als Kind ging ich täglich mit einer Kanne dorthin und holte Milch. Meine Schwestern erinnern mich hänselnd daran, wenn wir uns mal sehen, daß ich manches Mal zu spät nach Hause kam, weil ich mich bei schönem Wetter irgendwo am Feldrand hingelegt hatte und dann zu Hause sagte: »Ich hab die Sonne im Bauch.«

In meinem Elternhaus gab es also unten zu beiden Seiten das Geschäft und oben die Wohnung. Das Wohnzimmer wurde nur benutzt, wenn Besuch kam oder wenn Geburtstag gefeiert wurde. Wir hatten sehr schöne alte Biedermeiermöbel. Im Eßzimmer standen ein großer Ausziehtisch und rund herum Stühle mit hohen Lehnen. Als wir später nach Hamm zogen, wohnte auch meine Großmutter bei uns.

Geburtshaus mit Eltern, Geschwistern und Hausangestellten

Darum seh ich heute noch den Tisch, weil die Großmutter in der Ecke des Eßzimmers ihren Ohrensessel hatte, von dem aus sie das Haus regierte.

Unser Geschäft ist vom Vater Anfang dieses Jahrhunderts gegründet worden. Ein Onkel von mir, ein älterer Bruder meiner Mutter, hatte ein ähnliches Unternehmen in einem Stadtteil von Dortmund, in Eving. Er war ein sehr wohlhabender Mann. Ich habe unsere Familiengeschichte nie intensiv verfolgt. Was ich weiß, ist, daß sowohl väterlicher- als auch mütterlicherseits die Familie mindestens seit dem 16. Jahrhundert in Deutschland lebte. Es waren richtige deutsche Juden.

Scharnhorst ist mir besonders in Erinnerung geblieben, weil ich dort mit der Familie Meneghel enge Freundschaft schloß. Es war eine Bergarbeiterfamilie mit einem Stall voller Töchter und einem Sohn. Einige der Töchter sind, als sie mit vierzehn Jahren aus der Schule kamen, bei uns beschäftigt gewesen, entweder im Geschäft oder im Haushalt. Es waren mindestens drei Meneghels bei uns. Sie waren italienischer Herkunft. Der Vater arbeitete in der Grube und der Sohn auch. Der Sohn war im Arbeitersport, Schwerathlet. Er hat viel mit mir rumgeturnt. Eine der Töchter war mein Kindermädchen. Einmal bin ich ihr auf einem Spaziergang aus dem Kinderwagen gefallen, der hatte noch so hohe Räder. Die ganze Familie war in Sorge, aber außer einer Schramme war mir nichts passiert. Jedenfalls bin ich dann, als ich laufen konnte, bei denen mehr zu Hause gewesen als bei mir. In unserer Familie hießen sie Üns, weil ich sie so getauft hatte. Die Mädels haben gesagt: »Wir gehen zu uns.« Daraus ist bei mir Üns geworden.

Bei Üns hat mir alles besser gefallen als bei uns. Die Bergarbeitersiedlungen gehörten den Schachtbesitzern, und die Bergarbeiter lebten dort zur Miete. So waren sie an die Zeche gebunden. Wer sich woanders Arbeit suchen mußte, verlor damit auch die Wohnung. Auch bei Streiks war das ein Druckmittel. Die roten Backsteinhäuser waren alle nach einem Stiefel gebaut: Küche und zwei Zimmer unten, Küche und zwei Zimmer oben, so daß in jedem Haus zwei Familien wohnen konnten. Vorne war nur ein kleines Gärtchen für Blumen und dahinter ein Stückchen Feld für

Die Mutter, um 1910

Kartoffeln oder Gemüse. Georginen und Löwenmäulchen wuchsen bei Üns. Das war ein Heiligtum – dieses Gärtchen! In der Küche wurde gearbeitet und gegessen, in den andern Stuben wurde geschlafen, je nach Schichtwechsel, Bett an Bett. Viele Bergarbeiterfamilien hatten in diesen Zimmern noch Untermieter oder Schlafburschen.

Vater Üns ging früh zur Schicht, und wenn er wiederkam, fragten wir als erstes nach dem »Hasenbrot«. Das waren die Schmalzbrote, manchmal auch mit billiger Wurst belegt, die er unter Tage mitnahm. Der Vater wußte, daß die Kinder, auch der kleine Goldstein, auf einen Bissen Hasenbrot warteten, der übriggeblieben war. Er kam mit seiner emaillierten Getränkeflasche, die ihm über der Schulter hing, und brachte jeden Tag ein Holzklötzchen mit. Das war das »Mutterholzklötzchen«, mit dem die Mutter am nächsten Tag Feuer machte, ein Stück Grubenholz, ein

277

Der Vater, um 1910

*Kurt mit Kindermädchen Ida, einer Tochter von Üns,
und ihrer Schwester Klara*

Stück Stempel. Es gehörte zum Lohn, als Deputat, wie die Kohle, die von der Zeche angeliefert wurde. Er stellte seine Flasche auf den Küchentisch, sein Mutterklötzchen hatte er draußen hingestellt. Manchmal sah man noch Reste von Kohlenstaub auf Gesicht und Händen. Dann sagte die Mutter: »Na, geh dich mal 'n bißchen waschen, du hast ja am Ohr noch Kohle.« Er aß und ging je nach der Jahreszeit hinters Haus aufs Feld, zu seinen Kaninchen oder in den Stall zum Schwein, um es zu füttern. Es gab auch Zeiten, wo er noch arbeiten ging, um etwas dazuzuverdienen. Vater Üns war lieb zu mir wie ein Opa. Aber Paul, der Sohn, war eigentlich für mich die Bezugsperson, ein richtiger Spielkumpel, mit dem ich boxen konnte und der mich auf die Schulter nahm, der mir beibrachte, einen Handstand zu machen, und der Hanteln hatte zum Stemmen.

Ich hab auch zu Haus Nestwärme gehabt, aber alles, was ich dort machen mußte, war Pflicht, und das war mir zuviel. An meinen Vater habe ich ganz wenig Erinnerungen. Er mußte in den ersten Weltkrieg, ist schwer verletzt worden und daran gestorben, als ich fünf Jahre alt war. Er hat vom Krankenbett aus mit mir noch die ersten Schreibübungen gemacht. Mit diesem ß wurde ich schlecht fertig, er hat es mich oft schreiben lassen, noch bevor ich zur Schule ging. Das hat sich mir tief ins Gedächtnis eingeprägt. Ich bin ein Novemberkind und bereits mit fünfeinhalb Jahren zur Schule gekommen, die damals noch im April begann. Als Vater starb, kriegte ich einen dunklen Anzug.

Ich habe die Zeit als ganz schwarz in Erinnerung. An der Eisenbahnunterführung in Scharnhorst sah ich die traurigen Gestalten in langen Mänteln im Novembergrau zurückkommen, es waren Soldaten. Ich sah, wie die Kolonne von Soldaten sich gebückt dahinschleppte: die Geschlagenen des ersten Weltkrieges.

Mutter stand nun mit uns vier Kindern allein da. Mutter war eine sehr hübsche Frau, klug, sehr energisch und warmherzig. Sie hatte vier Brüder, die haben später versucht, sie wieder unter die Haube zu bringen. Aber Mutter hat nicht wieder geheiratet. Sie hat ihr ganzes Leben erst für ihre Kinder und dann, als sie 1935 nach Palästina ging, für ihre erwachsenen Töchter und für ihre Enkel gelebt, bis zum letzten Tag.

Der Vater im ersten Weltkrieg (sitzend, links)

Der Vater im ersten Weltkrieg (2. von rechts)

*Die Mutter mit den Kindern Günter, Kurt, Ottilie, Irmgard
(von links nach rechts)*

Mutter mußte das Geschäft des Vaters übernehmen. Auf einem Familienrat ist dann wohl beraten worden, daß das doch für sie allein zu schwer werden könnte, und 1922, als ich acht Jahre alt war, sind wir nach Hamm verzogen. Mutter hatte eine sehr gute Idee. Sie hat dort am Vorabend der Inflation ein neues Geschäft begonnen, nämlich ein Einrichtungshaus. Es führte alles, was eine Frau fürs Haus brauchte, ob das Tischdecken, Teppiche oder Wandbehänge waren. Hamm war eine Beamtenstadt, in der es ein Oberlandesgericht und eine große Reichsbahnverwaltung gab. Die Beamtenfrauen kamen, um ihre Aussteuer, das Bettzeug und die Kissen mit Richelieu herauszuputzen. In der ersten Etage waren drei Tische aufgestellt, an dem sie unter Anleitung einer Facharbeiterin selbst stricken, häkeln oder sticken konnten. Sie kauften bei meiner Mutter Stoff und Garn, konnten vom nächsten Gehalt die Ausstattung vervollständigen und sich so in Etappen die teuren Modelle selbst herstellen. Dazu wurde ein Täßchen Kaffee oder Tee serviert, und ein paar Kekse standen auf dem Tisch. Mutter hatte in kurzer Zeit das größte Geschäft dieser Art in der Stadt.

Viele Juden waren Kaufleute. Wenn ich an meine Hammer Umwelt denke, da gab es einen Teil Juden, die studierten, wie mein Bruder Günter, doch der größere Teil ging als Verkäufer irgendwo in den Handel, Kaufhäuser, Textilgeschäfte, Viehhandel. Meine ältere Schwester ist im Geschäft meiner Mutter gewesen. Die jüngere hat auch einen kaufmännischen Beruf erlernt. Den Juden waren ja im Laufe der letzten anderthalb Jahrtausende viele Berufe verwehrt. Einige waren ihnen gestattet, dazu gehörte auch der Kaufmannsberuf. Darum blieb vielen Juden nichts anderes übrig, als durch Handel und Geldverleih ihren Lebensunterhalt zu bestreiten. Aber die Juden in Saloniki zum Beispiel waren zu Tausenden auch Arbeiter im Hafen. Juden waren Schneider, und dort, wo sie Land besitzen durften, gab es jüdische Bauern. Die jeminitischen Juden waren berühmte Silberschmiede und Handwerker. Wo man es ihnen erlaubt hat, andere Berufe zu ergreifen, haben sie auch andere Berufe ergriffen. Da ist es den Juden nicht besser und nicht schlechter gegangen als den Hugenotten oder anderen Minderheiten.

In Deutschland gab es in der Weimarer Republik etwa sechzig Millionen Einwohner und davon ungefähr fünfhundertfünfzigtausend Juden. Das war nicht einmal ein Prozent der Gesamtbevölkerung! In bestimmten Berufsgruppen traten aus den genannten Gründen Juden relativ häufig auf, doch absolut gesehen war das natürlich nur ein verschwindend geringer Bruchteil der deutschen Gesamtbevölkerung. Die größten Kapitalisten waren die nichtjüdischen deutschen Herren Krupp, Siemens, Thyssen, Stinnes und Stumm. Es hat auch einflußreiche große jüdische Kapitalisten und viele kleine und mittlere Kapitalisten, vor allem im Handel, gegeben. Doch in keinem Land der Welt hat das jüdische Kapital das Gesamtkapital beherrscht. Das ist ein antisemitisches Klischee. Sicher ist das jüdische Kapital in der Regel zusammen mit dem andern Kapital gegen die Arbeiter gegangen. Der Klassenkampf hat sich in der jüdischen Bevölkerung genauso abgespielt, direkt und indirekt, sichtbar und unsichtbar, wie in der anderen Bevölkerung. Aber es hat auch viele liberale jüdische Kapitalisten gegeben, die zwar den objektiven Wirkungen des Kapitals nicht entgehen konnten, aber die mit ihren Arbeitern gute Kontakte hatten, weil sie in ihrer Seele Humanisten waren, so wie das auch bei manchen anderen Kapitalisten der Fall war und ist. Es gab totale Ausbeuter und andere, die auch ausgebeutet haben, aber dabei doch Menschen blieben. Ich glaube, daß die jüdischen Kapitalisten national eingestellt waren, aber im Parteienspektrum mehr der demokratischen Mitte zuneigten. In ihrer Mehrheit waren die deutschen Juden sicherlich bürgerlich-demokratisch orientiert, wie meine Eltern auch.

In der Schule war ich der Jüngste in der Klasse. Ich war nicht besonders brav, aber ein guter Schüler. Aufmerksamkeit und Fleiß waren meistens befriedigend, in Deutsch, Französisch, Geschichte, Geographie, Geologie, Mathematik, Physik und Chemie hatte ich Einsen. Mit zehn Jahren wurde ich in die Oberrealschule eingeschult. Ich machte eine Aufnahmeprüfung, bestand sie und kam in eine neue Klasse. Herr Studienrat Zimmermann trug meinen Namen in das Klassenbuch ein. Nach einer Weile fragte er: »Hast du noch einen Bruder hier auf der Schule?« So sehr ich manchmal zu Hause unter dem älteren Bruder zu leiden hatte, war ich jetzt stolz auf meinen Primaner-Bruder. Ich sagte: »Jawohl, Günter!« Und der Zimmermann: »Setzen!« Es vergingen ein paar Minuten, plötzlich sprang er vom Pult auf, stand vor mir mit erhobenen Fäusten und schrie: »Goldstein! Schuft! Prolet! Düsterer Filu! – Raus!!!« Ich habe erst gar nichts begriffen, wie und warum er mich aus der Klasse rausschmiß! Ich stand vor der Tür und weinte nur. In der Pause kam mein großer Bruder und fragte mich: »Was weinst du denn, Kleiner?« Ich erzählte ihm alles, und mein Großer sagte zu mir: »Mach dir nichts draus, das wird dir jede Stunde bei dem passieren. Das ist ein ›Rischeskopp‹!« Das war unter den Juden der Ausdruck für Antisemit, aus dem Jiddischen kommend. In der Tat, ich kriegte bei Herrn Studienrat Zimmermann in Zeichnen und Turnen immer mangelhaft. Als ihm auch noch bekannt wurde, daß ich Kommunist geworden war, verlängerte sich sein Spruch: »Goldstein! Lump! Prolet! Schuft! Schubiak! Schurke! Düsterer Filu! Kommunist! Bolschewik! – Raus!« So bin ich bei Herrn Zimmermann in jeder Unterrichtsstunde rausgeflogen. Dieser deutsch-nationale Herr Zimmermann ist dann einer der ersten Nazis geworden.

Ich paßte ansonsten in der Schule auf. Das hatte ich

begriffen! Es kam zwar öfter mal vor, daß ich die Schularbeiten vergessen hatte, aber ich wußte alles. Geschichte
und Mathematik waren meine Lieblingsfächer, auch
Deutsch, Englisch und Französisch. Ich habe alle
Geschichtsbücher gelesen, die ich bekommen konnte, und
ich hab sehr früh angefangen, Hegel, Kant, Schopenhauer
und Nietzsche zu lesen. Die Bücher standen in Vaters
Bücherschrank und die deutschen Klassiker natürlich auch.
Daß ich mich später nicht für die mathematisch-naturwis-
senschaftliche Richtung, sondern mehr für die geschicht-
lich-philosophische entschieden habe, hing damit zusammen, daß ich mit vierzehn Jahren in die Arbeiterbewegung
kam und die Beschäftigung mit Philosophie und Geschichte
einfach zu unserer Arbeit gehörte.

In unserem Geschichtsunterricht waren die bedeutend-
sten Personen die Könige. Kriege hatten nicht Völkermas-
sen entschieden, sondern Könige! Das war das Typische für
eine Schule, in der Lehrer unterrichteten, die in ihrer großen
Mehrheit kaisertreu gewesen sind. Geschichte war für sie
die Geschichte ihrer Königs- und Kaiserhäuser. Man mußte
jede Schlacht kennen und genau wissen, wann Rudolf von
Habsburg deutscher Kaiser geworden war. Meine Generation ist mit diesem Geschichtsbild aufgewachsen. Die wenigen, die die Mehringschen Bücher über Geschichte gelesen
hatten, konntest du an den Fingern abzählen, ein kleiner
Teil deutscher Kommunisten. In dem Geschichtsbild von
den Königen steckt ja auch: die Führer machen die
Geschichte, du als kleiner Mann hast gar keinen Einfluß
darauf, sondern hast denen zu folgen. Im Volksmund hieß
es: »Erschossen wie Robert Blum«, der kleine Mann aus der
1848er Revolution, ein Jude. Wer die Welt verändern
wollte, mußte wissen, daß das Risiko dabei war, erschossen zu werden! Der Personenkult gehört zu den Dingen, die
über Gesellschaftsordnungen hinweg wirken. Eigentlich
sind wir, die Kommunisten, angetreten, um mit alledem
Schluß zu machen. Dies sind eigentlich unserer Weltanschauung völlig widersprechende Denk- und Verhaltensweisen. In unsern Parteien, nicht nur dort, wo wir die Macht
haben, sondern auch in vielen Parteien, die noch um die
Macht kämpfen, sind Ansätze einer solchen Überbetonung
der Führer entstanden. Aber man muß das auch differen-

ziert sehen. Solche Persönlichkeiten wie Lenin oder die Passionaria fordern einem zu Recht Achtung ab. Die Verehrung darf aber nicht in Kult und blinden Gehorsam umgemünzt werden, sonst gerät die Bewegung in tiefe, ja tödliche Krisen. Man muß auch dort bei Marx bleiben: daß man sich immer wieder alles kritisch aneignen und ständig kritisch überprüfen muß.

In Hamm haben wir gut bürgerlich gelebt. Die Familie frühstückte gemeinsam, sie genoß die Ruhe, und ich war der Störenfried. Ich habe zum Beispiel abends immer lange gelesen und kam morgens schlecht aus dem Bett. Ein Hausmädchen kam mich wecken. Ich stand aber nicht auf, dann kam die Mutter mich wecken, und als letzte die Oma. Die zog mir die Bettdecke weg, dann sprang ich aus dem Bett. Es war höchste Zeit zum Frühstück! Zum Hinsetzen langte es nicht mehr. Die eine stand mit der Jacke da, die andere mit dem Schulranzen, die dritte mit der Tasse Kaffee oder Kakao. Vom Brötchen biß ich schnell ab, und die ganze Familie war damit beschäftigt, den Jüngsten auf den Weg zur Schule zu bringen. Dann flitzte ich los.

Das gemeinsame Essen war wichtig für die Familie, weil dabei über Probleme des einzelnen oder über gemeinsame Probleme geredet wurde. Es gab bei uns eine feste Sitte: Jeder ging seinen Pflichten nach, nur die Mahlzeiten wurden gemeinsam eingenommen. Das war eisernes Gesetz: für den gedeckt ist, der hat am Tisch zu erscheinen! Wer nicht zum Essen kam, meldete sich ab. Die andern haben das auch immer eingehalten. Ich war in der Beziehung etwas undisziplinierter, und es hat deshalb viel kleinen Ärger gegeben in der Familie, auch mit meiner Mutter.

Es gab kein religiöses Leben bei uns zu Hause. Vater war in seinem Denken ein liberaler Bürger, der deutschen Kultur verbunden und fühlte sich als Deutscher. Es muß schon von ihm ausgegangen sein, daß wir ein liberaler jüdischer Haushalt waren. Wir haben den Schabbat eigentlich nicht eingehalten. Mutter mußte ins Geschäft, weil das Samstag geöffnet war, wir Kinder mußten leider zur Schule gehen, weil Samstag Unterricht war, wie alle andern Tage auch. Der Schabbat bestand darin, daß es Freitag abend ein Freitagabendessen gab, etwas besser als in der Woche, aber Samstag und Sonntag gab es auch gutes Essen. Die

Kurt mit Schülermütze, 1928

jüdische Küche wurde bei uns nicht so genau genommen: zum Beispiel das Trennen von fleischig und milchig. Je älter die Oma wurde, desto mehr vermuschelte sich das in der Küche.

Gott hat nie eine Rolle bei mir gespielt. Ich habe als Kind nie gebetet, weder abends noch morgens, ich bin auch nie dazu angehalten worden. Aber wir hatten einen Kantor, der sehr schön sang. Diese Gesänge im jüdischen Gottesdienst sind überhaupt sehr schön. Ich finde auch jetzt noch Gefallen an den Sabbatfeiern im Rundfunk, die ich gelegentlich höre, ich höre sie genauso gern, wie ich Bach, Vivaldi und andere höre. Ich habe auch noch genaue Erinnerungen an den Ablauf des Gottesdienstes am Freitagabend, am Schabbat, an das Beten des Vorbeters, die Gesänge des Kantors, den Aufruf zur Thoralesung. Oder ich erinnere mich an Jom Kippur, den höchsten jüdischen Feiertag. Da gibt es ein Gebet, zu dem die frommen Männer ihr Totengewand anlegen, sich zu Boden werfen und Gott zurufen: »Ich habe gesündigt, Oschamnu Bogatnu!« Das fand ich schon als ganz junger Bursche lächerlich, und mich störte, daß jeder versuchte, lauter als der andere zu schreien, weil er glaubte, der oben hört ihn dann besser. Es hat abstoßend auf mich gewirkt.

Im jüdischen Religionsunterricht haben mich die biblischen Geschichten interessiert. Mich begleitet durchs Leben zum Beispiel die Geschichte von Kain und Abel. Dieser Kain, der den Abel erschlagen hat um der Erstgeburt wegen, und manches Mal im Leben hab ich gedacht, daß Leute, die Verrat üben, wie Kain sind.

Natürlich bedeuten mir die zehn Gebote etwas. Sie sind ein Stück Moral. Ich bin erst in den letzten Jahren drauf gekommen, daß ich eigentlich dazu neige, die größte Leistung des Judentums in diesen zehn Geboten zu sehen. Dort wurde zum erstenmal für die Gesellschaft festgeschrieben: Du sollst nicht stehlen! Du sollst deinen Nächsten lieben! Sechs Tage sollst du arbeiten, am siebenten sollst du ruhn: du, dein Knecht, deine Magd und dein Esel. Wer bei der Aufzählung übrigens fehlt, ist die Frau. Da mußte erst der Jude Marx kommen, um das zu einem Postulat der Gesellschaft zu machen! Aber zu der Zeit, als die zehn Gebote aufgestellt wurden, vor etlichen tausend

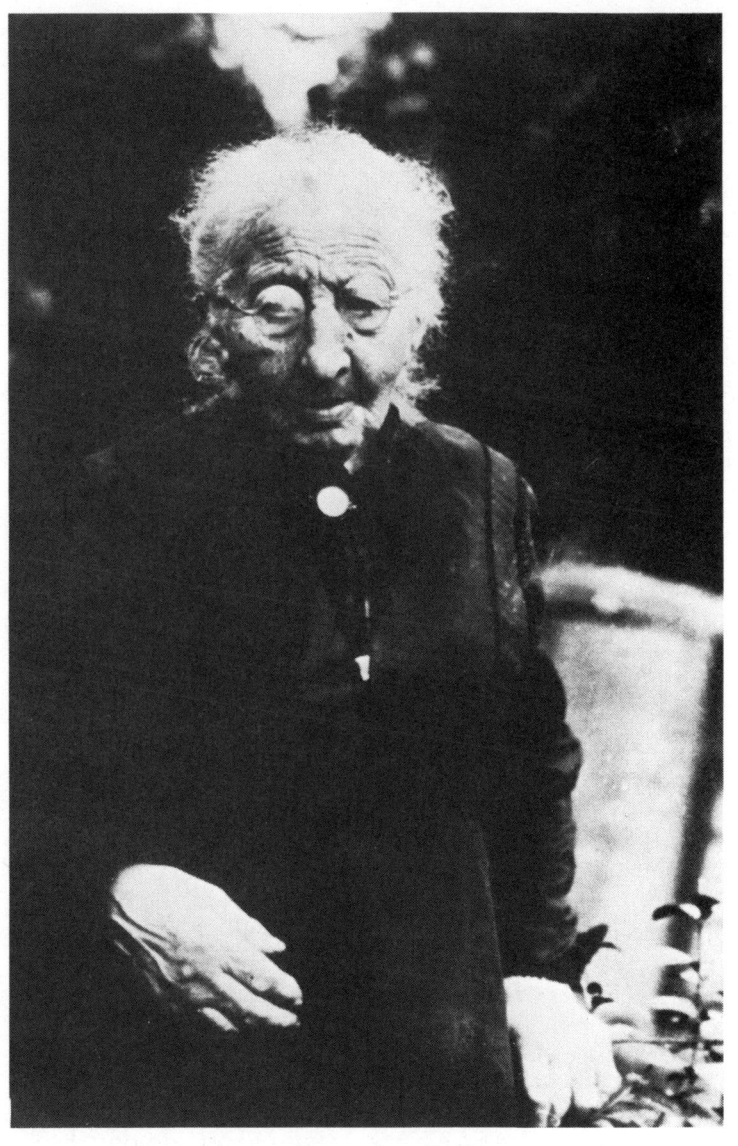

Die Großmutter, um 1925

Jahren, war das eine enorme Leistung. Du sollst nicht töten! Du sollst nicht begehren deines Nächsten Weib, noch das Eigentum eines anderen! Für die damalige Zeit waren sie ein Novum, das Fundament, auf dem dieses jüdische Nomadenvolk zu einem seßhaften Volk wurde mit einer hohen Moral und einem hohen kulturellen Niveau. Sie haben die Juden durch die Jahrtausende begleitet und waren wohl auch Grundlage dafür, daß relativ viele Wissenschaftler, Dichter und Schriftsteller aus dem Judentum hervorgegangen sind. Von Anfang an waren die Juden lesekundig, während es anderswo überhaupt noch keine Schulen gab.

In der Praxis ist das mit den zehn Geboten natürlich so gegangen wie mit vielen andern Dingen im Leben auch, weil die Worte immer leicht von den Lippen gehen und es schwerer ist, sie auch in die Tat umzusetzen. Eine Schwierigkeit, die schon mehrere Gesellschaftsordnungen überdauert hat. Die Menschen in den ersten Etappen des sozialistischen Aufbaus schleppen ja das Gepäck der Jahrtausende weiter mit sich herum.

Was in der liberalen jüdischen Welt eine Rolle gespielt hat, war das Rosch Haschana, das jüdische Neujahrsfest. An diesen Tagen ging die Familie zur Synagoge. Es wurde immer gut gegessen. Eine Woche später war Jom Kippur, das Versöhnungsfest, zu dem vom Abendstern bis zum Abendstern gefastet werden sollte. Bei uns hat die Großmutter gefastet. Mutter wohl schon nicht mehr. Wir Kinder haben nicht gefastet. Ich erinnere mich an eine Lausbubengeschichte am Jom Kippur. Der Gemeindediener ließ in der Synagogentür immer den Schlüssel stecken. Da haben wir uns, als der Gottesdienst fast zu Ende war, rausgeschlichen, die Tür zugemacht, den Schlüssel herumgedreht und in die Fenster der Schule ein Schild gehängt, auf dem stand: »Guten Appetit«. Als der Gottesdienst zu Ende war, konnte niemand aus der Synagoge raus. Sie mußten klopfen, bis die Nachbarschaft es hörte und sie herausließ. Am nächsten Tag stand in irgendeiner Zeitung, daß böse Antisemiten das höchste jüdische Fest gestört hätten, indem sie die Juden in der Synagoge eingesperrt haben. Wir haben natürlich nicht gesagt, daß wir das gemacht hatten!

Chanukka wurde noch gefeiert, parallel zu Weihnachten läuft das. Das Lichterfest. Die Bedeutung ist wohl die

Geschichte des Kampfes der Makkabäer um die Befreiung des Tempels. Da haben wir in der Gemeinde auch Chanukka-Spiele veranstaltet. Ich erinnere mich an so einen Vers, den wir damals lernten, »Platz da für den Reiter! Habt Respekt! Ich bin ein Streiter! Hab schon in vergangenen Tagen manchen Syrierknecht erschlagen!« Zu dieser Zeit wurden schon die Elf-, Zwölfjährigen ganz schön militant erzogen. Auch das gehörte zum Judentum, und es wirkt in Israel leider bis heute unheilvoll nach.

Aber diese Feiern haben mich wenig berührt. In meiner Erinnerung ist nur geblieben, daß diese Feiertage mit besonders gutem Essen verbunden waren, viel Geflügel, Gänsen und Geräuchertem. Aber sonst sind mir meine ersten Theaterabende wie *Wilhelm Tell* oder *Die Räuber* viel stärker in Erinnerung. Oder daß ich mit einem meiner späteren Lehrer in Münster große Strecken mit dem Rad gefahren bin, um den sowjetischen Film *Weg ins Leben,* um *Panzerkreuzer Patjomkin* zu sehen, oder den »Freischütz«.

Dann gab es noch die Barmitzwa, das ist die jüdische Konfirmation oder Jugendweihe. Da mußte jeder Junge ein bestimmtes Stück aus der Thora vor der Gemeinde vorbeten, Passagen, die genau vorgegeben sind für diesen Tag. Da ich kein Hebräisch konnte, bekam ich diesen Text vom Kantor in Sütterlinschrift, also in deutschen Buchstaben aufgeschrieben und mußte ihn auswendig lernen. Das war kein Problem für mich. Dann aber sollte ich ein deutsches Gebet mitsprechen, in dem es hieß: »... und ich gelobe, mein ganzes Leben ein treuer Jude und ein tapferer Streiter Gottes zu sein.« Ohne mich mit jemandem zu beraten, ich war gerade Jungkommunist geworden, verkündete ich: »Das sag ich nicht!« Daß ich mein Leben lang ein braver Jude sein sollte, dagegen hatte ich wenig, aber gegen den tapferen Streiter Gottes hatte ich was! Das machte ziemlichen Ärger. Mutter mußte ein Gespräch mit mir führen und mit dem Rabbi. Es gab eine Einigung. Ich sollte nur schweigend dabeistehen. Ob ich das Gebet sprach oder nicht, hörte ja keiner. Solch ein Kompromiß wurde da geschlossen!

Ob ich mehr Deutscher oder Jude war, hab ich mich damals nicht gefragt. Was ich aus der jüdischen Literatur mitgenommen habe, war mir genauso wichtig wie die griechischen Philosophen, wie unsere deutschen Philosophen und Historiker. Vielleicht ist manches aus dem Judentum unbewußt in mich eingegangen, aus diesen Sprüchen Salomons oder dem Buch der Prediger. Sicher ist in der Jugend ein Teil von mir geformt worden durch das jüdische Milieu, in das ich hineingeboren wurde, und ich habe ein Stück davon mit ins Leben genommen, genauso wie aus der Familie Üns und ihrer Bergarbeiterkolonie das Verständnis für das Arbeitermilieu. Stolz darauf, ein Jude zu sein, war und bin ich nicht, habe mich aber immer dazu bekannt. Wenn überhaupt, bin ich stolz, früh Kommunist und unter meinen Jugendgenossen anerkannt gewesen zu sein.

In Hamm habe ich von 1922 bis zum Frühjahr 1933 gewohnt, bis ich emigrieren mußte. Hamm war auch eine Industriestadt. Im westlichen Teil lagen große Metallbetriebe, die westfälische Drahtindustrie. Unmittelbar an der Peripherie von Hamm lag Pelkum. Als 1923 nach dem Kapp-Putsch die Rote Armee an Rhein und Ruhr infolge des Abkommens mit dem sozialdemokratischen Innenminister Severing liquidiert wurde, sind bei Pelkum Hunderte von Arbeitern erschossen worden. Hinter Pelkum begann gewissermaßen der Kohlegürtel mit den Schachtanlagen in Herringen. Ich mochte diese Gegend sehr, dieses Hamm mit seinen Arbeitervierteln im Westen und Norden und der großen Schachtanlage Heeßen. Einen Katzensprung weiter lag Ahlen mit der Schachtanlage Sachsen und Westfalen. Mein Gefühl, zu Hause zu sein, Heimat zu haben, Deutscher zu sein, ist verbunden mit Hamm und diesem schönen Sauerland. Ich bin ja in einer Reihe von Ländern gewesen. Mir ist Spanien ans Herz gewachsen, aber ich habe nie Heimatgefühle für Spanien gehabt. Mir ist auch Frankreich ans Herz gewachsen, wo es 1934 große Demonstrationen mit der Bildung der Volksfront gegeben hat. Ich habe viel Sympathie für dieses Frankreich der Französischen Revolution, aber Heimatgefühle habe ich für dieses Ruhrgebiet.

Wenn ich in meiner Kindheit und Jugend durch das Ruhrgebiet fuhr, mit dem Zug am Abend, dann sah man überall Feuer. Das waren die Kokereien, in denen Kohle verkokt wurde, das waren die Hochöfen, in denen das Gas abgefackelt wurde. Man fuhr durch eine Straße, in der rechts und links Feuerchen brannten. Das Ruhrgebiet hatte auch eine besondere Luft. Wenn man über Bielefeld kam, die Gegend von Oelde, Beckum, da fing es für mich an zu duften. Es stank. Das ist für mich Heimatgefühl. Aber was mir dieses Gebiet wirklich zu meiner Heimat machte, waren die Menschen, das Arbeitervolk: die Deutschen, die Polen, die Italiener, die Slowaken, die in diesem großen Schmelztiegel Ruhrpott arbeiteten und am Ende alle das Ruhrgebietsdeutsch gesprochen haben, diesen etwas breiten Dialekt.

Meine ältere Schwester Otti war damals in Hamm schon im Geschäft meiner Mutter tätig. Mein Bruder Günter war viel älter als ich. Wir haben uns gut verstanden. Wenn ich irgendwelche Probleme hatte, auch schulische, war ich immer gut bei ihm aufgehoben, solange er noch zu Hause war. Er ging schon bald zum Medizinstudium nach Berlin und Bonn. In der ersten Zeit, als er noch Sozialdemokrat war, haben wir uns manchmal gestritten. Dann ist auch er Kommunist geworden, ein sehr aktiver und tapferer Kommunist, wie mir lange nach 1945 Genossen erzählt haben. Er war im Lager und ist 1948 in Palästina in der Emigration gestorben. Mit meiner jüngeren Schwester Irmgard bin ich zusammen in den Kameraden gewesen und im Schwarzen Haufen, und sie ist dann später auch mit in den kommunistischen Jugendverband gekommen.

Die Kameraden waren so etwas wie ein jüdischer Pfadfinder- oder Wanderbund. Die Verbindung zur Natur kam aus der Jugendbewegung der 1848er Zeit. Es gab auch eine zionistische Jugendorganisation, den Jüdischen Wanderbund Blau-Weiß, mit dem haben wir heftig gestritten. Seine Mitglieder wollten nach Palästina auswandern. Wir hingegen wollten in Deutschland alle Probleme lösen, auch das Nebenproblem, »Jude zu sein«. Das Hauptproblem war für uns: aus dem Deutschland der kapitalistischen Krise ein sozialistisches Deutschland zu machen, in dem alle Klassenfragen, darunter auch die sogenannten Rassenfragen, gelöst sind.

Bei den Kameraden haben wir viele Wanderungen gemacht. Es gab regelmäßig Heimatabende, auf denen viel zur Klampfe gesungen wurde, Wanderlieder, deutsche Volkslieder und Landsknechtslieder, *Die Glocken stürmen vom Bernwardsturm,* das *Westfalenlied* und *Wir sind des*

Geyers Schwarzer Haufen. Dabei saßen wir oft am Lagerfeuer.

In den Kameraden hatte ich übrigens Konflikte, weil ich Kinder ostjüdischer Herkunft, Ostjuden, mit denen ich befreundet war, mitbringen wollte. Da gab es Schwierigkeiten. Das ging nicht in meinen Kopf hinein. Ich sagte: »Wenn die nicht mitkommen dürfen, dann komm ich auch nicht mehr!«

Wer mich übrigens damals antisemitisch anging, mich einen Dreckjuden oder so was nannte, hatte sofort von mir ein paar Fäuste im Gesicht. Es hat in meiner Jugend manchen Ärger darum gegeben. Da gab es zum Beispiel einen Jung-Naziführer, Bubi Bierkämpfer. Ich kam mal mit einem Mädel an einem Kino vorbei und guckte mir die Bilder an. Oben auf der Treppe zum Eingang stand Bubi Bierkämpfer, und da fielen die Worte: »Was willst du, Jude!? Hier ins Kino gehen?!« Ich hab mich vor ihn hingestellt und gesagt: »Weißt du, was man mit so einem Bruchbandgermanen wie dir macht?!«, hab ihn mir geschnappt und die Treppe runtergeschmissen. Ich bestreite nicht, daß das auch mit dem Mädel, mit dem ich ging, zusammenhing, um der zu zeigen, was für ein Kerl ich war. Ich war kein Rebell, sondern habe mich nur gegen Beleidigungen gewehrt. So fing das an.

Die Kameraden waren zunächst die Jugendorganisation des Zentralverbandes deutscher Bürger jüdischen Glaubens. Sie haben sich dann in der zweiten Hälfte der zwanziger Jahre gespalten, in Ring und Schwarzer Haufen. Der Schwarze Haufen war die linke, der Ring die rechte Gruppierung, die weiter auf den Zentralverband der deutschen Bürger jüdischen Glaubens orientiert war. Die Rechten blieben bei Glauben und Deutsch, die Linken wandten sich in ihrer Mehrheit von der Religion ab und gingen über zur gottlosen, kommunistischen Weltanschauung. Die Ostjuden hatten nach Auffassung des Zentralverbandes deutscher Bürger jüdischen Glaubens bei uns nichts verloren, weil sie Polen, Rumänen oder Russen, weil sie nicht Deutsche und weil sie arme Leute waren. Das änderte sich, als wir einen neuen Gruppenführer bekamen, Siegfried Adler aus Ahlen. Der war Prokurist in einer mittleren Schuhfabrik und hat unsere Gruppe auf den Weg zum Schwarzen

Haufen geführt, zu dem kamen dann auch die ostjüdischen Mädel und Jungen. Für uns spielte nun neben der deutschen Literatur auch die jiddische Literatur eine Rolle, wie etwa Scholem Alejchem. Bei den Kameraden war Siegfried Adler für mich Vorbild, aber auch Max und Rosa Fürst waren wichtig für mich.

Dann kam dieser Bundestag des Schwarzen Haufens im Frühjahr 1928. Ich war damals noch nicht mal vierzehn Jahre. In einem Gespräch sagten mir dort zwei Studenten: »Es ist ja alles ganz gut und schön, was wir hier machen, aber sinnvoll betätigen kann man sich eigentlich nur in der Arbeiterjugendbewegung. Die kapitalistische Welt geht ihrem Ende entgegen, und wir müssen eine neue Welt aufbauen.« Ich kam zurück, und es gab für mich nur zwei Möglichkeiten: in die sozialistische Arbeiterjugend oder in den kommunistischen Jugendverband einzutreten.

Ich beschloß, sicherlich auch unter dem Einfluß des in meinem Milieu vorhandenen Antikommunismus und Antisowjetismus, mich der sozialdemokratischen sozialistischen Arbeiterjugend anzuschließen. Dort hatte ich zunächst den Eindruck, mich richtig entschieden zu haben. Es wurden dieselben Volkslieder gesungen und dieselben Volkstänze getanzt. Aber dann kam ein Abend, der schönste Abend dort, auf dem wurde rezitiert. Ich rezitierte schon immer gern und konnte vieles von Heine und anderen auswendig. In der Mitte des Versammlungslokals stand ein Rednerpult mit einer Kerze, und einer nach dem andern trat vor und rezitierte. Ich durfte an diesem Abend dreimal ans Rednerpult. Das war ein richtiger Erfolg für mich. Auf dem Heimweg sagte ich dem Gruppenleiter, ich wäre doch eigentlich zu ihnen gekommen, um etwas für den Sozialismus zu tun. Ich hätte von Sozialisten und Sozialismus aber bei ihnen noch nichts gehört. Von dem Abend an wurde ich etwas ausgegrenzt. Ich glaubte zunächst, weil sie darauf gekommen waren, daß ich Jude bin.

Dann organisierte die KPD eines Tages eine große Demonstration in der Stadt, und ich sah die Losung »Gegen Panzerkreuzer – Für Kinderspeisung«. Einer hielt eine begeisternde Rede, und alles, was er sagte, klang richtig. Bloß daß es von einem Kommunisten kam! Das ging mir tagelang durch den Kopf, bis ich mich entschloß, die Kom-

munisten mal zu fragen. Fragen würde man doch noch
dürfen! Ich ging aus dem Stadtzentrum durch die große
Eisenbahnunterführung in den Westen der Stadt, in das
Arbeiterviertel. Dort nahm ich meine Schülermütze vom
Kopf, steckte sie in die Brusttasche, so daß ich als Schüler
einer höheren Anstalt nicht mehr sofort zu erkennen war.
Vor dem KPD-Büro guckte ich vorsichtig nach rechts und
links, daß mich auch kein Bekannter sah, und huschte in den
Laden. Eine junge Frau fragte: »Was willst du, Genosse?«
Ich sagte: »Ich bin kein Genosse. Ich heiße Goldstein und
möchte jemanden von der Leitung sprechen.« Dann sah ich
den Mann, der so begeistert gesprochen hatte. Das war Max
Reimann, der spätere Vorsitzende der KPD der Bundesrepublik. Ich sagte ihm, daß ich in der SAJ sei und wir doch den
Wahlkampf auch gegen den Panzerkreuzerbau geführt
hätten, aber jetzt die Regierung beschlossen habe, ihn doch
zu bauen. Viele Jahre später hat er mir gesagt, er hätte
daraufhin zu der Frau, die mich einließ, gesagt: »Geh mal
zum Jugendverband, zum Kurt Gruber, und sag ihm, ich
schicke jemanden, den soll er für den Jugendverband kei-
len!« Das hieß gewinnen. Ich bin dann in den kommunistischen Jugendverband eingetreten. Ein paar Wochen später
wurde ich vierzehn. Das war für mich die wichtigste und
richtigste Entscheidung meines Lebens, im September 1928.
   Durch die Kameraden hab ich den aufrechten Gang
mitbekommen und gelernt, die Welt mit etwas mehr Weitblick anzusehen. Von der SAJ habe ich mitgenommen, daß
die Politik der Sozialdemokratie, bei allem, was sie für die
Arbeiterklasse an positiven Ergebnissen in den Arbeits-
und Lebensbedingungen erkämpft, auch an demokratischen Rechten, nicht zu einer grundlegenden Veränderung
der Gesellschaft und zum Sozialismus führt.
   Ich wurde also Jungkommunist. Zu dieser Zeit war mein
Bruder Günter schon Student und Sozialdemokrat. Es kam,
wenn er zu Haus war, öfter zu Diskussionen zwischen ihm
und mir. Es ging schon damals um die Sowjetunion. Und es
gab immer mal häßliche Bemerkungen über eine Partei, an
deren Spitze ein Transportarbeiter stand. Da hörte bei mir
die Gemütlichkeit auf! Die Diskussionen spielten sich
immer am Essentisch ab. Mutter und Oma saßen jeweils an
der Stirnseite, und zu beiden Seiten des Tisches saßen die

Pärchen, Günter und Otti und Irmgard und ich. Die Diskussionen liefen alle gegen mich. Am zurückhaltendsten war noch die Oma. Ich kriegte damals sehr schnell die Wut. Dann nahm ich einen Teller, der vor mir stand, und hab ihn an die gegenüberliegende Wand geschmissen. Ich hab diese »gottverfluchten Kapitalisten« angeschrien: »Da habt ihr euern Mist! Macht doch, was ihr wollt!« Danach stürzte ich aus dem Zimmer. Eines Tages hatte ich gerade wieder meinen »revolutionären Akt« vollführt, es war das vierte Mal im Laufe von zwei Jahren, und wollte zur Zimmertür rausstürmen. In dem Moment kam das Mädel mit einem vollen Tablett herein, und ich konnte nicht an ihr vorbei. Ich wollte die Tür auseinanderziehen, es war eine große Schiebetür, aber die Tür klemmte und ging nicht auseinander. Da habe ich in meiner Wut in die Scheibe getreten, bin durch die zersplitterte Glastür gegangen, hab mich aufs Fahrrad gesetzt, bin zum Parteibüro gefahren und erzählte meinen Jugendgenossen, was ich vollbracht hatte. Da guckte mich der Kumpel, Kurt Gruber, der übrigens später in die englische Emigration ging und im zweiten Weltkrieg aus einem englischen Flugzeug über Deutschland absprang und dabei umgekommen ist, ganz erstaunt an und sagte: »Mensch, du blutest ja am Bein!« Er wollte mir das Bein verbinden. Der Verbandsstoff war aber im Zimmer von Max Reimann. Max fragte: »Wozu brauchst du den Verbandsstoff?« Und Kurt Gruber erzählte, offenbar etwas stolz, von meinem Auftritt. Max Reimann sagte nur: »Schick mir den mal her.« Ich dachte, jetzt krieg ich die erste große Belobigung in meinem Leben, und da sagte der mit etwas knarriger Stimme: »Setz dich mal, du wild gewordener Spießer, du!« Dann erklärte er mir, daß ich das, was in meiner Familie und unserem Bekanntenkreis über uns, die Kommunisten, über die Sowjetunion an Dummheiten gedacht wurde, durch mein Verhalten nur bestätigt habe. »Du machst«, sagte er, »durch dein Verhalten antikommunistische Propaganda! Wenn das noch mal vorkommt, schmeißen wir dich aus dem Jugendverband raus! Jetzt verbinden wir dir das Bein, dann gehst du zu deiner Mutter und entschuldigst dich. Du versprichst ihr, daß du das nie wieder tust, und bittest sie, die Tochter eines arbeitslosen Genossen, in dessen Familie alle arbeitslos sind, bei euch zu Hause einzustellen. Sie wird aufpassen, daß du dich zu Hause anständig benimmst!«

Ich bin schluckend nach Hause, hab mich bei Mutter entschuldigt, und das Mädel wurde wirklich bei uns eingestellt.

1935, bevor ich nach Palästina gefahren bin, hab ich noch mal in Luxemburg meine Mutter getroffen. Wir haben zusammengesessen, und plötzlich sagte sie: »Weißt du, Junge, als du damals gekommen bist, dich zu entschuldigen, und versprochen hast, so etwas nie wieder zu tun, hab ich mir gedacht, nun wollen wir mal sehen, ob es den Kommunisten besser als uns gelingt, dich zu erziehen. Und ich hab gesehen: du änderst dich. Da hab ich mich damit abgefunden, daß du Kommunist geworden bist.«

Mein Radikalismus kam daher, daß wir die Welt mit Gewalt verändern wollten. Ich hab ja auch diese Familie gehabt! Onkel Alfred war ein reicher Mann, der andre ein Millionär in Luxemburg und einer Direktor im Wronkakonzern. Das waren für mich alles Kapitalisten! Ich bin von den »Klassenfeinden« zu meinen »Klassengenossen« gegangen. Ich wollte an dem Mehrwert, den meine Familie sich angeeignet hatte, nicht partizipieren, wie ich mich auch abgewandt habe von der Religionsgemeinschaft. Das ist eine Frage der Reife, und es ist das Recht der Jugend, zunächst erst mal auch harte Schnitte zu machen. Viel Verständnis hatte meine Oma. Ich hatte zu Hause die Zeitschrift *Roter Aufbau,* die Münzenberg herausgab, den *Westfälischen Kämpfer* und die *Rote Fahne* abonniert. Um mich zu bestrafen, wurde eines Tages alles abbestellt. Da hat Oma gesagt: »Laßt dem Jungen das! Was einer im Kopf hat, kann ihm keiner pfänden. Laßt den lesen.« Das hat meine Oma, Henriette Kohen, geborene Josefsohn, mütterlicherseits, damals gesagt!

1930 wurde Kurt Gruber nach Essen zur Bezirksleitung geholt, und Hamm brauchte einen neuen PO-Leiter im Jugendverband. Da ich nichts dagegen hatte, PO-Leiter zu sein, hatte ich auch nichts dagegen, in die Partei einzutreten, so wurde ich mit sechzehn Jahren, im November 1930, Mitglied der KPD und PO-Leiter im Jugendverband.

Als ich Kommunist wurde, blieb das auf meiner Schule nicht unbekannt. Ich machte überhaupt kein Geheimnis

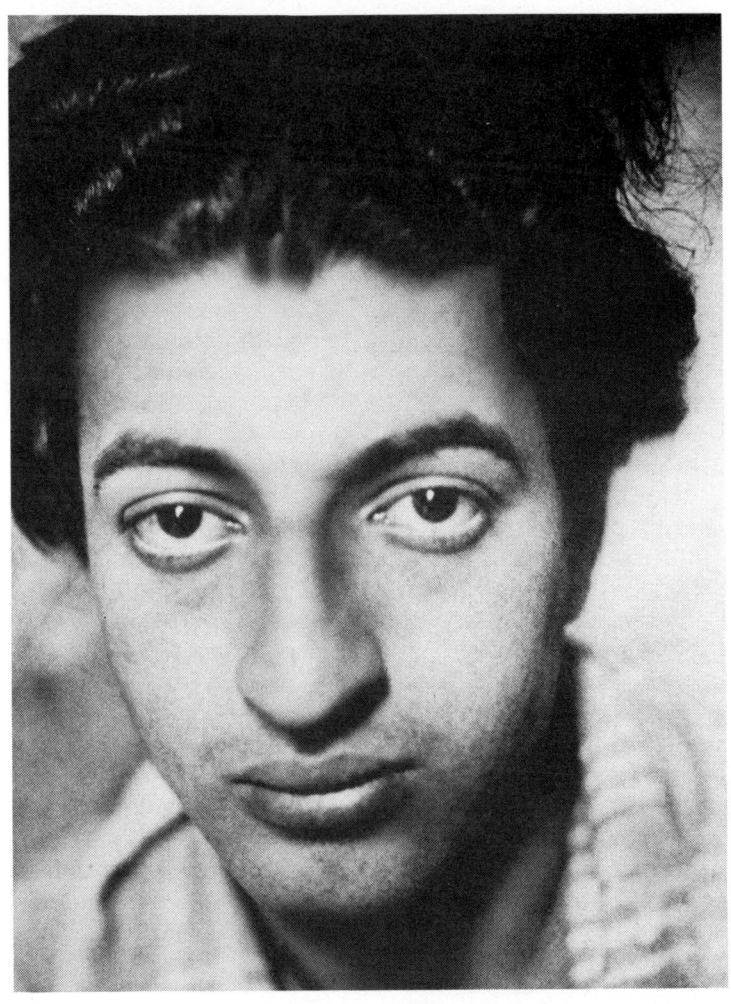

Kurt Goldstein, um 1930

daraus. In der Sowjetunion wurde der erste Fünfjahrplan
aufgestellt, in Dnjeproges das Kraftwerk und die Turksib-
Bahn gebaut. Als Agitationsmaterial vertrieb ich Halbfotos
an der Schule. Das war für die Schüler höherer Lehranstal-
ten in Preußen verboten, es war kommunistische Propaganda. Ich bekam eine Verwarnung. Einige Zeit darauf
erhielt ich den Auftrag, an der Beerdigung eines Jugendge-

nossen teilzunehmen und am Grab ein paar Worte zu
sagen. Der Zufall wollte es, daß an diesem Tag auch der
Hausmeister der Schule in dem Ort war, und er meldete,
daß der Schüler Goldstein an dieser kommunistischen
Demonstration teilgenommen hatte. Ich bekam die zweite
Verwarnung. Eine dritte Verwarnung bedeutete, von der
Schule verwiesen zu werden. Es kam die Septemberwahl
1930. Im Wahlkampf hab ich unter dem Decknamen Kurt
Berger auf vielen Versammlungen des Jugendverbandes
gesprochen. Ich wurde wieder zum Direktor gerufen, er
hatte von der Kriminalpolizei einen Brief bekommen. So
wurde ich von der Schule gewiesen. Für meine Mutter war
die Welt zusammengebrochen. Über Westfalen hinaus
berichteten die Zeitungen: »In Hamm wurde der Oberreal-
schüler G. der Schule verwiesen! Er hielt auf öffentlichen
Kundgebungen und Demonstrationen hetzerische Ansprachen gegen Polizei und Staat.«

Durch die Beziehungen der Familie kam ich nach Münster auf eine Oberrealschule, wo ich, ohne eine Klasse zu
verlieren, doch das Abitur gemacht habe. Ich wollte
danach Nationalökonomie studieren, aber ich bin, nachdem die Nazis an die Macht gekommen waren, nicht mehr
zum Studium gekommen.

Münster war eine Universitätsstadt. Ich hab zu den Studenten Verbindung aufgenommen und von Münster aus
meine Arbeit in Hamm als PO-Leiter im KJV bis Anfang
1932 weitergeführt. Wir haben marxistische Zirkel durchgeführt. Damals entstanden die *MASCH*-Hefte zur marxistischen Arbeiterschulung. Verfasser waren unter anderen
Professor Alfons Goldschmidt, Hermann Duncker und Wilhelm Pieck, sie bildeten die Grundlagen für unsere Schu-
lungsabende. Dazu hatten wir unsere eigene Zeitung, die
Junge Garde, die auch von uns vertrieben wurde. Mit der
Partei und dem Antifaschistischen Kampfbund klebten wir
Plakate und malten Losungen für die Wahlkämpfe.

In den Versammlungen ging es um die sozialen Belange
der Arbeiter, die Brüningschen Notverordnungen, die
Gefahr des Faschismus. Hitlers *Mein Kampf* hatte ich gelesen. Ich habe den Faschismus damals als Fortsetzung des
deutschen Militarismus gesehen, der den ersten Weltkrieg
entfesselt hatte. Dabei war der Antisemitismus für mich gar

Kurt mit Mutter und Schwester Irmgard, 1932

nicht die Hauptsache, sondern dieser blinde Haß gegen Kommunisten, gegen Franzosen, gegen die Sowjetunion. Ich war fest davon überzeugt, daß der deutsche Imperialismus den Hitlerfaschismus und einen zweiten Weltkrieg brauchte, um seinen Kampf gegen die Sowjetunion und andere Länder zu führen. »Hitler, das ist der Krieg!« hatte

Thälmann schon auf einer Kundgebung in Paris 1931 gesagt. Und bei der Reichspräsidentenwahl 1932 war unsere Losung: »Wer Hindenburg wählt, wählt Hitler, wer Hitler wählt, wählt den Krieg!«

Städte wie Dortmund, Gelsenkirchen, Bochum waren vor 1933 kommunistische Hochburgen. Die Sozialdemokraten waren insgesamt stärker als wir, aber wir näherten uns. Bei den Novemberwahlen 1932 hatten die Sozialdemokraten etwa acht Millionen Stimmen und wir fünf Millionen. Wir haben natürlich versucht, den Sozialdemokraten die Stimmen abzunehmen, weil wir zu Recht glaubten, daß die Wähler bei uns im Kampf gegen den Faschismus besser aufgehoben wären. Die Sozialdemokraten sagten selbst, daß sie Ärzte am Krankenbett des Kapitalismus sein wollten, diesem Kapitalismus, der sieben Millionen Arbeitslose erzeugt hatte!

Ich habe vor 1933 jeden Tag auf die Revolution gewartet, wirklich, jeden Tag! Einmal bin ich zu Max Reimann gegangen, 1932. Ich war der Ansicht, diesen Winter müßten wir Revolution machen. Er hat mir erklärt, daß die objektiven und subjektiven Faktoren dazu nicht gegeben seien, denn die Mehrheit der Arbeiterklasse müßte mit uns gehen, die Betriebe, die Gewerkschaften, die Arbeitslosen. Man mußte vor allem stark sein bei den Betriebsarbeitern, wie es damals hieß. Alle Räder stehen still, wenn dein starker Arm es will!

Seit Anfang der dreißiger Jahre ging in der KPD vieles nebeneinanderher. Es gab das Programm der nationalen und sozialen Befreiung und das Bauernhilfsprogramm, und es gab verstärkte Bemühungen zur Bildung der Einheitsfront, bis hin zum Treffen von Thälmann mit sozialdemokratischen Arbeitern; Einheitsfront von unten und gleichzeitig Auseinandersetzung mit der sozialdemokratischen Spitze. Sicherlich falsch war, die Sozialdemokraten als »Sozialfaschisten« zu bezeichnen. Anstatt uns zu helfen, Klarheit zu schaffen, hat es das Gegenteil bewirkt. Für die Einheitsfront war ich, aber ich habe auch die sozialdemokratischen Führer zum Teufel verflucht. Auch ich habe sie in den Versammlungen als »Verräter« und wahrscheinlich auch als »Sozialfaschisten« bezeichnet, bis die Machtübernahme Hitlers kam.

Ich habe das, was die Partei in ihren Losungen vertrat, immer sehr ernst genommen. Ich weiß nicht, ob es ein Fehler war. Aus heutiger Sicht bin ich vielleicht der Partei und Parteiführung gegenüber zu vertrauensselig gewesen. Erst seit der Periode des 7. Weltkongresses, besonders in Spanien, habe ich begreifen gelernt, was Arbeitereinheit, der gemeinsame Kampf von Kommunisten und Sozialdemokraten, bewirken kann. Ich muß zu den politischen Fehlern stehen, die ich mit meiner Partei mitgemacht habe. Darum sage ich auch heute, daß diese These vom Hauptstoß gegen die Sozialdemokratie, gegen die Paktierer des Hauptfeindes, ein Verhängnis für uns war, anstatt den Stoß mit allen gegen den Hauptfeind Faschismus zu richten. Ich meine, daß wir Versäumnisse haben bei der Abrechnung mit dem Faschismus, sowohl was das Kapitel Deutsche und Juden betrifft, als auch bezüglich der Kontinuität. Es wird eine Aufgabe unserer Historiker sein und nach ihnen der Pädagogen, im Gesamtbild dessen, was wir als deutsche Geschichte zu vermitteln haben, gerade diese Fragen gebührend zu berücksichtigen. Dazu gehört auch zu sagen, daß nur die Antifaschisten aus Ost und West und aller Bekenntnisse sich zu den Siegern der Geschichte zählen können.

Wir müssen uns heute daran machen, unsere ganze Geschichte mit ihren positiven, aber auch mit ihren Schwachstellen aufzuarbeiten, und die Lehren daraus ziehen. Dazu gehört auch, wie man unter kapitalistischen Bedingungen Ende des 20. Jahrhunderts und zu Beginn des 21. Jahrhunderts auf neuen Wegen, auf demokratischen Wegen, Machtverhältnisse und Strukturen so ändert, daß die Menschen von Ausbeutung frei und glücklich leben können, daß sie die Freiheit haben, alle Schöpferkräfte freizulegen, daß sie mitbestimmen können, daß niemand gegen die Interessen des Volkes verstößt, daß von daher Kriege unmöglich werden. Die Kommunisten können von den Sozialdemokraten lernen, wie man seine Politik so verkauft, daß sie die Massen begreifen. Die Sozialdemokraten können von den Kommunisten lernen, daß man die Politik so machen muß, daß es zu grundlegenden Veränderungen kommt. Das ist die Quadratur des Kreises, die wir bewerkstelligen müssen.

Ich glaube, daß es nach dem ersten Weltkrieg eine

Möglichkeit gegeben hätte, in Deutschland und andern Ländern eine sozialistische Revolution zu machen. Die Revolution 1918 hatte eine Massenbasis. Was in Deutschland fehlte, war die revolutionäre Führung. Die Tatsache, daß in der Sowjetunion nicht die richtigen Wege zum Aufbau des Sozialismus unter Stalin gefunden, ja, Grundgesetze der sozialistischen Theorie verletzt wurden, darf nicht dazu führen, daß man heute den Weg und das Ziel der revolutionären Arbeiterbewegung in Frage stellt und behauptet, man hätte den sozialdemokratischen Führern folgen sollen, denen, die durch ihren Weg unter anderem dazu beigetragen haben, daß der erste Weltkrieg ausbrechen konnte und der Faschismus zur Macht kam. Wer hat denn nach 1918 dafür gesorgt, daß die kaiserliche Justiz blieb, daß »der Kaiser ging, die Generäle blieben«? Daß die Mörder von Karl und Rosa ungeschoren blieben? Wer hat die Entwaffnung der Roten Armee an Rhein und Ruhr befohlen? Wer hat nach dem Wahlerfolg der SPD von 1928 die Remilitarisierung durch den Bau von Panzerkreuzer A eingeleitet? Wer hat dem Herrn von Papen die Möglichkeit gegeben, Preußen einzugliedern als Sprungbrett zum Hitlerfaschismus? Die Kommunisten haben zwar diesen und jenen taktischen Fehler gemacht, aber den Weg in den Faschismus haben jene mit ihrer Politik gepflastert, die 1918 die Novemberrevolution zu dem gemacht haben, was sie war: eine sozialistische Nichtrevolution.

Daß die revolutionären Kräfte in Deutschland in der ersten Periode dieses Jahrhunderts versucht haben, den Kapitalismus mit revolutionären Mitteln zu stürzen, halte ich für eine richtige strategische Orientierung, auch heute noch. Ich glaube aber, daß jetzt, nach dem zweiten Weltkrieg, neue Bedingungen herangereift sind und man alle Fragen neu untersuchen muß, wobei es keinen Zweifel daran geben kann, daß die strategische Orientierung der Sozialdemokratie, den Kapitalismus zu erhalten und ihn für die Arbeiter erträglich zu machen, nicht zu einer Lösung der Grundprobleme führen kann, sondern man versuchen muß, mit der Sozialdemokratie und anderen Bündnispartnern dahin zu kommen, den Kapitalismus als Grundstruktur zu überwinden, um auf demokratischer Grundlage zu einer sozialistischen Ordnung zu kommen. Das wird in diesem

Jahrhundert kaum mehr gelingen, aber es muß die strategische Orientierung bleiben. Bis dahin muß man jeden Tag um die Sicherung des Friedens, die Lösung ökologischer Probleme und die Verbesserung der Lage der Arbeiter auf allen Gebieten kämpfen und dazu weiteste Bündnisse schließen.

Dann kam der 30. Januar 1933, die Machtergreifung Hitlers. Die Arbeit wurde sehr schwierig, wir begannen sofort, sie auf die Illegalität umzustellen. Als nach dem Reichstagsbrand dann die Verhaftungen einsetzten, bin ich untergetaucht, zunächst bei meiner Familie Üns. Aber da war meines Bleibens natürlich nicht lange. Ich war ja bekannt als Kommunist. Nach einem letzten Treff mit einem Genossen bin ich in die Emigration gegangen, über Trier nach Luxemburg. Dort hatte ich Verwandte.

Kurze Zeit vorher hatte ich meinen Bruder Günter in Köln getroffen. Er wollte zu den Wahlen nach Hamm fahren. Ich hab vergeblich versucht, ihm das auszureden. Sie haben ihn verhaftet, und er war bis 1935 im Gefängnis in Köln und in einem der ersten provisorischen Konzentrationslager in Brauweiler und dann in Börgermoor.

In Luxemburg ist mir die Niederlage erst so richtig bewußt geworden. Ich war dort vorübergehend ohne Verbindung zu den Genossen und etwas deprimiert. Aber ich war fest entschlossen, Kommunist zu bleiben. Ich traf später in Paris einen Schulfreund von mir, Werner Elsberg, der einen ganz andern Weg als ich gegangen ist, der nie in der Jugend- und Arbeiterbewegung gewesen war. Er fühlte sich völlig von Gott und der Welt verlassen, ohne Boden unter den Füßen. Ich dagegen war eingebettet in meine Welt, meine Freunde und Genossen. Mir war sehr bald bewußt geworden, daß wir einen langen Weg vor uns haben würden, aber ich würde weiter aktiv sein. »Du hast ja ein Ziel vor den Augen«, heißt das Lied, dessen Geist ich schon in meiner frühen Jugend begriffen hatte.

Ich bin nach Saarbrücken gefahren und habe Verbindung mit den Genossen aufgenommen. Ein jüdischer Genosse riet mir, nach Paris zu fahren und mich in einem jüdischen Hechaluz-Büro zu melden. Es war die einzige Möglichkeit, in Frankreich meinen Status zu legalisieren. Eine Genossin vermittelte mich an eine Vorbereitungs-

Kurt (rechts) mit Bruder Günter, um 1931

schule junger Juden für Palästina, einen Hascharah. Dort lernte man Berufe wie Landarbeiter, Gärtner, Tischler, Schneider oder Schuster und so weiter. Wir wohnten in einem Haus an der Grenze zwischen Lothringen und Luxemburg, in Altwies. In dem Haus hatte irgendwann mal

Victor Hugo gewohnt. Fünfundzwanzig Mädchen und fünfundzwanzig Jungen waren dort. Und es gehörte ein großes
Landwirtschaftsareal dazu.

Wir hatten dort ein schönes, interessantes und lustiges
Jugendleben. Natürlich gab es auch viele Diskussionen. Es
kamen der Reichstagsbrand und die Bücherverbrennun-
gen, die Wahlen und so weiter. Ich gehörte zu denen, die
glaubten, daß das zwar eine Sache von Jahren werden
könnte, daß aber ein solches Massenverbrechen an den
Juden verübt werden würde, daran habe ich damals nicht
gedacht. Ich hätte es sicher auch nicht geglaubt, obwohl ich
Mein Kampf gelesen hatte.

Es gelang uns, die Arbeit und das Tagesleben normal zu
organisieren. Ich war Mitglied der Leitung, und die Leitung
wählte mich dann zu ihrem Oberhaupt. Aber wir machten
auch solche Dummheiten, daß wir FKK einführten, ohne
eine strikte Trennung bei den Wasch- und Duschräumen
vorzunehmen. An einem Sonntag tauchte überraschend
eine Kommission von der jüdischen Gemeinde in Luxemburg auf und überzeugte sich davon, daß dies die lautere,
unsittliche Wahrheit war. Das führte dann dazu, daß ich zu
einem Bauern nach Südfrankreich »strafversetzt« wurde.

In Altwies erlebte ich meine erste feste und tiefe Liebe.
Lotta wurde in Amerika geboren. Der Vater war deutscher
Jude, die Mutter aus einer baltischen Baronenfamilie. Lotta
war eine große blonde auffallende Schönheit. Wir blieben
zusammen, bis ich später nach Spanien gegangen bin. Sie
wollte immer ein Kind von mir. Ich habe ihr gesagt: »Kein
Kind jetzt, wir müssen erst nach Deutschland zurück. Auf
dem Weg nach Deutschland kann viel passieren. Es kann
Krieg kommen, oder die Revolution. Da wissen wir nicht,
wie das ausgeht.« Sie wußte, daß ich Kommunist bin und
hat das toleriert.

Lotta und ich lebten dann eine Zeitlang bei der Mutter
in der Schweiz. Die Familie hatte einen Teil ihres Vermö-
gens damals schon in Palästina angelegt, sie besaßen ein
paar große Mietshäuser in Tel Aviv und in Haifa, und die
Mutter hatte eine Villa und eine große Wohnung in Jerusalem. Sie hat für Lotta und mich ein sogenanntes Kapita-
listenzertifikat nach Palästina besorgt. Damals hatte man
zwei Möglichkeiten, nach Palästina zu kommen: entwe-

der gab es jedes Jahr eine kleine beschränkte Anzahl von Einwanderungszertifikaten über den Hechaluz, oder jeder, der tausend englische Pfund, das heißt fünfzehntausend Mark, hatte, konnte einwandern. So kamen wir nach Palästina. Für mich war Palästina so eine Art Durchgangsemigrationsstation, etwa wie Luxemburg oder Frankreich. Aber ich hielt die Einwanderung von Juden nach Palästina für legitim, auch die spätere Gründung des Staates Israel, denn wo sollten die Juden hin. Es gab viele, die anderswo keine Aufenthaltsgenehmigung bekamen.

Am 5. Juni 1935 hatte Lotta Geburtstag, den haben wir schon bei ihrer Familie in Tel Aviv gefeiert. Ich habe nach einiger Zeit auf dem Bau zu arbeiten begonnen, in der Nähe von Haifa. Dort sollte eine Textilfabrik entstehen. Die Fundamente mußten im felsigen Boden mit dem Preßlufthammer ausgehoben werden. Es war schwere Arbeit, aber für damalige Verhältnisse gut bezahlt.

Dann hab ich Kontakt gesucht zur linken Bewegung. Es gab die Gruppierung Chugim-Marxistim (marxistische Kreise). Das war eine linke Arbeiterpartei, die organisiert war durch einen Mann namens Lebewotsch, der alle vierzehn Tage am Abend Vorträge hielt. Er sprach auch über den Theoretiker, Berobrochow, einen russischen Juden. Der fing jedes Kapitel mit einem Marx-Zitat an und endete mit einem Marx-Zitat und entwickelte dazwischen zionistische Thesen. Anfang und Ende fand ich richtig, aber alles andere falsch.

Über eine Jugendgenossin bekam ich dann Verbindung mit unsern Genossen der kommunistischen Partei Palästinas. Die Partei war streng illegal. Von der Partei erhielt ich den Auftrag, in einer Gruppierung für jüdisch-arabische Verständigung mitzuarbeiten.

Im Juni 1936 kamen dann die Nachrichten über Spanien. Da gab es in meinem Kopf nichts anderes mehr. Ich wollte unbedingt dorthin! Ich hatte ja jeden Tag darauf gewartet, daß sich irgendwo eine Möglichkeit bot, als Kommunist direkt und aktiv in den antifaschistischen Kampf einzugreifen. Deshalb war Spanien für mich eine Erlösung, weil uns allen klar war, hinter Spanien steckt der deutsche Faschismus, und in Spanien zu kämpfen hieß auch, gegen Hitlerdeutschland zu kämpfen! Es gab dramatische und tränen-reiche Auseinandersetzungen mit Lotta. Wir waren nicht verheiratet, aber wir lebten zusammen und liebten uns. Wir hatten eine Wohnung, nicht weit entfernt von ihrer Mutter. Lotta versuchte mich zurückzuhalten, sie warf mir vor, daß ich sie nicht mehr liebte. Ich konnte mit gutem Herzen sagen, daß das nicht stimmte, aber das Wichtigste in mei-nem Leben war meine Existenz als Kommunist. Ich mußte nach Spanien! Und da ich nicht wußte, was mit mir in Spanien passierte, bat ich sie, daß wir uns in Freundschaft und Liebe trennten.

Es gab auch Schwierigkeiten mit der Partei, die mich zuerst nicht weglassen wollte, bis ich sagte: »Nun ist genug! Ich fahre jetzt nach Frankreich, melde mich bei meiner Partei, der KPD. Ich bin nämlich nur zu Gast hier. Ihr könnt mir etwas schriftlich mitgeben, worin ihr euren Stand-punkt darstellt. Dann soll meine Partei entscheiden, ob ich nach Spanien gehen darf oder nicht! Ich fahre sonst ohne Erlaubnis und sage das auch dort. Das sollen sie ent-scheiden!«

Kurz nach meiner Abreise sind meine Mutter und meine Schwester Irmgard in Palästina eingetroffen. Wir haben uns, wenn man so will, auf dem Mittelmeer gekreuzt. Meine ältere Schwester Otti und mein Bruder waren schon in Palästina. Lotta ist die ersten Monate jeden Tag zu meiner Mutter gekommen. Dann immer weniger. Und schließlich gar nicht mehr. Sie hatte offensichtlich jemand andern gefunden.

In Marsaille wurde entschieden, daß ich nach Spanien gehen durfte. Da ich einen Führerschein besaß, kam ich von Albacete nach Madrid, zum 1. Transportregiment. Das war meine erste Einheit in Spanien. Meine Kameraden waren Engländer, Amerikaner, Spanier, Franzosen und Italiener, Deutsche, Skandinavier und Holländer. Wir waren wirkliche Kameraden, die alles teilten. Das hängt möglicherweise damit zusammen, daß man im Krieg war und aufeinander angewiesen, dem Leben und dem Tod gleich nahe. Wir hatten keine Angst um unser Leben. Die Spanienlieder spiegeln echt die Atmosphäre wider.

Dann bin ich zur Artillerie versetzt worden, und zwar in die 35. Division, und hab im Dezember 1937 die Schlacht

Kurt Goldstein (2. von rechts) in Madrid, 1937

bei Teruel mitgemacht. Das war eine der Vormarschoffen-
siven. Die Offensiven sind alle nicht bis zum Ende erfolgreich gewesen. Die Brunete-Offensive sollte die ganze
Befreiung von Madrid bringen. Brunete wurde genommen,
aber das strategische Ziel der Offensive ist nicht erreicht
worden. Dasselbe bei Teruel. Dann begannen im Januar
1938 die Verteidigungskämpfe, die außerordentlich blutig
waren, besonders unsere Elfte hat dort die Höhenzüge vor
der Stadt unter fürchterlichen Blutopfern verteidigt. Schließlich kamen die Rückzugsgefechte. Teruel wurde wieder
verloren, und es ging zurück an den Ebro.
   Dazwischen lag ich im Fronthospital, ich hatte einen

Kurt Goldstein in Spanien mit Anita Gomez-Ibanez

Granatsplitter im Fuß. Den Splitter haben sie rausgeholt, es war nicht so schlimm. Zur zweiten Mobilisierung im Februar 1939 hab ich mich gleich wieder freiwillig gemeldet. Wir sind in Richtung Barcelona marschiert und haben versucht, die Faschisten noch mal aufzuhalten, kurz vor Barcelona, bei Granollers. Von da hat dann der endgültige Rückzug über die Pyrenäen begonnen.

Am 11. Februar 1939 sind wir über die Pyrenäen nach Frankreich marschiert. Das erste Lager bestand aus einem Stück Strand am Mittelmeer. Vor uns war Wasser, hinter uns Stacheldraht, dahinter französische Wachmannschaften, Senegalesen, Fremdenlegionäre. Wir haben dort Sand ausgehoben und mit einer Zeltplane abgedeckt. So schufen wir uns die ersten Unterkünfte. Das war in Saint Cyprien, und wir hatten ein hartes Leben dort.

Entscheidend für das Scheitern der Spanischen Republik war, daß die Faschisten eine gewaltige materielle Übermacht hatten und die bürgerlichen Demokratien die Spanische Republik boykottierten. Das spanische Volk, in seiner Mehrheit, stand hinter der Republik. Das haben auch die Wahlen gezeigt, obwohl die Bauern unterdrückt waren von den Feudalherren und der Klerus rechtsorientiert war. Franko ist völlig ungehindert von Hitlerdeutschland und dem faschistischen Italien mit Material und auch mit Soldaten unterstützt worden. Die Luftüberlegenheit war erdrückend, und noch schlimmer war es bei den Panzern. Das alles wurde verschärft durch innere Differenzen zwischen verschiedenen Kräften der Spanischen Republik im Untergrund, unter anderem durch Regionalkonflikte zwischen Katalanen, Basken und Andalusiern. Trotzdem hatte unser Kampf Sinn, er war auch ein wichtiger Baustein auf dem Weg zur Anti-Hitlerkoalition. Churchill und Roosevelt waren im zweiten Weltkrieg schließlich bereit, das Bündnis mit der Sowjetunion zu schließen. Das ist sicherlich auch auf diese Erfahrungen zurückzuführen. Spanien war auf der einen Seite das Generalmanöver für den zweiten Weltkrieg, aber es hat ihn auch verzögert.

Grausam ist ein Krieg immer, das wird nie anders sein. Für mich war das wichtigste zu wissen, ich kämpfe gegen den Menschenfeind auch meines Heimatlandes. Vielleicht, so glaubten wir, war das auch ein Weg zurück aus der Emigration. Alle Emigration ist schrecklich. Du bist so entwurzelt, bist gewissermaßen von deinem Mutterboden entfernt, du bist in einem Land, das nicht deine Muttersprache spricht, in dem es deine Kultur nicht gibt, deine Familie ist nicht da, du bist fremd, ein Fremder in einem fremden Land. Und du willst dein Heimatland wiederhaben, als freies

Land. Da gingen wir in ein drittes Land, weil wir glaubten, dort mithelfen zu können, die Freiheit für unser Land, unser Volk, unsere Brüder, nicht die leiblichen, die Volksbrüder, wiederzugewinnen. Ich weiß nicht, ob das heroisch ist. Aber es ist vielleicht zutiefst verständlich, menschlich und ehrenhaft. Und jeder, der das bekrittelt, schreibt sich selbst eigentlich eine schlechte Note.

Es ist in den letzten Jahren viel über Spanien diskutiert worden. Nach meiner Erfahrung und meiner Erinnerung haben die Kommunisten in dieser ganzen Zeit, nach der Machtergreifung der Faschisten in Deutschland, nichts anderes im Sinn gehabt, als eine breite gemeinsame Front mit allen, die gegen den Faschismus waren, zu schmieden. Kommunisten haben sich in die vorderste Linie des Kampfes begeben, ihre besten Kader verloren, den größten Blutzoll entrichtet, und jetzt haben Leute herausgefunden, daß die Kommunisten das nur unternommen haben, um die andern zu Bündnisidioten zu machen.

Aber auch der Beimler-Film ist künstlerisch nicht richtig bewältigt. Beimler war eine prächtige, pralle Figur. Der Film hat zu stark heroisiert. Das ist ein Einwand, den ich bei manch anderen Werken auch habe. Sie sind zu schön gefärbt. Spanien hat Besseres verdient.

Die damalige französische Regierung mochte die Interbrigadisten nicht, sie waren für sie ungebetene Gäste, und dementsprechend haben sie uns auch behandelt. Es gab viele Interventionen zu unseren Gunsten seitens derer, die die Spanische Republik unterstützt hatten. Aber davon hat sich die französische Regierung nicht beeindrucken lassen. Es waren mit uns auch Hunderttausende Spanier nach Frankreich geflüchtet, Anhänger der Republik, Soldaten und ihre Familien. Viele dieser Spanier haben in Frankreich im zweiten Weltkrieg ihr Blut im Widerstand gegen die nazideutsche Okkupation gegeben und die »Gastlichkeit« auf die Weise vergolten.

Im Sommer 1939 kam ich nach Gurs. Dort gab es schon Baracken. Die Interbrigadisten hatten sich national zusammengeschlossen, um das Lagerleben zu organisieren. Es wurde auf Reinlichkeit geachtet, auch Sport getrieben, um sich fit zu halten. Uns allen war klar, daß der Weg zum Rand des zweiten Weltkrieges nur noch kurz war und man sich darauf vorbereiten mußte. Die Besetzung der Tschechoslowakei war bereits erfolgt. England und Frankreich hatten ein Hilfeversprechen für die Tschechoslowakei mißachtet und die tschechische Regierung erpreßt, auf das Münchner Schanddiktat Hitlers und Mussolinis einzugehen. Als wir noch in Gurs waren, erfolgte auch der Abschluß des Nichtangriffspaktes zwischen der Sowjetunion und Deutschland. Es gab viele Diskussionen. Wir hatten keine offiziellen Informationen, aber uns war eigentlich klar, daß das eine Antwort auf Versuche der Westmächte war, Hitlerdeutschland als Kettenhund gegen die Sowjetunion loszulassen. Alle Angebote der Sowjetunion, eine gemeinsame Front gegen Hitlerdeutschland zu bilden, waren mit und nach München mißachtet worden. Der Hitler-Stalin-Pakt diente dazu, Zeit zu gewinnen. Viele Genossen haben das nicht verstanden, und manche behaupteten, daß der Pakt nichts genützt und mehr geschadet hätte. Aber sollte die Sowjetunion zusehen, wie man Hitlerdeutschland geradezu einlud, nach Osten zu marschieren? Der Nichtangriffspakt von Stalin war eine völlig richtige Entscheidung. Daß man aber dazu noch einen Freundschaftspakt mit Nazideutschland geschlossen hat, war im Zuge derselben Politik ein schwerer Fehler.

Vom Ausbruch des zweiten Weltkrieges haben wir im Lager erfahren. Wir waren fest entschlossen, die nächste Gelegenheit zu nutzen, um den Kampf gegen Hitlerdeutschland fortzusetzen. Als Frankreich Hitlerdeutschland den Krieg erklärte, bekundeten wir unsere Bereitschaft, in der französischen Armee, an der französischen Ostfront, zu kämpfen. Die französischen Behörden antworteten, wir sollten in die Fremdenlegionen gehen, in das französische Marokko, nach Tunesien und Algerien, damit sie die dort stationierten Fremdenlegionäre nach Frankreich holen konnten. Unsere Antwort darauf war: Wir sind keine Söldner, sondern Freiheitskämpfer, wir wollen Auge in Auge an der französischen Ostfront gegen Hitlerdeutschland kämpfen! Dazu gab es Versammlungen in Gurs. Die französischen Behörden glaubten, wenn sie die Anführer in einer Nacht- und Nebelaktion verhafteten, könnten sie mit der Masse der Interbrigadisten schon zu Rande kommen. Sie hatten natürlich auch in unseren Reihen Informanten. Das waren Leute, die aus Lust auf Abenteuer nach Spanien gekommen waren, und es war auch eine Reihe von Gestapo-Agenten dabei. So verhafteten sie etwa fünfzig Interbrigadisten, Polen, Tschechen, Ungarn, Deutsche und Italiener, und wir wurden von Gurs über Nacht in das Straflager Vernet gebracht. Darunter waren auch die deutschen Spanienkämpfer Anton Switalla, Harry Decken, Arthur Dorf, Willi Bürger, Edgar Limik und Götz Berger. Später kam noch die Gruppe mit Dahlem, Rau, Räder, und noch später kamen Gert Eisler, Paul Merker und Friedrich Wolf hinzu. Wir lagen in der Baracke 8, über die Friedrich Wolf geschrieben hat. Es gibt auch ein Büchlein von dem österreichischen Schriftsteller Bruno Frei darüber.

Dahlem, Eisler, Merker und Rau nahmen uns etwas jüngere Genossen unter die Fittiche. Sie machten mit uns Spaziergänge am Stacheldraht entlang, jeden Tag ein anderer, und veranstalteten so eine Art Politschulung. Außerdem konnte man Französisch lernen und Russisch. Ein litauischer Genosse hat mir Russischunterricht gegeben. Als ich dann später in Auschwitz mit Polen zusammenkam, habe ich meine russischen Kenntnisse genutzt, um die ersten Verständigungsbrücken zu schaffen. Wir haben auch über den 7. Weltkongreß und die Beschlüsse der KPD von Bern und Brüssel diskutiert. Das war für uns ganz wichtig, weil es uns half, die Fehler gegenüber der Sozialdemokratie zu überwinden. Und es gab eine breite politische Kulturarbeit. Friedrich Wolf hat aus seinem Buch *Beaumarchaise* gelesen, und Rudolf Leonhard schrieb und las Gedichte. Zu meiner Schande muß ich gestehen, daß ich damals noch wenig Verständnis für seine Form der Lyrik hatte. Heine und Hölderlin waren mir näher, und wir lästerten auch. Willi Bürger aber schrieb auf Zigarettenpapier mit einer ganz kleinen Feder, die er sich selbst gefeilt hatte, sowohl die Gedichte von Rudolf Leonhard als auch andere literarische Zeugnisse von Friedrich Wolf ab. Das ist aus dem Lager geschmuggelt worden und erhalten geblieben.

Dann kam der 1. Mai 1940. Wir traten nicht zur Arbeit an. Wir hatten unsere Klamotten in Ordnung gebracht und trugen jeder eine rote Mohnblume, die wir während eines Arbeitseinsatzes außerhalb des Lagers gepflückt hatten. Die Garde de mobile stellte am Tor einen Tisch auf, wir wurden wegen Arbeitsverweigerung zusammengetrieben und sollten denen am Tisch unsere Namen ansagen, damit sie uns bestrafen konnten. Die Mohnblumen rissen sie uns ab. Wir gingen in die Baracke zurück, holten uns eine neue Mohnblume und stellten uns wieder in die Kolonne, die vor dem Tisch wartete. Das ging so zwei, drei Stunden lang. Wir haben Namen gesagt wie Eierkopp und Blödian, und die haben alles schön aufgeschrieben, weil sie Schwierigkeiten mit dem Deutschen und den anderen Sprachen hatten. So organisierten wir unsere Maidemonstration.

Als die Deutschen in Frankreich einmarschierten, wurde die schlimme Orientierung ausgegeben, daß Leute, die »nur« ein paar Jahre Gefängnis zu erwarten hätten, nach Deutschland zurückgehen sollten. Von denen, die zurückgegangen sind, haben's manche mit dem Leben bezahlt, manche haben's überlebt. Es gab auch Leute, die durch internationale Hilfe nach Lateinamerika oder nach Amerika kamen, wie Gert Eisler. In die Sowjetunion kam unter anderen Friedrich Wolf, während Paul Merker, Günther Ruschin, Ralf Zahn und Erich Jungmann nach Mexiko gingen. Andere hatten Visa oder Aussichten, ein Visum zu bekommen.

Wir lagen im unbesetzten Gebiet. Irgendwann 1941 kam das Gerücht auf, daß die Deutschen auch das sogenannte freie Frankreich besetzen würden. Da haben wir einen Ausbruch vorbereitet. Aber es kam nicht mehr dazu. Ich bin zusammen mit Hermann Axen, Vati Hoffmann, Viktor Meißlick, Leo Püschel, einem Sozialdemokraten aus Essen, und vielen anderen nach Auschwitz ausgeliefert worden. Die französischen Faschisten haben getan, was ihre deutschen Befehlshaber von ihnen gefordert haben, sie haben Juden aus allen Internierungslagern in Richtung Auschwitz geschickt. Die Masse der nichtjüdischen Interbrigadisten ist später nach Afrika, nach Yelwa, gebracht worden, und ein großer Teil von ihnen ist in die Sowjetunion gekommen, während wir Juden nach Auschwitz mußten.

Wir wurden zunächst im Lager isoliert und kamen dann auf Transport, zuerst in ein Lager bei Paris, Drancy. Von dort aus gingen alle Transporte ins KZ Auschwitz. Es waren diese furchtbaren Transporte auf Güterwagen, die zugelassen waren für acht Pferde, und wir waren etwa einhundertzwanzig Leute pro Waggon. Man konnte gerade so stehen. Die Waggons waren zugenagelt. Sie hatten nur kleine Luftritzen. Von Paris bis Auschwitz wurden sie nicht geöffnet. In jedem Waggon standen ein Kübel Wasser und ein Scheißkübel. Der Wasserkübel war bald leer, und auch er wurde zum Scheißkübel, und als beide Kübel voll waren, entleerte man sich daneben. Das dauerte fast eine Woche. Es gab nichts zu essen oder zu trinken.

Auf dem Bahnhof in Birkenau bei Auschwitz kamen wir auf die Rampe, und es folgte die berüchtigte Selektion. Wir alle waren Juden, aber aus irgendeinem Grund war auch ein Nichtjude darunter, ein ehemaliger Reichstagsabgeordneter der KPD. Er fuhr unter falschem skandinavischem Namen. Die meisten unserer Gruppe kamen auf die »richtige« Seite, nur einer, der kleine Gustav Hartog, er hatte damals schon eine Glatze, geriet auf die »falsche« Seite und kam sofort ins Gas. Man trieb uns ins Lager, zuerst zum Haareschneiden und in die Desinfektion, und wir mußten alles, was wir bei uns hatten, abgeben. Wer etwas versteckt, wurde gesagt, geht sofort ins Gas. Sie guckten sogar in den After. Es wurde geprügelt, ohne Gnade. Dann ging es zum Tätowieren, und jedem wurde die Kleidung hingeworfen. Ich bekam die Häftlingsnummer 58866.

Wir waren die ersten Häftlinge, die man unter Tage in den Bergbau schickte. Es wurden ungefähr einhundertfünfzig Häftlinge für das Nebenlager Jawischowitz ausgewählt. Dort gab es zwei Steinkohlengruben. Wir marschierten los. Es war ein schrecklicher Marsch, unterwegs prügelte man uns. Wir mußten springen und laufen. Wir wußten zunächst nicht, daß es in Auschwitz Gaskammern und Krematorien gab. Wir wußten nur, daß die SS-Leute Bestien waren. In Jawischowitz herrschte das Regime der SS und der ihnen dienenden Berufsverbrecher, die dort Kapofunktionen hatten. Die Berufsverbrecher prügelten mit Fäusten und Gegenständen, die SS trat und prügelte mit Kolben. Das war der Alltag im Lager gewesen. Paul Skrotzki aus Bochum hat Häftlinge in den elektrisch geladenen Zaun gejagt. Nach 1945 hatte er einen Prozeß in Bochum, der mit einem milden Urteil endete.

Alle Neuen mußten in die Duschen, sich ausziehen und nackt auf dem Appellplatz antreten. Vorne stand der

Lagerführer Kowoll, sein Stellvertreter Marcelli, der Lager-gestapomann, der Grubendirektor Heine und sein Stellvertreter sowie der Grubenbetriebsführer Borgstedt und der Fahrsteiger Frost. Die Häftlinge mußten wie auf dem Sklavenmarkt der Reihe nach vortreten, sich breitbeinig hinstellen, die Muskeln zeigen und ihre Nummer und den Beruf nennen. Bei jedem machten sie eine antisemitische, dumme Bemerkung. Das ärgerte mich. Ich überlegte, was ich antworten könnte. Als der Grubendirektor und der Betriebsführer den Mund aufmachten, hörte ich, daß das Ruhrgebietler waren. Die Lagerführer waren Oberschlesier. Als ich an der Reihe war, sagte ich, in richtigem Ruhrgebietsdeutsch, einfach »Püttmann«! Einen Bruchteil einer Sekunde war Schweigen, und der Grubendirektor fragte: »Wo hast du gearbeitet?« Und ich sagte, wie aus der Pistole geschossen: »Zeche DeWendel, Schacht Franz und Schacht Robert!« Das waren die beiden Schächte, die ich auch von unten kannte. Und er: »Als was haste gearbeitet?« Und ich: »Als Schlepper vor Stein und Kohle.« Das war kein Hauer, sondern Hilfsarbeiter. Der Lagerführer fragte: »Warum bist du von Deutschland weggegangen?« Darauf ich: »Der Führer brauchte mich nicht mehr zum Kohlehacken!« Und er: »Warum bist du wiedergekommen?« Und ich: »Der Führer brauchte mich wieder zum Kohlehacken!« Dann konnte ich wegtreten. Im Wegtreten hörte ich, wie der Grubendirektor zu dem Lagerführer sagte: »Der erste Facharbeiter!« und der Lagerführer zum Lagerältesten: »Der Mann kriegt doppelten Schlag Essen!«

Die Juden sind wie alle andern. Es gibt gute und schlechte, kluge und dumme, faule und fleißige, anständige und unanständige, konsequente und Verräter. Ein Kommerzienrat trat nach vorne, und als er nach seinem Beruf gefragt wurde, sagte er, er sei Hauptmann bei irgendeiner Division im kaiserlichen Deutschland gewesen und hätte das EK Eins bekommen. Der Lagerführer trat ihm in den Bauch und sagte: »Ein Dreckjude bist du!« Aber das war noch nicht Lehre genug. Als wir die ersten Tage in der Grube arbeiteten, hat sich dieser Kommerzienrat nicht geschämt, eine Meldung bei der SS-Lagerleitung zu machen, weil zwei Polen mit Juden ihr Brot geteilt hatten. Wir arbeiteten ja mit polnischen Bergleuten zusammen. Die

Polen sind daraufhin ins Lager gebracht und beim Appell vor allen Häftlingen über den Bock gelegt und geschlagen worden. Für das Verhalten der polnischen Bergleute uns gegenüber hatte das natürlich schlimme Folgen. Ein Teil von ihnen hat sich sehr solidarisch verhalten. Es hat natürlich auch andere gegeben.

Kaum waren wir in die Baracken eingeteilt, pfiff es draußen, und wir mußten zur Arbeit raustreten. Jede Schachtanlage hatte drei Schichten: Früh-, Nachmittag- und Nachtschicht. Ich wurde eingeteilt für die Nachtschicht Jawischowitz. Das hab ich vom ersten bis zum letzten Tag gemacht. Wir rückten aus, kaum waren wir aus dem Lager raus, sagten die SS-Leute: »Ein Lied!« Wir waren Juden aus aller Herren Länder. Was sollten wir für gemeinsame Lieder singen? Und für diese Kerle? Die SS-Leute fingen an zu drohen, als wir nicht zu singen begannen. Die Gruppe war nicht stark, etwa zwanzig Mann. Ich stimmte ein Lied an, eines der Landsknechtslieder, wie *Vom Barette schwang die Feder* und *Wir sind des Geyers Schwarzer Haufen*. Der eine oder andere kannte es und brummte mit. Als wir am nächsten Tag ausrückten, sagten die schon zu mir: »Sänger, komm nach vorne. Du bist Flügelmann!«

Unsere Arbeit war Bergeversatz, das heißt, das Ausgekohlte mußte wieder mit Stein angefüllt werden. Die Häftlinge wurden einem polnischen Hauer zugeteilt. Nach ein paar Wochen fehlte plötzlich ein Hauer, und da erinnerte man sich meiner: Wo ist denn der Jude Facharbeiter? Nun war ich dran und mußte als Hauer mit drei Häftlingen Bergeversatz machen. Nach drei oder vier Wochen schon machten wir einen Bergeversatz eigener Art: Auf halber Breite setzten wir Hölzer, ganz schnell. Dann gingen wir zum Kohlenstoß hinüber und bauten aus den dicken Brokken, die dort von der Wand herunterfielen, und ein paar dicken Steinen eine Mauer. Aber ein gutes Drittel dahinter bis zur Hälfte des Kohlenstoßes war hohl! Wir setzten die Hölzer nach vorne und schütteten das schnell wieder an. So konnte der Steiger, der kontrollierte, ob man keine Löcher beim Auffüllen ließ, hämmern, soviel er wollte, er hat uns nie erwischt! Wir haben also bloß die Hälfte der Schicht gearbeitet, um Kräfte zu sparen. Drei von uns konnten sich dann hinlegen und ausruhen, der vierte mußte Wache sitzen, ob jemand kam. Die SS hat uns immer nur bis zur Grube gebracht, und ein SS-Mann stand am Korb, aber im Berg waren wir unter uns.

Meine »Karriere« hat also angefangen mit Singen, dann wurde ich Vorarbeiter, der die Arbeit einteilte, und schließlich Kapo, das heißt Kolonnenführer der Nachtschicht. Da war ich für etwa einhundert Mann verantwortlich. In meiner Kolonne war auch Hermann Axen. Er hatte mal einen Konflikt mit einem polnischen Hauer, der Antisemit war und zwei Kopf größer als er. Als der Pole seine Lampe auf Hermanns Kopf hauen wollte, bin ich dazugekommen und hab dem Polen eine gewischt. Das hat Hermann möglicherweise das Leben gerettet.

Kapo zu sein war nicht unkompliziert. An einem Morgen kam der bekannte KZ-Arzt Fischer nach Jawischowitz zur Selektion. Karl Pollack war, wie wir im Lager sagten, ein richtiger Muselmann. Er hatte eine Hautflechte im Gesicht und trug deshalb einen Halbbart. Da er nicht mehr fähig war, in der Grube zu arbeiten, teilte ich ihn zum Stubendienst ein. Ich war ganz sicher, wenn Fischer ihn sah, käme er weg. Als Fischer sich unserer angetretenen Barackenmannschaft näherte, sagte ich zu Karl: »Mach, daß du wegkommst!« Der verstand das aber nicht. Daraufhin bin ich auf ihn zugegangen und hab ihn in den Hintern getreten und gesagt: »Du bist Stubendienst! Mach, daß du an deine Arbeit kommst, du hast hier nicht so rumzustehen!« So hab ich den Karl Pollack vor der Selektion bewahrt. Er hat das selbst in einem Buch über seine Erlebnisse in der Nazizeit erzählt.

Eines Tages bekam ich abends Bescheid vom Lagerschreiber Karl Grimer, einem »Berufsverbrecher«, der aber ein anständiger Kerl war, daß am nächsten Morgen beim Einmarsch ins Lager unsere Kolonne gefilzt werden sollte. Durch den Kontakt mit den polnischen Bergleuten wurde ja alles mögliche ins Lager gebracht, und wir schleppten aus dem Lager alles mögliche heraus, Hemden und Hosen und so weiter. Wir tauschten das gegen Brot, ein bißchen Tabak oder auch mal ein Fläschchen Selbstgebrannten. Als wir morgens unter Tage antraten, bin ich durch die Reihen gegangen und hab den Leuten gesagt, wer was hätte, sollte es hier unten im Stoß verstecken! Wir würden heute gefilzt.

Ich bin zwei-, dreimal durch die Reihen gegangen und fuhr beruhigt raus. Wir waren draußen noch keine fünf Minuten marschiert, da ruft mich einer: »Kapo, ich hab ein bißchen Tabak!« Ich sagte: »Idiot, schmeiß das weg! Ich habe doch unten Bescheid gesagt!« Fünfzig Schritt weiter ruft der nächste: »Ich hab ein Stückl Brot, und ich hab ein Flaschl mit Sermagonka!« Mir war plötzlich klar, die hatten unten nicht auf mich gehört! Was tun? Es ging auch gegen mich, falls sie was fanden! Ich war der einzige Jude auf diesem Kapo-Posten! Als wir am Lager ankamen, stand dort als Diensthabender der Lagerführer-Stellvertreter, dem man Meldung machen mußte: Nachtschicht Jawischowitz mit soundsoviel Häftlingen im Lager zurück! Ich ging auf den zu, machte mein Männeken und meldete, und als der »Einrücken« sagte, antwortete ich: »Herr Lagerführer, die Bande ist heute früh so schlecht marschiert. Ich möchte mit denen noch ein bißchen Sport machen!« Da sagte der Lagerführer: »Judenkönig, laß sie hüpfen, laß sie springen!« Und ich kommandierte: »Im Laufschritt, marsch, marsch!« Am Lagertor standen schon die Berufsverbrecher und warteten darauf, uns filzen zu können. Ich ließ die Kolonne über die alte Lagerstraße laufen, dann hüpfen, dann rollen, grausam! Aber ich hab mir gedacht, das ist die Gelegenheit für diejenigen, die noch was in der Tasche hatten, es wegzuwerfen. Diese Überlegung war richtig. Ich sah: da lag was, und da lag was. Dann ließ ich sie im Laufschritt zur Lagerstraße marschieren. Wir wurden gefilzt, doch man hat nichts gefunden. Die Gefahr war abgewendet! Hinterher sind Genossen zu mir gekommen und haben gesagt: »Bist du verrückt geworden, uns vor dem Lagerführer Sport machen zu lassen?!« Ich hab erklärt, warum, doch es gab keine einheitliche Meinung, ob es richtig gewesen war.

Die Genossen, die in der Nachtschicht waren, haben miteinander Verbindung gehabt. Wir haben uns am Tag getroffen, Christian Kloß, Hermann Axen, Vati Hoffmann und ich, und haben Informationen, die wir auf diesem und jenem Weg kriegten, weitergegeben. Natürlich hatten wir Angst vor Spitzeln.

Wir haben auch Sabotage betrieben. Die Nazis hatten auf die Loren und Kohlenwagen geschrieben: »Räder müssen rollen für den Sieg!« Wir haben gesagt: »Räder müssen rollen für die Niederlage!« und systematisch Transportbänder angeritzt, so daß sie rissen und die Förderung stillstand. Wir haben Sand in das Öl getan für die Schüttelrutschen und ähnliches. Ich bin ja viel in der Grube herumgelaufen und habe mich jede Nacht auch ein paar Stunden in den ehemaligen Pferdestall gelegt. Unser Schacht lag in 700 m Tiefe. Er war teilweise sehr niedrig, so daß man nur kriechen konnte. Wir mußten viel schippen. Es wurde vorher maschinell geschrammt und abgesprengt. Die Hauptbeschäftigung für die Häftlinge war schippen mit »Weiberärschen«, so hießen die breiten Schaufeln. Das haben wir bis zum 17. Januar 1945 gemacht.

Die Lebensbedingungen waren außerordentlich schwer. Schwierig war, das Essen unter alle Häftlinge gerecht zu verteilen. Wir legten Wert darauf, daß die Berufsverbrecher nicht solche Funktionen hatten, bei denen sie sich aus dem Lebensmittelmagazin auf Kosten ihrer Kommandos bedienen konnten. Es war ein relativ kleines Lager mit seinen dreitausend Mann, so daß wir eine stabile Atmosphäre im Lager erzeugen konnten. In wichtigen Lagerfunktionen hatten wir unsere Leute, die unsere Orientierung zu einer solidarischen Gemeinschaft unter unmenschlichen Bedingungen besonders vorantrieben. Es war weit mehr als die Hälfte der Häftlinge, die wir so in unsere Solidargemeinschaft eingebunden haben. Die Küche war mit unsern Leuten besetzt, Küchenchef war Christian Kloß, der Lagerschreiber war ein anständiger Berufsverbrecher, der mit uns ging, und der stellvertretende Lagerschreiber war ein Genosse, also unser Mann. Ein Genosse war Kapo im Übertagekommando, und ich war Kapo für die Nachtschicht unter Tage. In der andern Grube gab es in einer Schicht auch einen Genossen als Kapo. Dann waren einige Blockälteste, vor allem Stubendienste, von uns besetzt. Der Lagerälteste im Krankenbau war ein Interbrigadist. Wir haben mit den verschiedenen Methoden einige dieser Berufsverbrecher, die uns von den Funktionen verdrängen wollten, selbst verdrängt. Da wurde ein erbitterter Kampf geführt. Einem Kerl haben wir unter Tage auf den Kopf hauen müssen. Der hatte sich freiwillig gemeldet, um geflohene Häftlinge, die wieder eingefangen wurden, zu hängen.

Diejenigen Häftlinge, die sich solidarisch verhielten, hatten wahrscheinlich bereits draußen diese Lebenshaltung. Sie begriffen auch sehr schnell, daß es da welche gab, denen sie sich anschließen konnten. Die Masse der Häftlinge, die dort ankam, war ja unpolitisch. Wir haben es von Anfang an darauf angelegt, einen möglichst breiten Kreis von Häftlingen um uns zu sammeln, die genau wie wir wußten, daß wir nur gemeinsam überleben konnten, und wir haben die Neuankömmlinge sorgfältig geprüft und versucht, sie an uns heranzuziehen. Es ging darum, im Lager eine Atmosphäre der Kameradschaftlichkeit und des gegenseitigen Respekts zu schaffen, um andere, die nur sich sahen, die Brot stahlen, zu isolieren oder ein solches Verhalten gar nicht erst aufkommen zu lassen.

Wenn ich über Auschwitz spreche, denke ich an die Millionen, die dort ermordet wurden. Man muß sie immer im Gedächtnis behalten. Wenn ich heute durch das Lager gehe, höre ich immer meine Freunde, Brüder und Kampfgefährten von gestern, die dort geblieben sind. Das verfolgt mich. Ich sehe diesen großen Friedhof, wo die Menschen ohne Grabsteine liegen und nur die Asche hingestreut ist.

Andererseits ist in Auschwitz vom ersten Tag an Widerstand geleistet worden, zuerst von den polnischen Häftlingen, die dort eingeliefert wurden. Es gab eine Widerstandsorganisation, die in den Schreibstuben die Totenlisten verfolgte und darüber Berichte anfertigte, die aus dem Lager herausgeschmuggelt wurden, nach Krakau, und von dort bis nach England, bis in die Regierungskreise, bis in die USA und den Vatikan durchsickerten. Es hat in Auschwitz nicht einen Tag gegeben, an dem nicht Menschen erschlagen, erschossen, erhängt und vergast wurden. Unmenschlich ist jeder Tag gewesen! Aber es hat auch keinen Tag gegeben, an dem Juden, Nichtjuden, Kommunisten und Nichtkommunisten nicht Widerstand geleistet haben. Wenn man nicht beide Seiten sieht, macht man sich ein falsches Bild von Auschwitz.

Es gibt kein Verbrechen in der Geschichte der Menschheit, das mit Auschwitz vergleichbar wäre. Ich habe in Auschwitz gesehen, wie die Kinder gelitten haben und wie sie ins Gas getrieben wurden. Aus dem Lager bin ich mit der festen Entschlossenheit gegangen: Ich will, wenn ich am

Leben bleibe, eine Frau und eigene Kinder haben, drei, vier, fünf, sechs, je mehr, desto besser!

Ende 1944 kam ein Scharführer zu mir und sagte: »Judenkönig, ich will dir einen Vorschlag machen: Wenn das hier zu Ende geht, helf ich dir, zu überleben, und du hilfst mir, wenn die Russen kommen!« Ich sagte: »Ich weiß gar nicht, wovon Sie reden, ich bin hier Häftling.« Später sagte er wieder: »Du weißt, der Vorschlag gilt!« Ich gab keine Antwort. Am 17. Januar 1945, als der Abmarsch vorbereitet wurde, rief er mich und sagte: »Such dir mal drei, vier Leute aus. Ich habe im Schlitten ein geschlachtetes Schwein, Decken und meine Koffer. Den zieht ihr mir. Wir gehen zusammen. Mein Vorschlag gilt!« So begann der Todesmarsch nach Buchenwald, die Flucht vor der Roten Armee, die aufgrund eines Telegramms von Churchill an Stalin vorfristig eine Entlastungsoperation an der Belorussischen Front einleitete und am 27. Januar 1945 auch Auschwitz befreite.

Wir sind bei fünfzehn und zwanzig Grad Kälte und dreiviertel Meter hohem Schnee zu Fuß in unserer Häftlingskleidung losmarschiert, mit einem Stück Decke, wer das mitnehmen konnte, und einem Stück Brot. Die SS bewachte uns mit Hunden. Jeder, der auch nur einen Schritt zu weit nach rechts oder links ging, wurde von den Hunden angefallen und von der SS auf der Stelle erschossen. Es war ein ständiges Geknalle. Wir waren damals etwa dreitausend Häftlinge. In Buchenwald kamen noch etwa fünfhundert an. Wer konnte, hatte sich gegen die Kälte Zementsäcke oder Papier unter die Häftlingskleidung getan.

Wir zogen den Schlitten für den Scharführer. Er kommandierte uns und hielt immer größeren Abstand zu der Kolonne. Plötzlich sagte er: »Hundert Meter von der Straße weg, am Wald, ist eine Blockhütte. Da gehen wir rein.« Wir zogen den Schlitten dort hin und machten in der Hütte ein kleines Feuer. Die Kolonne zog weiter. Dann versuchten wir, von dem gefrorenen Schwein etwas abzuschneiden und auf dem Feuer zu rösten. Als der Scharführer einen Moment hinausging, hab ich meinen Kameraden zugeflüstert: »Heut nacht stirbt er.« Ich war fest entschlossen, ihn zu töten. Danach wollten wir zu den Partisanen flüchten. Aber daraus wurde nichts. Plötzlich war draußen großes

Geschrei. In unsere kleine Hütte kam eine Schar hoher SS-Offiziere. Die wollten dort auch die Nacht verbringen und uns da raushaben. Es hätte nicht viel gefehlt, und sie hätten uns erschossen. Doch dann machte der Scharführer Meldung, daß unsere Kolonne vorne sei, und wir wären auf seinen Befehl hier. Wir schlossen uns wieder an unsre Kolonne an und haben zwei Nächte im Freien zugebracht. Es war furchtbarer Frost. Von einer kleinen Eisenbahnstation aus ging dann die Fahrt in offenen Güterwagen, die voll Schnee und Eis waren, bis Buchenwald. Wir sind dort mehr tot als lebend angekommen.

Wir wankten ins Lager. Die Häftlinge von Buchenwald übernahmen uns. Es war eine andere Welt! Der Ton war menschlich. Es waren unsere Kameraden und Genossen, die uns in die Dusche brachten. Dort mußten wir alles ausziehen und bekamen neue Kleider. Dann wurden wir neu registriert. An einem langen Tisch saßen ein Dutzend Häftlinge. Ein SS-Mann stand davor und einer dahinter. Es wurden immer zehn oder zwölf Häftlinge zum Registrieren an den Tisch geschickt, sie mußten Namen, Vornamen, Häftlingsnummer, Geburtsdatum und -ort sowie Nationalität angeben. Ich überlegte mir schnell, daß ich jahrelang in Auschwitz in Gefahr gewesen war, vergast zu werden, weil ich ein Jude war, und ich nahm die Identität eines Franzosen an, des Bauernsohnes, bei dem ich mich aufgehalten hatte, bevor ich nach Palästina auswanderte. So schnell konnten die das nicht kontrollieren, dachte ich mir. Der mich registrierte, hat ganz leise hinter mir hergesagt: »J'ai compris, Julio.« Ich bekam einen großen Schreck, weil ich nicht erkannte, wer der Schreiber war. Es stellte sich heraus, es war Bertolini, den ich aus Vernet gut kannte. Als ich aus der Baracke kam, stand dort ein jugoslawischer Genosse, Dimitrewitsch, mit dem ich in Vernet eng befreundet war und der mir immer von seinen Päckchen abgegeben hatte. Dimitrewitsch war einen Kopf größer als ich. Er nahm mich in seine Arme und sagte: »Gut, daß du hier bist.« Ich sagte: »Ich habe mich als Franzose registrieren lassen, sag unsern Genossen Bescheid!«

Noch am selben Tag sah ich einen in einer schwarzen eleganten Uniform herumlaufen. Der war vom Lagerschutz, aus einer Elitetruppe von Genossen. Er kam mir bekannt vor. Als er mich kommen sah, ging er auf mich zu, gab mir ein Stück Brot und sagte: »Ich hol dich nachher hier raus!« Es war Kurt Vogel, später General der Volksarmee. Er hat mich aus dem kleinen Lager, in dem die Bedingungen sehr schlecht waren, herausgeholt und mich ins große Lager gebracht.

Dann kam der Monat April. Die amerikanische Armee nahm die Orte Gotha und Ohrdruf ein. Das war ein Katzensprung von uns entfernt. In Buchenwald hörte man die Kanonen donnern. Die SS versuchte Hals über Kopf zu evakuieren. Der außerordentlich tapfere Lagerälteste und Kommunist Hans Eiden aus Trier ist dem Lagerführer Pister entgegengetreten. Ich glaube, am 8. oder 9. April hat dann die illegale Lagerleitung, bestehend aus deutschen, französischen, russischen, polnischen, tschechischen und jugoslawischen Kommunisten, die Militärorganisation der Häftlinge in höchste Bereitschaft versetzt. Dann wurde der kleine, selbstgebaute Sender gebrauchsfähig gemacht, und man hat SOS an die US-Armee gesendet. Historiker Frankreichs haben in den USA im Kriegstagebuch des General Pappen die Eintragungen über den SOS-Ruf gefunden und auch darüber, wie die Amerikaner das Lager vorfanden. Zunächst tat sich aber nichts, und am 11. April hat dann, um die weitere Evakuierung des Lagers zu verhindern, die illegale Organisation beschlossen, das Lager mit militärischen Mitteln zu befreien. Ich weiß nicht, was in den Köpfen der Amerikaner vorgegangen ist. Von Gotha bis Buchenwald sind es, glaub ich, nur etwa dreißig Kilometer Luftlinie, und es gab ja keinen effektiven Widerstand mehr. Sie wußten, welche Verbrechen die Nazis in den KZ begingen, doch sie haben nichts getan, um uns in Buchenwald so schnell wie möglich zu helfen.

Ich war an dem Aufstand nicht beteiligt, ich war ja ganz neu in Buchenwald. Ich bin auch nicht in Gefahr gekommen, mit den jüdischen Häftlingen noch evakuiert zu werden. Erich Loch, der das Lebensmittelmagazin unter sich hatte, hat mich in das Kommando im Kartoffelkeller gegeben. Dort habe ich die letzten Tage verbracht.

Die Befreiung war eine zweite Geburt. Ich habe immer daran geglaubt, daß wir den Faschismus besiegen und ich zu den Siegern gehören werde. Auch in den schlimmsten Zeiten in Auschwitz habe ich eigentlich nicht ans Sterben gedacht. Ich hatte keine Angst vor dem Tod. Das Wichtigste für mich, um zu überleben, war die Entschlossenheit, diesen Kampf zu Ende zu führen. Dazu kamen Optimismus und das Eingebundensein in Freunde und Genossen, in Gleichgesinnte. Ich fühlte mich nie allein. Wir waren eine Familie, die fest zusammenhielt. Es gab bei uns keine Unterschiede zwischen Juden und Nichtjuden. Wir waren eine verschworene Gemeinschaft.

Vier Tage nach dem geglückten Aufstand kamen die Amerikaner und nahmen das Lager unter ihre Kontrolle. Sie haben mitgeholfen, daß wir das Lager versorgen konnten. Erich Loch, der schon in der Zeit des Lagers die Verantwortung für das Lebensmittelmagazin hatte und in der internationalen Widerstandsorganisation war, blieb auch nach der Befreiung für die Versorgung verantwortlich. In einem Thüringer Fleischwerk holten wir Fleisch. In Apolda gab es einen Bäcker, dort holten wir Brot. In Greußen gab es eine Mühle. Der Müller war Naziortsgruppenführer gewesen. Als wir dem sagten: »Hör mal zu, wenn du uns kein Mehl gibst, werden wir mit dir nach Buchenwald fahren, und du siehst dir mal die Zellen an, in denen unsere Kameraden gesessen haben«, ist er in den Teich gegangen.

Den Marsch der Weimaraner durch Buchenwald habe ich natürlich miterlebt. Unsere Gefühle waren gemischt. Auf der einen Seite dachten wir: Das geschieht ihnen recht. Aber es war doch ein trauriger Haufen, der durchs Lager ging. Immer, wenn Leute richtig in der Scheiße sitzen, tun sie mir leid.

Es war nicht nur bei dieser Gelegenheit, daß in uns zwei Gefühle stritten. Als Erich und ich durch Thüringen fuhren, begegneten uns auf Schritt und Tritt Landser und Jugendliche, die mitgenommen werden wollten. Erst haben wir keinen mitgenommen, dann haben wir eine ganze Nacht diskutiert und sind zu der Überzeugung gekommen, daß es falsch ist. Denn mit denen, die jetzt da rumliefen, mußten wir morgen ein neues, ein anderes Deutschland aufbauen. Wir müssen mit ihnen sprechen, sagten wir uns, wir müssen sie für uns gewinnen, wir müssen die Spreu vom Weizen trennen. Die, die an Verbrechen beteiligt waren, muß man zur Verantwortung ziehen. Aber die Millionen Mitläufer? Was nützt uns das? Wir können sie nicht alle auf den Mond schießen. Mit denen müssen wir reden. Sie müssen die Trümmer, die sie selbst mitverschuldet haben, wegräumen. Wir müssen sie dazu bringen. Von dem Tag an haben wir unser Verhalten zu ihnen geändert.

Weimar — Buchenwald, das sind die beiden Kehrseiten ein- und derselben Medaille. In Deutschland sind Goethe und Schiller geboren worden, zu Deutschland gehören Marx und Engels und Heine. Und zu Deutschland gehören Hitler, Himmler, Goebbels, Auschwitz und Buchenwald. Das ist unsere Geschichte!

Als mich nach der Befreiung in Buchenwald ein französischer Kamerad fragte: »Du bist ein Jude, und du willst unter diesen Boche bleiben, die euer ganzes Volk ermordet haben? Komm mit nach Frankreich, da kannst du ein Leben unter Menschen führen«, hab ich ihm gesagt: »Lieber Freund, ich bin ein Deutscher, das ist meine Sprache, das ist meine Kultur. Mit der deutschen Arbeiterbewegung hab ich meinen Lebensweg angefangen. Jetzt bin ich aus der Emigration, die mich durch viele Länder und ins KZ geführt hat, wieder nach Deutschland zurückgekehrt, und hier werde ich mit dafür sorgen, daß Deutschland ein antifaschistisches, demokratisches und, wenn möglich, sozialistisches Land wird. Du, lieber Freund, geh nach Frankreich und tue dort dasselbe. Mich haben Faschisten aus der Garde de mobile in den Lagern im Süden Frankreichs genauso mißhandelt wie SS-Bestien. Die Schläge haben gleich weh getan. Mich haben französische Kollaborateure nach Auschwitz geschickt zum Vergasen. Daß ich hier neben dir sitze, daran haben deutsche Kommunisten und polnische Bergarbeiter Anteil. Du gehst nach Frankreich und machst ein progressives Frankreich, ich versuche das in Deutschland. Wir bleiben Freunde und tauschen, wenn wir uns wiedersehen, unsere Erfahrungen aus.«

Die Amerikaner sorgten sofort dafür, daß die Häftlinge, die aus westlichen Ländern kamen, heimkehren konnten. Uns andere hielten sie im Lager fest. Erst als die Amerikaner durch den Austausch Thüringens gegen Westberlin abrückten und die Rote Armee kam, konnten auch wir das Lager verlassen. Ich bin nach Weimar gegangen und habe dort in der Landesleitung der KPD als Jugendsekretär angefangen.

Zuerst haben wir in allen Kreisstädten antifaschistische Jugendausschüsse gebildet. Die erste Aktion hieß: »Sammelt Äpfel für die hungernden Kinder in Berlin.« Die Jugendgruppen, die sich um unsere antifaschistischen Jugendausschüsse gebildet hatten, sind am Wochenende von Haus zu Haus gegangen und haben Äpfel gesammelt. Das ging von August/September bis Anfang Oktober 1945. Ich habe bei der Gelegenheit Thüringen kennengelernt. Meine engste Mitarbeiterin war Helga Schimpf, die später meine Frau wurde. In den ersten Oktobertagen haben wir drei Lastzüge mit Äpfeln vollgeladen und sind mit diesen alten Rotkochern, Lastwagen, die mit Holzgas betrieben wurden, nach Berlin gefahren, keine fünfzig Kilometer ohne Reifen- oder Motorpanne. Vier Tage haben wir auf unsern Lastern gelebt, damit nichts geklaut wurde, und in Berlin, in der Wallstraße, haben wir sie dann die ganze Nacht hindurch abgeladen.

Dann haben wir Klubs in den Städten Thüringens gebildet. Ich war der Ansicht gewesen, man mußte, um die Jugend an uns zu binden, alles machen, was sie interessierte. Man mußte tanzen, Volkslieder singen, nützliche Aktionen organisieren und über politische Fragen sprechen. Es durfte nicht so sein, daß wir nur über Politik redeten, obwohl es auch Genossen gab, die nur das wollten. Die Klubs waren die Vorläufer der FDJ. Im Winter stellten wir den Jugendlichen die Aufgabe, Holz für alte Leute zu sammeln, für Witwen, Waisen und Invaliden. Dann bastelten sie Spielzeug für die Kinder zu Weihnachten. So kriegten unsere Jugendausschüsse in Thüringen großes Ansehen und erfaßten immer größere Teile der Jugend.

Zwischen Weihnachten und Neujahr 1945 führten wir in Gera die erste Landeskonferenz der antifaschistischen Jugendausschüsse durch. Unser Kurs war die Zusammenarbeit aller. Ich sprach als Kommunist, als Sozialdemokrat sprach der stellvertretende Vorsitzende der SPD in Thüringen, Heinrich Hoffmann, und für die christlichen Kreise Pfarrer Wolf. Wir haben ein einheitliches Programm für eine freie deutsche Jugend entwickelt. Sie sollte sich der ganzen deutschen Geschichte stellen mit ihren positiven und negativen Seiten. Sie sollte jung sein, offensiv, lebensfroh und ein Ziel vor den Augen sehen, das sie ansteuerte.

Manche Freunde haben uns damals übel genommen, daß wir in Thüringen so vorgeprescht sind mit diesen drei Buchstaben: FDJ. Im Vorfeld der Jugendkonferenz gab es heftige Auseinandersetzungen. Ich ließ zum Beispiel ein Jugendheim am Rande von Gera nicht in Thälmann-Haus, sondern in Geschwister-Scholl-Heim umbenennen. Das haben mir einige Freunde heftig vorgeworfen, es seien Leute gewesen, die nicht aus der Arbeiterbewegung kamen. Ich wollte aber, daß alle, die im Widerstand gewesen waren, auch wenn sie »nur« aus sich selbst heraus, aus humanistischer oder christlich-religiöser Motivation, aus ihrem Verantwortungsgefühl der Geschichte gegenüber gehandelt hatten, repräsentiert werden.

Es gab eine große Anzahl Jugendlicher, die innerlich zerbrochen waren. Sie hatten an das geglaubt, was ihnen von den Nazis gesagt worden war, es waren böse Dinge in ihren Köpfen über die einzigartige Wertigkeit ihres deutschen Blutes und die Minderwertigkeit anderer. Sie kamen mit großer Vorsicht zu unseren Abenden, setzten sich in die hintersten Ecken, und es dauerte eine ganze Zeit, bis sie eine Frage stellten. Aber dann war schon die erste Barriere zwischen ihnen und uns gefallen. Das war ein schwerer Prozeß. Wir mußten sie dazu bringen, daß sie erkannten, sie sind mitschuldig am Krieg gewesen, weil sie alles mitgemacht hatten. Wir mußten ihnen klarmachen, daß durch ihre Unterstützung oder durch ihr Gewährenlassen Verbrechen an unseren Nachbarvölkern und am deutschen Volk geschehen waren.

Man hat in den fünfziger Jahren angefangen, im Westen darüber zu reden, daß die Leute mit den Füßen gegen uns abgestimmt haben. Einer der Gründe war, daß sie sich von uns nicht immer an die Verbrechen der Nazis erinnern lassen wollten. Fragt eure Eltern, sagten wir ihnen, eure Väter, was sie gemacht haben. Fragt eure Mütter, ob sie Pakete bekommen haben mit Dingen, die eure Väter den Russen, Franzosen, Belgiern, Holländern weggenommen haben. Wir haben den Bürgern die Auseinandersetzung mit den Verbrechen des Faschismus nicht erspart. Wenn manche heute sagen, wir hätten den Widerstand überbewertet, dann sage ich, wir haben den Leuten auch ermöglicht, sich mit uns zu identifizieren. Daß es dabei Versäumnisse gegeben hat, wo gäbe es das nicht? Heute sieht man die Versäumnisse klarer. Aber man muß das aus der Sicht von 1945 sehen.

Mir hat die Arbeit damals unbändigen Spaß gemacht. Ich wohnte zunächst im Hotel Germania in Weimar. Trude Schimpf, die Mutter von Helga, bezog dann mit uns ein Siedlungshäuschen am Rande von Weimar. Ihr Mann, Fritze Heilmann, und Vater von Helga schickte aus der Sowjetunion, in kleine Bastkörbe eingenäht, fünfunddreißig Bände Lenin und die ganze marxistische Literatur. Morgens kam Trude ins Zimmer, in dem die Bücher lagen, und fand mich immer mit dem Kopf auf einem Stoß Bücher schlafend. Ich hatte bis drei, vier Uhr morgens gelesen.

Helga war für mich eine feine, richtige Jugendgenossin. Ich mochte an ihr, daß sie zu uns stand, daß sie von früh bis spät die Arbeit tat und nie auf die Idee kam zu sagen, jetzt sei Pause, Samstag oder Sonntag. Wir haben alles vom ersten Tag unserer Zusammenarbeit an geteilt.

Auf der ersten sogenannten Reichsparteiarbeiterkonferenz der KPD in Berlin 1946 traf ich wieder auf Max Reimann, und der sagte zu mir: »Mensch, wir warten auf unsre Leute im Ruhrgebiet, und du sitzt da in Thüringen! Sofort kommst du zu uns zurück!« Franz Dahlem, der damals für Kaderfragen verantwortlich war, sagte: »Wenn du einen Stellvertreter hast, kannst du gehen.« So kam ich als Sekretär für Agitation und Propaganda nach Herne, eine schöne Arbeit, und ich war endlich zu Hause.

Mein erster Sohn, Kurt, ist im Januar 1947 geboren, im Ruhrgebiet. Helga ist drei Monate später an Typhus gestorben, dieser schrecklichen Nachkriegskrankheit. Ich stand mit dem Kind allein da. Helgas Mutter hat den Jungen zu sich genommen, ich blieb im Ruhrgebiet.

Von Herne ging ich nach Essen als 1. Sekretär der KPD. Anfang 1950 wurde ich zum 1. Sekretär des Zentralbüros der Freien Deutschen Jugend in der Bundesrepublik gewählt. In dieser Funktion habe ich das erste Deutschlandtreffen 1950 Pfingsten in Berlin mit vorbereitet.

Vielleicht hat mir die Arbeit dort noch mehr Spaß gemacht als in Thüringen, weil ich im Ruhrgebiet in meiner

Heimat war. Wir haben die ersten Betriebsratswahlen organisiert und die ersten Wahlkämpfe in der Bundesrepublik. Mich berührt noch heute die Schließung von Rheinhausen. Wenn ich mich im Ruhrgebiet aufhalte, gehe ich, was ich in Berlin selten tue, in eine Kneipe, stelle mich an die Theke, trinke ein Bier und höre zu, als wäre ich gerade gestern erst dagewesen. Ich habe überhaupt keine Verwandten mehr dort. Aber ich bin mit dem Ruhrgebiet mit tausend Fäden verbunden, obwohl es nicht mehr wie früher ist. Einmal bin ich zu einem alten Kumpel gefahren, den ich schon vor 1933 kannte, einem Arbeiterfunktionär. Ich fragte ihn: »Sag mir doch mal, was hat sich hier verändert nach 1945?« Da guckte er eine Weile zum Fenster hinaus, und plötzlich sagte er: »Guck mal raus, Kurt, siehst du den da, der da sein Auto wäscht? Das ist einer vom Pütt. Der wäscht seine Sonntagsfrau. Früher, wenn man von Schicht kam, ist man oft erst mal in die Kneipe gegangen, hat ein Bierchen getrunken und den Kohlendreck runtergespült. Dann ist man zusammen nach Hause gegangen, und wenn es etwas zu besprechen gab, traf man sich bei dem oder dem. Auch am Wochenende kam man zusammen, und Mutter hat den schönen hohen Streuselkuchen gebacken oder in der Pflaumenzeit mal 'n Pflaumenkuchen. Das gibt es alles nicht mehr. Wenn der vom Pütt kommt, rennt er nach Haus. Nur keinem begegnen! Nur mit keinem 'n Bier trinken! Der muß alles sparen für seine Sonntagsfrau. Was übrigbleibt, ist zum Leben. Das reicht nicht mehr, um ein Bierchen zu trinken und die Nachbarn einzuladen. Ja, der Pott stirbt. Früher waren wir eine große Familie, jetzt wird jeder ein einzelner. Das spüren wir auch in der Arbeit.«

Das gibt es auch bei uns. Es hat in den fünfziger Jahren begonnen und hängt natürlich auch mit der neuen Technik, mit der Entwicklung der Produktivkräfte und der veränderten Lebensweise zusammen. Aber in der DDR hat sicher auch das sich immer stärker ausprägende System der Enge, der Schmalspurigkeit, des Mißtrauens und der Überwachung die Atmosphäre vergiftet.

Wir haben damals in den Westzonen große Anstrengungen unternommen, um die Einheit zwischen Kommunisten und Sozialdemokraten herzustellen, und es gab eine wirkliche Einheitsbewegung. Sie ist durch ein Zusammenspiel zwischen der Führung der Sozialdemokratie und der englischen und amerikanischen Besatzungsmacht verhindert worden. Kommunisten in verantwortlicher Stellung, wie der Minister Heinz Renner in Nordrhein-Westfalen und der Genosse Müller in Hessen, wurden sämtlich gefeuert. Wir erlebten, daß sich das Deutschland der Unternehmerverbände neu organisierte. Das waren dieselben Leute aus den Großkonzernen und Banken, die Hitler an die Macht geschoben hatten. Das Markenzeichen für dies alles war Dr. Hans Joseph Maria Globke, bei Adenauer die graue Eminenz, der Mann, der am Schreibtisch an den Nürnberger Rassengesetzen von 1935 mitgewirkt hatte. Markenzeichen waren auch die Blutrichter. Nicht einer aus der alten Justiz ist zur Verantwortung gezogen worden. Es hat allerdings auch im Programmentwurf der KPD gewisse Überspitzungen gegeben, die dann unter anderem zu ihrem Verbot führten, vor allem die These vom revolutionären Sturz Adenauers. Aber die Grundorientierung war, eine antifaschistisch-demokratische Ordnung zu errichten, die die Grundlage für die Realisierung der Potsdamer Beschlüsse und ein einheitliches, demokratisches Deutschland geboten hätte. Jetzt kann man wieder sagen, das habt ihr ja gar nicht ernst gemeint, ihr habt das ja nur gewollt, um ganz schnell zu eurem Fernziel Kommunismus zu kommen. Aber wir haben an dieser Orientierung für ganz Deutschland ernsthaft gearbeitet. Doch wie bestimmte Kräfte nach 1918 den Kaiser gehen ließen, aber nicht die Generäle, blieb nach 1945 die Justiz, blieben die Herren aus der Industrie und vieles mehr. Die wiedererstandenen Unternehmerverbände haben lieber mit den kapitalistischen Besatzungsmächten zusammengearbeitet, als daß sie bereit gewesen wären, den Weg zur Schaffung eines einheitlichen, antifaschistisch-demokratischen Deutschlands mitzugehen. Damals waren noch auf beiden Seiten Kompromisse möglich, hätten sie auch nur zu einer Konföderation beider deutscher Staaten geführt. Das war Bestandteil der damaligen Vorschläge der Sowjetunion und der DDR, und dazu sollte auch das Deutschlandtreffen 1950 dienen.

Wir zogen mit mehr als 25000 Jugendlichen nach Berlin,

kein Mensch hatte geglaubt, daß wir so viele Jugendliche gegen den Widerstand der Besatzungsmächte und der damals schon existierenden Adenauer-Regierung mobilisieren könnten.

Auf diesem Treffen kam eine FDJlerin im Blauhemd an mir vorbei, und ich sagte: »Mädchen, wollen wir nicht mal miteinander tanzen?« Wir haben getanzt, und an diesem Pfingstmontag 1950 hat meine zweite Ehe begonnen.

Margot ist als Kind adoptiert worden. Wie wir erst viel später von einer ihrer Tanten erfuhren, war ihr leiblicher Vater auch Jude. Da ihre Mutter das nicht publik machen wollte, stand auf ihrem Geburtsschein: »Vater unbekannt.« Der Vater, der sie adoptierte, war Mitarbeiter der Komintern. Er ist 1933 mit der Familie über Skandinavien in die Sowjetunion gegangen, war 1935 für die Komintern in Spanien und 1936 in China. Als er von dem letzten Einsatz in die Sowjetunion zurückkam, ist er verhaftet worden und den Weg gegangen, den viele Kommunisten aller Länder in der Zeit der Stalinschen Verbrechen gegangen sind. Die Mutter hat bei Wilhelm Pieck als Sekretärin gearbeitet. Sie hat nach der Verhaftung des Vaters nicht lockergelassen, ist zu Wilhelm Pieck gegangen, zu Dimitroff und zu den sowjetischen Funktionären. Berija soll gesagt haben: »Dein Mann kommt zurück.« Aber er ist nicht zurückgekommen. Sie haben die Mitteilung bekommen, daß er beim Rücktransport in Rostow am Don verstorben sei. Die Familie von Friedrich Wolf hat sie aufgenommen, und sie haben auf der Datsche von Wolfs in Peredelkino gelebt.

Als ich in die Partei eintrat, hab ich Thälmann als unseren Parteiführer gesehen. In Spanien begeisterte mich die Passionaria, eine tolle Persönlichkeit. In dieser Zeit hat für mich Stalin noch keine Rolle gespielt. In unserem Denken und Fühlen war die Sowjetunion mit Lenin verbunden. Ich bin das erste Mal richtig mit Stalin konfrontiert worden, als ich 1. Parteisekretär in Essen war, 1949, zu Stalins 70. Geburtstag. Wir sollten ihm Geschenke machen. Das hat mir überhaupt nicht gepaßt. Wir hatten große Probleme in Essen, einem Gebiet mit über dreißig Schachtanlagen, in denen wir überall Betriebsgruppen hatten, auch bei Krupp und in anderen großen Betrieben. Und da kamen die und wollten, bei aller Hochachtung für die Sowjetunion und für Stalin,

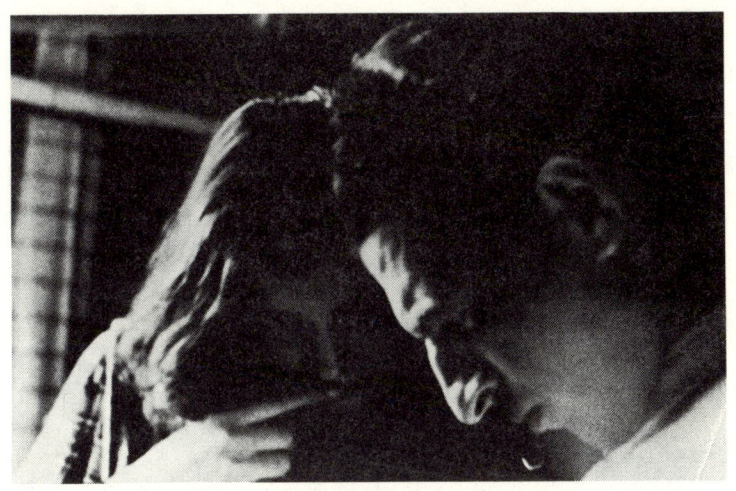

Kurt Goldstein mit Frau Margot, 1951

zum 70. Geburtstag Geschenke! Aber am Ende habe ich dem Drängen nachgegeben.

Margot und ich haben zwischen 1951 und 1962 unsere vier Söhne zur Welt gebracht und sie gemeinsam mit meinem ersten Jungen großgezogen. Kurt ist Schauspieler, Grischa Diplom-Ökonom, André Außenhandelsökonom und Eddy Diplom-Ingenieur für Fahrzeugbau geworden. Der Jüngste ist unser Sorgenkind. Er hat als Vierjähriger Meningitis bekommen und lebt jetzt in einem Heim für geschütztes Wohnen.

Ich hab mit meinen Jungen immer über alles offen diskutiert und gestritten. Es war ihnen ein besonderes Vergnügen, alles besser zu wissen als ihr Vater. Und mir war es eine besondere Freude, wenn Vater ihnen bewies, daß er manches doch besser wußte. Die drei mittleren, Grischa, André und Eddy, sind Genossen geworden, ihre Frauen auch. Es sind Leute, die diese Welt mit den kritischen Augen der Jugend sehen, aber ich hoffe, sie wissen, daß wir nicht mit allen Fehlern und Mängeln weitermarschieren müssen. Sie sind in die Betriebe gekommen und haben das Leben kennengelernt, die Realität, in der auch sie leben müssen. Margot und ich haben nicht versucht, ihnen zu sagen, das sei nicht die Realität. Mängel sind keine Bösartigkeiten,

Familie Goldstein, 1964

sondern Produkte unserer Zeit. Wir diskutieren über konkrete Fragen des Lebens in der DDR und internationale Probleme sehr offen. André hat in der Sowjetunion studiert und viele Einblicke in die Realitäten dort bekommen, auch in die von Künstlern. Ich freue mich darüber, daß er weiß, was die Sowjetunion für uns alle bedeutet, trotz der Verbrechen Stalins.

Dadurch, daß ich Margot kennenlernte, die in Berlin studierte, und wir heirateten, bin ich 1951 in die DDR zurückgekommen und habe zunächst die Parteihochschule Karl Marx besucht. Ich habe dort eine ganze Menge auf dem Gebiet der Philosophie, der Geschichte der Arbeiterbewegung, der Politökonomie und so weiter gelernt. Einmal mußte ich mir das alles ja systematisch aneignen.

Später ging ich zum Deutschlandsender. Mit der Aktion *Dem Frieden die Freiheit* fühlte ich mich besonders eng verbunden. Als die KPD verboten wurde, veranstalteten wir Solidaritätskonzerte für die verfolgten Antifaschisten in der Bundesrepublik. Wir haben aus diesen ein- oder zweimaligen Solidaritätskonzerten im Laufe der Jahre, glaube ich, die umfassendste Solidaritätsaktion der DDR gemacht. In der Vorweihnachtszeit wurden abends vier bis fünf Kon-

336

Familie Goldstein, 1964

zerte mit Musikwünschen gesendet. Die sich Musik wünschten und deren Namen dort genannt wurden, ob das
Betriebe, Institutionen, Kindergärten, Schulen, Feierabend-
heime, Brigaden, Armeeeinheiten oder einzelne Personen
waren, spendeten von fünf oder zehn, fünfzig, hundert,

fünfhundert bis tausend Mark und mehr auf das Solidaritätskonto. Wir haben uns von ein paar hunderttausend Mark beim ersten Konzert bis auf Millionen bei späteren Konzerten gesteigert. Es war ein ständiger Kampf zwischen uns, der Leitung, die jedes Jahr die Aktivität in der Bevölkerung verstärken wollte, und unsern Mitarbeitern im Sender, die das neben ihrer journalistischen Arbeit organisieren mußten. Aber es ist uns gelungen, weil es für einen guten Zweck war, obwohl uns jedes Jahr die Kolleginnen und Kollegen aufmerksam machten, daß sie am Rande ihrer Möglichkeiten wären.

Dieses Erziehen und Hinführen zur Solidarität ist sicherlich eines der Mittel gewesen, um den alten deutschen Chauvinismus und das im Ergebnis des zweiten Weltkrieges entstandene Gefühl der Schuld andern gegenüber zu überwinden. Solidarität ist mehr als nur das menschliche Gefühl, andern zu helfen, es steckt ein ganzes Stück Weltanschauung dahinter. Es gibt zweifelsohne mit dem wachsenden Wohlstand auch negative Begleiterscheinungen. Wir müssen heute die Probleme in den Ländern, mit denen wir Solidarität üben wollen, umfassender darstellen. Die Leute müssen konkret wissen, worum es zum Beispiel in Nikaragua geht, in Südafrika oder wo auch immer in der Welt. Das heißt, auch hier ist eine realistische, Licht und Schatten darstellende Informationspolitik gefragt.

Journalismus geht nur, wenn man täglich mit den Menschen kommuniziert, wenn man ständig unter ihnen lebt. Mich brauchten sie nie lange zu fragen, ob ich bereit wäre, auf irgendeiner Versammlung zu sprechen. Ich habe es immer vorgezogen, mich draußen herumzutreiben, bei Jugendlichen, Arbeitern und Studenten, und abends am Sender vorbeizufahren, um mir einen Packen Arbeit mit nach Haus zu nehmen.

Als ich im Rundfunk arbeitete, hatte ich eine Losung, die ich ständig strapazierte. Laut denken nannte ich sie. Sie bedeutete, über die Probleme nicht nur mit Freunden im geschlossenen Zimmer, sondern am Redaktionstisch, am Gewerkschafts- und am Parteitisch zu sprechen. Auf dem Sender war das schwieriger, weil der Deutschlandsender, später Stimme der DDR, vor allem für die BRD sendete. Aber auch die Auslandspropaganda muß das

Land so darstellen, daß derjenige, der es besucht, nicht sagt, die haben im Rundfunk eine Fata Morgana gesendet. Die Zeit, in der man die Wahrheit über Geschehnisse verschweigen konnte, ist vorbei. Heute kann man mit den Satelliten überall hineinsehen. Aber der Glaube sitzt fest, daß es bis jetzt ganz gut gelungen ist, die Menschen auch so zu großen Leistungen zu mobilisieren, und zu

339

wenige fragten, ob nicht mehr möglich gewesen wäre, wenn ein kritischer, problemorientierter und freimütiger Dialog nicht nur mit dem Ausland, sondern vor allem mit den Menschen im eigenen Land geführt worden wäre. Man muß »laut denken«, den Meinungsstreit führen, um am Ende zu einem richtigen Ergebnis zu kommen. Ich wünschte mir, daß in unsern Medien das belebende Element der öffentlichen Debatte mehr gepflegt wird. Ich liebe keine Rundtischgespräche, in denen es heißt: Wie schon mein Vorredner richtig sagte.

Richtig ist, daß wir den Sozialismus aufbauten mit einer kapitalistischen Welt vor der Tür. Das darf aber nicht Entschuldigung sein, glauben zu machen, die kleinen und großen Mängel, die aus verschiedensten Gründen auftreten, seien nicht vorhanden. Wir müssen den Menschen real die Möglichkeit geben, über alle Fragen unseres gemeinsamen Lebens von gestern, heute und morgen öffentlich nachzudenken, laut nachzudenken, auch in der Partei und in der Gewerkschaft.

1945 hatte ich die Vorstellung von einer glatten Straße zum Sozialismus. Nun habe ich im Lauf der Jahre gelernt, daß man die Menschen der neuen Gesellschaftsordnung dahin zu bringen hat, viele schlechte Gewohnheiten abzulegen und neue Gewohnheiten zu erlernen. Daß ich meine Kinder aus beschissenen Windeln ziehen mußte, hab ich mir nie träumen lassen, aber ich hab gelernt, daß es zu den Pflichten des Mannes gehört, auch die Kinder zu wickeln, im Haushalt mitzuhelfen, daß man für die Gleichberechtigung der Frau Zeit von der eigenen Freizeit abringen muß. Das kann man auf alle Bereiche des gesellschaftlichen Lebens übertragen. Das Schmerzliche ist, daß man bei sich selbst beginnen muß und es bei anderen nur durch geduldige Überzeugungsarbeit erreichen kann. Das ist ein viel längerer Prozeß, als wir glaubten.

Die Gefühle für die DDR sind mit meinen Söhnen gewachsen. In den frühen fünfziger Jahren hab ich immer noch mal gedacht, nur im Ruhrgebiet zu Hause zu sein. Allmählich aber habe ich hier Wurzeln gefaßt. In der DDR habe ich gelernt, mich dafür zu interessieren, wie die Ernte wächst, das heißt, die Bauern nicht als reaktionäre Masse zu sehen. Hier ist aus der theoretischen Erkenntnis von der

Gleichberechtigung der Frau das Praktizieren im eigenen Hause geworden. Als Leiter des Deutschlandsenders ging das auch für mich nicht ohne Konflikte ab. Trotzdem bin ich stolz darauf, daß wir an unserem Sender zuerst Chefredakteurinnen, Abteilungsleiterinnen und Redaktionsleiterinnen hatten.

Ich meine, daß die Zukunft der Menschheit der Sozialismus ist. Der Kapitalismus kann die großen globalen Menschheitsfragen nicht lösen, und Leute, die behaupten, daß es gegenwärtig Probleme gäbe, die die Gegensätze zwischen Kapitalismus und Sozialismus aufhöben, irren sich meiner Meinung nach. Letzten Endes hängen diese globalen Probleme mit der kapitalistischen Grundstruktur zusammen. Der Kapitalismus wandelt sich zwar, auch unter dem Druck der Arbeiterbewegung, aber er bleibt Kapitalismus, und er kann nicht ohne die Veränderung seiner Grundstruktur in eine andere Gesellschaftsordnung übergehen. Das muß nicht mit Waffengewalt geschehen. Wenn man lange Geschichtsräume überblickt, erkennt man, daß der Einfluß der Massen auf die Geschichte immer größer, die Gesellschaft immer demokratischer wird. Einer der Kernpunkte der Zukunft ist die Demokratisierung der Gesellschaft, und zwar auf die verschiedenste Art und Weise, nicht nur über die großen Parlamente, sondern auch über das, was man Basisdemokratie nennt, über linke Bewegungen. Auch wir müssen die sozialistische Demokratie besser machen! Sie muß effektiv von der Basis nach oben gehen. Die Deformationen der Stalin-Ära müssen gründlich überwunden werden. Das ist die Hauptbedingung, den Sozialismus so zu entfalten, wie wir es möchten. Die Demokratisierung der Gesellschaft ist die Grundlage dafür, dem Individuum die Freiheiten zu geben, die es braucht, um die in ihm wohnenden schöpferischen Kräfte freizulegen. Wenn wir Sozialismus machen wollen, wie er sein muß, dann müssen wir den Menschen die Freiheit geben, ihre ganze schöpferische Kraft in diese Entwicklung zu geben. Da gibt es gegenwärtig noch große Störfaktoren. Wir sind jetzt gute vierzig Jahre an der Macht, laßt uns doch mal, nicht so lange wie die Christen, aber laßt uns doch noch mal hundert Jahre versuchen, unseres zu machen! Wir sind ja noch gar nicht richtig zum Zuge gekommen! Für den Sozialismus gibt es kein verbindliches Modell. Jetzt sind wir zu der Erkenntnis gekommen, daß das sowjetische Modell nicht einfach auf uns übertragbar ist, ja, daß der Versuch ein historischer Irrtum war.

Manche kennen nur Erfolge, aber dem ist nicht so. Ich würde mich freuen, wenn bei uns in der DDR und den anderen sozialistischen Ländern der Sozialismus so stark und schön wäre, wie ich ihn mir vor sechzig Jahren erträumt habe. Probleme gäbe es dabei immer noch genug. Ich wünschte, wir hätten den Sozialismus zu dem gemacht, was die Menschen anzieht, was sie auch in den kapitalistischen und Entwicklungsländern hätte sagen lassen: schaut, so wie die müssen wir's machen! Ich weiß nicht, wie das gehen sollte, aber ich würde mich riesig freuen, wäre einmal alles unter roten Fahnen.

Ich sage das deshalb hier, weil für mich die von Adenauer und Co. herbeigeführte Spaltung Deutschlands schmerzlich ist, und ich hoffe, daß sie nicht ewig ist. Gegenwärtig steht das nicht auf der Tagesordnung der Geschichte, aber die Zukunft wird es zeigen. Friedliche Koexistenz führt sicher zueinander, ohne gesellschaftliche Grundunterschiede zwischen der BRD und der DDR zu verwischen.

Ich war zum Schluß Intendant von Stimme der DDR, als Mittsechziger. Da wurde es Zeit, jüngeren Leuten den Stuhl freizumachen. Die Gelegenheit bot sich, als die Kameraden vom Antifa-Komitee jemanden suchten, der aufgrund seiner Entwicklung und seiner Fremdsprachenkenntnisse als Sekretär der Internationalen Föderation der Widerstandskämpfer nach Wien gehen konnte.

Die Arbeit dort macht mir Spaß, weil ich sehe, daß sie sehr nützlich ist. Unsere Föderation ist breit gefächert und umfaßt antifaschistische Widerstandsorganisationen in allen Ländern Europas und auch in Israel, von Kommunisten bis zu Gaullisten und christdemokratischen Gruppierungen in Italien. Man muß ständig um gemeinsame Positionen ringen. Im Mittelpunkt des Kampfes der ehemaligen Widerstandskämpfer steht, wenn man so will, der Schwur von Buchenwald: »Nie wieder Faschismus, nie wieder Krieg!« und das Ringen um eine neue Welt des Friedens und der Freiheit. Und wir werden nicht eher ruhen, bis der letzte Nazi- und Kriegsverbrecher von seinen Richtern abgeurteilt wurde.

Es ist uns gelungen, alle ehemaligen Kriegsteilnehmer, die europäische und internationale Föderation ehemaliger Kriegsteilnehmer und die Föderation der antifaschistischen Widerstandskämpfer, in ein Bündnis zu bringen und im Dezember 1987 die zweite Weltkonferenz für Abrüstung und Frieden in Wien durchzuführen. Wir haben uns auf ein Programm geeinigt, die Atomwaffen schrittweise abzuschaffen mit dem Fernziel einer atomwaffenfreien Welt, den Weltraum nicht zu militarisieren, die Kernversuche einzustellen, alle Massenvernichtungswaffen zu ächten und konventionell abzurüsten bei gleicher Sicherheit für alle. Mit diesem Programm haben Kommunisten und Nichtkommunisten ihre Kompromißfähigkeit unter Beweis gestellt, neues Denken vorpraktiziert. Es gilt, unsere Erfahrungen besonders auch der jungen Generation zu vermitteln. Das ist gegenwärtig eine unserer Hauptaktionen. Die junge Generation einzubeziehen heißt, sie auch wissend zu machen, daß man trotz allen Vorwärtsstürmens lernen muß, tolerant zu sein, aufeinander zu hören, tragbare Kompromisse zu suchen und zu finden und alle Veränderungen gewaltlos zu bewirken.

Zum Schluß möchte ich einige Gedanken über Israel und meine heutige Beziehung zum Judentum und seiner Geschichte äußern.

Als ich 1960 nach fünfundzwanzig Jahren wieder nach Israel kam, habe ich gesagt: »Das war ein Land, in dem es viele Steine und wenig Brot gab. Und jetzt macht es äußerlich den Eindruck, als sei es tatsächlich das Land, in welchem das biblische Versprechen eingelöst wurde, daß Milch und Honig fließen!« Zwischen 1935 und 1960 sind in dem Land außerordentliche Veränderungen vor sich gegangen. Damals sah ich dürre Hänge, auf denen im Sommer kein grünes Blatt wuchs. Es gab kaum Gemüse. Dann kamen die verjagten Juden, wälzten mit den Händen die Steine von den Hängen, bohrten und bohrten und fanden Wasser und bewässerten das Land! Nun blüht und grünt es, und es wachsen Apfelsinen, Spargel, Möhren.

Andererseits wurde der Staat Israel zu einer Speerspitze gegen die arabischen Befreiungsbewegungen gemacht.

Kurt Goldstein, 1985

Aber es stimmt auch, daß der erste Mann an der Spitze der PLO damals verkündet hatte, er wolle alle Juden ins Meer jagen. Die PLO hat heute reale Friedensvorschläge vorgelegt. Jeder lernt mit der Zeit. Wie schwer dieser Lernprozeß ist, sieht man daran, wie zerstritten sie untereinander sind. Aber offensichtlich gibt es doch jetzt Kräfte, die erkannt haben: Ob dieser Staat Israel gefällt oder nicht, er ist eine Realität. Man muß ihn anerkennen und seine Grenzen gewährleisten. Auf dieser Grundlage muß auch den Palästinensern zugestanden werden, daß sie im besetzten Gebiet Westbank und Gazastreifen ihren Staat bilden können! Das würde die Menschheit von einer großen Sorge befreien. Die Juden könnten in Israel in Frieden leben, wenn sie ihren Frieden mit denen machten, die sie aus dem Land verdrängt haben und die heute in diesen verfluchten Lagern sitzen. Das geht nur auf der Basis friedlicher Koexistenz und in der Zukunft sogar freundschaftlicher Zusammenarbeit, wie es uns mit unsern Nachbarn in der Bundesrepublik vorschwebt.

Ich schäme mich als humanistisch denkender Mensch für das, was da im Namen der Juden, die überlebt haben, geschieht. Leute, die wie ich im Widerstand waren, warnen vor diesem Chauvinismus. Niemand kann aus der Tatsache, unterdrückt worden zu sein, eine Legitimation für Unrecht ableiten. Natürlich kann ich verstehen, daß es ein tiefes geschichtliches Trauma bei großen Teilen der Bevölkerung Israels gibt. Ich weiß das von meiner Familie, die ja dort immer noch lebt. Aber das ist ein schlechter politischer Ratgeber. Man muß einen Schlußstrich ziehen. Der Prozeß des besseren gründlichen gegenseitigen Verstehens beginnt erst. Die Sowjetunion und fast alle sozialistischen Länder haben die diplomatischen Beziehungen zu Israel stillgelegt. Das hing mit dem siebenundsechziger Krieg zusammen. Ob solche Beschlüsse immer klug sind, ist fraglich, denn hinterher ist es schwer, die Tür wieder aufzumachen. Ich glaube, daß wir das zielstrebig tun müssen. Es ist notwendig, den Staat Israel als eine Realität anzuerkennen, der auf die ihm zustehenden und garantierten Grenzen zurückgeführt werden muß.

Unsere Berichterstattung über Israel halte ich für real. Das Manko liegt auf einem andern Gebiet. Für die junge und mittlere Nachkriegsgeneration ist ein Jude oft immer noch etwas Exotisches. Sie wissen kaum, was für eine Geschichte dahintersteht. Dies kann zu neuem Antisemitismus führen, eine Gefahr, die nicht entstanden wäre, wenn wir genügend Anstrengungen unternommen hätten, weitreichend aufzuklären. Hinter antizionistischen Argumenten können sich auch antisemitische Strömungen verbergen. Diese Gefahr muß man sehen und ihr mit großer Sensibilität entgegenwirken.

Die Geschichte der Judenfeindschaft ist alt. Man muß zwischen dem Antijudaismus und dem Antisemitismus als zwei Phasen derselben Sache unterscheiden. Angefangen hat es mit dem Antijudaismus, der zweifelsohne ein Produkt der christlichen Kirche war. Es handelt sich dabei um die irrige Auffassung, die durch die ganze Geschichte der katholischen Kirche gegangen ist, daß die Juden Jesus gekreuzigt haben, obwohl es die Römer waren. Die gesamte christliche Religion beruht auf der jüdischen. Im Mittelpunkt ihrer Verehrung steht eine jüdische Familie, stehen jüdische Apostel. Der Antijudaismus ist aber von der katholischen Kirche Jahrhunderte zu einem festen Bestand-

teil des religiösen Bekenntnisses der Christen gemacht worden, und der Protestantismus hat ihn übernommen. Die Forderung des vatikanischen Konzils, daß man heute konkrete Schritte zur Überwindung dieses Erbes machen muß, steht noch vor der katholischen und der evangelischen Kirche. Dabei gibt es in beiden Konfessionen hoffnungsvolle Anfänge, etwa die Aktion Sühnezeichen – Friedensdienste, mit der wir eng und freundschaftlich zusammenarbeiten.

346

Der Antisemitismus ist die Fortsetzung des Antijudaismus und spielte bei den Nazis eine zentrale Rolle. Zum einen sahen Teile des deutschen Kapitals und des deutschen Bürgertums in dem jüdischen Kapital und im jüdischen Bürgertum Konkurrenten. Zum anderen ist es eine Tatsache, daß in den revolutionären Bewegungen Juden aus ihrer unterdrückten Position heraus immer eine wichtige Rolle spielten und oft an der Spitze revolutionärer Bewegungen standen, wie Marx und Rosa Luxemburg. Da war es leicht, die Revolution fälschlicherweise mit den Juden in Zusammenhang zu bringen. Hinzu kam, daß unter den Nazis große Teile der deutschen Bevölkerung dem Chauvinismus, diesem »Deutschland, Deutschland über alles« erlegen sind, nach dem verlorenen ersten Weltkrieg, nach den ökonomischen und geistigen Krisenerscheinungen der zwanziger Jahre. Plötzlich schien es für viele Deutsche wieder möglich, ein großes Deutschland zu werden, eine Weltmacht, Kolonien zu besitzen und andere Länder zu beherrschen. Zuerst ging alles wunderbar, auch dank der Politik der imperialistischen Westmächte, und selbst die Spitzen der katholischen und evangelischen Kirchen gingen auf die Seite der Nazis. Die einzigen, die sich in den Weg stellten, waren Kommunisten, kleine Teile der Christen und die Sozialdemokratie als Ganzes. Aber auch sie waren zunächst der Auffassung, die Nazis würden sich schnell abwirtschaften. Dann erfolgte der Umschlag der deutschen Untertanenmentalität in die Aggressivität. Wer Eichmann erlebt hat, diese kleine Schreibtischkreatur, wie er in seinem Käfig in Jerusalem gesessen hat, wer die Protokolle seiner Gespräche mit dem Vernehmungsrichter liest, versteht das. Diese kleine Kreatur, die plötzlich Gewalt über Menschen bekam. Und man sollte nicht unterschätzen, welche Rolle das Pogrom des Jahres 1938 dabei gespielt hat. Es sollte dem deutschen Volk klarmachen, daß Widerstand sinnlos war. Wer sich den Nazis in den Weg stellte, würde wie die Juden behandelt werden. Und es förderte die Bereitschaft, so verbrecherisch zu handeln wie die SS-Leute! Die Diskriminierung und Verfolgung der Juden hat sich in ganz Deutschland öffentlich abgespielt. Die Mehrheit hat sicher nicht gewußt, daß in den Gaskammern von Auschwitz Millionen Menschen vergast wurden, und richtig ist auch, daß es viele Deutsche gab, die diese Verbrechen ablehnten, als sie davon hörten. Aber ein Mann wie Niemöller sagte einmal: »Als sie die Kommunisten holten, haben wir geschwiegen, als sie die Sozialdemokraten holten, haben wir geschwiegen, und als sie uns holten, war keiner mehr zum Schreien da!«

Sicher, viele Deutsche haben mit großem Unbehagen dabeigestanden auch in der Ahnung, daß das Ganze schlecht enden würde, und individuell ist auch Juden geholfen worden.

Meiner Meinung nach haben wir es nicht geschafft, uns von marxistischen Positionen aus mit unserer ganzen Geschichte differenziert genug auseinanderzusetzen. Sicherlich ist seit 1945 bei uns nicht ein Tag vergangen, an dem nicht in einem Hörspiel, einem Buch oder einer Dokumentation mit dem Hitlerfaschismus abgerechnet wurde. Wir haben die Auseinandersetzung über die Verbrechen des Hitlerfaschismus in die Familien getragen, aber wir müssen unsere Mittel überprüfen. Der Holocaust-Film, so wenig er ästhetisch und historisch genügte, hat Menschen in den westlichen Ländern, in denen man diese Auseinandersetzungen wenig führt, dazu gebracht, sich mit dem Antisemitismus auseinanderzusetzen, weil er am Einzelschicksal, am Beispiel einer jüdischen Familie vorgeführt wurde.

Die Darstellung der jüdischen Geschichte, Kultur, Ursachen von Antisemitismus und so weiter paßte nicht in das stalinistische Propagandaschema. Es gibt bei uns eine ganze Generation, die erst einmal fragen müßte, was ist das eigentlich, ein Jude, auch eine ganze Generation von Lehrern! Man kann uns wahrscheinlich mit Recht vorwerfen, daß wir darüber viele unwissend gelassen haben.

Ich bin ein DDR-Bürger jüdischer Herkunft und fühle mich als Deutscher. Wie erklärt man das am besten? Es gibt Unterschiede, ob man ein deutscher Bürger jüdischer Herkunft oder ein deutscher Glaubensjude ist, ein jüdischer Bürger des Staates Israel oder ein Jude in Amerika, in Polen oder der Sowjetunion. Es gibt religionslose Juden wie mich in der DDR, in der Bundesrepublik, in Frankreich, in allen Ländern, und auch in Israel findet man zum Teil dieselbe Schichtung wie in der Diaspora. Wie in einem Vielvölkerstaat gibt es dort die jeminitischen Juden, ganz

Kurt Goldstein mit den Enkeln, 1988

unten die dunklen Juden aus Nordafrika, ganz oben die ehemaligen amerikanischen und englischen sowie die russischen Juden, dann folgen die deutschen, polnischen, rumänischen Juden und so weiter.

Ich bin kein Historiker und kein Wissenschaftler, aber ich denke, daß die Entwicklung von Kultur mit der Religion eng zusammenhängt. Das ist das erste Bindeglied der Juden gewesen. Geschichtlich wertvolle Leistungen, ob von Juden oder Nichtjuden, von Schwarzen oder Weißen, Indern oder Afrikanern, sollten nicht in Vergessenheit geraten. Deshalb ist es richtig, den Versuch antijudaistischer oder antisemitischer Kräfte, die Leistungen der europäischen Juden vergessen zu machen, zurückzuweisen. Sie sind in das humanistische Erbe einzubeziehen, wie die Leistungen aller anderen. Ich habe Verständnis dafür, daß nach dem Erleben des Faschismus jüdische Menschen dazu neigen, das Jüdische überzubetonen. Wir haben noch vor uns, die Geschichte der Juden in Deutschland zu schreiben, sie rasch zu schreiben, nach dem Bild einzelner.

Die Verbrechen der Nazis an den Juden sind einmalig in der Weltgeschichte, ihre Grundlage waren Völkerhaß und Völkermord, die Ideologie chauvinistischer Überheblichkeit und Fremdenfeindlichkeit. Es hat Erscheinungen des Antisemitismus in Polen, in der Sowjetunion und jüngst auch bei uns gegeben. Es gibt solche Erscheinungen in der Bundesrepublik. Die Überwindung von Antisemitismus, Antijudaismus, nationalistisch-chauvinistischer Überheblichkeit gegenüber andern Völkern muß als Gesamtkomplex gesehen werden. Es gehörte zum Geschichtsbild der Deutschen, antipolnisch, antirussisch, antifranzösisch zu sein. Und davon waren auch die deutschen Juden nicht frei. Ein Gedicht wie »Jeder Tritt ein Brit, jeder Stoß ein Franzos, jeder Schuß ein Ruß« aus der Zeit des ersten Weltkrieges wurde von einem deutschen Juden geschrieben. Dieser Jude ist zur gleichen Zeit Opfer einer und weit über Deutschland hinausgehenden chauvinistischen Fremdenfeindlichkeit geworden. Und in Frankreich gab es die Dreyfus-Affäre.

Die DDR hat alle von den Nazis Verfolgten anerkannt, sie bekommen Renten, die ihnen erlauben, ein anständiges Leben zu führen. Sie wurden von Beginn an gesundheitlich betreut. Das ist die materielle Seite unserer »Wiedergutmachung«. Nirgendwo in der Welt, das sag ich mit Stolz auf mein Land, gibt es Vergleichbares. Auf diesem Gebiet haben wir uns nichts vorzuwerfen. Ich sage übrigens ganz frei, ich bin gegen eine »Wiedergutmachung« gegenüber irgendeinem jüdischen Weltkongreß, der für mich keine Institution ist, mit der ich als DDR aus dieser Zeit Rechnungen zu begleichen habe. Ich glaube, daß die dazu getroffene Entscheidung nicht richtig ist. Wir haben die Überlebenden in unserem Land materiell unterstützt, haben moralisch »wiedergutgemacht«, indem wir mit dem Faschismus als System endgültig aufgeräumt haben. Dennoch müssen wir uns aus den vorhin genannten Gründen weiter und differenzierter mit der Vergangenheit auseinandersetzen.

Wenn wir uns heute die Dinge genauer überlegen, müssen wir zu der Erkenntnis kommen, daß der Faschismus die absolute Negation aller Menschenrechte, Menschenwürde, Freiheit und Demokratie ist. Antifaschismus ist deshalb die konsequente Verteidigung dieser humanistischen Grundwerte. Das haben wir in der letzten Periode der Weimarer Republik nicht begriffen, in Spanien zwar praktiziert, aber ohne es zu Ende zu denken, und nach 1945 haben wir diese Erkenntnis auch nicht konsequent durchgesetzt, sondern an unsere alte, klassenmäßig dogmatische Begrenzung des Antifaschismus angeknüpft. Dafür müssen wir heute teuer bezahlen. Aber eine gute Erkenntnis kommt nie zu spät.

Mit dem Judentum verbindet mich heute, was ich aus meiner Kindheit und Jugend mitgenommen habe an Wissen um jüdische Bräuche, um kulturelle Werte, sei es in Deutschland oder in der gesamten jiddischen Kultur. Und ich bin als Jude in Auschwitz gewesen. Aber ich sehe keinen Grund, etwa zu der Jüdischen Gemeinde besondere Beziehungen zu pflegen, auch weil ich den Eindruck habe, daß sie gegenwärtig in Berlin nur Glaubensjuden versammeln will. Aber sie ist für mich ein wichtiger Partner im Kampf gegen Rassismus, Antisemitismus und Neonazismus. Ich würde es für einen Rückschritt halten, sich bei der Bewahrung eines bestimmten kulturellen Erbes nur auf religiöse Traditionen zu beschränken. Wenn das ein Mißverständnis ist, sollte es die Jüdische Gemeinde ausräumen. Die Glaubensjuden haben natürlich das Recht, sich wie Glaubenskatholiken und Glaubensprotestanten in einer Religionsgemeinschaft zusammenzufinden und ihren Gottesdienst zu machen. Als solche müssen sie auch alle staatliche Förderung haben. Aber sie haben nicht das Recht, Leute zu bedrängen, eigene weltanschauliche Positionen aufzugeben, um ein kulturelles Erbe zu pflegen. Wenn es vielleicht in zwanzig, dreißig oder fünfzig Jahren keine Glaubensjuden mehr gibt, können sich nur noch Nichtglaubensjuden um das kulturelle Erbe kümmern. Eigentlich haben wir bei uns schon eine solche Lage. Es gibt doch fast keine Glaubensjuden in der Republik mehr. Es müßte die Einsicht in der Jüdischen Gemeinde Berlins wachsen, neben Juden auch Nichtjuden zu tolerieren. Vielleicht müßte es neben oder in der jüdischen Kulturgemeinde einen Kulturbund geben oder eine Assoziation für Pflege und Bewahrung des jüdischen kulturellen Erbes in Deutschland. Möglicherweise finden sich im Laufe der Jahre mehr und mehr Leute nichtjüdischer Herkunft, die an der Bewahrung dieses kulturellen Erbes Interesse haben.

Peter Kirchner

Ich wurde am 20. Februar 1935 als Sohn einer Glaubensjüdin im jüdischen Krankenhaus in Berlin geboren. Meine Mutter kam aus einem orthodoxen jüdischen Elternhaus. Alle meine Onkel waren Kohanim, das heißt, sie gehörten zu einer jüdischen Priesterkaste. Zur Thora-Lesung in der Synagoge wurden sie immer als erste aufgerufen, worauf sie sehr stolz waren.

Meine Mutter wollte, daß ich Mitglied der Jüdischen Gemeinde werde. Das hat mein Vater, der Christ war, auch akzeptiert. Meine Beschneidung wurde im jüdischen Krankenhaus durchgeführt, zu einem Zeitpunkt, als sich in Deutschland die kommenden Ereignisse bereits abzeichneten. Die Nürnberger Gesetze wurden im September 1935 erlassen. Hätte es sie bereits gegeben, als ich geboren wurde, hätten meine Eltern diese Entscheidung mit großer Wahrscheinlichkeit nicht getroffen.

Vater wurde wegen seiner Heirat mit einer Jüdin und wegen seines jüdischen Sohnes das schwarze Schaf seiner Familie. Sie war nicht nazistisch, aber deutschnational eingestellt. Seine Mutter sagte: »Wenn du uns besuchen kommst, dann komm abends, damit die Leute dich nicht sehen!«

Meine Eltern hatten sich über Freunde kennengelernt und 1934 geheiratet. Mein Vater war Bäcker, hat diese Arbeit aber körperlich nicht durchgestanden und dann als Dreher gearbeitet. Meine Mutter war Lageristin. Beide haben nicht sehr viel verdient. Mein Vater bekam hundertfünfzig Mark, meine Mutter hundert Mark im Monat. Wir hatten eine Einzimmerwohnung mit Außentoilette, erstes Stockwerk im Seitenflügel in der Neuen König Straße 2 am Friedrichshain.

Die ersten drei Jahre bin ich im jüdischen Säuglingsheim in Niederschönhausen, im heutigen Altersheim der Jüdi-

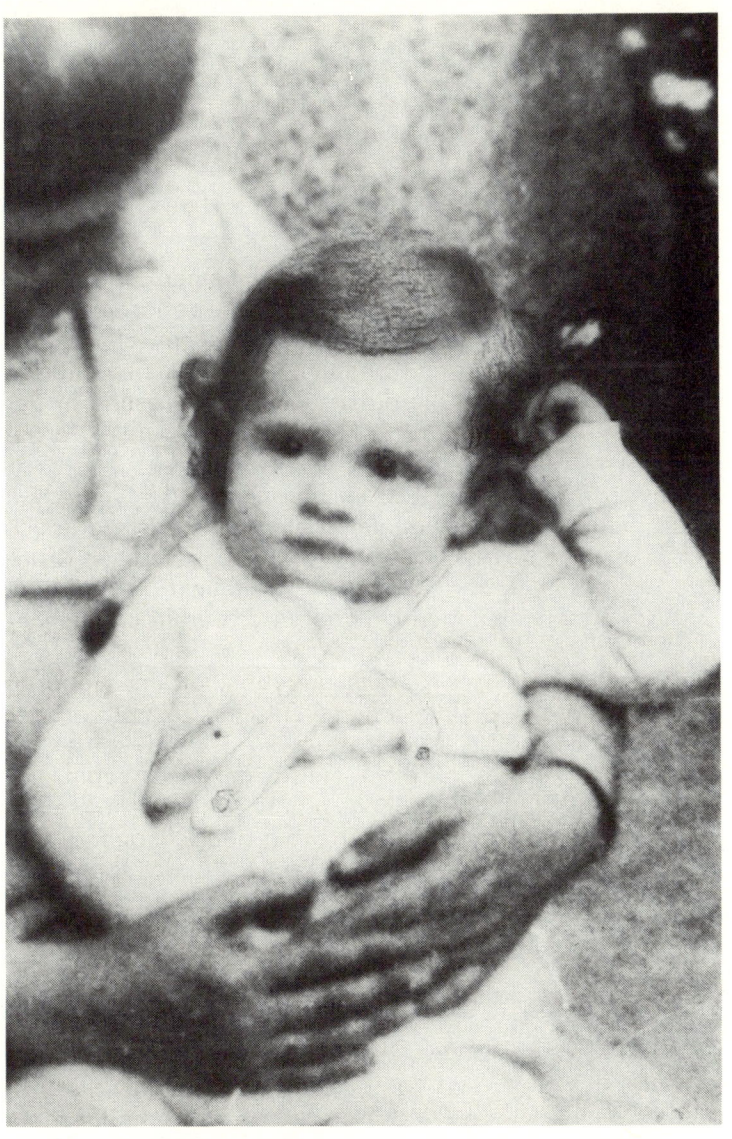

Peter, etwa 1935/36

Geburtsurkunde.

Nr. 34̶2̶ (432 struck)

Berlin, am 22. Februar 1935

~~Vor dem unterzeichneten Standesbeamten erschien heute, der Persönlichkeit nach~~

~~kannt,~~

Das Krankenhaus der jüdischen Gemeinde

~~wohnhaft~~ in Berlin,

und zeigte an, daß von der

Gerda K i r c h n e r geborenen Wreschner,

Ehefrau des Bäckers Wilhelm Kirchner,

wohnhaft beide in Berlin, Neue Königstrasse 2,

zu Berlin im oben genannten Krankenhause

am zwanzigsten ~~im~~ Februar des Jahres

tausend neunhundert fünfunddreissig vor mittags

um sechs ein viertel Uhr ein Knabe

geboren worden sei und daß das Kind die Vornamen

Peter Steffen Rudi

erhalten habe.

~~Vorgelesen, genehmigt und~~ 15 Druckworte gestrichen.

Der Standesbeamte.

In Vertretung: Neumann

Daß vorstehender Auszug mit dem Geburts-Haupt-Register des Standesamts

zu Berlin 13a,

gleichlautend ist, wird hiermit bestätigt.

Berlin, am 6. Mai 1935

Der Standesbeamte.

(Siegel)

RM Gebühren bezahlt

Kass.-Einnahme R.Nr. 207.

Geburtsurkunde

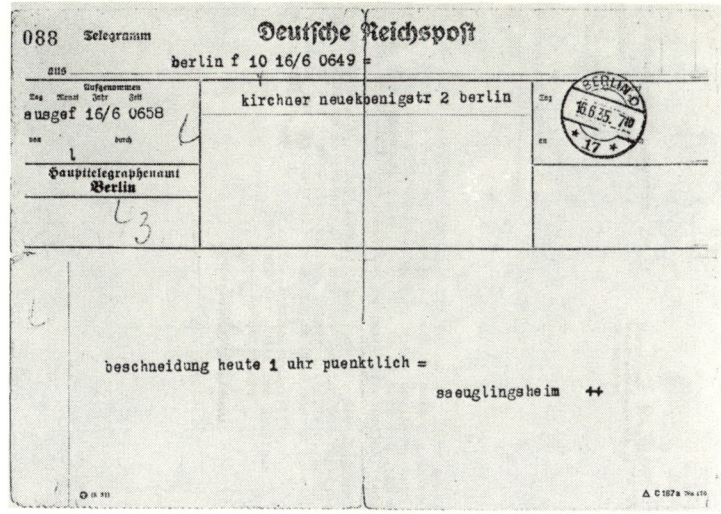

Telegramm

schen Gemeinde, groß geworden, weil meine Mutter arbeiten gehen mußte. Besucht wurde ich eigentlich nur zu den
Wochenenden. In der Woche zahlten meine Eltern für mich
zehn Mark an das Heim. Es blieben dann noch etwa sechzig Mark in der Haushaltskasse. Meine Mutter arbeitete
damals bei einem jüdischen Juwelier, Julius Busse, am
Hackeschen Markt, mein Vater in einer Firma für Schreib-
maschinen bei Wilhelm Dreusicke in der Kommandantenstraße, nahe dem Spittelmarkt.

Schwierigkeiten gab es für meine Mutter, als nach dem
November 1938 die »Arisierung« ihres Betriebes erfolgte
und der Nachfolger sie nicht übernahm. Sie war erst einmal
arbeitslos, bis ihr das Arbeitsamt für Juden eine Stelle als
Reinemachefrau in einer großen Achtzimmerwohnung am
Savignyplatz vermittelte. Dort waren sieben jüdische
Frauen zusammengezogen, die ihre Wohnungen hatten
aufgeben müssen. Solche Wohngemeinschaften bildeten
sich zwangsweise, bis die Deportationen einsetzten. Meine
Mutter nahm mich manchmal dorthin mit, wenn sie sauber-
machte. Mir blieb eine ganz dunkle Erinnerung an diese

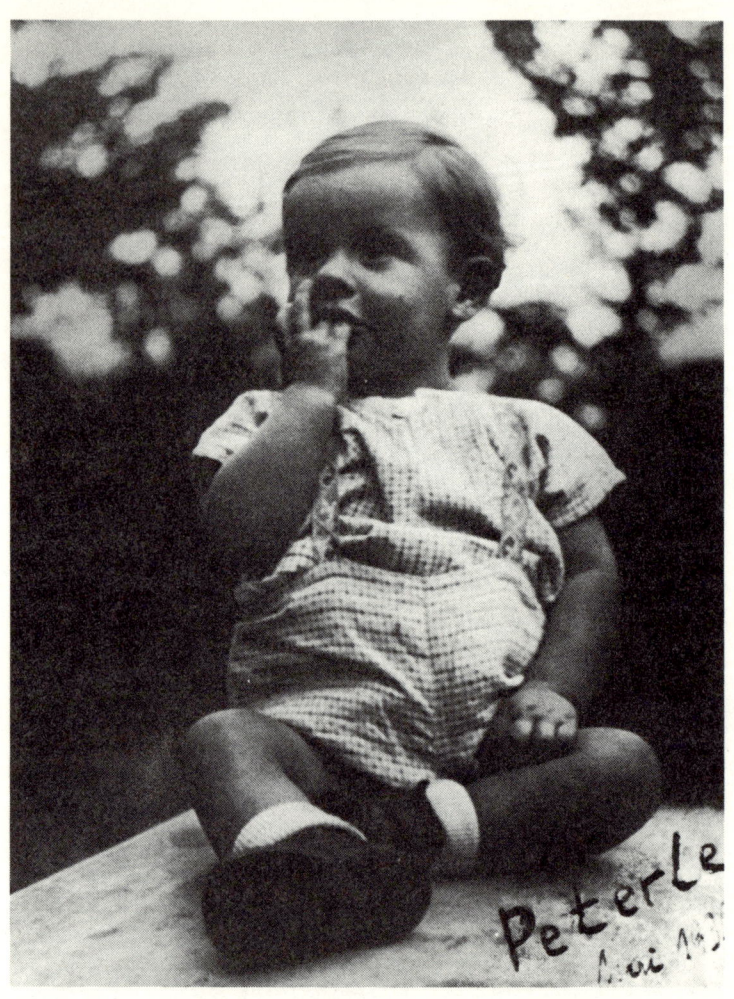

Peter, Mai 1936

familiäre Situation mit den sieben alten Frauen in dieser
Achtzimmerwohnung. Da war die Witwe eines General-
stabsarztes aus dem ersten Weltkrieg, die noch einen Flügel besaß, ihr großes Schlafzimmer, und in allen anderen
Zimmern wohnte jeweils eine alte Dame. Ich besitze noch
ein Dominospiel aus Ebenholz und Elfenbein, das mir eine
der Damen damals schenkte.

356

Peter mit den Eltern, um 1937

Als wir einmal hinkamen, sagten die Damen: »Wir gehen jetzt alle gemeinsam auf Transport.« Die Witwe setzte sich an den Flügel und spielte noch etwas, um Abschied zu nehmen. Das war so eine Ausnahmesituation, als sich diese sieben alten Damen im Vorzimmer der Wohnung versammelten und dem Klavierspiel zuhörten. Sie hatten noch ein Dienstmädchen, das gar nicht mehr den Haushalt führen durfte, weil es eine Deutsche war, das aber trotzdem heimlich hinkam. Meine Mutter, das Dienstmädchen und ich sind zur gleichen Zeit, als die Damen vorn zur Deportation herausgeführt wurden, aus dem hinteren Ausgang der Wohnung leise die Hintertreppe hinuntergegangen.

Danach wurde meine Mutter an eine »arische« Firma vermittelt, wo sie in der Nähe vom Alexanderplatz Mäntel füttern mußte.

1938 kam ich in einen jüdischen Kindergarten am Friedrichshain, nahe dem Märchenbrunnen. Das Haus steht noch. Dort blieb ich bis zu meiner Einschulung. Der Kindergarten wurde dann aufgelöst und die Leiterin, Tante Meta, deportiert. Tante Meta hatte ihre Wohnung am Cottbuser Tor. Sie hatte zuvor gefragt, ob meine Eltern nicht vorbeikommen könnten. Wir sind durch das schon angeschlagene Berlin gegangen, und sie gab uns Fotoalben vom Kindergarten. Die Fotos haben wir später mit nach Neustadt genommen, als unsere Wohnung ausgebombt wurde. So sind diese Bilder über die Zeit gekommen. Ein Teil der Kindergartenkinder konnte mit den Eltern noch emigrieren.

Mein Vater wurde zunächst auch zur Wehrmacht eingezogen. Er hat den Polen- und den Frankreich-Feldzug mitgemacht. Anfang 1940 ist er wegen Wehrunwürdigkeit vom Militär ausgeschlossen worden, weil er sich von seiner jüdischen Familie nicht hatte trennen lassen. Er hat dem wiederholt vorgetragenen Ansinnen, sich scheiden zu lassen, nicht entsprochen. Dem Chef der Schreibmaschinenfabrik ist es dann in der Folgezeit auch wirklich geglückt, ihn immer wieder für wichtige Aufgaben im Betrieb zu reklamieren, so daß er weder zur Organisation Todt noch zu einer bestimmten Zwangsarbeit eingezogen wurde.

Mein Vater hatte eine sehr intensive Bindung an meine Mutter und auch an mich, und er befand sich in Opposition zu seiner Familie. Er stand auch meiner Großmutter mütterlicherseits sehr nahe, die noch 1940 über die Sowjetunion nach Schanghai emigrierte. Meine Großmutter war eine geborene Cohn, aus einem sehr orthodoxen Haushalt in Fordon bei Bromberg, heute Bydgoszcz, wo die Eltern ein Textilgeschäftchen hatten. Mit ihrem Mann kam sie um die Jahrhundertwende nach Berlin. Er, mein Großvater, war,

wie viele Juden, Schneider. Hier hat sie ihre fünf Kinder bekommen.

Meine gesamte Familie mütterlicherseits ist ausgewandert. Der erste Onkel ging schon 1937 nach London, der andere 1938 in die Tschechoslowakei und von dort nach Südamerika, wieder ein anderer ging nach Schanghai und holte meine Großmutter und die Schwester meiner Mutter nach. Mein Vater war zu dieser Zeit noch bei der Wehrmacht, und meine Mutter ging deshalb nicht mit. Sollte sie etwa mit mir allein nach Schanghai gehen? Sie sah auch keine Notwendigkeit dazu, in Verkennung dessen, was kommen würde. Sie trennte sich nicht von ihrem christlichen Mann, und er trennte sich nicht von ihr. Deshalb waren wir dann die einzigen unserer Familie, jüdischerseits, die hiergeblieben sind.

Mit der Einführung des Sternes, 1941, bin ich in die jüdische Schule in der Kaiserstraße eingeschult worden. Das gravierendste war wirklich, daß ich mit der Einschulung den gelben Stern tragen mußte. Ich erinnere mich noch, daß irgendwo an der Marienkirche eine Luther-Statue stand, als wir das Haus in der Rosenstraße suchten, um uns einige Stoffsterne abzuholen. Die Sterne wurden über die jüdische Gemeinde ausgegeben.

Ich mußte auf dem Weg zur Schule immer mit dem Stern

Die Großmutter mütterlicherseits, 1939

über den Alexanderplatz laufen und von dort durch eine Passage zur Kaiserstraße, gegenüber vom Polizeipräsidium, eine Gegend, die nicht gerade sehr beliebt war. Manche Leute verhielten sich mir gegenüber ablehnend auf der Straße, andere sagten auch: »Der Junge sieht ja gar

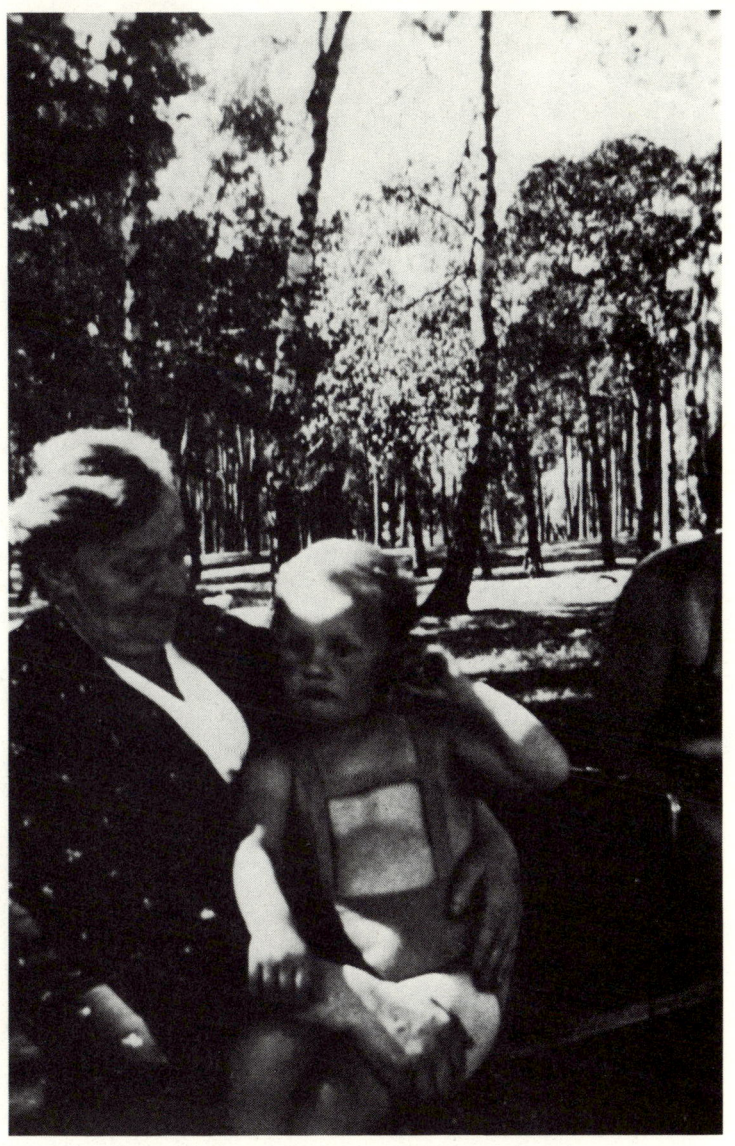

Die Großmutter mütterlicherseits, 1939

Peter mit der Mutter, etwa 1940/41

nicht aus wie ein Jude!« Sie schenkten mir einen Apfel oder irgendwas. Heimlich signalisierten sie so Sympathie.

Meine Eltern haben damals an Goebbels geschrieben, mich als »Mischling« anzuerkennen. Die Unterlagen hab ich noch. Es kamen nur ablehnende Bescheide.

Mit dem Stern durfte man zum Beispiel nicht in den Friedrichshain. Dort wurde schon der Bunker gebaut, und obwohl wir direkt am Märchenbrunnen wohnten, konnte ich nicht dort spielen. Einer der wenigen Orte, zu denen man gehen konnte, war der jüdische Friedhof in Weißensee. Dort durfte man sich hinsetzen und auch spazierengehen. Man konnte Kastanien im Herbst sammeln oder Eicheln. Es gab hinten sogar ein paar Pflaumenbäume im neuen Feld des Friedhofs. »Hier kannst du spielen«, sagte meine Mutter. Ich weiß heute nicht mehr so genau, was ich damals dabei empfunden habe. Ich möchte darüber gar nicht immer wieder nachdenken.

Ich hatte auch eine Kennkarte mit dem »J«. Da stand Peter Israel Kirchner drin, und es war ein Zeigefinger- oder Daumenabdruck dabei, weil für Kinder unter sechs Jahren noch kein Bild verlangt wurde. Ich erinnere mich noch an diesen Augenblick des Abdrucks. Die Zwangsnamen Sara und Israel waren ein zusätzlicher Punkt der Demütigung und Diskriminierung. Sie waren vorgeschrieben für die, deren Vorname nicht jüdisch war. Mein Schulfreund zum Beispiel hieß Uri Fred Mahlke. Uri galt als jüdischer Vorname, der brauchte kein Israel. Am unangenehmsten waren vielleicht die Verhältnisse im Haus, in dem über uns auch die Familie des Hausbesitzers wohnte. Sie entschied, daß der »Judenbengel« bei Fliegerangriffen nicht in den Keller durfte. Darüber wurde zu Hause gesprochen. Einmal ging jemand von ihnen hinter uns die Treppe rauf, und ich sagte zu meiner Mutter: »Die grüßen wir nicht, die olle Grete!« Sie war dicht hinter uns. Meine Mutter hat natürlich nicht reagiert. Wie Kinder sind, hab ich das noch mal besonders laut gesagt: »Du, die grüßen wir nicht, die olle Grete!« Das hatte von der Frau einen entsprechenden Ausbruch zur Folge: »Du verfluchter Judenbengel! Dieses Kruppzeug müßte man totschlagen!« und so weiter. Das war das einzige Mal, bei dem ich erlebt habe, daß mein Vater aufgetrumpft hat. Sonst hat er alles geschluckt. Er ist

Magazinstr.6/7.
Berlin C 2, ~~Broodsobedeust~~

Eingangs- und Bearbeitungsvermerk

Herrn
Wilhelm Kirchner,
__Berlin NO 18,__
Neue Königstr.2.

Geschäftszeichen und Tag Ihres Schreibens

Geschäftszeichen und Tag meines Schreibens
II.5021.K.1282.Rb.   16.3.42.

Betrifft:

Ihre Eingabe vom 18.12.41 ist vom Herrn Reichsminister des
Innern an mich zur weiteren Veranlassung abgegeben worden.

Auf eine gleichartige Eingabe vom 22.8.1940 haben Sie durch
Erlaß des Herrn Reichsministers des Innern vom 5.12.40
- Ie Ki 6 II/40 5017a - im Namen des Führers und Reichskanzlers
den Bescheid erhalten, dass Ihrem Antrage auf rechtliche Gleich-
stellung Ihres Sohnes Peter Israel mit jüdischen Mischlingen
I. Grades abgelehnt worden ist. Zugleich wurde Ihnen bekanntge-
geben, dass dieser Bescheid endgültig ist.

Damit ist auch Ihre neue Eingabe vom 18.12.1941 erledigt.

Im Auftrage:

[Unterschrift]

k-

Din A 4

Ablehnungsbescheid

Der Polizeipräsident in Berlin
Abteilung II

Berlin C 2, Burgstraße 29/30   Eingangs- und Bearbeitungsvermerk

An

   Herrn Wilhelm Kirchner   PDS.
                          Einschreiben!

      in Berlin NO 18,
      Neue Königstr. 2.

Geschäftszeichen und Tag Ihres Schreibens   Geschäftszeichen und Tag meines Schreibens

Betrifft: Gnadengesuch   ~~kk.x.502k.~~
                    II 710 D.K.1282 Rb.

von 11.3.43   Berlin, den 18.3.43.

beh. Peter Marcel Kirchner.

    Gesuche um Befreiung von den Vorschriften
des Reichsbürgergesetzes und der Ersten Verordnung zu diesem Gesetz werden laut Anord-
nung des Herrn Reichsministers des Innern
vom 17.8.1942 (MBliV.S.1711) mit Rücksicht
auf kriegsbedingte Notwendigkeiten bis auf
weiteres nicht bearbeitet.

    Sie erhalten deshalb Ihr Gesuch ~~nebst An-
lagen~~ unerledigt zurück.

                 Im Auftrage:

                                J.
                                fz

Din A 5
148×210 mm
Vordruck
Pol. Nr. 3
6. 42 —S—   .... Anlagen   Fernruf:
                                  41 61 71

Ablehnungsbescheid

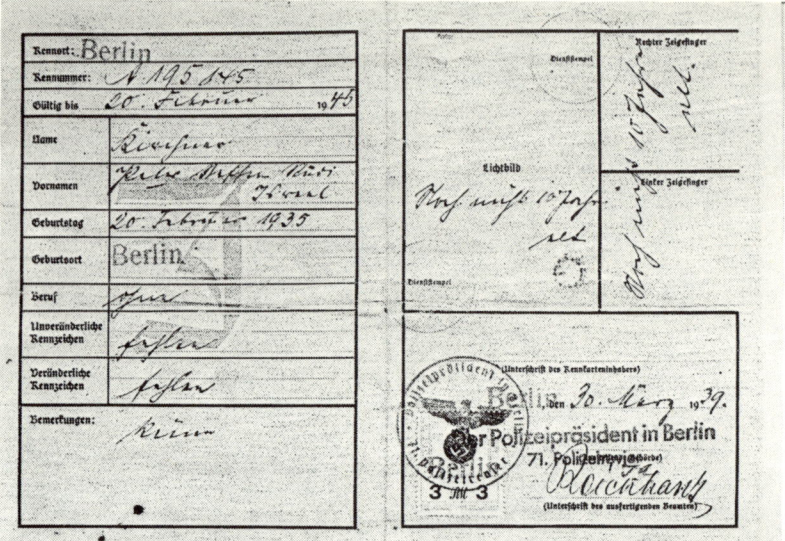

Judenkennkarte

zu dem Hausbesitzer gegangen und hat gesagt, er sei auch »Arier« und verbitte sich solche Bemerkungen ein für allemal! Es gab in diesem Haus auch zwei Familien, die aus kirchlichen Bindungen heraus sagten, sie gingen ebenfalls nicht in den Luftschutzkeller, wenn es uns untersagt war.

Wir sind dann bei Bombenangriffen immer zum Alex gelaufen und haben dort neben der U-Bahn in Tiefkellern Zuflucht gesucht. Ich erinnere mich noch an die brennende Neue König Straße und die ausgebombten Häuser, oder auch den Angriff auf unser Wohnhaus, wo Brandbomben das Dachgeschoß niedergebrannt haben. Und dann die ständige Angst. Wird unser Haus noch stehen? Was erleben wir, wenn wir jetzt rauskommen? Das Zurückirren durch die brennende Straße, immer in der Angst, steht unser Haus noch oder nicht.

An deutsche Spielkameraden aus dieser Zeit kann ich mich gar nicht erinnern. Ich hatte eigentlich nur jüdische Freunde aus meiner Klasse. Wir waren drei Jungen, die miteinander gespielt haben. Ihre Mütter waren auch Jüdinnen und die Väter Christen, was ja nach den damaligen

366

Vorstellungen eine günstigere Position war, weil der Haushaltsvorstand eben »arisch« war. Wir waren immer noch die »Bessergestellten«.

Den jüdischen Kindern war es nach dem Pogrom 1938 nicht mehr erlaubt, in normale Schulen zu gehen. Wir mußten also in eine jüdische Schule gehen. Die Schulbedingungen waren schlecht. Mehrere Klassen waren in einem Raum untergebracht. Gerechnet habe ich gern, auch immer schon die Rechenaufgaben der zweiten Klasse. In der ersten Klasse hab ich mich deshalb gelangweilt, so daß in meinem Zeugnis der Vermerk stand: »Peter muß bedeutend ruhiger werden. Er ist der Beste, aber auch der Ungezogenste.« Es ging mir einfach nicht schnell genug. Für die Gemeinde war es schwer, ausreichend Schulraum zu finden. Es gab natürlich jüdische Schulen, aber sie waren nicht darauf eingerichtet, alle jüdischen Kinder zu unterrichten, sondern nur die, deren Eltern Wert darauf legten. 1938 war noch mal eine größere Zahl von Lehrern emigriert. Im Oktober 1941 begannen die ersten Deportationen, so wurde der Kreis, der unterrichten konnte, immer kleiner. Ich bin nur ein Jahr dort gewesen, weil im Mai 1942 auch diese jüdische Schule geschlossen wurde. Meine Mutter bemühte sich, jemanden zu finden, der mich weiter unterrichten könnte. Im Herbst bekam sie die Adresse einer alten Lehrerin, die in der Stöckerstiftung lebte, heute Stephanusstift. Es war der Frau nicht eindeutig gesagt worden, wer da zu ihr kam, und wir sind auch nicht mit Stern in die Stöckerstiftung gegangen. Nach vier Wochen aber hat sie wohl Angst bekommen und gesagt, sie macht es nicht mehr. Da erklärten meine Eltern plötzlich, daß ihre Bemühungen Erfolg gehabt hätten und ich als »Mischling« den Stern nicht mehr zu tragen brauchte, obwohl das eine Lüge war.

Meine Mutter nahm mich danach erst einmal mit zu ihrer Arbeit. In dieser Zeit hat sie noch in dem Haushalt der alten Damen saubergemacht. Dann hat sie mir selber Unterricht erteilt, ein bißchen rechnen, lesen und schreiben.

Einkaufen durfte man nur zwischen vier und fünf Uhr nachmittags. Wir hatten Lebensmittelkarten mit dem aufgestempelten »J«. Unser Lebensmittelhändler, bei dem wir immer schon eingekauft hatten, sagte: »Passen Sie auf, Sie können auch, vom Flur kommend, außerhalb der Zeit kom-

Vorstand der Jüdischen Gemeinde

Berlin, den 16. Juli 19 39
N 4, Oranienburger Str. 29
Tel. 42 59 21

Tagebuch-Nr. Kat.Ma/L

Es wird ersucht, vorstehende Tagebuch-Nr.
bei Beantwortung dieses Schreibens anzugeben.

Herrn Wilhelm K i r c h n e r ,
B e r l i n   NO 18
Neue Königstr.2.

In Beantwortung Ihres Schreibens vom 13.d.Mts.teilen wir Ihnen ergebenst
mit, dass Ihr Sohn P e t e r ohne Rücksicht darauf, dass Sie jetzt für
ihn den Austritt aus der Jüdischen Kultusvereinigung erklären, nach den
Nürnberger Gesetzes rassemässig als Jude gilt, da er nach dem Tage der
Veröffentlichung am 16.9.35 der jüdischen Religionsgemeinschaft angehört
hat.
Sollten Sie trotzdem die Absicht haben, Ihren Sohn aus der Jüdischen Kultusvereinigung austreten zu lassen, so fehlt die Zustimmungserklärung Ihrer Gattin, welche wir nachzuholen bitten. Ferner bitten wir, Ihrer
Antwort die Gebühr für die Austrittserklärung in Höhe von RM 1.-- in
Briefmarken beizufügen.

Hochachtungsvoll
Vorstand der Jüdischen Gemeinde
Katasterbüro

Bruno Israel Blumheim

Dokument

men. Ich verkauf Ihnen da schon was.« Aber dieser Laden
ist relativ früh bei den Bombenangriffen kaputtgegangen.

Schwieriger war die Beschaffung von Büchern, wonach
meine Mutter mich unterrichten konnte. Sie hat ein deutsches Lesebuch gekauft, aus dem eine ganze Reihe Seiten
rausgetrennt waren. Bei der _Lorelei_ von Heine stand:
»Dichter unbekannt«. _Die Bürgschaft_ und _Die Glocke_
konnte ich fließend. Schulbücher gab es ja nur über
Bezugsscheine. Ansonsten hat meine Mutter gern gerechnet
mit mir.

Bis 1943 sind wir noch zur Krampenburg baden gefahren. Ich weiß noch, daß meine Mutter immer gesagt hat, ich
soll mich nicht nackend ausziehen. Ich hab gar nicht
kapiert, warum. Heute ist mir klar, daß man einen Juden
möglicherweise an seiner Beschneidung erkennen konnte.
Diese Angst damals, irgendwie doch entdeckt zu werden,
wühlt mich heute noch auf. Man deckt das Gefühl immer
wieder zu. Deswegen versuche ich auch in Ansprachen

Vorstand der Jüdischen Gemeinde
Katasterbüro

Berlin N 4, den 1. August 19 39
Oranienburger Str. 29
Telefon: 42 59 21

D ie Unterzeichneten erklären hiermit für ihren Sohn den

Austritt aus der Jüdischen Gemeinde zu Berlin
(Kultusvereinigung).

Name: Peter Steffen Rudi K i r c h n e r

Geborene: -

Geburtsort und Datum: 20.2.35 Berlin

Wohnung: Berlin NO 18, Neue Königstr. 2

Verheiratet, ledig, geschieden: ledig

Bei Verheirateten oder verheiratetgewesenen Personen: -
Standesamt und Register-Nummer der Eheschließung:

Tag der Eheschließung: -

Bruno Israel Mannheim

Jude; Kenn-Nr.: Berlin A 465 406

Dokument

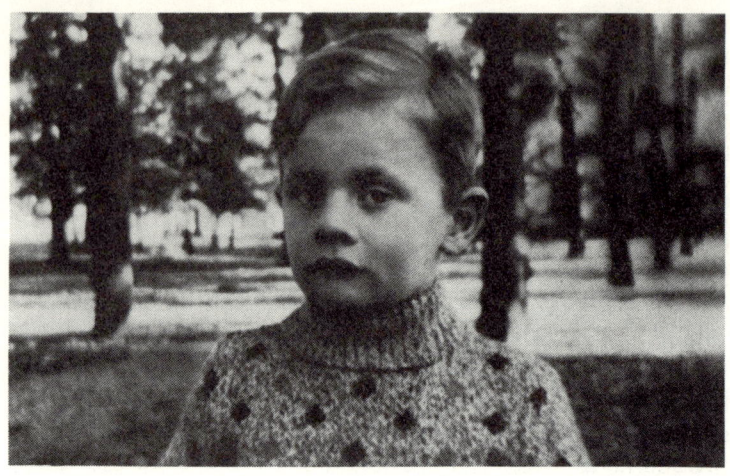

Peter, um 1942

oder Reden alles immer ein bißchen distanziert vorzutragen, weil ich vermeiden möchte, daß ein Eindruck zu starker Emotionalität entsteht. Ich bin oft verunsichert, weil ich
weiß, daß mir das wiederholt passiert ist, und ich möchte
das Risiko nicht eingehen, noch einmal die Fassung zu
verlieren.

Wir galten also als eine Familie mit »arischem« Haushaltsvorstand. Ich war ein sogenannter »Mischling ersten
Grades«, aber »Geltungsjude«, wie es hieß, weil ich zum
Zeitpunkt der Verkündung der Nürnberger Gesetze bereits Mitglied der Jüdischen Gemeinde war. Aber am
27. Februar 1943 kamen meine Mutter und ich abends nach
Hause zurück, und die Nachbarin sagte: »Frau Kirchner, die
waren schon dreimal hier und haben nach Ihnen gefragt!«
Meine Mutter hat damals, um nicht ständig auf das Abge-
holtwerden warten zu müssen, gesagt: »Dann gehen wir
hin!« Da war ich acht Jahre alt. Mein Vater brachte uns in die
Große Hamburger Straße. Dort wurden die Transporte für
die Deportation ins Konzentrationslager zusammengestellt.

Wir sind eine Woche in diesem Durchgangslager geblieben! Es wurden damals an diesem Wochenende immerhin
fast zehntausend Berliner Juden verhaftet, und es fehlte die
Transportkapazität, um uns schneller abzutransportieren.

Wir waren in einer ziemlichen Enge im Dachgeschoß des Hauses untergebracht. Ich weiß nur, daß es wahnsinnig voll war, und die Menschen lagen in den Gängen auf der Erde, auf Matratzen oder Decken. Überall lagen Menschen. Wir bekamen ein bißchen Suppe. Es war eine große Hektik, weil ja schon erste Transporte zusammengestellt wurden, die nach Theresienstadt und Auschwitz gingen. Angehörige kamen nur noch bis vor's Haus, hinein durfte keiner mehr. Das Haus war von jüdischen Ordnern abgeriegelt, unter der Oberhoheit der Gestapo.

Ich weiß nicht, wie weit ich die Tragweite der Situation erfaßt hatte. Zwischendurch dachte ich vielleicht, ach Gott, ist doch ganz schön, mit den vielen Leuten zusammenzusein. Die Transporte wurden zusammengestellt mit dieser groben Lüge, daß in Theresienstadt ein Heim für die Alten sei. Ich erinnere mich, daß wir vorher ein befreundetes Ehepaar gekannt hatten mit einem kleinen Mädchen, Judit Ascher. Sie mußten nach Litzmannstadt, also nach Łódź, mit dem kleinen Kind. Bei dem Abschiedsbesuch mit meinen Eltern hatte ich mir ein Parfümfläschchen zum Spritzen eingesteckt und es hinterher stolz aus der Tasche geholt und gesagt: »Seht mal, was ich mitgenommen habe!« Da ist meinem Vater die Hand ausgerutscht, und ich habe ordentliche Senge gekriegt, aber gar nichts kapiert, weil mir ja nicht klar war, was mit der Familie geschehen würde. Meine Eltern haben Päckchen mit Lebensmitteln geschickt, nachdem sie sich das erste Mal gemeldet hatte, und auch Sachen für Judit. Einmal kam noch eine Nachricht, und dann kam gar nichts mehr.

Ich glaube nicht, daß meinen Eltern klar war, KZ bedeutete Tod. Auch nach dem Krieg haben sie nie in der Art darüber gesprochen. Das war vielleicht auch eine Folge der Verdrängung. Die Juden haben bis zu einem sehr, sehr späten Zeitpunkt nie glauben wollen, was wirklich in den KZs geschah.

Man hat dann plötzlich in der Großen Hamburger Straße gesagt, die »Mischlinge« könnten noch einmal raus! Mein Name wurde mit aufgerufen, aber der meiner Mutter nicht! Ich hab ein großes Geschrei angefangen, und man hat entschieden, gut, soll die Mutter noch mal mitgehen. Das rettete uns das Leben.

Der Betrieb, in dem mein Vater seit 1935 arbeitete, war zerstört worden. Die Firma übersiedelte nach Neustadt an der Dosse. Ein Mitarbeiter, Sommerfeld, der auch ein »Mischling« war, aber kein Sternträger, sagte: »Den Jungen von Kirchner nehmen wir mit! Den kriegen wir schon durch.« So bin ich mit meinem Vater nach Neustadt gegangen. Es arbeiteten dort siebzehn Leute in dem Betrieb. Sie haben alle dichtgehalten und gaben mir von dem Essen ab, das sie in der Gemeinschaftsküche kochten.

Meine Mutter blieb in Berlin. Sie konnte sich der Zwangsverpflichtung in dem Betrieb, in dem sie Mäntel füttern mußte, nicht entziehen. Wir bekamen ja unsere Lebensmittelkarten immer noch über die zuständige Kartenstelle in der Heinrich-Roller-Straße. So blieben meine Mutter und ich, auch als wir ausgebombt waren, noch in Berlin polizeilich gemeldet.

Meine Mutter war eigentlich eine sehr ängstliche Frau. Aber durch die Situation, in die wir gestellt waren, ist sie über sich selbst hinausgewachsen. Zwei Jahre, vom März/April 1943 bis zum April 1945, besuchte sie uns illegal in Neustadt. Dabei kam ihr ein glücklicher Umstand zu Hilfe. Eines Tages suchte sie der zuständige Revierpolizist auf und sagte: »Frau Kirchner, das Revier ist ausgebombt, alle Unterlagen sind weg! Ich gebe Ihnen den Rat, gehen Sie zu Ihrem zuständigen Postamt und lassen Sie sich einen Postabholerausweis ausstellen.« Das hat sie auch gemacht. Der Ausweis war sogar mit einem Bild versehen. Mit diesem Papier ist sie wiederholt nach Neustadt zu Besuch gekommen, ohne Stern. Sie hatte natürlich Angst, wenn eine Zugkontrolle kam, aber die suchte mehr nach Männern.

Es muß für meine Mutter schlimm in Berlin gewesen sein, in dieser Einzimmerwohnung. Bei den Bombenangriffen, die da nun ständig kamen, ist sie immer durch die Stadt gelaufen, denn in die Keller durfte sie ja nicht. Sie holte sich wohl weiter die Mäntel, um sie zu füttern, aber sehr geschickt im Handwerklichen war sie nicht. Die Angst meiner Mutter wirkte sich unter anderem so aus, daß sie, wie viele andere auch, lieber Nebenstraßen benutzte, wo einem nicht so viele Leute entgegenkamen und wo man mit dem Stern nicht so oft angepöbelt werden konnte oder wo einem vielleicht jemand was zusteckte. Das haben die Leute meistens nur in den Nebenstraßen gewagt.

Sicherlich ist davon auch bei mir etwas zurückgeblieben. Nicht so sehr ein Mißtrauen den Leuten gegenüber, aber doch eine gewisse Zurückhaltung, die Schwierigkeit, nicht so sehr aus sich herausgehen zu können, nicht so gesellig zu sein. Das war besonders in den Jahren nach dem Krieg so, aber es hat sich bis heute gehalten. In meiner jetzigen Funktion als Vorsitzender der Jüdischen Gemeinde kann ich gar nicht ablassen, auch zu repräsentieren, aber ich bemühe mich, nicht vordergründig in den Blickpunkt zu geraten, mich nicht noch in die erste Reihe zu drängeln, damit mich auch jeder sehen kann. Oft habe ich auch nicht genügend seelisches Vermögen, eine Widerspruchssituation mit Vehemenz anzugehen. Andererseits sage ich manchmal, nicht aus Überheblichkeit, sondern aus irgendeiner Überzeugung heraus, in der Gemeindevertretung zum Beispiel plötzlich: »Hier diskutiere ich nicht länger!« Da habe ich schon Vorwürfe bekommen, daß dies oder jenes nicht richtig liefe und es meine Schuld sei. Das ist schon ein Mangel, das weiß ich, aber es fällt mir manchmal wirklich schwer, das abzustellen.

Wir wohnten in Spiegelberg, ganz in der Nähe von Neustadt, und wir lebten, wie man so schön sagt, in der Höhle des Löwen. Das Zimmer, das mein Vater zugewiesen bekam, war beim Gutsverwalter, im ersten Stock. Nebenan wohnte die Tochter des Gutsverwalters. Das war ein BDM-Mädchen. Der Sohn war bei der SS. Sie waren stramme Nazis, aber meine Mutter, wenn sie kam, trug ja nicht den Stern. Ich bin sogar eine Zeitlang in die Schule gegangen, hab mich einfach mit in eine Klasse gesetzt, weil mein Vater dieses ständige Fragen, warum der Junge zu Hause sitzt, nicht ertragen konnte.

Belastet hat mich die systematische Erziehung meiner Eltern zum Schweigen. Nichts den anderen erzählen. Wenn ich gefragt würde, warum wir mit der Lebensmittelkarte nicht in Neustadt angemeldet seien, sollte ich immer sagen, wir kriegen die Karten in Berlin. Die holt meine Mutter ab. Also ein konsequentes Falschaussagen, wenn gefragt wurde.

Dennoch muß ich sagen, daß mir die Jahre in Neustadt in

keiner so trüben Erinnerung sind. Das ist vielleicht für einen anderen gar nicht nachvollziehbar. Es war eine freundliche Umgebung. Wenn man durch die Wiesen ging, konnte man die Pferde sehen. Ich bin mit meinem Vater manchmal in die Wälder gegangen, um das Essen ein bißchen aufzubessern, und wir haben Pilze gesucht. Wir haben auch mal Kirschen geklaut. Dann habe ich mich häufig bei den französischen Zwangsarbeitern aufgehalten, die auf einer Halbinsel zwischen den beiden Dossearmen ihre Hütten hatten. Sie mußten in einer Mühle arbeiten. Ich hab in Neustadt sogar mit deutschen Kindern gespielt, was ich in Berlin nicht konnte.

Meine Mutter ist dann ohne Stern im März 1945 endgültig nach Neustadt gekommen. Als die Rote Armee endlich eintraf, ist sie zur Kommandantur gegangen und hat nach einem jüdischen Offizier gefragt. Sie sagte, sie sei Jüdin und hier sei ihre Kennkarte. Ein Oberst hat die Karte genommen, auf die Erde geschmissen und gesagt: »Du bist eine Betrügerin. Du hast dir das angeeignet.« Aber sie hat ihre ganze Geschichte erzählt, und schließlich hat er ihr geglaubt und einen jüdischen Offizier gerufen. Er hieß Friedmann und war der Verpflegungsoffizier. Seine ganze Familie war in Babi Jar umgekommen, und er hat nicht nur uns überschüttet mit Essen, sondern alle Kinder dort. Meine Mutter hat immer gesagt: »Friedmann, die Nazis haben deine ganze Familie umgebracht!« Und er hat geantwortet: »Die Kinder können nichts dafür. Das waren die Eltern! Mit den Kindern muß man leben, sie werden die Neuen sein.«

Die Familie des Gutsverwalters hat sich mit Zyankali vergiftet, es waren wohl vierundzwanzig Leute, bis zu den kleinen Kindern, die sehr lieb waren. Sie saßen alle am Tisch und haben das Zyankali getrunken. Sie dachten, die Russen würden sonstwas mit ihnen machen.

Die Russen sagten uns übrigens, man hätte beim Bürgermeister eine Akte gefunden, wo auf Fragwürdigkeiten in unserer Familie hingewiesen wurde. Es waren bereits erste Recherchen ausgelöst worden, um dem nachzugehen. Aber im Betrieb meines Vaters hatten sie alle dichtgehalten.

Wir sind dann schließlich wieder nach Berlin zurück. Es gab für die vom Faschismus Verfolgten gewisse Vergünstigungen: die Lebensmittelkarte Nummer eins, das war ein bißchen mehr Fett, mehr Fleisch und Brot, sowie etwas Kleidung. Meine Mutter hatte ein nervöses Herzleiden zurückbehalten. Später erkrankte sie noch an Krebs. Sie wurde schließlich berentet und bekam monatlich dreihundertsechzig Mark. Als mein alter Herr, er ist heute zweiundachtzig, das erste Mal über vierhundert Mark verdiente, war das ein Ereignis.

In der BRD gab es eine sogenannte Wiedergutmachung. Alle »Sternträger« erhielten als einmalige Zahlung siebentausend Mark. Damals war das sehr viel Geld und bot erstmal eine Sicherheit für den Anfang. Bei uns gab es eine solche Regelung nicht, und das war für viele Juden ein Grund, in den Westen zu gehen. Wir erhielten hier Unterstützung durch bevorzugte Wohnungszuweisung, besondere medizinische Betreuung, später auch durch niedrige Rentenaltersfestlegungen, bei Frauen mit fünfundfünfzig, bei Männern mit sechzig Jahren. Aber sich mit einen VdN-Ausweis vorn an die Schlange vor einem Laden zu stellen, haben wenige in Anspruch genommen. Sie wollten nicht auffallen.

Ich arbeitete nach meinem medizinischen Staatsexamen Anfang der sechziger Jahre in einer VdN-Ärztekommission und habe jede Woche etwa zehn, zwölf Nachuntersuchungen miterlebt. Da habe ich ein bißchen Einblick bekommen in die sogenannten erlebnisbedingten psychischen Verfolgungsschäden, sowohl bei denen, die aus einem KZ kamen, als auch bei denen, die in der Illegalität oder in einer »privilegierten Ehe« überlebt hatten. Eine Gruppierung, die besonders schlimm dran gewesen war, waren die politisch Verfolgten mit Einzelhaft und Dunkelzelle. Sie litten oft unter Angstträumen und Schlafstörungen mit Alpträumen aus der damaligen Zeit. In der DDR haben sich diese Krankheitszustände aber schneller gelegt, aus einem ganz bestimmten Grund: In der BRD mußte bei allen Nachuntersuchungen immer wieder der Nachweis geführt werden, daß die derzeitige gesundheitliche Schädigung eine unmittelbare Folge der Verfolgungszeit war. Die DDR hat in dieser Frage eine großzügigere Lösung gefunden. Sie hat nach diesen Dingen nicht mehr so gezielt gefragt, sondern den Gesundheitszustand eingeschätzt, es sei denn, es bestand aus der Sicht des Fachbereiches Neuropsychiatrie der Eindruck, eine therapeutische Hilfestellung wäre angebracht. Im Westen mußten die eingesetzten Ärzte auch oft noch gegen die staatliche Institution ankämpfen, indem sie immer wieder den Beweis erbringen mußten, dieser Mensch hatte seine Leiden tatsächlich aus der Nazizeit. Das war manchmal ein Kämpfen um die Rente. Ich weiß von meiner Tante, die heute in Amerika lebt, daß sie lieber auf eine Unterstützung verzichtete, als sich jährlich zur Untersuchung vorstellen zu müssen. Allerdings ist deshalb diese Problematik, die »Psychiatrie der Verfolgten«, in der Fachliteratur der DDR bisher auch nicht so aufgearbeitet worden wie in anderen westlichen Ländern.

In der Psychotherapie gibt es zwei Therapieformen: die eine ist die aktive Bewältigung und Auseinandersetzung, die andere die zudeckende Therapie. Das Aufarbeiten, sich mit der Sache auseinandersetzen, stellt sicherlich eine heilsamere und auch nachhaltigere Reaktion dar. Bei den rassisch Verfolgten, den Glaubensjuden, ist der Versuch des Zudeckens häufiger anzutreffen als bei den politisch Verfolgten, die immer gefordert waren, sich stärker auseinanderzusetzen. Sie waren nicht bloß passive Erdulder, sondern entwickelten in sich einen aktiven, ankämpfenden Faktor. Das hat ihnen auch die Bewältigung des Erlebten in vielerlei Hinsicht leichter gemacht, während die andern vieles in sich hineingefressen haben und häufig heute noch immer nicht darüber hinweg sind. Sie reagieren übersensibel auf bestimmte Dinge, bei denen die Umwelt gar nicht weiß und nicht versteht, warum sie so reagieren. Wenn zum Beispiel das Wort Jude fällt, können sie dies sofort als Diffamierung fehldeuten, was in unserem Lande dazu geführt hat, daß man den Begriff Jude ungern öffentlich in den Mund nahm, daß selbst in der Geschichtsbetrachtung dann eher von »jüdisch herkünftig« oder ähnlichem gesprochen wurde. Ich erinnere mich an die Reaktion meiner Mutter, als einmal jemand »Judenfriedhof« sagte, daß sie es als Angriff empfand, ihn nicht als »jüdischen Friedhof« zu bezeichnen.

Man muß immer auch sehen, in welchem Lebensalter der einzelne den Verfolgungen ausgesetzt wurde. Bei damals Zwanzigjährigen sind sie natürlich zum zentralen Erlebnispunkt geworden und überdauern oft bis in die Gegenwart. Eigentlich existiert nichts anderes als das damals Erlebte. Sie kommen immer wieder auf dieses Thema zurück, und die Umwelt ist nicht immer geneigt, diese Auseinandersetzung zu führen. Deshalb reagieren sie dann häufig aggressiv, weil sie unbedingt erreichen wollen, daß man sie annimmt, daß die Umgebung es nun endlich einmal zugestehen müsse. Wir haben das zum Beispiel im letzten Jahr erlebt in der Berichterstattung unserer Medien über Israel, wo wir dann sagten: »Guckt doch heute mal in die Zeitungen, da steht doch schon fast gar nichts mehr drin!« Aber das wird von ihnen gar nicht wahrgenommen, weil es nicht wahrgenommen werden will, sie wollen, das betrifft auch Genossen, die überzogene Antiisraelpolemik der Zeitungen einfach noch als Antisemitismus deuten und kommen davon nicht weg, obwohl vieles inzwischen korrigiert wurde.

Neurotische Fehlentwicklungen sind auch Fehlentwicklungen durch die Einwirkung äußerer Umstände. Die Aufenthalte im KZ, im Zuchthaus, in der Illegalität oder Emigration waren oft so gravierend, daß sie natürlich zu psychischen Veränderungen und Verbiegungen geführt haben. Eigentlich hätten viele einer intensiven psychotherapeutischen Behandlung bedurft, aber der kleinste Teil hätte eine solche psychotherapeutische Behandlung überhaupt angenommen, schon gar nicht von einem Kollegenkreis deutscher Mediziner. Und es gab natürlich auch Unvermögen bei den jungen Nachkriegsmedizinern, sich mit dieser Thematik der Verfolgten zu identifizieren und dafür ausreichendes Verständnis aufzubringen, nicht zu denken: Was redet der immer noch von seiner Dunkelhaft, was redet der immer noch von seinen Ängsten. Das ist so lange her! Wir bräuchten für diese Psychotherapie spezialisierte Leute, die sich diesem Personenkreis besonders zuwenden.

Es gibt auch Folgeschäden in der zweiten Generation, die aus dem Zusammenleben mit der Gruppe der Verfolgten herrühren. Im Gespräch mit den Kindern wurden diese Probleme fast nie ausgesprochen, obwohl die Kinder ständig Rücksicht nehmen mußten. Nur nicht fragen! Verdrängen, nicht aufarbeiten! So wurden die Kinder unbewußt auch in eine Schuldgefühlsituation hineingedrängt, um nur die Eltern nicht aufzuregen. Damit sind psychische Verklemmungen auch in der zweiten Generation entstanden. Hinzu kommt das Fehlen des Eingebettetseins in einen intakten Familienverband, weil ein Großteil der Familie der Eltern, der Großeltern nicht mehr vorhanden war. Es gab keine Großmutter, zu der man gehen konnte, keine Onkel und Tanten, die ja normalerweise wichtige Gesprächspartner sind, wenn man in der Familie oder in Freundeskreisen der Eltern zusammenkommt. Die Kinder standen dem Ganzen oft hilflos gegenüber.

Die neurotischen Schäden in der zweiten Generation sind bei uns mangelhaft erforscht, weil vielleicht bisher nicht vordergründig als Problem erkannt. Man findet diese Störungen im allgemeinen auch bei anderen, hier haben sie jedoch ganz andere Wurzeln. Die wichtigsten Symptome sind Schlafstörungen, Traumerlebnisse, Selbstwertstörungen, Depressionen, Verunsicherungen, Beziehungsstörungen, Mißtrauenshaltungen, ein sehr hellhöriges Hinhören auf Bemerkungen aus der Umwelt, sofortiges Einnehmen einer Kampfposition, Überreaktion oder verletztes Zurückziehen.

Extrem sind die Kinder betroffen, die im Konzentrationslager waren. Man konnte im Lager oft nur überleben, wenn man gegen den andern kämpfte. Es kämpfte oft jeder gegen jeden, um ein Stückchen Brot. So gab es bei denen, die überlebten, eine große Kriminalisierungsrate. Viele führten ein unstetes Leben auf der Wanderschaft nach irgendeinem Bereich oder Land, wo man glaubte, besser leben zu können. Diese Problematik sollten wir auch in der Gemeindearbeit stärker als bisher beachten.

Insgesamt lebten vor 1933 etwa 550 000 Juden in Deutschland. Mindestens ein Drittel der deutschen Juden wurde in den Lagern umgebracht, etwa zwei Drittel haben eine Emigration geschafft. Von den ehemals 170 000 in Berlin lebenden Juden sind über 55 000 in die Lager gebracht worden. 55 000 wurden jedenfalls in den Transportlisten erfaßt. Davon kamen etwa 15 000 Berliner Juden in die Alterstransporte nach Theresienstadt. Etwa 2000 sind aus diesen Lagern zurückgekommen, über ein Drittel der Berliner Juden haben nicht überlebt. Dazu kommen knapp 3000 Juden, die durch Selbsttötung aus dem Leben geschieden sind.

Als sich die Jüdische Gemeinde in Berlin wieder gründete, im Spätherbst und der Winterperiode 1945, nahmen etwa

5000 Juden Kontakt zur Gemeinde auf. Ein großer Teil kam aus dem Untergrund, etwa 2000 Juden hatten in einer Mischehe überlebt. Dazu kamen die Juden aus den Lagern oder der Emigration. Die Zahl 5000 bezieht sich auf Gesamtberlin. Davon machten diejenigen, die als Juden auch politisch aktiv waren, in der Emigration, in den Lagern, oder untergetaucht waren, einen sehr sehr hohen Anteil aus.

In das Haus am Friedrichshain, in dem wir in Berlin gewohnt hatten, war eine Granate eingeschlagen. Wir wohnten deshalb nach unserer Rückkehr zwei Jahre bei der Mutter meines Vaters. Sie hatte eine Zweizimmerwohnung und lebte allein. Das war keine problemfreie Situation.

Ich bin neu eingeschult worden, habe zwei Klassen übersprungen und kam in die 6. Klasse, damit ich altersgerecht versetzt werden konnte. 1947 haben wir dann im Frühjahr wieder eine eigene Wohnung bekommen, vorher hatte ein Nazi drin gewohnt, der nicht wiederkam. Wir haben die wenigen Möbel mit Bettstelle und Schrank dort hingebracht. Vater hat alte Röntgenfilme abgeweicht und statt Fensterscheiben eingesetzt.

Ich war sehr kontaktscheu, weil mir eingeimpft worden war, nicht mit den andern zu spielen oder irgendwas zu erzählen. Das war doch eine erhebliche Hemmschwelle, und es ist überwiegend den Spielkameraden auf der Straße zu verdanken, mit denen ich heute noch zusammenkomme, daß ich das relativ schnell überwunden habe. Ich integrierte mich voll in diese Gruppe, obwohl auch sie sehr früh wußten, daß ich jüdisch war. Ich hatte nach dem Krieg nie ein antisemitisches Erlebnis. Das war erstaunlich. Ich glaube, die Zermürbung der Bevölkerung durch die Kriegserlebnisse und Nachkriegszeit hatte eine so heilsame Wirkung, daß so etwas sehr schnell weg war. Ich war ganz in das normale Alltagsleben integriert, und es spielte zumindest für die Schulkameraden überhaupt keine Rolle.

Ich war kein überragender Schüler, Mittelmaß würde ich sagen. Weil man 1949 nicht für alle Abgänger eine Lehrstelle hatte, führte man eine Aufbauklasse ein, und ich besuchte also noch die 9. Klasse.

Erst sollte ich Optiker werden. Der Optiker ist aber republikflüchtig geworden. Dann sollte ich Goldschmied werden. Die Goldschmiede hatten aber eine Aufnahme-

Vorstand der Jüdischen Gemeinde
zu Berlin

Berlin N 4, den *24. 6.* 194*6*
Oranienburger Str. 28

Herr/Frau/Fräulein *Peter Kirchner*

geb. *20.2.1935* zu *Berlin*

wohnhaft: *Berlin N O 55, Danzigerstr. 47 III*

ist mit dem heutigen Tage in die Jüdische Gemeinde zu Berlin wieder aufgenommen
worden.

Vorstand der Jüdischen Gemeinde zu Berlin

Dokument

Peter, um 1948

prüfung. Bei einer Art psychologischem Leistungstest habe ich schlecht abgeschnitten.

Die anderen aus meiner Umgebung gingen in die Schinkeloberschule. Sie sagten: »Mensch, warum gehst du denn nicht weiter zur Schule? Komm doch zu uns.« Ich sagte: »Ich hab ja keine Zulassung.« Und sie: »Das fällt gar nicht auf!« Also bin ich in diese Schule wieder in die 9. Klasse und habe vierzehn Tage, immer wenn der Lehrer die Schüler aufgerufen hat und mein Name nicht kam, gesagt: »Sie haben mich vergessen.« Bis der Lehrer mich tatsächlich eingeschrieben hat. Als meine Eltern in der Schule anfragten, sagte man ihnen, die Schinkelschule sei voll. Aber ich stand dann im Klassenbuch, und das wurde im nachhinein tatsächlich sanktioniert. Dadurch habe ich die 9. Klasse zweimal gemacht und mit neunzehn erst mein Abitur. Auch in der Klasse wußte jeder, daß ich Jude war, ohne daß es darüber breite Diskussionen gegeben hätte.

Wir hatten noch ein paar Lehrer aus der Zeit, wo die Schule altsprachliches Gymnasium für Knaben war, darunter einen alten jüdischen Lehrer, der nach dem Krieg wieder zu unterrichten angefangen hatte, Moritz Baum. Er gab Latein und Griechisch. Wir waren ja eine Klasse mit naturwissenschaftlicher Ausrichtung. Dann kam ein neuer Lehrer, Franz Beil, der Biologie lehrte und mit Anatomie und dem Aufbau des menschlichen Körpers begann. Das hat mich plötzlich wahnsinnig interessiert. Mein Vater war im Krieg Sanitäter gewesen und hatte auch einige alte Medizinbücher zu Hause. Meine Tante, die inzwischen in Amerika war, schrieb: »Ihr müßt unbedingt nach Amerika kommen. Den Ärzten geht es hier am besten!« Damals kam die Idee, Medizin zu studieren. Von der 9. Klasse an habe ich mich dann ganz systematisch darauf ausgerichtet und nach dem Abitur sofort das Medizinstudium an der Humboldt-Universität aufgenommen.

Meine jüdische Erziehung begann erst nach dem Krieg. Ich kann mich noch erinnern, daß wir zu Gottesdiensten in die knallvolle Synagoge in der Rykestraße gingen, wo man unten noch auf Gartenstühlen sitzen mußte, weil keine richtige Einrichtung vorhanden war. Die Synagoge war während der Nazizeit als Lagerhalle und zum Teil als Pferdestall entweiht und mißbraucht worden. Die alten

Peter Kirchner (rechts) mit Freunden, um 1953

Männer, die oftmals sehr orthodox waren, gingen am Jom Kippur nicht nach Hause, sie brachten ihre Hausschuhe und Kissen mit und verbrachten die Nacht betend und ein bißchen schlafend in der Synagoge.

Dann haben sie auch mit dem Religionsunterricht begonnen: Riesenburger, Hecht und Moritz Baum, mein Latein- und Griechischlehrer an der Schinkelschule. Die Orientierung auf die Gemeinde geschah unter der Hand natürlich auch, weil es dort besondere Lebensmittelzuwendungen gab. In der Nachbarschaft lernte ich einen Jungen kennen, Baruch Pöthke. Die Mutter hatte ihn als »uneheliches Kind« über diese Zeit gebracht. Er war vier Jahre älter als ich und ein Sprachgenie, er konnte Französisch und Hebräisch und hat den Gottesdienst im Altenheim gemacht. Mit ihm ging ich dann immer zur Synagoge. Er war das Vorbild für mich. Wir waren damals zwanzig bis fünfundzwanzig Jungen, die von Riesenburger, Hecht und Moritz Baum systematisch auf die Barmitzwa vorbereitet wurden. Der Unterricht fand auf dem Hof der Synagoge in einer Baracke statt. Wir mußten eisern lernen. Zusätzliches Druckmittel war ein Brief an meine Mutter: »Wenn Ihr Sohn nicht regelmäßig zu

Peter Kirchner, 1958

den Unterrichtsstunden erscheint, wird er von den Care-Paket-Ausgaben ausgeschlossen!«

In der ersten Zeit war bei mir und den anderen Jungen ein reines Gekicher und Gegacker, wenn wir in der Synagoge saßen. Dieses Sich-Schütteln und Nach-vorne-Beugen, Vor-sich-Hinmurmeln und Halblaut-Mitsprechen und manchmal auch den Kantor verbessern, falls der nicht den richtigen Einsatz fand, den man überhaupt nicht kapierte, war zuerst etwas furchtbar Lächerliches für uns. Baruch war da sehr viel ernster, er hat immer gesagt: „Bist du jetzt ruhig!« und mich, wenn mir das Gebetbuch runterfiel, damit erschreckt, daß er sagte: »Jetzt mußt du einen Tag lang fasten! Das ist etwas Heiliges, das darf man nicht fallenlassen! Wenn du eine Thora-Rolle fallen läßt, mußt du eine ganze Woche fasten. Sieh dich vor!« Ich habe die biblische Geschichte mit all ihren Überlieferungen dann mit

383

der Zeit sehr ernst genommen und auch gelernt. Und sie haben sich sehr viel Mühe gegeben, alles mit uns durchzusprechen, vorwiegend in Deutsch natürlich, nicht, wie in der ursprünglich orthodoxen Kinderschule, nur in Hebräisch. Hecht war aus Auschwitz zurückgekommen und versuchte, den jungen Leuten etwas von den orthodoxen Traditionen, die zum Teil aus dem polnisch-jüdischen Kulturkreis kamen, zu vermitteln. Aber es war auch eine Rückbesinnung auf das, was einstmals dazugehörte. Auch ein paar ältere Juden haben mir geholfen. Ich habe ihre Hinweise eigentlich mit sehr viel Ernst und Engagiertheit angenommen. Damals war ich etwas traurig, daß mein Vater kein Jude war und nicht im Gottesdienst aufgerufen werden konnte. Und ich dachte auch, vollwertig bist du doch nicht.

Meine Mutter war bestimmt keine fromme Jüdin. Sie hatte in der Nazizeit nur Wert darauf gelegt, daß ich die Abendgebete sprach, aber in Deutsch. Sie sagte mir, man muß zum lieben Gott beten. Das hat in der Zeit der Verfolgung schon eine Rolle gespielt. Es hat mir später vielleicht auch den Einstieg erleichtert, dieses Gefühl mit dem Ritual zu verbinden und diesem dadurch sehr viel mehr Inhalt zu geben. Erst nach dem Krieg war es ja wieder möglich, mit dem Glauben mehr zu leben. Damals bin ich regelmäßig in die Synagoge gegangen. Zum Schabbesausgang wurde noch einmal eine Kerze entzündet und in einem Glas Wein die Kerze ausgelöscht, das Licht des Sabbat, das verlosch am Übergang zu einer dunkleren und trüberen Woche. Das wurde jeden Sonnabend gemacht. Dazu gab es immer belegte Brötchen und zwei Leberwürste vom jüdischen Schlächter in der Danziger Straße, der heutigen Dimitroffstraße. Das war ein sehr geschickter Schachzug. Wenn die Kinder zum Beispiel zum Gottesdienst kamen, saßen die älteren Männer in der Ecke, und der alte Ehrenwert etwa hatte vor sich russisches Konfekt oder irgendwelche Süßigkeiten. Dann zog man an ihm vorbei und bekam von Ehrenwert mit seinem weißen Bart, wie ihn die alten frommen Juden tragen, einen Bonbon oder ein Stück Schokolade in den Mund gesteckt. Danach stellten wir uns ein zweites Mal hinten an, damit wir noch einmal ein Stückchen Schokolade bekamen. Später war das dann nicht mehr

Peter zur Barmitzwa, 1948

notwendig, man hat nicht mehr auf die Schokolade geachtet, ist aber trotzdem dabeigeblieben.

Als ich dann Medizin studierte, fragte Rabbiner Riesenburger mich eines Tages, ob ich, weil ich eigentlich Chirurg werden wollte, bereit wäre, für die Gemeinde die Beschneidungen durchzuführen. Ich sagte ja. Und heute sind die Jungen, die ich damals beschnitten habe, auch schon wieder Väter und schicken mir ihre Kinder zur Beschneidung. Ich mach das heute noch, wenn es sein soll.

Religionsgesetzlich heißt es, daß Gott zu Abraham gesagt hat, er solle die Beschneidung vollziehen, an seinen Kindern und allen Nachgeborenen zum Zeichen des Bundes mit Gott. Persönlich war ich immer der Auffassung, daß dem hygienische Überlegungen zugrunde lagen, weil der Penis ohne Vorhaut vielleicht stärker vor Krankheiten bewahrt ist.

Mit dem Glauben an Gott ist das immer ein bißchen schwierig, weil er sich im Zwiespalt zu naturwissenschaftlichen Erkenntnissen befindet. Die Unendlichkeit des Universums zum Beispiel ist eine naturwissenschaftlich bewiesene Tatsache, und trotzdem existiert unterschwellig etwas, das ich vielleicht nicht verständlich beschreiben kann, der Glaube, daß es irgend etwas über dem Ganzen gibt. Nicht, wie im Christentum, eine vorstellbare Gott-Vater-Figur, eine personifizierte Gestalt, die oben in den Wolken sitzt und nach unten schaut und sich überzeugt, daß alles seinen rechten Weg geht. Aber ich glaube, auch in der naturwissenschaftlichen Erkenntnis braucht der Mensch etwas, an das er sich hält. Entweder ist er so stark in seiner Gesellschaftsbezogenheit, daß etwa die im Parteibuch vorgegebene Richtlinie für ihn verbindlich ist und Glaubensersatz darstellt, oder er hält sich an diese imaginäre, nicht faßbare Figur. Manch einer wird lächeln, wenn ich sage: »Ich glaube an Gott«, obwohl ich ihn nicht beschreiben und auch nicht umreißen kann. Vielleicht ist es ein Ausweichen, wenn ich mich auf diese Position zurückziehe. Das geschieht besonders in kritischen Situationen, in denen man sich sagt: Also hier muß ich mit irgend jemandem Zwiesprache führen. Es ist das Bemühen, Hilfe, Zuflucht, Schutz und Unterstützung zu finden, vielleicht auch Klarheit, durch inneren Dialog. Wenn es dann zu einer positiven Entwicklung kommt, dann wird dies vielleicht ihm zugeordnet. Vielleicht ist das belächelbar. Vor mir selbst versuche ich das nicht immer wieder zu analysieren. Das gibt mir zumindest bis heute, bis zum 54. Lebensjahr, eine gewisse innere Ruhe. Andere würden sagen, wie im autogenen Training eine hypnotische Stabilisierung, die man sich, wenn Unsicherheiten entstanden sind, irgendwo herholt, um schwierige Fragen zu entscheiden.

Meine hebräischen Kenntnisse sind schlecht. Aber ich lese mir eine deutsche Übertragung des Alten Testaments durch oder andere Schriften, um mir klarzumachen, wie brillant dort schon gesellschaftliche Zusammenhänge, aber auch menschliche Verhaltensweisen beschrieben sind. Und letztlich möchte man vielleicht auch Hinweise finden. Es wird immer wieder beschrieben, daß alles schon mal in dieser oder jener Form vorhanden war und wie man aus einer Sache durch Vertrauen oder Beharrlichkeit herauskommt. Manchmal bleibt auch Hilflosigkeit. Es muß dann nicht immer das Buch Hiob sein, es gibt vieles andere, wie zum Beispiel das Buch Ester. Sie zeigen: Die Beharrlichkeit und die Anerkennung von positiven Verhaltensweisen und geleistetem Guten werden sich irgendwo doch wieder niederschlagen. Das wird in einer sehr berührenden Art und Weise erzählt. Aber so tiefgründig sind meine Auseinandersetzungen mit Gott wahrscheinlich dann doch nicht.

Daß so viele sagen, ich kann nach Auschwitz kein gläubiger Jude mehr sein, weil Gott das zugelassen hat, kann ich verstehen. Die Orthodoxen sagen: Es war ein Zeichen der Prüfung. Gott wollte zeigen, daß er die Welt in die Hände der Menschen gibt, und sie sollen die Welt selbst bestellen. Er wird sich nicht bis ins Detail hineinmischen. Er läßt sie ihre Konflikte durchleben mit all ihren Nachteilen für sie selbst, auch wenn sie blutig und furchtbar sind, um sie zu der Erkenntnis zu bringen: Ähnliches darf sich nicht wiederholen! Die Menschen müssen alles tun, daß sich solch eine Konfliktsituation nicht mehr entwickeln kann. Nicht Gott bringt die Erlösung, sondern die Menschen müssen durch Veränderung ihrer selbst oder ihrer Umgebung, ihres Miteinanders und ihrer gesellschaftlichen Gegebenheiten dazu beitragen, solche Entwicklungen auszuschließen.

Das Nichtgreifbarsein des jüdischen Gottes richtete sich ursprünglich gegen das Verehren primitiver Götzenbilder und reicht durchaus in die gegenwärtige Situation, in der die Vergötzung von Machtfiguren einzelner Herrschaftssysteme abgelehnt wird. Das Gegenständliche wird ersetzt durch eine sehr viel umfassendere Idee. Es geht gegen das primitive Unterordnen unter die Gewalt einer aufgestellten Figur. Die Selbstverantwortung des Menschen wird damit erhöht. Man kann also nicht sagen, der oder der hat das und das gesagt, und ich muß dieses auch tun. Leider schließt das übrigens nicht aus, daß Religionsausübung in der Synagoge nach festgefügter Lithurgie mit immer wiederkehrenden Textpassagen, Mitbeten und Mitsingen von Abschnitten oft zu einer bloßen und nicht mehr mit Inhalt gefüllten hohlen Geste werden kann. Dieser Gefahr muß man begegnen, weil der einzelne die Rituale sonst nur noch auswendig und ohne emotionale Aufbereitung nachvollzieht. Gott hat den Menschen die Welt gegeben und gesagt, tu etwas mit dieser Welt und werde mit ihr fertig. Versuche, das Bestmögliche aus ihr zu machen. Ich gebe dir zehn Gebote, nach denen du dich dabei richten kannst. Das ist heute immer noch die Grundidee und vielleicht die einzig mögliche Form, mit dem Verzweifeln der Menschen fertig zu werden, wenn sie zum Beispiel fragen, wie Gott es zulassen konnte, daß sechs Millionen Juden von den Nazis umgebracht wurden! Das hätte er doch verhindern können! Er hat damit der Welt vor Augen geführt, wohin menschliche Denkweisen führen können, wenn sie so barbarisch entgleisen.

Ob diese Interpretation ausreichend für jeden sein kann, ist schwierig zu sagen. Doch sie enthebt nicht, und das ist das Entscheidende, diejenigen, die diese Verbrechen begangen haben, der eigenen Verantwortung für das, was sie taten. Das bedeutet aber auch, daß die Kinder und Kindeskinder für das verbrecherische Handeln der Erstgeneration nicht zur Verantwortung gezogen werden können. Es gibt also nicht so etwas wie eine »Erbsünde«, wie man sie im Christentum kennt. Es gibt deshalb aber im Grunde genommen auch keine Anbetung Gottes durch Niederknien, Sich-Erniedrigen, wie zum Beispiel im Katholizismus, sondern wir gehen sehr stolz von der Grundposition aus, wir sind eigenständig, wir wissen, daß es Gott gibt, daß wir uns vor Gott zu verantworten haben, aber wir ordnen uns nicht bis ins Letzte unter, sondern leben eigenständig nach unseren Vorstellungen in dieser Welt.

Außerordentlich wichtig in der jüdischen Kultur und Religion sind die zehn Gebote, die damals das Miteinander einer Bevölkerungsgruppe, die durch die Wüste zog, regeln sollten. Daraus ist die absolute und exakteste Kurzformulierung aller Gegebenheiten im Miteinander der Menschen überhaupt entstanden. Die Gebote beginnen mit den drei Hinweisen, die sich auf Gott beziehen: daß Gott ein einziger Gott sei, daß man neben ihm keine andern Götter haben und sich kein Bild von Gott machen solle. Nichts auf der Erde käme ihm in Person, Form und äußerem Gestaltungsbild gleich. Dann: du sollst Vater und Mutter ehren, ein Grundwert, der das Verhältnis der Kinder zu ihren Eltern regelt. Weiter: Du sollst nicht töten! Du sollst nicht ehebrechen! Du sollst nicht stehlen! Du sollst nicht lügen! Das sind grundlegende Pflichten, die auch im bürgerlichen Gesetzbuch Eingang fanden, in vielfältiger Form ausgearbeitet und noch genauer formuliert wurden, fundamentale Richtlinien menschlichen Zusammenlebens, die nachgewiesenermaßen eben in alter Zeit niedergeschrieben worden sind. Dieser Sittenkodex hat in allen Gesellschaftsordnungen Gültigkeit. Daß der einzelne eine Möglichkeit findet, die Gebote zu umgehen oder in der genauen Interpretation für sich nicht in Anspruch zu nehmen, ist klar. Sie sind eine Mischung aus Utopischem und Realem.

Für mich ist das entscheidende Gebot die Bewahrung des Lebens, daß der Mensch im Umgang mit seinem Nächsten immer bemüht sein sollte, sich an dieses Grundgebot zu halten. Liebe deinen Nächsten wie dich selbst. Du sollst nicht töten. Du sollst nicht mutwillig einen anderen des Lebens berauben. Das hat sicherlich auch mit meinem Beruf als Arzt zu tun, obwohl die Wahl des Berufes nicht geprägt war durch dieses Gebot.

Ich bin kein übermäßiger Durchreißer. Aber wenn ich mir eine Aufgabe vornehme, muß ich sie auch zu Ende bringen. Als Vorsitzender der Jüdischen Gemeinde habe ich die Verpflichtung, mich für diese Gemeinde zu engagieren, in der Tradition dessen, was auch meine Mutter in ihrer bescheidenen Art darunter verstand. Mich einzusetzen für die Jüdische Gemeinschaft, Freiraum für sie zur Verfügung zu stellen und nicht danach zu fragen, ob es mir Orden und Ehrenzeichen einträgt. Meistens hört man nur das Kritische von anderen, die meinen, sie könnten alles besser machen. Ich bin möglicherweise nicht genügend in der Lage, andere Leute zu begeistern. Ich bin auch nicht ständig voll neuer Ideen, sondern mehr ein beharrlicher, an der Sache arbeitender Typ. Seit zehn Jahren bemühe ich mich zum Beispiel um den Wiederaufbau der Synagoge Oranienburger Straße. Immer wieder galt es, Leute zu überzeugen, daß der Satz an der Tafel der Vorderfront dieser zerstörten Synagoge, die Ruine möge erhalten bleiben, um von den Zerstörungen zu zeugen, nicht vierzig Jahre danach noch gültig für uns sein kann. Es gibt ein neues jüdisches Leben, das unsere Geschichte bewahren wird, und es ist deshalb besser, die Synagoge wieder aufzubauen.

Regelmäßig jeden Freitagabend gehe ich nicht in die Synagoge. Ich brauche nicht unbedingt die religiöse Gemeinschaft. Unsere Gottesdienste sind ja nicht sehr erhaben. Vom Äußeren her könnten sie oft noch besser gestaltet werden. Ich neige dazu, mich zurückzuziehen. Befriedigend ist für mich das Häusliche. Wenn ich mit meiner Familie im Sommer auf unserem Grundstück bin, mag das für die Leute ein bißchen komisch wirken, wenn wir am Freitagabend mit einem Käppchen im Garten sitzen und auf dem Tisch die Lichte zu stehen haben und an der Tafel den Segensspruch über Brot und Wein sprechen. Doch für uns ist das der besondere Höhepunkt der Woche in der Familie, in dem Ruhe eintritt, zu dem auch unser Sohn immer noch mal nach Hause kommt, um an diesem Abend bei den Eltern zu sein, wenn er auch nicht mehr zu Hause wohnt. Das ist schon etwas sehr Berührendes, weil jeder oft nur noch seinen eigenen Bereich sieht und das Verbindende in dieser kleinsten Zelle der Gesellschaft häufig gar nicht mehr da ist.

In meiner Position erwartet man natürlich von mir, daß ich oft zu den Gottesdiensten gehe. Aber wenn vorn der Vorbeter vorbetet und die Leute sich unterhalten, wie das so üblich ist, habe ich nicht sehr viel davon. Während der hohen Feiertage sitze ich in der Synagoge mit meinem Sohn zusammen, nicht neben irgend jemanden, weil ich sage, wenn ich schon hingehe, dann soll's auch dem Anlaß zugeordnet sein und nicht, weil man sich freut, jemanden zu treffen, mit dem man sich unterhalten kann. Ich halte das für eine Unsitte.

Zu den Eigentümlichkeiten des jüdischen Lebens gehören auch seine Feiern und Feste. Es gibt ein jüdisches Jahr, das stark orientiert war an den Momenten des mediterranen bodenständigen, das heißt landwirtschaftlichen altisraelitischen Volkes. Der erste Höhepunkt des Jahres war damals die erste Einbringung der Ernte im Frühjahr, das war auch der erste gezählte Monat. Dabei orientierte sich dieser Monat nach dem Mondzyklus, begann also mit dem Neumond, und in der Mitte dieses Monats Nissan war das erste Erntefest. Es heißt Pessach, im christlichen Verständnis Ostern. Es erfuhr später eine religiöse Auslegung in Erinnerung an die Auswanderung der Juden aus ägyptischer Unterjochung. Es gibt zwei weitere Erntefeste. Eines bereits etwa sieben Wochen später, da wurde schon die nächste Getreideernte eingebracht. Es heißt Schawout, im christlichen Verständnis Pfingsten. Die christlichen Feste basieren sehr stark auf den jüdischen Feiertagen. Auch hier gibt es wiederum eine religiöse Auslegung. Dieses Fest wird mit einem Ereignis aus der Geschichte des jüdischen Volkes in Zusammenhang gebracht, der Verkündung der zehn Gebote am Berge Sinai. Ein drittes Erntefest ist im Herbst zur Obst- und Traubenernte. Es heißt Suckot oder Laubhüttenfest, gleichzeitig Erinnerung an die Wanderung durch die Wüste nach dem Auszug aus Ägypten. In dem Monat, in dem dieses dritte Erntefest gefeiert wird, beginnt etwa September/Oktober nach jüdischer Vorstellung das neue Jahr. Am ersten Tag des neuen Jahres begeht die jüdische Gemeinde ihr Neujahrsfest. Das ist der Monat Tischri. Der höchste jüdische Feiertag liegt am zehnten Tage nach Neujahr und heißt Jom Kippur oder Versöhnungstag. Ihm gehen nach jüdischem Verständnis zehn Tage der Buße voraus, in denen Gott entscheidet, in welches der beiden Bücher der einzelne für das kommende neue Jahr eingezeichnet wird: in das Buch derer, die sterben werden, oder in das Buch derer, die weiterleben werden. Der einzelne hat im religiösen Verständnis die Möglichkeit, in diesen zehn Tagen durch Bußfertigkeit, gute Verhaltensweisen, vorgenommene Veränderungen im Lebensstil ins Buch derer, die weiterleben werden, zu kommen, unter Umständen ein wichtiges Mittel der Selbstbesinnung und Selbsterziehung. Die göttliche Auffassung ist also nicht absolut vorgegeben, sondern kann korrigiert werden.

An jedem jüdischen Fest- und Feiertag sollen in Erinnerung an bestimmte Ereignisse Grundwerte vermittelt werden, die für die Alltagsbewältigung ihre Bedeutung haben. Pessach zum Beispiel gilt als Sinnbild des Hinausgehens aus der Knechtschaft, aus der Unterwerfung, in die Situation eines nunmehr freien, eigenständig handelnden und sich verhaltenden Volkes! Es kann als Kraftspender in Zeiten der Unterdrückung angesehen werden: Selbst wenn es uns jetzt schlecht geht, es wird einmal besser werden! Auch damals waren wir Knechte in Ägypten und sind trotzdem wieder ein freies Volk geworden. Gipfelnd in dem Satz: »Im nächsten Jahre in Jerusalem!« Heute feiern wir noch hier, aber im nächsten Jahr werden wir — symbolisch gesehen — in dem Land unserer Vorfahren, im Lande der Freiheit sein. Dies war eine Festlegung, lange bevor der Staat Israel nach dem zweiten Weltkrieg wieder gegründet wurde. Der Glaube an das Wiedererstehen eines freien eigenen Staates wurde in den Vorstellungen der gläubigen Juden über die Jahrhunderte auf diese Weise bewahrt. Diese Feiern und Feste werden nur noch von wenigen Juden eingehalten, zumindest bei uns. Aber es gibt Rabbiner, die das günstiger sehen und sagen, wenn sie nur dreimal im Jahr kommen, zeigt es, daß sie letztlich der Gemeinschaft nicht vollends verlorengegangen sind.

Was mich stört, ist ein vordergründiges Liebäugeln mit Gläubigkeit, wenn Leute so tun, als seien sie wer weiß wie gläubig, und man weiß, daß gar nichts dahinter ist. Sie tun es, weil es opportun ist zu sagen, ich bin ein Jude, und sie wollen sich selbst ein bißchen aufwerten mit irgend etwas, was dem Judentum positiv angedichtet wird. Mir wäre dann lieber, man sagte, ich fühle mich dem Judentum geschichtlich nah, ich fühle mich ihm traditionell verbunden, weil es mir aus den Berichten der Eltern oder aus der Erlebniswelt meiner Kindheit etwas bedeutet, aber ich kann dem, was mir an Gläubigkeit abverlangt wird, heute nicht mehr entsprechen.

Wo sich in den christlichen Kirchen vorn häufig der Altar

befindet, gibt es in der Synagoge den heiligen Schrein. Er ist eine Nachbildung der in der Bibel beschriebenen Bundeslade, worin schon die Kinder Israel bei ihrem Auszug aus Ägypten, nachdem sie vom Propheten Mose die zehn Gebote erhalten hatten, die Thora durch die Wüste getragen haben. Die Thora sind die fünf Bücher Mose, in althebräischer Quadratschrift fehlerfrei auf Pergamentrollen geschrieben, die dreißig Meter lang sind.

Der Gottesdienst ist nach einer festgelegten Ordnung aufgebaut. Am Sonnabend und den Feiertagen, im Vormittagsgottesdienst und so weiter werden bestimmte Stellen aus der Thora vorgelesen, ein Wochenabschnitt oder der entsprechende Feiertagsabschnitt. Er ist in sich unterteilt und muß nach Aufruf von fünf, sechs, sieben oder acht männlichen Mitgliedern vorgelesen werden. Der Rabbiner, soweit vorhanden, hält dann meistens eine Rede, in der er in der Landessprache, bei uns also in Deutsch, versucht, die Thorastellen verständlich zu machen und gegenwärtig zu interpretieren.

Daß der Gottesdienst in Hebräisch erfolgt, ist eine Überlieferung, weil in alttestamentlicher Zeit die Thora in hebräischer Sprache aufgeschrieben wurde. Das Althebräische ist das sprachlich Verbindende im Judentum, es wird zur gleichen Zeit auf der ganzen Welt in den Jüdischen Gemeinden verwendet. Wo immer man zu einem in der Welt stattfindenden Gottesdienst am Freitagabend geht: wenn man Hebräisch beherrscht, kann man ihm folgen. Das hat mit Sicherheit dazu beigetragen, daß das Judentum über die Jahrhunderte, fast Jahrtausende, existent geblieben ist, daß es nicht aufgegangen ist in der christlichen Umwelt. Es gibt darüber hinaus zwei Alltags-Sprechsprachen des Judentums, je nach Hauptzuwanderungsgebiet in der Diaspora: das Sephardische, spanisch eingefärbt, und das Jiddische, mittelhochdeutsch eingefärbt. Als die Juden aus der Diaspora nach Palästina zurückkehrten, setzte sich in Israel das Althebräisch durch, aber mehr in der fortentwickelten Form des Sephardischen, durch eine Vielzahl moderner umgangssprachlicher Worte ergänzt, wie zum Beispiel Straßenbahn, Autobus oder Flugzeug. Die heutige Umgangssprache des Staates Israel ist inzwischen eine sehr modernisierte Sprache.

Natürlich erschwert das Althebräische den Zugang zu unserem Gottesdienst, für den, der es nicht beherrscht. Die Frage, warum der Gottesdienst bei uns heute noch in Althebräisch erfolgt, wo doch vor 1945 in den Reformgemeinden bereits Deutsch gesprochen wurde, ist berechtigt. Persönlich haben mir Gottesdienste in reformierten Gemeinden in England oder in Holland, die zum Teil landessprachlich waren, sehr nahegestanden, auch das gemeinsame Sitzen der Familie in der Synagoge und nicht die Trennung der Männer auf der einen und die Frauen auf der anderen Seite, auch das Singen eines Chores und das Spielen einer Orgel, das es bei uns nicht gibt, sowie die Straffung des Gottesdienstes. Auf der anderen Seite muß ich mich dem Wunsch unserer Gemeinde beugen. Der Rückfall in eine gewisse Orthodoxie nach 1945 war bei uns zum Teil mitgetragen durch den ersten Rabbiner, der in unserer Gemeinde amtierte. Außer Riesenburger war damals auch Munk gekommen. Munk war Rabbiner einer orthodoxen Gemeinde dieser Stadt, die neben der Hauptgemeinde existiert hatte und die 1939 von den Nazis zerstört worden war, indem man sie gewaltsam auflöste und die Mitglieder in die Emigration trieb oder später in die Vernichtungslager. Die orthodoxen Vorstellungen sind auch aus diesem Erlebnis der Verfolgung zu verstehen, als verstärktes Rückbesinnen auf die Tradition. Es war mehr ein selbstangenommenes orthodoxes Verhalten, um sich auch deutlicher vom Christlichen zu unterscheiden. Heute müssen wir, wie andere Religionen auch, in der modernen Industriegesellschaft mit ihren vielfältigen Möglichkeiten des Zusammenkommens und attraktiverer Gegebenheiten neue Formen suchen. Die christlichen Gemeinden, besonders die evangelischen, haben hier sehr viel schneller reagiert. Um Begegnungsstätte zu bleiben, haben sie mit Erfolg versucht, ihre Arbeit, auch den Gottesdienst, zeitgemäßer, angepaßter und jugendattraktiver zu gestalten. Auch in der jüdischen Gemeinschaft wird darüber auf Dauer nicht hinweggesehen werden können. Das erste wird eine Verkürzung des Gottesdienstes sein und vielleicht auch eine bessere Verständlichmachung, weil den meisten Hebräisch verschlossen bleiben wird. Auf der anderen Seite erwartet man natürlich gewisse kleinere Opfer, die dem einzelnen auferlegt werden. Er soll wenigstens in der Lage sein, abschnittsweise Hebräisch beten oder mitlesen können, um sich zu unterscheiden von anderen religiösen Gepflogenheiten. Es ist ja so, wenn man heute in eine christliche Gemeinde kommt, etwa zu Pfarrer Hildebrand, dem Vorsitzenden der Arbeitsgemeinschaft Christentum/Judentum, gibt es dort bereits häufig den Bezug auf den einzigen Gott, auf das Jüdische, so daß man sich sagt, eigentlich kann man sich auch dort ganz wohl fühlen. Trotzdem ist es kein Ersatz für einen eigenständigen jüdischen Gottesdienst. Das ist für uns ein sehr, sehr schweres Problem, über das wir lange miteinander diskutieren und worüber man zu einem Entschluß kommen muß, auch unter dem Aspekt, daß es Brüche geben kann, wenn wir uns eines Tages wirklich entschließen: Wir machen es jetzt anders. Aber man wird nicht mit Gewalt neugewachsene Traditionen einfach verdrängen können, an denen einige hängen. In den Reformgemeinden bahnt sich heute bereits eine Revolution an, indem es auch Rabbinerinnen und sogar Kantorinnen gibt, traditionell den Männern vorbehaltene Berufe, die Reste eines Patriarchats sind.

Auch die Kopfbedeckung ist eigentlich etwas Anachronistisches im Judentum. Sie ist erst seit dem Mittelalter existent und ihm aufgezwungen worden. Häufig in der jüdischen Geschichte wird in der Umkehr das Aufgezwungene dann mit besonderer Gewissenhaftigkeit vollzogen. Die Juden mußten im Mittelalter einen Judenhut tragen, als äußere Kennzeichnung ihrer Besonderheit. Auch übrigens den gelben Fleck, der bei den Nazis zum Judenstern wurde. Der Hut gilt heute noch als Verbindlichkeit, obwohl es nirgendwo in der Bibel, im alten Testament noch im Talmud irgendwo eine Textstelle gibt, die das vorschreibt. Eine gewisse Bedeckung des Kopfes glaubt man in manchen Überlieferungen vom Tragen des Gebetsmantels aus Ehrfurcht vor Gott ableiten zu können, daß man nicht nackten Hauptes vor ihn tritt, aber es erklärt nicht, warum diese Kippa, dieses Käppchen getragen wird. In den reformierten Gemeinden in Amerika und in England wird darauf, wenn man in die Synagoge kommt, gar kein Wert mehr gelegt.

Was unser Brauchtum anbetrifft, das hier nur in groben

Zügen angedeutet werden konnte und je nach Land und speziellen religiösen Traditionen sehr unterschiedlich ist, sind noch einige Bemerkungen zum Verhältnis des Judentums zum Tod notwendig. Wie halten wir es mit der Trauer, wenn einer verstorben ist? Es gibt im Grunde genommen kein Trauerritual, das mit dem Vorwurf gegen das Schicksal verbunden ist, sondern eher ein etwas fatalistisches Sichhineinschicken. Der Herr hat gegeben, der Herr hat genommen! Der Wille des Herrn sei in Ewigkeit unangetastet! Ich kann mich als Mensch über die Entscheidung, daß dieser Mensch sterben mußte, nicht zum Richter aufschwingen. Das Gebet zur Erinnerung an den Verstorbenen, das Kaddisch, ist eine Preisung der göttlichen Entscheidung, verknüpft mit der Aussage, daß Gott auch zukünftig die Geschicke zum Guten lenken, daß für Israel und die Welt Frieden herrschen wird. Schalom heißt das letzte Wort. Es ist Ausdruck des Hoffens, daß auf Erden sich alles zum Guten wenden wird. Über den Tod soll nicht vom Menschen gerechtet werden. Die private Trauer um den Verstorbenen ist dem einzelnen damit nicht genommen, aber alle Rituale sind so ausgerichtet, daß die Gemeinde dem Trauernden, dem Hinterbliebenen zur Seite steht, um ihm über den schmerzlichen Verlust hinwegzuhelfen. Der Tote soll in den Erinnerungen und durch seine Taten, an die man erinnert, weiterleben. Nicht monumentale Grabstätten sollen für ihn sprechen, sondern seine Leistungen, was er in das gesellschaftliche Leben eingebracht hat. Die Zeremonie der Beisetzung läßt keine sozialen Unterschiede erkennen. Nach religiösen jüdischen Vorstellungen ist auch jegliches Bringen von Blumen nicht Bestandteil der Beerdigungszeremonie. Wenn es dennoch geschieht, ist es vom Umfeld übernommen worden. Anstelle von Kränzen und sonstigem sollte eine Spende für die Armen der Gemeinde gegeben werden, damit in Ehre für den, der verstarb, den Lebenden etwas zugute kommt. Das Jenseits, ein Leben nach dem Tode, wie es im Christentum zu finden ist, gibt es im Judentum nicht. Diese Vorstellungen sind im Judentum nicht formuliert. Aber ich bin nicht genügend Sachkenner aller rabbinischen Interpretationen mit ihren vielen unterschiedlichen Strömungen. Die religiösen Vorschriften besagen vielleicht das eine, die persönliche Situation des einzel-

Peter Kirchner, um 1960

nen ergibt wieder etwas ganz anderes. Sie sind abhängig
von seiner Psyche und den Prägungen, die er in seinem
Leben erfahren hat. Eigentlich will man als Jude mit einer
gewissen Gelassenheit seinen Lebensweg beschreiten,
nicht in der Angst vor dem Tod als furchtbares Hinabgleiten
in die Hölle, sondern in dem Wissen um ihn als eine Form,
die im Kreislauf des Lebens nun einmal vorgezeichnet ist.

Nach Abschluß des Medizinstudiums 1959 bin ich
damals in die Anatomie gegangen. Mein alter Lehrer hatte
mir das Angebot gemacht, bei ihm als wissenschaftlicher
Assistent zu arbeiten, und ich habe dort anderthalb Jahre in
der Ausbildung von Studenten mitgewirkt und damit eine
theoretische Approbation für das Fach erhalten. Es gab für
mich aber keinen Zweifel, daß ich nicht in die Theorie,
sondern in die Praxis wollte. Im Mai 1961 habe ich im

Krankenhaus Buch angefangen. Ich wollte eigentlich Chirurg werden, kam aber in eine ungünstige Zeit hinein, weil nach dem 13. August 1961 durch die Trennung der Stadt plötzlich eine schwierige Personalsituation entstanden war. Eine Reihe von Kollegen hatte in Westberlin gelebt. Für fünf Stationen gab es zwei Oberärzte und drei Stationsärzte. Um den Klinikbetrieb aufrechtzuerhalten, hatte man jede zweite Nacht Dienst. Ich bekam damals innerhalb kürzester Zeit dreimal ein Magengeschwür, und da riet mir der Radiologe, mir einen weniger intensiven und zeitaufwendigen Fachbereich zu suchen. So begann ich 1963 eine Ausbildung im Fachkrankenhaus Lichtenberg, im Fachbereich Neurologie/Psychiatrie. Die Promotion hatte ich schon zuvor abgeschlossen.

Für mich war dieser Umstieg gar nicht so einfach. Als ich das Staatsexamen machte, hat mir Neurologie Spaß gemacht, aber ich hatte eine Abneigung gegen das Psychiatrische. Zwanzig Jahre habe ich dann eine rein neurologische Tätigkeit ausgeübt. Das entscheidende in dieser Arbeit ist meines Erachtens die Fähigkeit des Arztes, sich auf den Patienten einzustellen. Die moderne Technik ist nur ein Hilfsmittel. Junge Leute verlassen sich heute zu sehr auf die technischen Methoden und verlernen damit das unmittelbare Umgehen mit den Patienten. Die alten Psychiater sind immer davon ausgegangen, daß sie mit dem Patienten sprechen müssen, um herauszubekommen, wo seine Konflikte liegen, und sie haben sich nicht darauf verlassen, ihn durch ein dämpfendes Mittel ruhigzustellen. Natürlich hat die moderne Psychiatrie durch die Entwicklung von Psychopharmaka eine revolutionäre Entwicklung genommen. Wir sind weg von der Bewahrpsychiatrie, wo psychisch Auffällige in der Industriegesellschaft und im Familienverband nicht mehr tragbar waren und in eine Irrenanstalt kamen, eine in sich geschlossene, mit einer Mauer umgebene Einrichtung. Mit Psychopharmaka kann man heute erreichen, daß der Patient in die Gesellschaft zurückkehren kann, zum Teil gebunden an eine Dauermedikation, aber doch wieder auf dem Wege der Rehabilitation. Auch früher gab es arbeitstherapeutische Einrichtungen in den großen Bewahrkliniken, aber der Patient blieb trotzdem innerhalb der Mauern. Das wirklich Neue ist, daß diese Mauern gefallen sind. Damit schafft man auch wieder neue Probleme, sie liegen aber nun häufig bei der Umgebung, der Einstellung des einzelnen zu dem psychisch Auffälligen, den man nicht genügend annimmt, ihn nicht als Partner im Berufsleben, als Nachbarn in der Wohngemeinschaft und so weiter duldet, sich ihm gegenüber distanziert verhält und ihm dadurch die Rückkehr ins normale Leben sehr erschwert. Die Gesellschaft muß lernen, sich gegenüber diesem Personenkreis anders zu verhalten. In den letzten zwanzig Jahren ist viel geschaffen worden, Einrichtungen für behinderte Kinder, Spezialkindergärten und anderes, aber das Wichtigste ist, Vorurteile endlich weiter zurückzudrängen, auch wenn es in Einzelfällen manchmal schwierig ist.

Ich habe, als ich 1958 während meines Studiums in der Stadtbibliothek arbeitete, meine Frau kennengelernt. Wir haben 1962 geheiratet, und 1966 ist unser Sohn Gerrit geboren worden. Meine Frau hat zu der Zeit noch ein Fortsetzungsstudium an einer Bibliothekarschule gemacht. Sie hat weiterhin in einer allgemeinen öffentlichen Bibliothek gearbeitet. Heute leitet sie unsere jüdische Gemeindebibliothek, mit der wir Ende der siebziger Jahre wieder ganz klein angefangen haben, mit etwa 1300 Büchern, und die inzwischen auf über 5000 Bücher angewachsen ist. Es existiert noch ein magazinierter Bestand, der darauf wartet, aufgearbeitet zu werden. Wir werden später die Möglichkeiten der Stiftung Judaika nutzen, daß alle Bücher in der Bibliothek mit entsprechender Computertechnik eingespeichert und katalogisiert werden.

Wir haben nicht jüdisch geheiratet. Meine Frau hatte einen jüdischen Großvater, und die Mutter durfte deshalb damals nicht heiraten, weil sie »Mischling« war. Meine Frau wurde also unehelich unter dem Geburtsnamen der Mutter 1941 geboren, und eine religiöse Bindung war nicht da. Der Großvater war überzeugter Gewerkschaftsmann und Mitglied der KPD, also ein doppelt Verfolgter. Er hat in einer Laubenpiepergegend, in der die Nachbarn ihn kannten und schützten, überlebt. Das Interesse am Judentum kam bei meiner Frau eigentlich erst in unserer Ehe.

Das Rollenverständnis von Mann und Frau war im traditionellen Judentum eindeutig definiert. Der religiöse Bereich lag beim Mann, stellvertretend für die gesamte Familie. Dazu gehörten die Verrichtung der Gebete am Morgen und am Abend, die Teilnahme am Gottesdienst in der Synagoge, die Segnung der Kinder und des Essens. Der häusliche Bereich war der Frau gegeben, auch das Richten des rituellen Essens, die Weihung der Lichter, die Erziehung der Kinder, nicht aber im Religionsunterricht. Die Frau war auf diese Weise das eigentliche Familienoberhaupt im häuslichen Bereich, zum Teil auch im Berufsleben, in der Synagoge war es der Mann.

Mein Sohn ist ganz selbstverständlich und natürlich in die jüdische Glaubenswelt hineingewachsen. Er ist damit groß geworden, in die Synagoge mitgenommen zu werden, all das dort zu erleben und sich frühzeitig für das Hebräische zu interessieren. Das alles war für ihn sehr viel einfacher als für mich. Er hat nie irgendwelche Schwierigkeiten mit seiner Umwelt gehabt, auch nicht in der Schule, weil er immer ganz selbstverständlich davon gesprochen hat. Er studiert inzwischen auch Medizin. Was die Gemeinde angeht, hat er eigenständige Auffassungen, auch bezogen auf die neu Hinzukommenden, die oft noch mehr Zuschauer sind, aber auch umgestalterische Momente in die Jugendarbeit bringen. Er ist manchmal unduldsamer als ich mit der Gemeinde und meint, man müsse mehr und energischer abverlangen, dieses und jenes zu tun. Das ist durchaus positiv, weil seine Ungeduld manchmal der Ausgangspunkt für Veränderungen ist. Wenn man diese Arbeit wie ich siebzehn Jahre macht, ist man schon ein bißchen müde und läßt manches etwas schleifen.

Ich hatte in dieser VdN-Ärzte-Kommission, von der ich bereits erzählte, viele Begutachtungen anzufertigen. Dann wurde die Kommission dezentralisiert und in die Stadtbezirke verlagert. Ich machte nur noch vereinzelt Gutachten, wenn über die Frühinvalidität entschieden wurde. Eines Tages fragte man mich, ob die medizinische Gutachtertätigkeit nicht etwas wäre, das ich ausschließlich machen könnte. Die Entscheidung war nicht ganz einfach, weil die klinische Arbeit am Krankenbett doch mehr Befriedigung gibt, weil ich dort wirklich helfen konnte, wenn auch nicht in jedem Fall. Als Gutachter hat man nur die Berichte anderer durchzusehen, ob die Behandlung ordnungsgemäß war.

Aber es setzt auf der andern Seite auch mindestens fünfundzwanzig Jahre Fachpraxis voraus, um das beurteilen zu können. Und es war eine Tätigkeit ohne Nachtdienste. Die Stelle, wohin ich dann überwechselte und bis heute arbeite, nennt sich Zentralstelle für ärztliches Begutachtungswesen der DDR und ist die Leiteinrichtung von den in den fünfzehn Bezirken der DDR vorhandenen Gutachtereinrichtungen. Es geht dabei um jegliche Art der Begutachtung, seien es Unfälle, Invalidisierung oder Vorwurf ärztlicher Sorgfaltspflichtverletzungen. Wir sind eine Kontrollinstitution, der Ausbildung, Anleitung und Unterweisung der Kreis- und Bezirksgutachter unterliegt. Es finden hier regelmäßige Zusammenkünfte und Aussprachen mit dem Bezirksgutachter sowie Lehrgänge statt, in denen auch Kreisgutachter unterwiesen werden. Ich betreue vier Bezirke: Erfurt, Gera, Leipzig und Potsdam.

Bevor ich von meiner Arbeit als Vorsitzender der Jüdischen Gemeinde Berlin berichte, erzähle ich etwas aus der Geschichte des religiösen jüdischen Lebens Berlins:

In großen Zügen weiß man, daß es Juden in den beiden Städten Berlin und Köln wahrscheinlich schon um das Jahr 1295 gegeben hat. Man weiß dies, weil es ein Verbot gab, daß Juden, die Wollweber waren, diese Arbeit hier nicht ausüben durften. Es werden einzelne Familien gewesen sein, die hier gelebt haben. Im Stadtkern gab es den alten Jüdenhof, später den neuen Jüdenhof, der etwa in Verlängerung der Jüdenstraße links vom Roten Rathaus, unmittelbar zu Füßen des Hauses des heutigen Ministerrates, gelegen hat. Das war ein Geviert von etwa zwölf, vierzehn Häusern mit einigen Bäumen. Es stehen noch Bäume auf dem Parkplatz des Ministerrats, aber natürlich nicht die Bäume von damals. In diesem Geviert haben die ersten Berliner Juden wahrscheinlich gelebt. Sie waren immer gewissen Repressalien ausgesetzt, und sie sind auch immer wieder mal vertrieben worden, das vorletztemal im Mittelalter nach dem großen Prozeß im Zusammenhang mit einer sogenannten Hostienschändung 1510 und endgültig 1571. Dann gab es wahrscheinlich nur noch einzelne Juden in der Mark Brandenburg.

Die Anfänge einer Berliner Jüdischen Gemeinde, die hier fest integriert war, entstanden im Jahre 1671, durch ins

Land gekommene jüdische Familien aus Österreich, speziell aus Wien, wo man sie ausgewiesen hatte. Der große Kurfürst hat sie damals, nach dem Dreißigjährigen Krieg, ins Land geholt, um der daniederliegenden Wirtschaft aufzuhelfen. Es mußten vermögende Familien sein, und sie mußten das Wirtschaftsleben, insbesondere den Handel, befruchten. Diese Wiener Juden haben sich in Berlin, aber auch in Neuruppin und in anderen Bereichen der Mark Brandenburg angesiedelt. Das Hauptsiedlungsgebiet für sie wurde nicht mehr der Jüdenhof, sondern die Gegend um die Oranienburger Straße und die Spandauer Vorstadt. 1672 erfolgte der Erwerb eines Grundstücks für die Anlegung eines eigenen Friedhofes, des ältesten und ersten jüdischen Friedhofes im Stadtgebiet. Es gab wahrscheinlich vorher schon einen Friedhof, der hinter dem Hotel Berolina etwa gelegen haben muß, der aber im Zusammenhang mit der letzten Ausweisung 1571 eingeebnet wurde.

Die Gemeinde hat erst in Privatwohnungen Gottesdienste gehalten. Der Bau einer Synagoge war ursprünglich verboten worden. 1712 ist dieses Verbot aufgehoben und 1714 die erste Synagoge in der Heidereuther Gasse geweiht worden. Das ist wohl die Gegend, wo heute das Palasthotel steht. Sie stand dort bis in die Kriegszeit und ist im Kriege total zerstört und danach abgetragen worden. Das war der erste Platz, wo offiziell Gottesdienste stattfinden konnten. Die Gemeinde hat sich dann kontinuierlich durch Zuwanderungen vergrößert, vorwiegend aus dem Bereich der zu Preußen gehörenden Ostprovinzen, aus Posen, aus Schlesien und weiter weg.

Die zweite Synagoge der Hauptgemeinde wurde 1866 eingeweiht, das war die neue große Synagoge in der Oranienburger Straße. Darüber hinaus sind bis zum Jahre 1933 in Berlin etwa zwölf große Synagogen errichtet worden. Es gab um diese Zeit eine Vielzahl kleinerer Synagogen in den Wohnbereichen für diejenigen, denen die Wege zu den Hauptsynagogen zu lang waren.

Die Gemeinde hatte neben den Synagogen eigene Schulen, sie hatte die große Bibliothek und ein eigenes Krankenhaus. Das erste entstand schon im 18. Jahrhundert, ebenfalls in der Oranienburger Straße, ein zweites im vorigen Jahrhundert, hinter der Hauptsynagoge, von der

Auguststraße zugängig, bis es 1912 zum Bau des heute noch in der Stadt vorhandenen Krankenhauses in der Iranischen Straße kam. Die Verwaltung der Gemeinde befand sich immer im Stadtkern in der Oranienburger Straße, wo sie auch heute noch ist. Noch im Januar 1933 machte die Gemeinde einen letzten Versuch, aus der schon vorhandenen Sammlung von Kultgegenständen ein jüdisches Museum in dem Gebäude Oranienburger Straße 31 einzurichten, das aber nach dem Novemberpogrom 1938 geschlossen wurde. Die Kultgegenstände wurden verschleppt. Im Juni 1943 war dann auch die Endstunde der Gemeinde gekommen. Den Schlußpunkt setzte der Transport der letzten Gemeindebeamten in die Vernichtungslager. Übriggeblieben war nur noch der Friedhof an der heutigen Herbert-Baum-Straße, damals Lothringenstraße, in Weißensee.

Ein Drittel der in Deutschland lebenden Juden war in Berlin angesiedelt. Es gab alle möglichen jüdischen Institutionen, die man sich heute gar nicht mehr vorstellen kann, vorwiegend unter dem Aspekt der Wohltätigkeit, der Bewahrung von jüdischen Traditionen, von sozialen Leistungen gegenüber Waisen, Unterbemittelten, Ausstattung von jungen Leuten, die heiraten wollten und kein Geld hatten, von Kindergärten, Horteinrichtungen und ähnlichem, von den unterschiedlichsten Einrichtungen und zum Teil auf Privatebene getragen und finanziert. Und dann die vielen kleinen Synagogen, die wir heute kaum noch im Stadtgebiet finden! Es gab eine Vielzahl von Schulen, in denen jüdische Kinder entweder Gesamtunterricht oder Religionsunterricht hatten. Später, in der Nazizeit, waren sie die einzigen Stätten des Unterrichts überhaupt. Von großer Ausstrahlung war neben dem Breslauer das einzige Berliner Rabbinerseminar der Orthodoxie für die Ausbildung orthodoxer Rabbiner, unterhalten von Adass Jisroel, einer abgespaltenen Gemeinde, oder andere Ausbildungsstätten für die liberalere Ausrichtung, wie die Hochschule für die Wissenschaft des Judentums. Das Hauptkontingent des rabbinischen Nachwuchses in Deutschland wurde in Berlin ausgebildet. Es gab die jüdischen Krankenhäuser mit einem relativ hohen Standard und natürlich darüber hinaus eine viel größere Zahl von jüdischen Ärzten, die auf der

Universität oder sonstigen Stadtkrankenhäusern in Leitfunktionen und in sonstigen Bereichen tätig waren.

Dann gab es Schwerpunkte in anderen Berufsgruppen, die historisch gewachsen sind: Textilhändler, Schuhmacher, Schneider. Es gab auch jüdische Banken. Sie waren in ihrer Größenordnung nie vergleichbar zum Beispiel mit der Deutschen Bank oder der Dresdner Bank, doch sie waren nicht unerheblich für die Akkumulation finanzieller Mittel in der damaligen Reichshauptstadt Berlin. Von der Gruppe der proletarisierten Juden sprach man weniger, aber es gab sie natürlich auch. Die Legende lebt noch immer, daß alle Juden reich sind. Die proletarisierten Juden gingen in der anonymen Masse unter und sind als Juden kaum in Erinnerung geblieben.

Die Ostjuden waren besonders verarmte, zusätzlich aber auch von den deutschen Juden ziemlich gemiedene Leute, die auf dem Weg in die neue Welt, dem Versuch, aus der Enge ihrer Heimat, dem ostjüdischen Ghetto im Übergangsbereich des zaristischen Rußlands, auszuwandern, in den Westen kamen und in Berlin hängenblieben. Sie wohnten in eigentlich zum Abriß bereiten Wohnbereichen, im Scheunenviertel, unter unmenschlichen Bedingungen auf engstem Raum zusammengepfercht und schwer integrierbar, weil sie sich auch sprachlich durch das Jiddische unterschieden. Sie brachten ihre eigene Kleiderordnung aus dem galizischen Ghetto mit, den langen schwarzen Kaftan, sie trugen Paijeslocken und Bärte und bedienten ungewollt antisemitische Klischees. Die assimilierten deutschen Juden fürchteten wegen dieser armen Verwandten aus dem Osten Nachteile für sich selbst, glaubten vielleicht, nur ihretwegen würden die Nazis überhaupt etwas gegen die Juden haben. Das war eine vollkommene Verkennung der faschistischen Rassenideologie. Sie hingegen empfanden sich als Deutsche und taten alles, um so wenig wie möglich aufzufallen. Das Sich-Rückerinnern und Bewahren der ostjüdischen Kultur wird heute natürlich mit dem Judentum oder der jüdischen Gemeinschaft eng verbunden, sie hat aber wenig mit der ortsständigen deutschen jüdischen Gemeinschaft zu tun. Auch im jüdischen Kulturbund spielte man nicht etwa ostjüdische Autoren und jiddischsprachige Stücke, sondern *Nathan der Weise* oder Dramen von deutsch-jüdischen Autoren, die in hochdeutscher Sprache verfaßt und auch gesprochen wurden. Das Jiddische war eine ganz andere Kultur, die eben nicht die eigene war. Wenn man heute in unserem Land und anderswo Jiddisch als kulturelles Erbe so stark in den Vordergrund rückt, wenn Nichtjuden sich bemühen, in Gruppen oder einzeln jiddische Lieder vorzutragen, ist das anerkennenswert und ein auch zu förderndes Bemühen. Aber man muß diese Zusammenhänge kennen. Diese Kultur, die durch die Vernichtung der Juden in Polen und Rußland nahezu total zerstört wurde, besaß eine ganz besondere Eigenständigkeit, die, weit zurückgedacht, zum Teil auch etwas mit deutscher Kultur im Mittelalter zu tun hatte, wenn man das rein sprachlich nimmt. In der deutschen Sprache haben sich allerdings auch jiddische Wörter erhalten, wie Pleite für Bankrott, meschugge für verrückt, Chuspe für Frechheit, Ische für Freundin, Massel für Glück oder Schlamassel für Unglück. Das sind hebräisch-jiddische Wortkombinationen.

Etwa im August 1945 wurde in Berlin wieder eine Gemeindeverwaltung gegründet und ab Herbst 1945 sind wieder regelmäßige Gottesdienste abgehalten worden. Von den fünf- bis siebentausend Juden, die damals noch oder wieder in Berlin lebten, waren zweitausend Rückkehrer, ungefähr zwei- bis dreitausend hatten in Mischehen in Berlin überlebt, und etwa zweitausendfünfhundert im Untergrund, in Berlin oder Umgebung. Eine kleine Zuwanderung kam von Überlebenden aus den Lagern, die nicht in ihre Heimatländer zurückkehrten. Auf diese Weise sind auch polnische Juden hiergeblieben, die ihre gesamte Familie verloren hatten. Sie alle begannen hier einen Neuanfang.

Die erste Phase war ein intensives Sich-wieder-Zusammenfinden mit einem sehr engen Zusammenhalt, wie es ihn nach Notsituationen immer gibt. Die Leute gingen damals viel stärker aufeinander zu und machten sich miteinander daran, die Trümmer zu beseitigen und die Gemeinde wieder aufzubauen. Die Synagoge in der Rykestraße war voll, es kamen wirklich zweitausend Leute an den Feiertagen dort zusammen. Das Gemeindeleben war sehr intensiv. Damals wurde die Tradition geboren, einjährig einen Chanuckaball durchzuführen, gesellschaftliche Veranstaltungen mit kulturellen Themen abzuhalten mit einem intensiven, auch durch die Rabbiner mitgeprägten jüdischen Leben. Wir Kinder waren in großer Zahl da und erhielten regelmäßig einen fruchtbaren Religionsunterricht.

Mitte der fünfziger Jahre begann eine Durststrecke, unter anderem als Folge einer gewissen Abwanderung nach dem Westen wegen der Wiedergutmachung. Eine stetige Minimierung der Gemeinde nach 1945 gab es ohnehin, sie hatte noch andere Gründe. Da war zunächst eine hohe Sterblichkeitsrate, weil der Kreis jener, die sich nach 1945 wieder zusammenfanden und die Gemeinde neu bildeten, überwiegend aus älteren Personen bestand. Andere haben doch noch ein Nachkriegs-Emigrationsland gesucht, wie Amerika, Australien oder auch Palästina. 1948, mit Staatsgründung Israels, stand diese Frage auch für die Jüngeren. Ein Teil ist dorthin gegangen, meist ohne die Eltern. Für mich war das Hierbleiben die einfachste Lösung, ich konnte mich hier verständlich machen, es gab einige Vorteile in der Versorgung, und auch was die Möglichkeiten anging zu studieren, hatte ich es hier vielleicht einfacher als anderswo. Nach der verwaltungsmäßigen Trennung Berlins 1953 in einen Ost- und Westteil blieb ein Rest von etwa tausend Juden, der sich mit den Jahren hauptsächlich durch Sterbefälle reduziert hat.

Viele Juden außerhalb von Deutschland fragten und fragen: »Wie kann man in diesem Land noch leben?« Die Juden, die sagten, wir wollen hier weiterleben oder wieder leben, waren für jene, die als Juden im Ausland lebten, nicht verständliche Idealisten. Gleichzeitig verursachten sie den Deutschen ein ständig bleibendes schlechtes Gewissen. Ihre Anwesenheit erinnerte immer wieder an die Vergangenheit, wühlte auf, was sonst schneller zu verdrängen gewesen wäre.

Die Juden, die aus der Emigration aus politischen Gründen zurückkehrten, hatten nach 1945 häufig nur einen zeitlich begrenzten Kontakt zur Gemeinde. Sie kamen in der ersten Periode vor allem aus der englischen Emigration und waren dort bereits politisch aktiv in der Freien Deutschen Jugend oder KPD. Dann entschied die SED in den fünfziger Jahren, daß man mit einer atheistischen Weltanschauung und parteipolitischen Bindung nicht einer Religionsgemeinschaft angehören könne. Damals traten relativ viele Mitglieder aus der Jüdischen Gemeinde aus, denen das mit mehr oder weniger Nachdruck nahegelegt wurde. Nur ganz wenige sind trotzdem Mitglieder der Gemeinde geblieben. Das hing auch mit den Prozessen unter Stalin zusammen, in denen es hieß, Juden seien besonders aktiv gegen die kommunistische Grundauffassung tätig. Jüdische Genossen wurden zumindest zeitweilig auch durch Parteiverfahren aus der Partei ausgeschlossen. Das betraf besonders die Genossen aus der westlichen Emigration. Die politisch begründeten Austritte aus der Jüdischen Gemeinde sind verständlich, auch aus der damals dogmatischen Auffassung heraus, daß Atheisten den Einfluß von Religion zwar duldeten, aber nicht förderten. Viele hatten die Gemeinde auch schon vorher verlassen. Die sich als Kommunisten fühlten oder politisch links standen, sagten auch, der Glaube an Gott und dieses religiöse Getue gebe ihnen nichts. Das hat möglicherweise auch dazu geführt, daß Menschen überhaupt nicht mehr über ihre jüdische Herkunft sprachen. Das ist bis heute so. Bei einigen kommt es zaghaft wieder. Hermann Axen wird wohl nie etwas über seine jüdische Herkunft sagen, Alfred Norden hat es immer vermieden, und auch Anna Seghers hat nie darüber gesprochen. Dann gibt es die anderen, von denen man ein bißchen weiß, daß sie nie ganz davon losgekommen sind, wie Kurt Goldstein oder Horst Jacobus, Lin Jaldati, die leider jetzt verstorben ist und das jiddische Lied pflegte. Aber sie konnte diesen Schritt, zu sagen, ich gehöre dazu, ich will in die Gemeinde eintreten, nie vollziehen, auch ihre Kinder nicht.

Eine ganze Reihe älterer jüdischer Genossen räumt jetzt ein, die jüdische Kindheit und Jugend zu sehr verleugnet zu haben, aber sie habe doch das Denken und Sein mitgeprägt. Dem wollen sie sich heute nicht mehr verschließen. Es geht dabei vielleicht bei dem einen oder anderen auch um die Frage, daß er auf dem jüdischen Friedhof beigesetzt werden will. Doch ich glaube schon, daß sich hierbei auch etwas im Denken bewegt. Man sucht nach der Identität, ohne sich in eine Außenseiterposition bringen zu lassen. Inzwischen sind auch wieder Genossen bei uns eingetreten, weil sie sehen, es gibt ein toleranteres Verhalten des Staates gegenüber der religiösen Bindung seiner Bürger, selbst wenn sie Parteimitglieder sind. Warum soll sich nicht das eine mit dem anderen verbinden lassen? Im Moment sind wir in einer Phase, wo es dem Staat fast lieb wäre, wenn noch mehr Juden wieder in die Jüdische Gemeinde kämen, weil er die Gemeinde gern als institutionellen Faktor in diesem Lande bewahrt wissen möchte. Das setzt auch ein Umdenken in der Öffentlichkeit und in der Jüdischen Gemeinde voraus: daß sie eben niemals nur eine Religionsgemeinschaft gewesen ist, sondern immer auch ein kulturelles Zentrum. Die Jüdische Gemeinde, und da nehme ich mich nicht aus, will es manchmal nicht wahrhaben, daß auch früher schon, bei rund dreißigtausend Plätzen in den Synagogen Berlins, auch in besten Zeiten nur einer Minorität die Chance gegeben war, am Gottesdienst teilzuhaben. Es waren nie so viele Plätze da, daß alle hundertsiebzigtausend Juden, wenn sie es gewollt hätten, auch am Gottesdienst hätten teilnehmen können. Und auch heute handelt es sich mehr um eine Identifikation mit der Geschichte und der Kultur der Juden als mit dem Glauben.

Es erfolgte damals, in den fünfziger Jahren, also eine zunehmende Verarmung der Aktivitäten der Gemeinde. Die Verantwortlichen waren in einem Alter, in dem sie auch nicht mehr über den notwendigen Elan verfügten, das ging bis zu meinem Vorgänger Heinz Schenk, der bis auf das einmal im Jahr stattfindende Synagogenkonzert, die Gottesdienste und die Wahrnehmung von demonstrierter Präsenz bei staatlichen Ereignissen und Kranzniederlegungen keine gemeindeinterne Aktivität mehr zustande brachte. Als er 1971 starb, wurde ich, damals fünfunddreißig Jahre alt, zum neuen Vorsitzenden gewählt.

Um die Gemeinde aus der Lethargie herauszuholen, haben wir angefangen, das Kulturelle zu fördern. Wir holten uns Referenten, damals zum Beispiel einen Rabbiner Lehrmann, der über sein Heinebild sprach. Wir haben Autoren gebeten, wie Günter Kunert, Stephan Heym oder Fred Wander, aus ihren Büchern zu lesen. Wir sprachen über die Darstellung des Jüdischen im schriftstellerischen Werk von Autoren, die in diesem Lande lebten. Eine breite Diskussion gab es zu Peter Edels Film *Bilder des Zeugen*

Schattmann, mit Jurek Becker über sein Buch *Der Boxer* und über seine Buchverfilmung *Jakob, der Lügner.* Versuche, den Religions- und Hebräisch-Unterricht wieder zu beleben, schliefen leider wieder ein.

Jetzt haben wir bei gut zweihundert nominellen Gemeindemitgliedern monatlich vier bis sechs kulturelle Veranstaltungen, manchmal auch mehr, mit unterschiedlicher Prägung. Wir versuchen, die Friedhöfe zu erhalten und ein Altenheim, wenngleich die Zahl der jüdischen Bewohner relativ gering ist. Wir haben eine Koschersche-Fleischerei, die es seit Kriegsende wieder in dieser Stadt gab. Wir wagen immer wieder den Versuch, kulturell noch aktiver zu werden, nicht zuletzt durch die Bibliothek, um dem interessierten Umfeld die Chance zu geben, sich zu Fragen des Judentums zu informieren.

Die größten Schwierigkeiten liegen im Finden von verantwortungsbewußten Mitstreitern. Auch ich durchlief in der Gemeinde einen Entwicklungsweg. Bis 1971 war ich, ehrlich gesagt, wenig eingebunden in die Gemeindearbeit.

Zunehmende Probleme gab es bei der Besetzung der Funktion des Rabbiners. Die ersten zwanzig Jahre war Riesenburger unser Prediger. Ob er eine echte Berufung als Rabbiner hatte, ist immer in Frage gestellt worden. Ich hielt es nie für das Entscheidende. Er hat als Rabbiner Wirkung gehabt. Nach seinem Tode gab es aus der eigenen Gemeinde keinen Nachfolger. Rabbiner Singer kam für vier Jahre aus Ungarn hierher und ging dann wieder zurück. Der Versuch, einen eigenen Kandidaten in das zuständige Rabbinerseminar in Ungarn zu delegieren, lief schief. Peter Honigmann hätte Rabbiner werden wollen, aber er wollte die Ausbildung in der BRD absolvieren, weil sich mit dem Erlernen der ungarischen Sprache Schwierigkeiten ergeben hätten. Damals war die DDR noch nicht so weit, eine solche Delegierung zu befürworten. So ist Peter Honigmann dann mit seiner Familie ausgereist und lebt heute in Strasbourg. Knapp ein Jahr später fiel die Entscheidung, daß Studenten in Heidelberg, wenn notwendig auch anderswo, ausgebildet werden können. Dennoch haben wir auch jetzt niemanden, der sagt, er würde sich um eine solche Ausbildung als Rabbiner bewerben. Allerdings hatte unser Sohn mal diese Idee. Ich habe sie ihm damals ausgeredet, weil ich dachte, lohnt sich das für zweihundert Mitglieder? Es ist ja eine Entscheidung für das Leben, wenn man keine andere Berufsausbildung hat! Wir haben also sicher eine gewisse Mitschuld, bisher niemanden dazu bekehrt zu haben, Rabbiner zu werden. Heute sind wir optimistischer. Die Gemeinde wird weiter existieren, aber eben in kleinerer Zahl, so daß eine Ausbildung empfohlen werden kann. Doch wird sich auch mit einem Rabbiner sehr viel am religiösen Leben der Gemeinde nicht verändern. Die Vorstellung, nun würden Mengen aus der Gemeinde in die Synagoge strömen und andachtsvoll an seinem Munde hängen, hat sich in der Zeit, da kurzzeitig der amerikanische Rabbiner Isaak Neumann hier war, nicht bewahrheitet. Es kamen mehr Fremde, die das einfach auskosten wollten, einen Rabbiner zu hören. Die Alten sterben und die Jungen, wenn sie es nicht frühzeitig kennengelernt haben, werden für das religiöse Leben nur schwer zu gewinnen sein. Deswegen wird es auch für einen neuen Rabbiner schwierig, den Gottesdienst attraktiv aufzubauen. Zunehmend wird sich dagegen die Kinder- und Jugendarbeit entwickeln, die Unterrichtstätigkeit, nicht nur der Hebräisch-Unterricht für die Erwachsenen, sondern auch Religionsunterricht für die Kinder und eine Zwischenstufe für die Jugendlichen.

Als Vorsitzender der Gemeinde mußte ich mich in der Anfangsphase dagegen wehren, daß wir überschwemmt wurden von Leuten, die sagten, an Vorlesungen bin ich interessiert, an Gottesdienst und Synagoge aber nicht. Der regelmäßige Gottesdienst gehört schon dazu. Ich glaube nicht, daß es dem einzelnen zuviel abverlangt, sich mal Freitagabend in die Synagoge zu setzen, nur dabeizusitzen, um dem, der mehr von den Gebeten hat und sei es nur das Totengebet für seine Eltern oder für seine ermordeten Angehörigen, die Chance zu bieten, das erforderliche Minjan, also zehn Männer nach jüdischem Brauch, vorzufinden. Bei einer so kleinen Gemeinde ist es schwierig, auf diese zehn im Gottesdienst zu kommen. Das Judentum lebt von der Tradition, es hat nur deshalb überlebt, weil es an diesen Traditionen festgehalten hat. Zu Reformen kann ich mich erst äußern, wenn ich mich mit diesen Ritualen genügend vertraut gemacht habe. Die Ablehnung, das ist mir nichts, ist natürlich schlecht.

Religiöse wie nichtreligiöse Juden unter einem Dach zu vereinigen, ist eine Sache, die wir in den nächsten Jahren sicher immer wieder neu bearbeiten müssen und die im Moment nur dadurch überschattet wird, daß so viele kommen. Nicht immer sind die Beweggründe frei von Vorteilsdenken. Ich kenne einige, die mit Nachdruck versuchten, in die Gemeinde zu kommen, um dann aus dem Lande rauszugehen mit der Anspruchshaltung: Ich komme aus einer jüdischen Gemeinde und konnte dort nicht meinem Jüdischsein entsprechend leben. Andere sagen: Es würde mich ja interessieren, aber es darf keine zusätzlichen Pflichten für mich beinhalten. Aber wir wollen nicht nur Unterhalter sein.

Möglicherweise bietet sich für jene, die sich mit unserem religiösen Leben nicht identifizieren können, zukünftig in der Stiftung, die ja neben der Gemeinde existieren wird, im Rahmen des Wiederaufbaues der Synagoge in der Oranienburger Straße, ein sehr viel besseres Betätigungsfeld an für die Artikulation oder eine wissenschaftliche und literarische Auseinandersetzung mit historischen Fakten und kulturellen Überlieferungen. Das birgt andererseits die Gefahr, daß die Gemeinde ein Anhängsel der Stiftung wird. Friedhöfe, Fleischerei, Altenheim, Ausbildung der Kinder und Unterweisung der Jugendlichen und so weiter werden auf alle Fälle bei der Gemeinde bleiben. Der gottesdienstliche Bereich wird in der Stiftung Centrum Judaicum sekundärer sein. Es wird in diesem gesamten Gebäudekomplex nur einen kleinen Synagogenraum geben.

Das Centrum Judaicum wird drei Schwerpunkte haben: den Museumsbereich mit unterschiedlichen Themenstellungen zur Geschichte und Kultur der Juden; die Aufarbeitung der Archive und Unterbringung der Archivmaterialien zu jüdischen Themen, soweit sie im Staatsgebiet der DDR vorhanden sind, einschließlich wissenschaftlicher Forschung in Abstimmung mit dem Museum; die Vergrößerung der Bibliothek. Der Stiftung kann man auch als Nichtgemeindemitglied beitreten. Zu öffentlichen Veranstaltungen werden wahrscheinlich Eintrittspreise gezahlt werden müssen.

Die DDR hat bei der Wiederherstellung der jüdischen

Gotteshäuser nicht nur in Berlin, sondern auch in anderen Städten die notwendigen Mittel zur Verfügung gestellt. Darüber hinaus zahlt uns der Magistrat von Berlin eine Pauschale, von der man annehmen müßte, daß die kleine Gemeinde davon leben kann, wenn sie auch auf Sparflamme läuft. Das Geld ist ja nicht für die Mitglieder da, ob ich nun hundert oder fünfhundert Mitglieder habe; von diesem Geld müssen wir die Löhne bezahlen für die Angestellten der Gemeinde und des Friedhofs. Die Löhne sind gestiegen, besonders auch in unserem Altenheim, wie auch die Preise für Instandsetzungsarbeiten. Die Mittel wurden inzwischen aufgestockt. Wir liegen jetzt etwa bei dreihunderttausend Mark im Jahr.

In beiden deutschen Staaten gerieten die jüdischen Gemeinden gleichermaßen in die Situation, ihrer Obrigkeit gegenüber Freundlichkeit und Entgegenkommen zu zeigen, weil Abhängigkeiten entstanden waren. Machen wir uns nichts vor: Abhängigkeiten durch finanzielle Zuwendungen und ähnliches. Die Gefahr, in der auch ich mich weiß, so daß ich mich manchmal frage, wie weit bist du schon verstrickt, ein sogenannter Hof-Jude zu sein, ein »Vorzeigejude« für den jeweiligen Repräsentanten, ist riesig groß. Ich wehre mich immer damit, daß ich Bemerkungen wie »von der einzigen Heimstadt« und »der Dankbarkeit dafür« nicht vorbringe, weil ich mir sage, kein Mensch in diesem Land, auch wenn er Nazi war, bedankt sich, daß ihm nach 1945 die Möglichkeit gegeben wurde, Bürger der DDR zu werden, aber ich, der ich genügend aushalten mußte, soll alle Nase lang danken. Die Gemeinden haben sich entwickelt, mit entsprechender staatlicher Unterstützung ihre Synagogen aufgebaut und zum Teil ein sehr intensives Gemeindeleben entwickelt. Ich kann jedoch nicht tolerieren, daß eine Gesellschaftsordnung, von Antifaschisten aufgebaut, in der Verallgemeinerung für die gesamte Bevölkerung sagt: Wir haben kein schlechtes Gewissen. Der Häftling aus Brandenburg, Ravensbrück oder Buchenwald hat zu Recht kein schlechtes Gewissen, aber das entlastet nicht die übrige ältere DDR-Bevölkerung, die diese Biographien nicht besitzt. Sie muß sich damit konfrontieren lassen, daß sie die gleiche Geschichte vor 1945 hatte wie die Deutschen in der Bundesrepublik. Sicherlich leben hier weniger ehemalige Parteigenossen und NS-Zugehörige, weil die sich rechtzeitig in die andere Richtung abgesetzt haben, aber es sind auch hier genügend im Verborgenen übriggeblieben. Mit großer Wahrscheinlichkeit sind auch alle Unsicherheiten gegenüber Andersdenkenden aus dieser Geschichte heraus erklärbar. Es wird, glaube ich, auch für Deutsche noch lange dauern, bis eine eigenständige Situation hier zustande kommt. Bei allem Bemühen wirkt vieles aufgesetzt, vorgegeben, ein bißchen zwanghaft, nicht aus sich selbst heraus gewachsen. Das ist vielleicht die Wurzel all dieser Schwierigkeiten, in denen wir heute leben. Die Befreiung vom Faschismus war eine Befreiung von außen. Das Volk hat es nicht vermocht, sich von diesem System aus eigener Kraft zu lösen, und auch in der Nachfolgezeit ist die Verarbeitung des Vorangegangenen unterschiedlich verlaufen. Die westliche Seite hat relativ schnell entnazifiziert und wieder integriert. Sie hat auf vielerlei Ebenen den alten Apparat übernommen, der nun einer neuen Ordnung zu dienen hatte. Die östliche Seite hat tiefergehende Strukturänderungen in den gesellschaftlichen Verhältnissen, in den wirtschaftlichen Verhältnissen herbeigeführt, natürlich unterstützt durch den Sieger und Befreier. Sie hat die eigene Bevölkerung, obwohl nicht Selbstbefreier, sondern auch Befreite, sofort zum Träger einer neuen Gesellschaftsordnung gemacht und dem einzelnen damit eine Auseinandersetzung mit seiner eigenen Lebensgeschichte erspart, bei allen fortschrittlichen und antifaschistisch-demokratischen Impulsen, die es hier ohne Zweifel gab. Man wollte auch das sogenannte Rassische gar nicht mehr diskutieren. Die Unterstützung der jüdischen Überlebenden war etwa gleich der für die politisch Verfolgten. Die Unterscheidung zwischen Opfer des Faschismus und Kämpfer gegen den Faschismus war, glaube ich, nicht sehr glücklich, aber sie ist nun einmal so vollzogen worden. Das Komitee der antifaschistischen Widerstandskämpfer hat die rassisch Verfolgten, die sie ja nicht als Widerstandskämpfer anerkennt, bei sich integriert, zahlt ihnen aber zweihundert Mark weniger Pension. Im Westen ist es oft umgekehrt. Unterschwellig klang bei uns an: Was haben denn die religiösen Juden schon gemacht! Sie haben sich doch wegschleppen lassen. Sie haben sich umbringen lassen, es hat doch keiner den Mut gehabt, dagegen aufzustehen, und dafür wollen sie heute auch noch Geld haben. Und das kam von anerkannten Kämpfern, von einzelnen natürlich.

Wir Juden haben vier Jahrzehnte nach Auschwitz hinter uns, und das Trauma ist übernachhaltig stark. Ich hoffe, daß auch bei den Deutschen das Trauma nachhaltig ist, obwohl man manchmal nicht den Eindruck hat. Es besteht die Tendenz des Verdrängens und die glückselige Bereitschaft, die Dinge möglichst nicht anzusprechen, auch in der DDR. Zur 50. Wiederkehr der Pogromnacht war das Erinnern, wie alles bei uns, wieder ein bißchen überzogen und zu aufwendig. Dennoch erhoffe ich mir davon, daß es auf die Jugend wirkte und daß es nicht durch eine Übersteuerung wiederum kaputtgemacht wird, weil es dann nicht mehr glaubwürdig ist und nicht mehr angenommen wird. Viele sagen schon: »Mein Gott, ich kann's nicht mehr hören!« Es muß behutsam miteinander darüber gesprochen werden. Nicht die jungen Leute sind diejenigen, die konflikthaft leben, sondern das, was an Konflikthaftem war, ist ihnen vererbt worden. Die Auseinandersetzung damit hätte schon viel früher beginnen müssen.

Gerade die antisemitischen Vorkommnisse der letzten Zeit, die wir mit den jugendlichen Steine-Umwerfern und dem Parolengeschrei hatten, müssen tiefgründiger analysiert werden, ohne sie hochzuspielen. Wie war das möglich? Wo liegen die Versäumnisse?! Wir müssen uns eben wirklich eingestehen, daß es Versäumnisse gibt. Ich kann nicht einfach alles über die Grenze schieben und sagen, das wäre nur vom Westen herübergeschwappt. Sicher ist es davon mitgeprägt, aber das Mitmachen zeigt schon, daß hier ein aufbereiteter Personenkreis ist, den man anders motivieren muß als durch das Aufkochen alter Ideologien. Es gibt bisher keine moderne deutsch-jüdische Geschichtsschreibung, in der alle ökonomischen, politischen und kulturellen Aspekte gebührend berücksichtig sind. Pätzold, Mohrmann, Schuder, Hirsch und andere haben über die Geschichte des Antisemitismus geschrieben, da sind wichtige Aspekte berührt. Diese Problematik muß aus marxistischer Sicht bei uns tiefer und komplexer aufgearbeitet werden als bisher. Warum gerade in Deutschland diese ungeheure antisemitische Gewalt entstehen konnte, ist eine dieser großen Fragen, um die man sich immer wieder den Kopf zerbrechen muß. Ich glaube, obwohl ich kein Historiker bin, daß dafür eine wichtige Ursache auch der preußische Drill war. Ein derartiges Reglementierverhalten in einer auf Unterordnung drängenden Gesellschaftsform war eine Basis für solch extreme Entwicklung. Es war nicht nur das Monopolkapital, das den Faschismus hervorbrachte. Die Tradition des Untertanengeistes ist mit Sicherheit bei uns immer noch vorhanden und wird unter anderen Aspekten wieder gepflegt. Das Sich-Unterordnen und Disziplinieren setzt sich bis in unsere Gesellschaft fort. Wie oft fragte man sich: Warum eigentlich dieses Reglementieren? Warum dieses militärisch anmutende Zeremoniell im Schulunterricht, das Melden der Jungen Pioniere: »Angetreten zum Unterricht!«? Da ist etwas aus der deutschen Geschichte in die Gegenwart hineintransportiert worden, aus dem man nicht heraus kann oder heraus möchte oder noch nicht den Weg dafür gefunden hat, und dann ist man überrascht, wenn es plötzlich umschlägt in Aggressivität. Es ist eine alte Erfahrung, daß Angst und Unsicherheit aggressives Verhalten hervorbringen. Ich glaube schon, daß durch die späte Gründung des Deutschen Reiches 1870/71, aber auch des österreichischen Vielvölkerstaates, die nationale Identitätsfindung in Deutschland nicht ausreichend genug zustande kam. In England zum Beispiel, das auch eine antisemitische Vergangenheit hat, aber nicht in dieser extremen Form, gab es schon sehr früh nationale Herausbildungen, die sich gegen die römische Kirche behaupten mußten. Die Niederländer mußten sich behaupten gegen die Spanier, und in Frankreich, wo sich das Gesamtnationale mit der französischen Revolution sehr viel früher als in Deutschland herausbildete, gab es stärkere nationale Verschmelzungen und nicht solche Verunsicherungen.

Obwohl nur eine Minderheit der Deutschen gegen den Faschismus kämpfte, ist der Begriff Kollektivschuld wahrscheinlich nicht richtig. Es muß versucht werden, klarzustellen, warum der einzelne sich so und nicht anders verhalten, warum er nichts dagegen unternommen hat. Dieses Aufarbeiten von Geschichte ist versagt worden und dauert an. Es betrifft auch die Rolle der Kommunistischen Partei. Bei allem Positiven, das sie geleistet hat, muß die Frage geklärt werden, wo die Ursachen dafür liegen, daß vor 1933 ein antifaschistisches Bündnis nicht zustande kam. Mit Sicherheit haben auch die Kommunisten Fehler gemacht. Als damals ständig die Mehrheitsverhältnisse wechselten, als es hart auf hart ging, hat sie faktisch den Nazis in die Hände gespielt, weil sie sich allein durchsetzen, weil sie allein die Macht übernehmen wollte. Es ist so einfach, immer zu sagen: Der andere ist schuld! Wenn es nach uns gegangen wäre, hätte alles klappen können, aber die anderen haben ständig quergetrieben!

Worauf es heute ankommt: Junge Leute dazu zu bringen, diskussionsfreudiger zu werden, ohne daß man sich gleich an die Gurgel geht. Auf Infragestellung von Umständen darf nicht autoritär reagiert werden, das bessere Argument muß überzeugen, dazu muß man auch die eigene Position kritisch überdenken. Der jetzt vorgezeichnete Weg zum Sozialismus ist vielleicht wirklich nicht der einzig mögliche. Der geistige Tod der Menschen ist die Gleichgültigkeit. Rechtzeitiges Aufmerken ist notwendig. Halt! Du bist auf dem besten Wege, dich so zu verhalten, wie die Menschen sich damals auch verhalten haben: die Dinge einfach hinzunehmen oder zu sagen, mich betrifft es nicht, oder: irgendwas wird schon dran sein an dem, was sie vorhaben. Unterschiedliche Auffassungen zum Vorgegebenen und kritische Anmerkungen müssen sich stärker bemerkbar machen. Es fällt schwer, eigene Fehler zuzugeben. Das geht mir auch so. Aber man muß sehen, daß es in gewissem Umfang heilsam ist und auch glaubwürdigkeitsfördernd, ohne daß man sich selbst und alles Vorangegangene grundsätzlich in Frage stellt.

Wir müssen uns zum Beispiel heute fragen: Wie gehen wir mit Minoritäten um, wie gehen wir mit Leuten um, die sich im Westen Grüne nennen, oder mit anderen Gruppierungen, die glauben, daß eine Situation auch anders zu bewältigen ist. Die Tragik ist doch, daß sich erst im nachhinein herausstellt, die Ansichten von Minoritäten haben so konträr zur Wirklichkeit gar nicht gestanden. Sie werden vorzeitig und vorschnell, weil unbequem, abgelehnt und in ihrer progressiven Bedeutung nicht richtig anerkannt.

Viele Juden, die hier leben, haben zum Staat Israel ein besonderes Verhältnis. Einmal wegen familiärer Bindungen, aber auch, weil sich mit der Existenz dieses Staates eine jahrhundertealte Idee realisierte und sie leider so vieler Toten bedurfte, um Wirklichkeit zu werden. Dieses Land Israel garantiert einem Juden, der glaubt, anderswo nicht leben zu können, eine gewisse Zuflucht. Ob er dort glücklicher wird, ob er sich mit Juden und Arabern besser versteht als mit Deutschen zum Beispiel, ist die zweite Frage. Aber es ist richtig, die Existenz dieses Staates zu befürworten, sie nicht in Zweifel zu stellen. So betonen wir jetzt, daß die PLO erstmals das Existenzrecht Israels anerkennt, haben aber nie gesagt, daß dies überhaupt angezweifelt worden war. Die Entscheidung der UNO-Resoluton Nr. 242 sah eine Teilung des Landes vor zwischen Juden und Arabern. Dies wurde auf jüdischer Seite zunächst auch akzeptiert, während die Araber nein sagten, sie wollten entweder alles oder gar nichts. Die Sowjetunion, und man wußte nie, wie weit ihre Unterstützung ging, hat auf Arafat und seine PLO mäßigend eingewirkt. Ob die DDR das auch getan hat, weiß ich nicht.

Unsere Position zu Israel ist nicht unkritisch. Ich gerate immer wieder mit den eigenen Leuten darüber in Pro und Contra. Israel sagt: Wir werden nie wieder so schutzlos sein wie die Juden in Deutschland oder anderswo, wir werden uns selbst verteidigen. In dem Moment, wo derjenige im Sattel sitzt, der um die Macht rang, wird fast mit gleicher Methodik wieder unterdrückt, das erlebt man weltweit. Menschen mit hohen Idealen stehen leider bis heute überwiegend nur auf dem Papier. Auch im sozialistischen Gesellschaftsgefüge ist es nicht möglich gewesen, den Idealen in der Realität zu entsprechen. Vom Psychologischen hergeleitet, ist es dem Menschen eigen, daß sie sagen: was ich jetzt habe, will ich auch behalten. Für die Juden kam noch ein zweites Moment hinzu: sie waren immer Minderheiten und mußten sich unterordnen und relativ still verhalten. Hier sind sie das erste Mal nicht nur Duldende und versuchen mit Macht, sich zu behaupten. Dabei verdrängen sie, daß sie sich nun nicht besser verhalten als die andern.

Die offizielle Politik der DDR, die arabischen Länder

vorzuziehen, war für viele Gemeindemitglieder eine schwere Belastung, auch in ihrer Auseinandersetzung mit unserem Staat. Ist antiisraelisch, antizionistisch nicht auch in sich antijüdisch, und birgt dies nicht die Gefahr in sich, daß sich antijüdisches Denken dahinter entwickeln kann, wenn man schon nicht davon ausgeht, daß es sich dahinter verbirgt? Diese Situation hat sehr lange angehalten. Wir haben das immer wieder mal angemahnt und in Einzelfällen, wenn wir in der Presse Karrikaturen oder ähnliches sahen, auch protestiert. Es bedurfte dieses Gespräches mit Erich Honecker im Juni 1988 und des nachdrücklichen Hinweises, daß wir glauben, so kann die politische Darstellung des Problems des Nahen Ostens nicht weitergehen. Heute ist die einseitige Polemik fast aus der Presse herausgefiltert. Das ist nicht nur unser Verdienst, das ist eingebunden in ein sehr viel umfänglicheres Sich-Öffnen der DDR nach außen.

Ich glaube, das zeigt uns die Welt heute insgesamt, daß es in Zukunft Zugeständnisse auf beiden Seiten geben muß, um des Überlebens willen. Ein Land kann nicht, wie Israel, vierzig Jahre lang im Kriegszustand leben. Es gibt eine Verdrossenheit der Leute, die jedes Jahr zwei Monate zur Armee müssen, dabei werden sie gebraucht, die Wirtschaft zu entwickeln. Es gibt auch eine Flucht aus dem Lande. Ich hoffe, daß sich hier der Verstand durchsetzt.

Wir werden demnächst Mitglied des Jüdischen Weltkongresses werden, wie bereits Ungarn und Rumänien. Vielleicht haben wir hier zu lange gezögert und uns damit manchen Stein selbst in den Weg gelegt, weil wir immer gesagt haben, wir müssen erst einmal fragen, ob es genehm sei.

Es gab auch immer Kontaktpunkte zu den Christen bei uns, überwiegend zur evangelischen Kirche. Die hierarchische, zentral geleitete katholische Kirche war stärker abgegrenzt. Bei der Aufarbeitung der antijudaistischen Vergangenheit, bei Bibelübersetzungen, Interpretationen, Textformulierungen neutestamentlicher Art und sonstiger schriftlicher Fixierungen aus dem Gesamtbereich sind die evangelischen Kirchen früher und schneller darangegangen, Antijüdisches genauer zu überdenken und zu korrigieren. Die Rückbesinnung auf die »jüdische Mutterreligion« ist bei-

Peter Kirchner, 1987

nahe schon wieder ein bißchen penetrant. Auch Philose-
mitismus kann verletzend sein, wenn die Grenze des Ver-
träglichen nicht eingehalten wird. Die katholische Kirche
hat nach dem zweiten vatikanischen Konzil zumindest
wesentliche Passagen aus der Lithurgie entfernt, in denen
von den vermaledeiten Juden und den Mördern des Herrn
die Rede war. Aber es hinkt dort alles ein wenig hinterher.
Was mir vorschwebt, ist ein in der Stiftung anzusiedelnder
Dialog zwischen der jüdischen Gemeinde, den christlichen
Seiten sowie marxistischen Philosophen, weniger über
weltanschauliche Grundkonzeptionen, den Glauben an
Gott oder an die Entstehungsgeschichte von Weltall und
Mensch, sondern Auseinandersetzung über Tagesfragen.
Das gilt auch für den innerjüdischen Dialog, den wir schon
immer gehabt haben und der besonders heftig ist. Nur darf
er nicht in Plattheiten enden. Wenn ich zum Beispiel sage:
Kirche und Judentum stehen im Dialog miteinander, dann
muß ich auch offen sagen: Ich bin dagegen, daß es weiße
Stellen in den Presseerzeugnissen der Kirche gibt, weil der
Staat nicht so viel Toleranz aufbringt, die Widersprüchlichkeiten auch drucken zu lassen. Man muß sich ja nicht mit
allem identifizieren.

Zum Schluß noch einige Gedanken zur Jüdischen
Geschichte und Jüdischen Identität.

Es ist sehr schwer zu sagen, wer Jude ist. Man kann sich
an die Definition halten, die in der Gemeinde vorgegeben
ist: ein Jude ist das Kind einer jüdischen Mutter und derjenige, der die Religion ausübt. Darüber hinaus gibt es noch
eine historisch gewachsene spezifische Art der jüdischen
Lebensweise als Minorität. Dieses Minoritätsleben hat, ob
orthodox, liberal, reformiert oder atheistisch, die jüdischen
Menschen zusammengeschmiedet und spielt, wenn es auch
manchmal schwer zu definieren ist, eine Rolle. Andererseits
fühlen sich Juden auch in den Bevölkerungskreis integriert,
dem sie einstmals zugewandert sind, und identifizieren sich
mit dessen Bevölkerung und Kultur so sehr, daß sie ihre
ursprüngliche jüdische Identifikation aufgeben. In Israel
gibt es zum Beispiel Jugoslawen, die sich zwei-, dreimal im
Jahr treffen, in jugoslawischer Nationaltracht, um ihre
»heimatlichen« jugoslawischen Tänze aufzuführen und ihre
alten jugoslawischen Lieder zu singen. Oder deutsche

Juden, die sich immer ein bißchen fremd vorkamen in der orientalischen Umgebung und heute noch sagen, wir sind eigentlich deutsche Juden und dieser deutschen Kultur trotz allem noch verhaftet.

Was die sogenannte semitische Herkunft aus der Antike angeht, gibt es Typen, von denen man denkt, das muß doch ein Jude sein. In Italien könnte man damit vollkommen unauffällig leben, weil man sagt, mein Gott, die Frauen sind alle so schwarzhaarig und haben eine etwas große Nase. Im arabischen Raum fiele dies auch nicht auf. Bei uns fällt es schon auf. Aber der Durchmischungsgrad ist natürlich sehr groß. Wenn man nach Israel kommt, und man sieht die Kinder von Zurückgekehrten, groß, blond und blauäugig, da sagt man, das könnten nach diesen idiotischen »arischen« und »nordisch-rassischen« Überlegungen der Nazis auch »reinrassige Arier« sein. Da ist gar nichts vom Äußeren übriggeblieben. Aber es gibt Menschen, in deren Physiognomie und Gestalt etwas Orientalisches im biologischen Grundbaustein erhalten geblieben ist. Solchem entfliehen zu wollen, beobachtet man auch bei anderen, bei Afrikanern zum Beispiel, die anfingen, die Haare glattzukämmen, bis es wieder die Selbstbesinnung gab: black is beautiful!

Das Verbindende für den religiösen Juden ist, wo immer er in der Welt in eine jüdische Gemeinschaft kommt, daß er in der Lage ist, am Gottesdienst teilzunehmen und die religiösen Riten zu verstehen. Daneben vollzieht sich die Assimilierung in der Umwelt, in der er groß geworden ist. Immer bleibt dieser Widerspruch, zum Beispiel kein absoluter Deutscher zu sein, obwohl ich in diesem Land lebe. Ich fühle mich schon sehr deutsch, trotzdem ist in mir ein Kern von Anderssein, ohne daß ich mich deshalb andersartig gegenüber meiner Umwelt fühle. Da kommt natürlich auch die Verfolgungssituation hinzu. Dadurch fällt es Juden schwer, sich mit dem Land, in dem sie leben, völlig zu identifizieren. Das ist es, was auch Kurt Goldstein diese Schwierigkeiten bereitet, der mit unserer Gemeinde nichts zu tun haben will und trotzdem sagt: Es gibt noch Reste bei mir. Jeder muß das für sich aufarbeiten. Man kann nicht gut existieren, wenn man in ständiger Fehde mit dem anderen in sich lebt.

Die Juden haben in ihrer Geschichte die negative Erfahrung durchgemacht, daß sie immer als Minorität behandelt wurden. Das hat ihnen auferlegt, sich wohlzuverhalten, um Schutzbriefe im Mittelalter und der Zeit danach zu bekommen. Man hat vieles, was möglicherweise Anstoß zur Ausweisung gegeben hätte, vermieden und sich untergeordnet. Man war oft überangepaßt, bis dahin, daß in den gedruckten Gebetbüchern jeweils ein Gebet für den Landesherrn enthalten war. Da stand, die Juden danken unserm Landesherrn, daß er uns die Möglichkeit gibt, hier zu leben. Eine Floskel, die bis in unsere Zeit erhalten ist, auch in unserer Denkweise. Besonders konfliktfreudig sind wir bis heute nicht, dabei hat sich Überangepaßtheit letztlich nie ausgezahlt. Es ist das Selbstverständlichste, daß jedes Individuum ein gleiches Recht auf das Miteinander-Leben hat, ohne sich dafür auch nur im geringsten bedanken zu müssen. Deshalb habe ich dafür plädiert, daß in unsere Gottesdienste ein solches Gebet für den Landesherrn nicht eingeht.

Auch die jüdische Gemeinde muß sich die Frage stellen, welche Fehler in der Verkennung der Situation vor 1933 und später von ihr gemacht wurden. Sie hatte die falsche Vorstellung, es würde sowieso bald alles vorbei sein, machen wir unsern Frieden mit den Nazis. Der Hitler ist schlimm, aber wenn wir nicht auffallen, dann wird er schon einen anderen nehmen und nicht uns. Juden sind immer, auch in der schriftlichen Überlieferung, angehalten gewesen: Du sollst dich in der Umgebung, in der du lebst, nicht mit den Mächtigen anlegen, sondern dich anpassen, damit du dort Frieden findest. Das auch deshalb, um die Ansiedlung und Lebensfähigkeit von Familien und Gemeinden in verschiedenen Ländern überhaupt möglich zu machen. So fand man nicht den Mut, sich Ideologien entgegenzustellen. Ich habe immer die extreme Auffassung vertreten, wenn die Juden nicht Gegenstand faschistischer Vernichtungspolitik gewesen wären, hätten sie sich in ihrer Majorität der schweigenden Mehrheit in diesem Lande angeschlossen und sich für niemanden und keinen eingesetzt. Wenn es gegen die Zigeuner oder die Homosexuellen oder eine andere Gruppierung allein gegangen wäre, sie hätten den Mund gehalten und, wie die vielen anderen, nur wenig dagegen getan. Davon bin ich fest überzeugt. Juden haben sich begeistert freiwillig im ersten Weltkrieg gemeldet und zwölftausend Soldaten verloren. Hunderttausend waren im Heer, mehr als zehn Prozent fielen für »Kaiser und Vaterland«.

Es gab Juden in Chile, die den Besuch von Pinochet in einer Synagoge am Jom Kippur als eine besondere Ehre empfunden haben, weil er kein Antisemit ist. Mit Kommunisten wollten sie nichts zu tun haben, und Allende war für sie ein Verbrecher, der den Untergang gebracht hatte. Klasse gesellte sich zu Klasse. Diese Selbstkritik ist notwendig.

Andererseits muß man sehen, daß der Verlust in der Tradition europäischer und deutscher Naturwissenschaften, Geisteswissenschaften und Künste durch die Vernichtung der jüdischen Minorität erheblich, möglicherweise sogar nicht wieder aufzuholen ist. Der internationale Niedergang der deutschen Medizin hängt zum Beispiel zu einem großen Teil mit der Vertreibung und Vernichtung der jüdischen Ärzte zusammen. Hochspezialisierte, ideenreiche und zielgerichtet arbeitende Forschung und Lehre ist mit einem Schlag abgeschnitten worden. Die hohen geistigen Leistungen der Juden sind zum Teil nur verständlich aus dem beständigen Konkurrenzdruck gegenüber einer nicht immer sehr freundlich gesinnten Umwelt, in der sie sich behaupten mußten. Die Ursachen intellektueller Begabung bei vielen Juden ist vielschichtig. Da ist der frühe Umgang mit Schrift und Sprache. Die Jungen gingen oftmals bereits mit vier Jahren zur Vorschule, so daß sie zu einem Zeitpunkt, wenn die andern mit sechs Jahren gerade in die Normalschule kamen, schon fließend die hebräische Sprache beherrschten. Sie lernten bereits den Talmud lesen und konnten Auslegungen vornehmen. Dies wurde ihnen zu einem Zeitpunkt vermittelt, zu dem sie besonders gut entwicklungsfähig und aufnahmefähig waren. Selbst arme und kleine Gemeinden im Osten achteten darauf, daß ein Kantor oder der Rabbiner sich um die Unterrichtung der Kinder der Ärmsten kümmerte. Sie wurden oft auch aus armem Milieu in die große Stadt geschickt, um mit Unterstützung der Gemeinde oder anderer zu studieren. Diese frühzeitige Nutzung von intellektuellen Fähigkeiten durch die Jahrhunderte, in denen andere diese schulischen Möglichkeiten überhaupt noch nicht hatten, die Auseinandersetzung mit den talmudischen Schriften, mit einzelnen Interpretationen zu einem Thema, und das Kennenlernen verschiedener, nicht unabänderlicher Meinungen zur Interpretation eines Sachverhaltes führte insgesamt zu einer hohen geistigen Kultur. Nicht blinder Gehorsam wurde gelehrt, sondern Meinungsstreit. So sagen wir manchmal ironisch: Wenn drei Juden zusammenkommen, haben sie vier verschiedene Meinungen. Das sich individuell mit einer Sache Auseinandersetzen ist in der jüdischen Tradition sehr viel stärker verankert als in anderen Religionen oder gesellschaftlichen Strömungen, und obwohl sich viele Auffassungen gegenüberstanden, führten sie letztlich doch zu einer gleichgerichteten Identifizierung.

Entscheidend dafür, daß das Judentum so lange überdauert hat, war die enge Bindung an die Schriften, an die Inhalte der Feiertage und die Überlieferungen. Das bedeutete immer wieder: Rückbesinnung auf die eigene Geschichte! Wer sich nicht an das erinnert, was gewesen ist, unterliegt der Gefahr der Wiederholung von Fehlentwicklungen. Man muß lernen, nicht nur zu analysieren, sondern auch zu verändern und Vorsorge für die Zukunft zu treffen. Dieses Erinnern darf nicht nur bei uns liegen, die wir so viele Opfer zu beklagen haben, sondern wir müssen es auch den anderen abverlangen, die nicht persönlich, aber deren Vorgenerationen mitverantwortlich waren. Wir müssen uns immer wieder mit diesen Fragen auseinandersetzen, so schmerzlich und so belastend es auch sein mag.

Nachbemerkung

Wenn ich mich frage, warum es mir seit Jahren so wichtig erschien, jüdische Überlebende um ihre Erinnerungen und Lebenszeugnisse zu bitten, würde ich wohl folgende tieferen Beweggründe nennen, die in Form von Fragen auch in diese Interviews eingingen: zunächst das seit langer Zeit stärker werdende Bedürfnis, mich mit der jüdischen Herkunft und Problematik meiner eigenen Familien- und Lebensgeschichte auseinanderzusetzen. Immer bedrückender wurde mir bewußt, wie sehr auch mein Lebensgefühl, meine sozialen Erfahrungen und Entwicklungswege nach 1945 davon geprägt sind, obwohl ich zur jüdischen Nachkriegsgeneration gehöre. Je mehr unsere Gesellschaft in die Krise geriet, um so bedrohlicher empfand ich, daß uns nur eine hauchdünne, brüchige Eisdecke von der katastrophalen jüngsten deutschen Geschichte trennt.

Hinzu kam die schmerzliche Erkenntnis, daß immer weniger Juden, die vor 1933 in Deutschland in einer mehr oder weniger jüdischen Tradition aufgewachsen waren und die Naziherrschaft überlebt hatten, heute überhaupt noch in der Lage sind, Auskunft über ihre unfaßbaren Lebensgeschichten zu geben.

Zugleich beschäftigte mich seit vielen Jahren die Frage, die jetzt auch häufig öffentlich zu hören ist, was Juden ihrer besonderen Geschichte und Kultur nach eigentlich waren und sind, welche differenzierten ethnischen, nationalen, sozialen, politischen, kulturellen und religiösen Besonderheiten sie charakterisieren und warum gerade sie so grausam verfolgt wurden, warum gerade in Deutschland Judenhaß und Völkermord so unvorstellbare Ausmaße im 20. Jahrhundert annehmen konnten und nennenswerter Widerstand im deutschen Volk dagegen ausblieb.

Schließlich mündete mein Fragen in die alarmierende Gegenwart: Was wirkt von diesem größten Desaster deutscher Geschichte und möglicherweise der Weltgeschichte heute noch im alltäglichen und gesellschaftlichen Leben nach und bedarf deshalb dringend weiterer Aufarbeitung? Und nicht zuletzt beschäftigte mich die beängstigende Problematik, warum die nicht enden wollende Auseinandersetzung mit dieser deutschen Geschichte so existentiell notwendig ist, auch für das globale Überleben der Menschheit.

Daß meine eigene Familie von den Ereignissen, die in diesem Buch geschildert werden, auf besondere Weise berührt ist, wurde mir früh klar. Das erste große Ereignis in meinem Leben, an das ich mich erinnere, war unsere Rückreise aus England in das damalige Nachkriegsdeutschland, mit dem Schiff über den Ärmelkanal und in soldatenüberfüllten, verqualmten Eisenbahnzügen in das zerstörte Berlin. Das war 1947, ich war drei Jahre alt.

Meine Mutter, in Berlin-Prenzlauer Berg in der Schönhauser Allee aufgewachsen, hatte noch gemeinsam mit ihren Eltern die Synagoge der Jüdischen Gemeinde in der Rykestraße besucht, obwohl die Familie nicht mehr besonders fromm war. Der Vater, der durch die Inflation ein kleines Geschäft für zahnärztliche Einrichtungen und Instrumente verloren hatte, danach lange arbeitslos war und als Handlungsreisender arbeiten mußte, verstarb 1938 mit nur neunundfünfzig Jahren, frühzeitig zermürbt von den Verhältnissen.

Ein Bruder ihres verstorbenen Vaters, der bereits längere Zeit in England lebte, erklärte sich bereit, meine Mutter nach der »Reichskristallnacht« aufzunehmen und hinterlegte eine bestimmte Garantiesumme für ihren Unterhalt auf einer englischen Bank. England verlangte diese Summe, damit jüdische Einwanderer auf keinen Fall dem Staat zur Last fallen konnten, falls sie nicht sofort Arbeit bekamen. Der Onkel meiner Mutter konnte diese Summe aus finanziellen Gründen nur für meine Mutter, nicht aber auch für deren Mutter aufbringen. So wanderte sie 1939 — gerade siebzehn Jahre alt —, dreieinhalb Monate vor Kriegsbeginn, nach England aus und mußte ihre Mutter allein in Berlin zurücklassen. Eine Tatsache, die sie bis heute mit Schuldgefühlen belastet, obwohl die Familie damals keinen anderen Ausweg fand. Ihre Mutter wurde am 1. 3. 1943 aus der Kniprodestraße 19 nach Auschwitz deportiert und dort vergast.

Durch Zufall fanden wir erst 1988 ein letztes »Lebenszeichen« von der Großmutter in einem Westberliner Archiv. Es waren die Inventar- und Bewertungslisten der Gestapo von ihrer aufgelösten Wohnung. Danach wurde das Wohnungsinventar auf 400 Reichsmark geschätzt, abzüglich 40 Mark Schätzkosten für den Gerichtsvollzieher. Bei diesen Unterlagen befindet sich auch ein Briefwechsel der Hausverwalter Rudolf Weck und Wilhelm Meißner an den Oberfinanzpräsidenten von Berlin-Brandenburg, in dem die Hausverwalter darum bitten, daß das Geld aus der Haushaltsauflösung an sie überwiesen wird, weil laut Mietvertrag seit »der Evakuierung der jüdischen Mieterin Frau Sara Johanna Lewinsky, geb. Leczynski, am 1. 3. des Jahres (1943) noch 6 Monatsmieten bis Beendigung des Mietvertrages im September 1943 ausstehen«. Dieser »Mietausfall« aus der »Judenwohnung« wurde dann auch tatsächlich an die Hausverwalter überwiesen, nachdem meine Großmutter wahrscheinlich bereits in Auschwitz vergast worden war.

Mein Vater wurde in Hannover geboren und ist dort aufgewachsen, bis auch er 1939 Deutschland verlassen mußte. Sein Vater betrieb damals einen Schuhleder-Großhandel und war nach 1933 der letzte Vorsitzende der Jüdischen Gemeinde in Hannover. Er wurde 1938 kurz nach der Pogromnacht verhaftet, nach Buchenwald verschleppt und ist dort von der SS so zusammengeschlagen worden, daß er eine schwere Rückgratverletzung erlitt. Dann wurde er kurzzeitig entlassen, wie einige andere jüdische Häftlinge auch, die im Zusammenhang mit der Pogromnacht verhaftet worden waren. Bald darauf wurde er erneut inhaftiert, weil er für die Insassen des jüdischen Altersheims in Hannover illegal Obst und Gemüse besorgt hatte. Meiner Großmutter gelang es Ende 1941, ihren Mann bei der Gestapo für 100 000 Reichsmark aus dem veräußerten Familienvermögen freizukaufen. Anschließend flohen beide über das besetzte Frankreich, Spanien und Portugal nach Kuba. Nach dem Krieg lebten sie lange Zeit in ärmlichen Verhältnissen in New York.

Mein Vater konnte bereits 1939 nach England entkommen, weil der Bankier Rothschild für etwa zwölf junge jüdische Auswanderer jährlich eine Bürgschaft von 100 Pfund pro Person, das waren damals etwa 2000 Reichsmark, auf der Bank von England hinterlegt hatte.

Meine Eltern lernten sich in der englischen Emigration kennen. Wie viele geflohene deutsche Juden traten sie der Auslands-KPD bei, die dort die jungen Emigranten auffing und ihnen einen wichtigen emotionalen, politischen und auch kulturellen Rückhalt bot.

1947 kehrten sie nach Deutschland zurück, um mitzuhelfen, ein antifaschistisches und, wie sie glaubten, sozialistisches Deutschland aufzubauen, und ich wurde in dieser außerordentlich politischen Atmosphäre erzogen. Zum religiösen Judentum hatte ich keinerlei Beziehung. Dennoch wurde mir mit den Jahren in groben Umrissen die deutschjüdische Geschichte, zum Teil auch die jüdische Kultur, nahegebracht, viel mehr aber die antifaschistische und sozialistische Gesinnung meiner Eltern.

1950 wurde ich in Berlin-Weißensee eingeschult und machte bald eine zwiespältige Erfahrung: Einerseits fühlte ich mich von den Lehrern fast liebevoll beschützt und bevorzugt, ohne daß ich genau wußte, warum. Andererseits erinnere ich mich an eine Mitschülerin in der 4. oder 5. Klasse, die mir sehr gut gefiel und eines Tages plötzlich nicht mehr mit mir spielen wollte. Bei meinen Mitschülern versuchte ich herauszufinden, was wohl mit ihr los sei. Nach einigem Zögern sagte mir einer, ihre Mutter hätte ihr verboten, mit mir, einem Juden, zu spielen. Verstört ging ich nach Hause und erzählte meinen Eltern diese Geschichte, und zum ersten Mal wollte ich wissen, was denn das sei, ein Jude, und woher diese Ablehnung komme.

In der Oberschule begann ich mehr und mehr zu lesen. Vor allem durch die Bücherschränke meiner Eltern wurden mir besonders die deutsch-jüdischen Schriftsteller Heinrich Heine, Lion Feuchtwanger, Stefan Zweig, Jakob Wassermann und Kurt Tucholsky sehr vertraut. Mein bester Schulfreund machte mich auf Franz Kafka aufmerksam, und ich las einen kleinen Band mit jüdischen Witzen. Später interessierte ich mich immer stärker für jüdische und auch deutsche Geschichte und begann mich kritisch mit ihr auseinanderzusetzen, zum Teil in heftigem Widerspruch zu den Anschauungen meiner Eltern.

Mit etwa siebzehn Jahren besuchte ich erstmals aus eigenem Antrieb die kleine Synagoge auf dem Hinterhof in der Rykestraße in Berlin-Prenzlauer Berg. Es war an einem Freitagabend, an einem Septembertag, und im kleinen Gebetraum waren vielleicht zwölf Männer zum Gottesdienst auf der einen Seite und drei Frauen auf der Fensterseite der Bankreihen versammelt. Ich kam zu spät und setzte mir verlegen meine schwarze Baskenmütze auf. Das war ungewohnt für mich und auch peinlich, nicht nur weil draußen noch die warme Herbstsonne schien, sondern weil alle Männer seidene Käppchen trugen und zum Teil Gebettücher um die Schultern gelegt hatten, religiöse Utensilien, die mir fremd waren, wie auch die Baskenmütze auf meinem Kopf. Alle blickten sich nach mir um, als ich mich in eine der letzten Bankreihen setzte und unsicher, aber neugierig dem Singsang des Kantors zuhörte. Dabei sah ich mir verstohlen die kleine Gemeinde an, die verstreut auf den Bänken saß. Merkwürdigerweise unterhielten sich die Männer leise und lachten auch mitunter, während sich der Kantor vorn abmühte. Hin und wieder beteten und sangen die Männer inbrünstig mit in mir unverständlichem Hebräisch, standen unvermittelt auf, setzten sich wieder und fingen erneut leise an, miteinander zu reden. Plötzlich drehte sich einer nach mir um und forderte mich laut auf, nach vorn zu gehen, um als Gast Vorsänger für den Gottesdienst zu sein. Eine besondere Ehre, wie ich später erfuhr. Ich war verwirrt und mußte eingestehen, daß ich das nicht konnte. Es dauerte einige Minuten, bis der Mann von mir abließ. Nach längerer Zeit, als der mir unverständliche Gottesdienst immer noch nicht enden wollte, hielt ich es nicht mehr aus, erhob mich und verließ den kleinen Gebetsaal der Synagoge, obwohl mir dies vor der spärlichen Gemeinde außerordentlich unangenehm war.

So endete mein Versuch, mich dem religiösen Judentum zu nähern, und alle späteren Anläufe schlugen auf ähnliche Weise fehl.

Dennoch habe ich damals angefangen, hin und wieder in den Fünf Büchern Moses, aber auch im Neuen Testament herumzulesen, um etwas von der biblischen Geschichte und ihren tiefen Weisheiten und Rätseln aufzunehmen. Ich habe es später immer als großen Verlust empfunden, daß mir weder zu Hause noch in der Schule die alten Schriften und ihre historischen wie aktuellen Ausdeutungen systematisch vermittelt wurden. Der Zugang über einen jüdischen oder auch christlichen Religionsunterricht schien mir als Atheist nicht möglich. Dennoch ist mir mit den Jahren klar geworden, daß die Beschäftigung mit der Geschichte des Humanismus ohne die tiefere Kenntnis des in sich widersprüchlichen jüdisch-christlichen Erbes unmöglich ist. Diese Aneignung aber war und ist unverzichtbar für eine menschliche Gestaltung von Geschichte, Gegenwart und Zukunft, weil dort Grundwerte humanen Zusammenlebens klassisch formuliert sind, die niemals ihre Gültigkeit verlieren werden.

Als ich 1979 damit begann, aus kulturgeschichtlichem Interesse an der jüngsten deutschen Geschichte biographische Interviews zu sammeln, stellte ich fest, daß es weder zur deutschen, geschweige denn zur deutsch-jüdischen Alltagsgeschichte des 20. Jahrhunderts ausreichende Veröffentlichungen bei uns gab. Die gründliche Kenntnis der damaligen Alltagserfahrungen ist für die nachfolgenden Generationen aber unabdingbar, um die heutige Gesellschaftskrise und ihre Ursachen in ihren geschichtlichen Dimensionen sensibler orten und dadurch besser bewältigen zu können. Die apokalyptischen Ereignisse der jüngsten deutschen Geschichte haben Spuren und Störungen im Gesellschaftssystem und Alltagsverhalten, im Lebensgefühl und Selbstbewußtsein, sogar in der Sprache hinterlassen, denen sich jede nachfolgende Generation auf eigene Weise neu stellen muß.

Wenn ich darüber nachdenke, mit welchen Erwartungen, Gefühlen und Vorstellungen ich an die Erarbeitung dieses Buches heranging und wie ich im nachhinein die Ergebnisse meiner Befragung beurteile, so möchte ich folgendes festhalten: Natürlich ist es klar, daß die Erinnerungen an die grauenvollen Erlebnisse, die die jüdischen Überlebenden durchmachen mußten, nach fast einem halben Jahrhundert nicht mehr so unmittelbar reproduzierbar sind wie vielleicht in den ersten Überlebensberichten nach dem Kriege, wenn sie denn zustande kamen. Die Interviewten waren – bis auf

430

Peter Kirchner – bereits über siebzig Jahre alt, als ich sie befragte, und viele Gefühle und Details sind verblaßt, zum Teil auch verdrängt. Manches wurde aus vielschichtigen Gründen nicht erzählt oder nicht autorisiert, auch weil wohl Ängste vorhanden waren, daß Persönlichkeitsrechte verletzt werden könnten. Dies ist verständlich und muß respektiert werden. Ohnehin läßt sich das Furchtbare des Geschehens kaum in Worte kleiden, und die Irrationalität kann nicht bis ins letzte hinterfragt werden. Dennoch mag der Abstand zu den Ereignissen auch Vorteile haben: Über das Emotionale hinaus konnten in den Interviews zum Teil Hintergründe und ein vertieftes geschichtliches Gegenwarts- und Zukunftsbewußtsein freigelegt werden.

Qualvoll und bedrückend bei der Arbeit, die meinen Gesprächspartnern und mir oft sehr schwer fiel und stockend voranging, war die Erkenntnis, daß nicht nur in Deutschland, sondern in ganz Europa mit den Millionen von jüdischen Vertriebenen und Ermordeten eine Kultur für immer ausgelöscht wurde, die nie wieder entstehen kann. Die Fernwirkungen sind unabsehbar. Sicherlich ist gerade im letzten Jahrzehnt die Sensibilität für diesen Verlust in neuer Weise erwacht. Die Beschäftigung mit der jüdischen und deutschen Geschichte, mit jüdischer Religion hat zugenommen und sicherlich eine qualitativ neue historische Dimension erreicht. Es hat den Anschein, daß das ganze furchtbare Ausmaß, die Unfaßbarkeit des Geschehens, erst durch den zunehmenden Abstand in das Bewußtsein der Menschheit rückt und zugleich die entscheidenden Wissensdefizite deutlich werden: die Frage nach der Beschaffenheit der eigentümlichen jüdischen und deutschen geschichtlichen Identität und nach den tieferen Ursachen ihres Scheiterns. Darum ging es mir im Kern auch bei meinen Gesprächen.

Die Juden waren niemals nur eine Religionsgemeinschaft. Diese Tatsache ist allerdings von den deutschen Juden aufgrund des hohen Assimilationsdruckes und Assimilationsgrades bis heute besonders stark verdrängt worden. Dadurch sind auch bestimmte schroffe Abgrenzungstendenzen gegenüber den weniger assimilierten Ostjuden, aber auch dem Zionismus vor 1933 erklärbar, die an diese Verdrängungen erinnerten. Auch die deutschen Juden waren im Kern einer *ethnischen* Minderheit zugehörig. Bis 1933 lebte etwa ein Drittel von ihnen in sogenannten Mischehen, das heißt mit einem ehemals oder immer noch christlichen Ehepartner. Solange die Religionsgemeinschaften mit ihren strengen Tabus noch relativ intakt waren, durften bis ins 20. Jahrhundert hinein Juden nur Juden heiraten und Christen nur Christen. In die jüdischen Gemeinden wurde in der Regel nur derjenige aufgenommen, dessen Mutter und Vater jüdischer Herkunft waren. Die männlichen jüdischen Säuglinge wurden überdies beschnitten. Dies symbolisierte die Aufnahme in den »Bund Abrahams«, die Zugehörigkeit zur Abstammung vom jüdischen Volk, ein Brauch, der lange vor dem antiken Israel bereits religiös bindend tradiert war. Auf diesem ethnischen Hintergrund erhielten sich tendenziell, also nicht bei jedem einzelnen Individuum gleichermaßen, je nach dem Grad der Assimilation an die Umwelt, gewisse physiopsychologische Eigenarten der einstmals orientalisch-mediterranen Herkunft der Juden. Das betraf bestimmte Tendenzen eines stärker südländischen äußeren Erscheinungsbildes als auch das Temperament. Die Feststellung der Verschiedenheit im Naturell verschiedener Völker und Volksgruppen ist eine Erfahrungstatsache und wird durch eine wissenschaftlich fundierte Völkerkunde nicht geleugnet. Erst wenn solche natürlichen Eigenarten zur Abwertung von bestimmten Völkern und Völkergruppen oder zu deren Aufwertung führen, haben wir es mit Rassismus und Chauvinismus zu tun. Diese kulminierten in der pseudowissenschaftlichen Rassentheorie der Nazis und wurden als Begründung für den Völkermord nicht nur an den europäischen Juden, sondern auch an den anderen Völkern benutzt und zur Aufwertung des »germanischen Herrenmenschen«, der nach dem »Gesetz des Stärkeren« die anderen »Rassen« zu vernichten hatte.

Die Juden waren zugleich auch einer *nationalen* Minderheit zugehörig. Über die Jahrhunderte wurde zum Beispiel im Pessafeste die Erinnerung an die einstmals vorhandene nationale Existenz der Juden im antiken Israel und die Sehnsucht nach einer nationalen Wiedergeburt kultiviert. Das Pessafest gipfelt deshalb in dem symbolischen Gebet: »Dies Jahr hier, im kommenden Jahr im Lande Israel.« Dies

Jahr hier, im kommenden Jahr als Freie. »Nächstes Jahr in Jerusalem!«

Auf dieser nationalen Dimension des Judentums, gepaart mit den nicht enden wollenden Verfolgungen, basierte der Zionismus, der Ende des 19. Jahrhunderts als eine politische Bewegung entstand, die sich die Neugründung des Staates Israel als Heimstätte einer wiedergewonnenen jüdischen Nation zum Ziel gesetzt hatte und dies nach 1945 auch tatsächlich erreichte. Ein einmaliger Vorgang in der Weltgeschichte, wenn auch behaftet mit vielen Widersprüchlichkeiten, die in den Interviews angedeutet werden.

Die jüdischen Minderheiten wiesen, je nach Kulturkreis und Nation, in denen sie seßhaft und kulturell entscheidend mitgeprägt worden waren, auch ganz bestimmte sozialstrukturelle Besonderheiten auf. Sie manifestierten sich in der relativen Häufigkeit von Juden in spezifischen Berufsgruppen, wie etwa kaufmännischen und intellektuellen Berufen. Diese Berufstraditionen reichten oft bis in die Antike zurück, waren aber besonders durch mittelalterliche Berufsverbote und eingeengte Berufsmöglichkeiten entstanden und dauerten, teils durch äußeren Zwang, teils durch Familientraditionen, bis ins 20. Jahrhundert fort. Sie waren in besonderer Weise Anlaß zu antisemitischen Vorurteilen und auch Pogromen.

Aufgrund dieser spezifischen Berufs- und Sozialstrukturen ergaben sich auch politische Besonderheiten. Juden hatten durch ihre materielle Existenz oftmals ein besonderes Interesse an der geistigen und politischen Emanzipation des Bürgertums, an der bürgerlich-demokratischen Revolution und bürgerlichen Nationalgeschichte. Jüdische Intellektuelle standen in ihrer komplizierten Unterdrückungssituation später häufig der Arbeiterbewegung nahe und brachten namhafte Köpfe und Vorkämpfer hervor. Beide politischen Besonderheiten waren für die Nazis gleichermaßen Vorwand für ihre beispiellose Verfolgung.

Nicht zuletzt ergaben sich aus all den genannten Gründen auch kulturelle Besonderheiten. Sie drückten sich in einem ungemein reichhaltigen jüdischen Wertesystem zur praktischen Lebensbewältigung aus und offenbarten sich in starken Individualentwicklungen jüdischer Persönlichkeiten. Dieses kulturhistorisch bedeutsame Wertesystem wurde durch die jüdische Erziehung im Religionsunterricht, durch den Gottesdienst, auf der Grundlage der Thora, vor allem aber durch die vielfältigen jahreszeitlich und biographisch bedingten Feiern und Feste mit ihren Gebeten, Speisevorschriften, Ritualen, Liedern, Tänzen und so weiter tradiert. Dadurch wurde so etwas wie jüdische Lebensweise, jüdisches Leben aus der Zeit der Antike bis in die Neuzeit, oft stark modifiziert, herübergerettet. Trotz religiöser Umhüllung und späterer Säkularisierung waren dies im Grunde alte jüdische Volksfeste und Feiern, die an unterschiedliche geschichtliche Ereignisse aus der langen Geschichte der Juden erinnerten und Weisheiten des jüdischen Nationalbewußtseins stets aufs neue vermittelten und so zur Konsistenz der jüdischen Minderheiten in der Diaspora beitrugen.

In einer von Intoleranz, Aberglauben und Brutalität geprägten feudal-mittelalterlichen Gesellschaft waren die Menschenrechte und die Identität von eingewanderten Minderheiten ohne eigenen staatlichen Schutz besonders gefährdet. Diese Minderheiten dienten als »Blitzableiter« für eigentlich nationale Klassenkämpfe. Aufgestaute soziale Aggressionen wurden auf diese Weise in Fremdenhaß und schließlich Völkermord umgewandelt.

So auch in Deutschland. Es gehörte in der ersten Hälfte des 20. Jahrhunderts zu den fortgeschrittensten Industrieländern der Welt, war aber nach außen und innen ein politischer Zwerg aufgrund der relativ späten Industrialisierung und der bereits erfolgten kolonialen Aufteilung der Welt, die auch durch den von Deutschland ausgelösten ersten Weltkrieg nicht revidiert werden konnte. Deutschland war von den feudalabsolutistischen Traditionen des deutschen Untertanenstaates und Untertanengeistes stark geprägt. Die späte Nationalbildung des zersplitterten Deutschlands, die späte bürgerlich-demokratische Revolution, die dann in der Weimarer Republik auch noch zwischen rechts und links aufgerieben wurde, führten nur unzureichend dazu, die bürgerlichen Ideale von Freiheit, Gleichheit und Brüderlichkeit, von Toleranz und radikaldemokratischem Eintreten für die Menschenrechte im Alltagsbewußtsein des Volkes zu verankern, in Abgrenzung zum autoritäts- und staatsgläubigen Wertesystem des Feudalismus. Auf dieses politische Defizit setzte Hitler mit seinem »Nationalsozialismus«, der weder national noch sozialistisch war. Diese mangelnde politische Kultur, bei gleichzeitigem extremem zivilisatorisch-wissenschaftlichem Fortschrittsglauben, ist meines Erachtens eine der Hauptursachen, warum das deutsche Volk in seiner Mehrheit eine so willfährige Manövriermasse für den deutschen Faschismus und seiner Völkerhaß- und Völkermordpolitik wurde und sich nicht aus eigener Kraft von ihm befreien konnte. Die verhängnisvollen Traditionen des deutschen Untertanenstaates und -geistes wirkten auch nach 1945 auf unterschiedliche Weise in beiden deutschen Staaten nach.

Die Interviews dieses Buches mögen wegen der notwendigen Subjektivität, auch bei der Auswahl der Gesprächspartner, in ihrer Aussage begrenzt sein, dennoch hoffe ich sehr, daß möglichst viele durch die Lektüre angeregt werden, sich tiefer als bisher mit der geschichtlichen Deutung dieser Lebenserfahrungen auseinanderzusetzen. Es darf der Hitler-Barbarei im nachhinein nicht auch noch gelingen, die Erinnerungen an die einstmals blühende deutsche und europäische jüdische Kultur auszulöschen. Die humane Bewältigung des Gegenwärtigen und Zukünftigen bedarf gerade in Deutschland eines Geschichtsbewußtseins, das die unfaßbare Katastrophe von gestern als ein mögliches Vorspiel für eine noch größere Katastrophe von morgen begreift. Überleben heißt Erinnern.

Ich danke allen meinen Gesprächspartnern und deren Angehörigen für ihren großen Einsatz, ohne den dieses Buch nicht möglich gewesen wäre. Ich danke allen für die Autorisierung der Interviews.

Nachtrag

Die Gespräche wurden 1988 und in der ersten Hälfte des Jahres 1989 geführt. Die letzten politischen, tief einschneidenden Ereignisse konnten dadurch leider nicht mehr berücksichtigt werden, obwohl sie die jüdischen Überlebenden, wie uns alle, sicherlich stark berührt haben. Dennoch glaube ich, daß viele Äußerungen auf die dringende

Notwendigkeit von gravierenden gesellschaftlichen Veränderungen hinweisen, nicht zuletzt auf dem Hintergrund der eigenen bitteren Erfahrungen. Der Untergang der DDR hätte das Erlebte vor und nach 1945 erneut in das grelle Licht der Geschichte getaucht. Erschreckende Parallelen, aber auch differenzierbare Unterschiede zwischen dem Sturz des Nationalsozialismus und dem Sturz des real existierenden Sozialismus wären sicherlich erheblich schärfer konturiert worden und hätten noch tiefergehende Schatten auf die durchlittenen und durchkämpften Lebensgeschichten geworfen, aber auch ganz neue Wertungen erlaubt. Diese zukunftsweisenden Schlußfolgerungen müssen nun ganz dem Leser überlassen bleiben.

Ruth Gützlaff und Ilse Stillmann konnten das Erscheinen des Buches nicht mehr erleben. Sie starben 1989.

Wolfgang Herzberg
Berlin-Prenzlauer Berg
15. Februar 1990

Inhalt

Mit Fotos und Faksimiles

ISBN 3-351-01626-3

1. Auflage 1990
© Aufbau-Verlag Berlin und Weimar 1990
Einbandgestaltung Grischa Meyer
Foto Robert Paris/Motiv aus der Ruine der Synagoge Oranienburger Straße
Typographie Kristina Niklaus
Mohndruck, Graphische Betriebe GmbH, Gütersloh
Printed in Germany